CARTULAIRE
GÉNÉRAL
DU MORBIHAN

RECUEIL DE DOCUMENTS AUTHENTIQUES
POUR SERVIR A L'HISTOIRE DES PAYS
QUI FORMENT CE DÉPARTEMENT

ŒUVRE POSTHUME DE
M. Louis ROSENZWEIG
Archiviste du Département

Premier volume.

VANNES
LIBRAIRIE LAFOLYE
—
1895

CARTULAIRE

GÉNÉRAL

DU MORBIHAN

Extrait de la Revue Historique de l'Ouest.

CARTULAIRE
GÉNÉRAL
DU MORBIHAN

RECUEIL DE DOCUMENTS AUTHENTHIQUES
POUR SERVIR A L'HISTOIRE DES PAYS
QUI FORMENT CE DÉPARTEMENT

OEUVRE POSTHUME DE

M. Louis ROSENZWEIG

Archiviste du Département

Premier volume.

VANNES
LIBRAIRIE LAFOLYE

1895

AVANT-PROPOS

En 1869, M. Louis Rosenzweig, archiviste du Morbihan, demandait à la Société polymathique si elle n'aurait pas pu se charger de la publication d'un *Cartulaire général du Morbihan, recueil des documents authentiques pour servir à l'histoire des pays qui forment ce département.* Il se proposait de recueillir tous les documents, déjà édités ou inédits, pour en former un ensemble complet par ordre chronologique.

Ce travail ne devait contenir que les textes seuls sans commentaires, sauf les notes absolument indispensables pour l'intelligence des textes. M. Rosenzweig voulait publier sans exception tous les documents antérieurs à l'année 1300, comme répondant à des intérêts multiples. A partir de 1301, jusqu'à la Révolution française, il se proposait de faire un choix d'autant plus rigoureux que les documents seraient plus modernes.

Dans ces derniers documents devaient rentrer principalement les bulles des Papes, les lettres patentes, les édits des ducs de Bretagne, des rois de France et des princes étrangers, les chartes des évêques, les arrêts des cours souveraines, les lettres des personnages marquants, les textes authentiques de toute sorte et de toute origine ayant un intérêt un peu général, sans toutefois sortir du pays actuellement occupé par le département du Morbihan. Dans cette dernière catégorie seraient mentionnés les titres relatifs aux guerres, épidémies, inondations, disettes, et autres fléaux qui ont éprouvé ces contrées, aux fondations d'abbayes, prieurés et communautés diverses, aux créations des grandes seigneuries, à l'établissement des hôpitaux, aux privilèges des villes et des corporations, à la construction des églises et châteaux les plus remarquables, à la fondation des foires et marchés, aux personnages les plus illustres, à la topographie générale, etc.

Tous ces documents, M. Rosenweig devait les emprunter aux archives départementales du Morbihan et des autres départements de la Bretagne, aux Archives et à la Bibliothèque nationales, aux archives des communes, des hôpitaux, des presbytères et des particuliers.

Il se proposait également de consulter les archives du ministère de la guerre et de la marine et les bibliothèques de Paris, de Nantes et de Rennes.

Pour les textes déjà publiés, dom Lobineau, dom Morice et divers autres ouvrages, à défaut des textes originaux, devaient lui fournir une ample moisson.

Chaque document devait être accompagné d'un titre sommaire explicatif, de la date de l'indication de la source et de tout autre renseignement prouvant l'authenticité de l'acte.

Le recueil se terminerait par des tables de personnes, de noms de lieux, de matières, et au besoin par une histoire abrégée du département.

Comme préface, l'auteur se proposait de donner, sous forme de prolégomènes, des commentaires sur les usages et les coutumes de ce pays.

On a peine, en vérité, à concevoir qu'un seul homme ait osé tenter une pareille entreprise ; et cependant M. Rosenzweig l'a fait.

Au moment où il demandait à la Société polymathique du Morbihan son concours pour une aussi importante publication, il avait déjà recueilli depuis quinze ans les principaux titres de ce cartulaire. Depuis cette époque jusqu'à sa mort, c'est-à-dire jusqu'au 29 janvier 1884, il n'a cessé de compléter ce travail, qui maintenant existe en plusieurs énormes dossiers contenant chacun des milliers de fiches, couvertes de cette écriture nette, fine et serrée, aussi constante dans sa forme que la ténacité de celui qui l'a tracée.

Aussi ses amis, qui connaissaient le zèle et la critique sévère de l'archiviste du Morbihan, désiraient-ils voir publier *in extenso* ces nombreux documents, fruits de trente années de peines et de fatigues.

Bien des difficultés avaient entravé jusqu'à ce jour les tentatives faites par ses parents et ses amis, mais grâce au généreux concours du Conseil général du Morbihan, qui n'a pas oublié les services rendus à ce département par son infatigable archiviste, et aussi à la *Revue historique de l'Ouest* qui a bien voulu se charger de la publication de ce précieux recueil, nous allons pouvoir mettre au jour le travail si consciencieux et si important de M. Rosenzweig, en suivant scrupuleusement le plan et les instructions de l'auteur.

N. B. — Les chartes des IX⁰ et X⁰ siècles, étant toutes extraites du cartulaire de Redon publié par M. de Courson, l'indication générale de *Cart.* se rapporte à cet ouvrage.

Tout mot en italique indique une différence d'orthographe employée par M. Rosenzweig d'après le texte original collationné par lui, à l'encontre de l'interprétation donnée par M. de Courson.

Lorsque, dans une charte, le nom des témoins est suivi des deux lettres *p. t.*, M. de Courson les traduit par *presbyter testis*?

CARTULAIRE DU MORBIHAN

1

Le prêtre Driuuinet achète aux fils de Uuoretic les villas de Drihoc et Branscéan.

Num. CLXVI du Cart., fol. 93 v°, p. 129.

797-814.

Haec carta indicat atque conservat quod dedit Driuinet, presbyter, XXX solidos argenti ad filios Uuoretic, Anauran et Urblon et Haethlon et Juduuallon, pro villa Drihoc[1] et alia villa nomine *Bran secan*[2], totam sicut adjacet, cum campo et foeno et mansionem (sic) et homo (sic) qui vocatur Posidhoia super illam terram et filios suos Anauhoiat et Judmin et *Judmorin* et semini sui posset (sic)[3] a generatione in generationem, ad Drihuinetum presbyterum; et maneat illam terram (sic) ad Dreuinetum, in hereditate, in monachium (sic), sine censu, sine tributo, sine ullo opere alicui homini usque *in* finem mundi, a finem (sic) terrae Dumuuallon usque in finem terrae Loesen et usque ad aquam Keuril; et fuit hoc factum, de verbo *Jarnithim* et filiolo suo Uurbili et de verbo Tanetuuiu, in tempore Karoli imperatoris et in tempore Uuidonis comitis et in tempore Isaaco (sic) episcopo, in mense aprilis. Fuit hoc factum coram multis testibus : Groikin, presbyter, testis; Tuthouuen, presbyter, testis; Ratuili, testis; Tatal, presbyter, testis ; Uuoletec, presbyter, testis ; Fili, testis;

---

[1] Villa aujourd'hui la DROCHERIE en Carentoir.

[2] Villa BRANSECAN ou BRANSCEAN. Villa sise en Carentoir et disparue de nos jours.

[3] Il faut lire *post se*. (Note du Cart.).

Haelin, testis ; Benitoe, testis ; Ethelfrit, testis ; Uuoretan, testis ; Uuiucant, testis ; Loiesic, testis ; Iarnbud, testis ; Maenuuoret, testis ; Menion, testis ; Junetuuant, testis ; Rishoiarn, testis ; Thetion, testis ; Mertinan, testis ; Nodent, testis. Et ego, Lathoiarn, presbyter, scripsi hanc craticulam (sic).

2

Serchan vend à Ratuueten la terre de Riocan.

Num. CCXII du Cart., fol. 108 r°, p. 163.

814-821.

Haec carta indicat atque conservat quod vendidit Serchan virgade (sic) Riocan ad Ratuueten, pro VIIII solidis in argento vel in re convalescente, sine censu, sine tributo, sine opere et sine aliqua re alicui homini nisi ad Ratuueten vel cui voluerit post se, cum omni supraposito suo, finem habens de contra Gebreiac, ad insulam que est *insin ville* aecclesie *Dofinloeniou Cohitonfrut* usque ad Ult. Factum est hoc, ex verbo Uuido comite, coram Uuinheloco episcopo, in tempore Ludouico imperatore, in die sancto sabbato Pasche, coram his testibus qui viderunt et audierunt : Condeloc, presbyter, testis ; Conuuoion, presbyter[1], testis ; Haeluuocon, clericus, testis ; Restanet, testis ; Greduuobri, testis ; Tametan, testis ; Gretanet, testis ; Resuuoret, testis ; Ranhoiarn, testis ; Hocar, testis ; Haeluualoee, testis ; Ninoe, testis ; Haellifen, testis ; Standulf, testis ; Uuetencor, testis ; Arthuuiu, testis ; Maedri, testis ; Uuetenrit, testis ; Catuuocon, testis ; coram Benigaud, Combon et Madganoe decanus ; et ego Condeloc, scripsi et subscripsi.

3

Le mactiern Jarnhitin cède à Uuoruuelet, pour y faire pénitence, la solitude de Rosgal, autrement appelée Botgarth. Uuoruuelet étant mort, Jarnhitin donne à perpétuité le lieu susdit à son fils Uuoruuoret.

Num. CCLXVII du Cart., fol. 130 r°, p. 216.

814-825.

Haec carta indicat atque conservat qualiter venit vir Uuoruuelet ad Jarnhitinum machtiernum querere locum ubi peccata sua peni-

---

[1] Avant la fondation de l'abbaye de Saint-Sauveur en 832, Convoion était prêtre de l'église de Vannes. (Note du Cart.)

teret; et ipse Jarnhitin dedit illi locum qui dicitur Rosgal, et alio nomine qui dicitur Botgarth, et postea obiit Vuruuelet; post haec, filius ejus, Uuoruuoret nomine, venit ad supradictum tyrannum Jarnhitinum ad Lisbedu et secum duas¹ flacones una² obtima portantes deferens, et ipsius tyranni tunc mediatores erant Doitanau, presbyter, ejus cabellanarius, et Houuori mair in plebe Catoc ; et postea in illa supradicta villa que dicitur Lisbedu, ille Jarnhiden dedit illi Uuruueletdo, sicut hereditarius et princeps, locum supradictum in elemosina sempiterna, et dedit illi licentiam quantum ex silva et saltu in circuitu potuisset preparare et abscidere atque eradicare, sicut heremitario in deserto qui non habet dominatorem excepto Deo solo. Hi sunt testes : Jarnhitin, tyrannus, qui dedit, testis ; Eusurgit, presbyter, testis ; Rihouuen, presbyter, testis; Doithanau, presbyter, testis ; Vurcant, testis; Catoi, testis.

4

Roenuuolou vend à Loiesbritou et à son épouse Uuenuuoial la moitié de son héritage en Lanouée.

Num. CLXIV du Cart., fol. 93 r°, p. 127.

819-820

Magnifico viro, nomine *Loiesbrittou*, et conjugi sue, nomine Uuenuuoial, ego enim, in Dei nomine Roenuuolou, constat me vobis vendere et ita vendidi rem proprietatis meae, hoc est, dimidium hereditatis meae in plebe nuncupante Lanoes³, cum terris cultis et incultis, heredibus, colonis, silvis, pratis, pascuis, aquis aquarumve decursibus, et cum omni supraposito suo, sicut a me presenti tempore videtur esse possessam, ita trado in vestra potestate vel dominatione, unde accepi a vobis *presentium*⁴ in quo mihi bene complacuit, illis presentibus qui *subter tenentur* inserti, hoc est, in argento solidos XII, et in annana (*sic*) modios XIIII, habeatis, teneatis, possideatis, faciatis exinde quicquid volueritis, jure proprietario, liberam ac firmissimam in omnibus habeatis potestatem ad faciendum, in alode conparato et in dicombito, sine redemptione umquam, sine

---

¹ On lit dans D. Morice Act. Brit. t. I, col. 267 : « Secum deferens duas flacones optimi vini et habens pro mediatore (Note du Cart.)

² Une main plus récente a écrit *vina* (Note du Cart.)

³ Lanoës. Actuellement commune du canton de Josselin sous le nom de Lanouëe.

⁴ Dans le manuscrit, la syllabe *sen* a été barrée postérieurement dans le mot *presentium*.

renda et sine opere et sine ulla re ulli homini sub caelo nisi ad Loiesbritou vel conjugi sue Uuenuuoial vel cui voluerint ; et si fuerit,
aut ego ipse, aut ullus de coheredibus meis vel propinquis, vel
quelibet persona, qui contra hanc donationem aliquam calumniam
vel repeticionem generare presumpserit, illud quod repetit non vindicet, insuper et contra cui litem intulerit solidos LX multa conponat, et *hec* venditio firma ac stabilis permaneat per omnia tempora. Facta est haec donatio in VI anno regnante domno Lodouuico
imperatore, Rorigonis commitis ; Roenuuolou, venditor ; Hitin,
testis ; Uuorethoc, testis ; Cantoean, Uorcanteo, Haelbidoe, testes ;
Budhemel, testis ; Primarchoc, testis ; Telent, testis ; Uuoedadoeu,
testis.

5

*Euhocar vend à Téhuuiu une portion du domaine
de Ranlouuinid.*

Num. CLI du Cart., fol. 88 r°, p. 116.

6 Avril 820.

Haec carta indicat atque conservat quod vendidit Euhocar partem
terre que dicitur Rannlouuinid[1], ad Tehuuiu, pro XX solidis in argento ; et dedit supradictus Euhocar tres dilisidos ad Tehuuiu in
securitate ipsius terre, his nominibus : Etuual et Noli et Cathoiarn ;
et ita vendidit supradictus Euhocar illam terram, cum terris,
pratis, pascuis, aquis aquarumve decursibus, et cum omnibus apendiciis suis, totum et *adintegrum*, ad supradictum[2], Tehuuiu, sine
censu et sine tributo et sine opere, dicofrit, difosot, diuuohart, et
sine ulla re ulli homini sub caelo nisi ad Tehuuiu et cui voluerit.
Factum est hoc super ipsam terram, VI feria, id est Parasceuen
Pasche, VIII idus aprilis, luna XVIII, regnante domno Lodouuico
imperatore, Uuido commite, Uuiuhaloco episcopo, coram multis
testibus : Euhocar qui dedit et firmare rogavit, testis ; Uuorbili, testis ;
Portitoe, testis ; Drihican, testis ; Ninan, *testis* ; Pascaham, *testis* ;
Broen testis ; Anauran, testis ; Houuori, testis ; Eusorgit, testis ;
Ratuili, testis ; Catuueten, testis ; et ego, Lathoiarnus, scripsi.

[1] Rannlouuinid, aujourd'hui : Ranhalais en Saint-Jacut.
[2] M. Rosenzweig indique ainsi l'abréviation $sup^u tum$.

6

Uurgost vend à Maencomin et Mailon les domaines de Runhoiart et de Hoccretan, situés au lieu dit « l'héritage de Uuorethoc » dans le territoire de Molac.

Num. CCL du Cart., fol. 123 v°, p. 201.

Juin 820.

Magnifico viro fratri Maencomin et Mailon, ego, Uurgosto, constat me tibi vendidisse et ita vendidi rem proprietatis meae, hoc est, partem Runhoiart et partem Hoccretan, sitam in pago Venedie, in condita Mullaco, in loco nuncupante hereditate Uuorethoc, cum terris cultis et incultis, silvis, cum pascuis, aquis aquarum Atro... unde [a] me presenti tempore videtur esse possessum, de jure meo in tua trado potestatione vel dominatione[1], unde accepi a te pretium sicut nobis bene conplacuit, de fronte habens fossatam Buduuere, et de alia fronte fossatam *Riuinet*, et de alia parte Uurmoet, et de alio latere uno fossata partem Uurmon, illis presentibus qui *subter tenentur* incerti, de pretio valente solidos XIIII, valente (*sic*) et XIIII, ita ut ab hodierna die quicquid exinde facere volueris, jure propriaterio liberam et firmissimam in omnibus habeas potestatem ad faciendum ; et si fuerit, aut ego ipse, aut ullus de heredibus meis, vel quislibet persona, qui contra hanc venditionem aliqua calumnia vel repeticione generare presumpserit, illud quod repetit non vindicet, et insuper contra cui litem intulerit C solidos multa componat, et hec vinditio ista firma permaneat, manu nostra *subter firmavimus*, et bonorum virorum adfirmare rogavimus : † Biii, Perdito, Gurhan ; † Maenuuoret ; † Finitan ; † Matvoret ; † Dreuhoiarn ; † Stephan ; † Riedoc ; † Cahoc ; † Gurloies ; † Iuneprit ; † Jardrion ; † Junano ; † Judahel ; † Roinuallon ; † Jatoc ; † *Matgganet, Riouret*, presbyter ; † Romin ; † Risican, † Coucant. Factum est hoc in loco nuncupante hereditate Maencomin et Mailon, regnante domno Ludovico imperatore anno VII, Nominoae (*sic*) princeps Uenetice civitatis, Regnario episcopo, sub die III ebd. ante Kal Jul., II Feria, anno... Signum Uurgost ; † Riedoc, venditoris ; ego, Mailon, scripsi et subscripsi.

[1] Dans le manuscrit on lit *potestation. ul* (l barré) *dominatione* (Note du Cart.)

7

Catuueten vend à sa sœur Roiantken le domaine de Ranriantcar dans la paroisse de Rufiac.

Num. CXLVI, du Cart., fol. 86 v°, p. 112.

3 Février 821

Magnifice femine et sorori meae nomine Roiantken, ego enim, Catuueten, constat me ibi (*sic*) vendidisse et ita vendidi rem proprietatis meae, id est, de Ranriantcar IIII°ʳ modios de brace, sitam in plebe Rufiaco ; et ita vendidit ibi pro pretio sicut mihi bene conplacuit, id est[1], solidos XV, ita ut ab hodierna die quicquid exinde facere volueris, liberam ac firmissimam habeas potestatem, jure proprietario, totum et *adiniegrum*, cum mancipiis, id est, Aroimin et semine ejus, cum silvis, pratis, aquis aquarumve decursibus, terris cultis et incultis, in dicombito, sine censu et sine tributo, dicofrit ; et alligo fidejussores vel dilisidos in securitate de ista terra, ad Roiantken : Houuori et Maenuili et Jodicar : hii sunt testes qui viderunt et audierunt : Signum Portitoe, testis, Catuueten, testis : Diloid, testis ; Noli, testis ; Anauran, testis ; Houuori, testis ; *Menuili*, testis ; Anauhi, testis ; Uuiutihern, testis ; Milcondois, testis ; Johan, testis ; *Haeldettuud*, testis ; Tethuuiu, testis ; Loiesbidoe, testis ; Eusorgit, testis ; Rihouuen, testis ; Lathoiarn, testis ; Blenlini, testis ; Conuual, testis. Factum est hoc sub die III nonas februarii, I feria, in loco vico Rufiaco, III anno postquam exivit domus (*sic*) Hlodouuicus de *Brittannia* ante Morman, regnante domno Lodouuico imperatore, Iarnhitin machtiern et filius Portitoe et Uuorbili, Uuido *commite* Uuinhaelhoc episcopo, luna XXVI, finem habens a fine *Rannmelan Donroch dofos matuuor, cohiton fos doimhoir ultra imhoir per lannam dofois finran dofhion dofinran haelmorin Cohiton Hifosan dorudfos coihiton rudfos per lannam Dofinran loudinoc pont Imhoir, Haeldetuuid scripsit*[2].

[1] Le texte porte *id*. (d barré).

[2] M. de Courson interprète ainsi la lecture de cette phrase : Rannmelan don roch do fos Matuuor, cohiton fos do imhoir, ultra imhoir par lannam, do fois fin Randofhion do fin Ranhaelmorin, cohiton hi fosan do rud fos per lannam do fin Ranloudinoc pont Imhoir ; Haeldetuuid scripsit.

8

Argantlon rachète au prêtre Drihiunet l'alleu de Randeummou que son frère Riuuallon avait donné en gage antérieurement au dit Drihiunet.

Num. CXXXI du Cart., fol. 82 r°, p. 99.

1er Avril 821.

Noticia in quorum presentia redemit Argantlon vel sui filii Randeummou de Drihiuneto, presbytero, ubi pignorasset Riuuallon super solidos et denarios V, et si tunc non redemissent, cedisset Argantlon et sui filii, soror Riuuallon, ipsos decem solidos et denarios V in manu *Driuineti* presbyteri ; et recepit ipsam terram in alode et in conparato et in dicombito, sine opere et si ulla renda ulli homini nisi ad Argantlon et filiis ejus, presentibus his testibus : Portitoe, Uuolectec, Junethuuant, Edelfrit, Loieshic, Maenuuoret, filii Euhoiarno, Bentoe, filius Uuoretan, Loiesuuocon, Buduuoret, Uuicant, Nodent, Drihicam, Ninan, Riuuorgou, Iarnhaethou, Ratuueten, Haelmoeni, Riuuoret, Uuallon, Sulual, presbyter ; Taetal, presbyter. Factum est hoc sub die kalend. aprilis, II feria, regnante domno et gloriosissimo imperatore Lodouuico, Uuidone comite in Venedia, Raginario episcopo, Portitoe et Uurbili II *macthierni* in plebe Carentoerense ; ego, Haeldetuuido, scripsi et subscripsi.

9

Dreanau vend à Jarnedetuuid la moitié du domaine de Bot Sarphin, dans le compot de Ruunet, en la paroisse de Pleucadeuc.

Num. CCLV du Cart., fol. 125 r°, p. 205.

3 Juillet 826.

Magnifico viro Jarnedetuuido, emptori, ego enim, Dreanau, venditor, constat me tibi vendidisse et ita vendidi rem proprietatis mee[1], hoc est, de terra VIII modios de brace, nuncupantes partem Jarnuuin, id est, dimidium Botsarphin, finem habens de summo latere et fronte a fluvio Cles usque ad flumen Ultra (*sic*) et altero latere

---

[1] Le mot *Bot* est supprimé par M. Rosenzweig.

et fronte sicut partem Uuorbili et partem Glemonoc que sunt circa eam, et in silva et in aqua et in pastu...s et in omnibus confinibus suis, sitam in pago Venedie, in condita Plebe Cadoc, in loco nuncupante *inconpot Riuinet*, cum terris cultis et incultis, silvis, pratis, pascuis, aquis aquarumve decursibus, totum et *adintegrum*, cum omni supraposito suo, unde a me presenti tempore videtur esse possessum, de jure meo in tua trado potestate vel dominatione, vnde accepi a te precium sicut mihi bene complacuit, illis presentibus qui *subter tenentur* inserti, hoc est, de argenti (sic) solidos XX, ita ut ab hodierna die quicquid de supradicta re facere volueris, jure proprietario liberam et firmissimam in omnibus habeas potestatem ad faciendum, et istos homines presento et obligo tibi exinde dilisidos : Loiesuuethen, Argantmonoc, Gedeon, Gloisanau ; et si fuerit, post hunc diem, aut ego ipse, Drehanau, aut ullus de heredibus meis, vel quislibet aliqua persona, qui contra hanc vendicionem aliqua calumnia vel repeticione generare presumpserit, illud quod repetit non vindicet, et insuper cui litem intulerit solidos XL multa conponat, et hec venditio firma permaneat. Signum Drianau, venditoris ; † Uurbili ; † Ratuili ; † Catloiant ; † *Haluuis Kyd*, abbatis ; Diloid, Noli, Cathoiarn, Golethuc, Buduuoret, Doidanau, presbyter ; *Rimahel*, Gurhoiarn, presbyter ; Tanetmarhoc, presbyter ; Hinuuallon, Cumalcar, presbyter ; *Junethuant*, Fili, testes ; Maenuuoret, Haelin, Benitoe, Loesuuocon, Guicant, Dosorboe, Cumiau ; † Hourantes, Enoc ; † Maencun ; † Tuthuiu ; † *Risuethen*, Guorethoiarn ; † Junuethen ; † *Matheu*. Factum est hoc in loco Lesneuueth, sub die V non. Jul., III feria, regnante domno et gloriosissimo regni ejus, Uuidone comite in Venedi (sic) civitate, Reginario episcopo, Portitoe et Uurbili mactiern in plebe Cadoc : ego, Haeldetuuido, scripsi et subscripsi.

10

Merthinhoiarn donne en gage au clerc Riuualatr le domaine de Maeltiern, compris dans le compot de Roenhoiarn, situé dans le territoire de Carentoir, c'est-à-dire la moitié de la villa Bilian.

Num. XXXIV du Cart., fol. 55 r°, p. 27.

13 Juillet 826.

Noticia in quorum presentia qualiter veniens quidam vir, nomine Merthinhoiarn, in loco nuncupante Lisnouuid ante venerabilem virum, nomine Uuorbili, vel reliquos viros qui ibi aderant vel *subter firmaverunt*, ibique pignoravit partem terrae quae vocatur partem Maeltiern, sitam in pago *Uenedie*, in condita plebe Carantoer, in loco nuncupante compot Roenhoiarn, hoc est, dimidium ville Bilian, finem habens de uno latere et fronte ripam et ville (*sic*) Breoc, et de altero latere et fronte finem habens *manu factam* cum lapidibus confixis et ripam supradictam, et ita pignoravit Mertinhoiarn terram supradictam in manu Riuualatri clereci, super solidos XX et XII modios de siclo, usque ad caput aliorum VII annorum ; et tunc non poterit redemi, iterum maneat terram (*sic*) alioquin si tunc si poterit, redimat suam terram, et iterum, si tunc non poterit, simili modo fiat ipsa terra ipsa(*sic*) in manus Riuualatri usque ad capud (*sic*) aliorum trium VII annorum et tunc si[1] non poterit Mertinoharnus reddere suos solidos ad Riuuolatrum, permaneat ipsam terram (*sic*) supradictam ad *Riuuolatrum* et cui voluerit post se, in alode et conparato, stabilis et incommutabilis, sine fine, in dicombito, sine renda ulla et sine opere vel censu ulli homini sub caelo ; et firmavit *Mertinhiarn* fidejussores III his nominibus : Buduuoret, Iuduueten, Roenuuallon, in securitate illius terrae ad Riuualatrum ; hi sunt qui *subter firmaverunt* : † Condeloc, presbyter ; † Uuinhoiarn, presbyter ; Doethuual, presbyter ; † Noli ; † Catuuotal ; † Ninan ; † Daui ; † Fomus ; † Loiesuueten ; † Haelhoiarn. Factum est hoc in loco Lisnouuid, sub die VI feria, III idus iulias (*sic*), regnante Lodouuico imperatore, anno XIII regni ejus ; Haeldetuuidus, clericus, scripsit et subscripsit.

11

Merthinhoiarn engage de nouveau la moitié de la villa Bilian.

Num. CXXXIII du Cart., fol. 82 v°, p. 100.

Juillet 826.

Noticia in quorum presentia qualiter veniens quidam vir nomine Merthinhoiarn in loco muncupante Lisnouuid, ante venerabilem virum nomine Uuoruili vel reliquos viros qui ibidem aderant vel subter firmaverunt, ibique pignoravit partem terrae quae vocatur partem Maeltiern, sitam in pago Venedie, in condita plebe Carantoerense, in loco nuncupante compoto Renohiarn, hoc est, dimidium ville Bilian finem habens de uno latere et fronte ripam et vile Breoc, et de altero latere et fronte finem habens manufactam cum lapi-

---

[1] D'après M. Rosenzweig il y aurait *sic* que l'on aurait ensuite effacé tout entier.

dibus confixis et ripam supradictam ; et ita pignoravit Merthinhoiarno (sic) terram supradictam in manu Riuualatri clerici super solidos XXVI et XII modios de siclo, usque ad caput VII annorum, et tunc reddat Merthinhoiarnus solidos suos ad Riuualatrum et recipiat suam terram. Alioquin, si tunc non potuit reddimi (sic), iterum maneat terra supradicta, sicut antea, in manu *Riuualardri* (sic) usque ad caput aliorum VII annorum ; et tunc, si poterit, redimat suam terram, et iterum, si tunc non poterit, simili modo fiat ipsa terra in manu Riuualatri, usque ad caput aliorum ternorum annorum VII ; et tunc, si non poterit Mertinhoiarn reddere suos solidos ad Uualatrum (sic), permaneat ipsa terra supradicta *ad Riuualatrum*[1] et cui voluerit ipse, in alode et conparato, stabilis et incommutabilis, sine fine, in dicombito, sine ulla renda et sine opere vel censu ulli homini nisi (sic) sub caelo ; et firmavit *Mertin hoiarn* fidejussores tres his nominibus : Buduuoret, Iuduueten, Roenuuallon, in securitate illius terrae ad Riuualatro (sic) hi sunt qui *subter firmaverunt* : signum Mertinhoiarn, qui hanc pignorantiam fecit et bonis viris adfirmari rogavit ; † Portitoe ; † Uurbili ; † Cunuual, testis ; Condeluoc, presbyte, rtestis ; Uuiuhoiarn, presbyter, testis ; † Tateael ; † Noli ; † Caduotal ; † Ninan ; † Dau ; † Fomus ; † Loiesuueten ; † Haeloiarn. Factum est hoc in loco Lisnouuid, sub die VI feria Julii, regnante domno et gloriosissimo imperatore Hlodouuico, anno XIII regni ejus, Uuidone comite in pago Venedie, Reginario episcopo ; ego, Heldetuuido, clericus, scripsi et subscripsi.

11

Uurgost vend à Mailon et Maencomin les domaines de Ronhoiarn et de Hoccretan, en Molac.

Num. CCLII du Cart., fol. 124 r°, p. 203.

6 Juin 827.

Magnifico viro fratri Mailon et Maencomin presbytero, emptori. *Ego* enim, Uurgost, venditor, constat me vendidisse tibi et ita[2] rem proprietatis mee, hoc est, partem aliquam Ronhoiarn et partem Hoccretan de tigranno Uurgosto, finem habens de uno latere et fronte fosatam *Riuinet*, et de aliam partem (sic) Uurmoet, et de latere partem Uurmon, in plebe Mulnaco, per signa in circuitu, sitam in pago Venetice, in condita plebe Mullaco, in loco nuncupante de villa Runhoiarn et Ran Hoccretan, cum terris, silvis, cultis et incultis, pratis, pascuis, aquis, secundum fossam Maeruu-

---

[1] Il faut lire ad Riuualatrum (Note du cart.).
[2] Il faudrait ajouter *vendidi* (Note du cart.).

oreto ad viam partem Rihael ab uno latere uspue ad osam (sic) frate (sic) finem habet, et omni supraposito suo, unde [a] me presenti tempore videtur esse possessum, de jure meo in tua trado potestate vel dominatione, uude accepi a te precium sicut mihi bene complacuit, illis resentibus qui *subter tenenur* incerti, hoc est, duos boves et duas vaccas et duo Drio[1] (sic) et unam ovem et pallium et XV solidos denarios V, ita ut ab hodierna die quicquid exinde facere volueris, jure proprietario liberam et firmissimam in omnibus habeas potestatem ad faciendum ; et si fuerit, aut ego ipse, aut ullus de coheredibus meis, vel quislibet alia persona, qui contra hanc vendicionem aliqua calumnia (sic) vel repeticionem generare presumpserit, illud quod repetit non vindicet, et insuper contra cui litem intulerit solidos C ponat (sic), et hec vendicio firma permaneat ; et istos fidejussores obligo tibi in securitate de ista terra : Uurhoiarn, Jouuelet, Stephan, Maenuuoret, Drehoiarn, Matuuoret, Finitan, Mainmonoc ; hii sunt qui *subter firmaverunt* : Signum Uuorgost, venditoris, qui hanc vendicionem firmavit et ad[2] bonis viris affirmare rogavit ; Riethoc, testis ; Riuuoret, testis ; Ronuuallon, testis ; Moetnou, testis ; Matganet, testis ; Retuuoret, testis ; Judhael, testis ; Jardrion, testis ; Rian, testis ; Risican, presbyter, testis ; Ronin, presbyter, testis. Factum est hoc VIII idus jun, II feria, in loco nuncupante Ran Rouhoiarn et Ran Hoccretan, regnante domno et gloriosissimo Ludovico imperatore, anno XIIII imperii ejus, Nominoe comite venetice civitatis, Reginario episcopo, Portitoe machtiern ; ego, Mailon, clericus, scribsi.

12

Tehuuiu donne à son épouse Argantan et à ses enfants la villa de Ranlouuinid, en Trebetuual, dans le territoire de Ruffiac. Tehuuiu avait acheté cette villa de Euhocar.

Num. CLII du Cart., fol. 88 v°, p. 116.

829-830.

Ego igitur, in Dei nomine, Tehuuiu, te fidelem conjugem meam Argantan cognoscens, et de die presente trado tibi et semini tuo post se (sic) villam juris nostri nuncupantem *Rannlouuinid*, quam emimus a quodam viro nomine Euhocar, sitam in pago Venedia, in condita Ruflaco, in loco nuncupante Trebetuual[3], cum terris suis et

---

[1] Le mot *Drio* a été ajouté après coup (Note de M. Rosenzweig).
[2] Il faudrait lire *a* (Not. du cart.).
[3] TREBETUUAL. Ancienne villa de Ruffiac, aujourd'hui ETIVAL.

omni suraposito suo, sicut a nobis videtur esse possessam, ita in vestra trado potestate vel dominatione, habeatis, teneatis, possideatis, quicquid exinde facere volueritis, liberam et firmissimam in omnibus habeatis potestatem ad faciendum, in alode conparato, sine renda, sine opere, dicofrit, difosot, et sine ulla re ulli homini sub caelo nisi denarios VI ad Sanctam Leupherinam in monasterio Conoch, pro anima mea ; et si fuer.* ulla quelibet persona que contradicere presumpserit, illud quod repetit non vindicet, sed insuper et contra cui litem intulerit solidos XL multa conponat. Factum est hoc coram multis testibus : Catuuotal, testis ; Uuorcomet, testis ; Uuordotal, testis, Marchuuallon, testis; Framuual, testis; Buduuoret, testis ; Uuoletec, testis ; Haelhoiara, testis ; Eusorgit, testis ; Rihouuen, testis ; Comaltcar, testis ; Anaugen, testis. Factum est hoc in loco nuncupante Lisnouuid, VI feria, regnante domno et gloriosissimo Lodouuico imperatore, anno XVI imperii ejus, Uuidone comite ; et ego, Haeldetuuid, abbas, scripsi et subscripsi.

13

Broen vend au prêtre Rihouuen la villa Loutinoc, située à Lerniac, dans la paroisse de Ruffiac.

Num. CLV du Cart., fol. 89 v°, p. 119.

16 Janvier 830.

Magnifico viro Rihouueno presbytero, emptori, ego enim, in Dei nomine, Broen, venditor, constat me tibi vendidisse et ita vendidi rem proprietatis meae, id est, villam juris mei nuncupantem Loutinoc[1], VIII modios de brace, sitam in pago *Broueroch*, in condita plebe Ruffaco, in loco nuncupante Lerniaco, super ripam Hemhoir, cum terris, libertis, acolibus (*sic*), mancipiis, silvis, pratis, pascuis, aquis aquarumve decursibus, mobilibus et inmobilibus, totum et *adintegrum*, cum omni suraposito suo, sicut a me presenti tempore videtur esse possessam, de jure meo in tua trado potestate vel dominatione, unde accipi (*sic*) a te pretium in quo mihi bene complacuit, illis presentibus qui *subter tenentur* inserti, hoc est, de argento solidos XXIIII, ita ut ab hodierna die quicquid exinde facere volueris, jure proprietario, liberam et firmissimam in omnibus habeas potestatem ad faciendum, sine censu, sine opere, sine renda et sine ulla re ulli homini sub caelo nisi ad Rihouuenum presbyterum et Anaugen presbyterum, fratrem ejus, et cui voluerint post se ; et est circumcincta de uno latere

[1] Loutinoc. Très ancien village de Ruffiac, appelé aujourd'hui Lodineux.

flumine quod vocatur Himhoir, et de fronte terra Riantcar, de alio latere verneta et de quarto vero fronte pratum (*sic*) ; et quod fieri non credo, si fuerit, aut ego ipse Broin, aut ullus de heredibus meis, vel quelibet aliqua persona que contra hanc venditionem si (*sic*) aliquam calumniam vel repeticionem generare presumpserit, illud quod repetit non vindicet, et insuper cui contra litem intulerit solidos XLVIII multa conponat ; et ut venditio ista firma et stabilis permaneat, et alligavit Broin dilisidos de ista terra ad Rihouuenum presbyterum : Hinoc, Maenbili, Arthuuiu ; hi sunt qui *subter firmaverunt :* Signum Broin, testis ; Houuori, testis ; Miot, testis ; Noli, testis ; Cathoiarn, testis ; Tetuiu, abbas, testis ; Hacluuobri, testis ; Catuueten, testis ; Catuuotal, testis ; Anauran, testis ; Cathoiarn, testis ; Louui, testis ; Fomus, testis ; Jacu, testis ; Anaugen, presbyter, testis ; Comaltcar, testis ; Uuincalon, testis ; ex verbo Portitoe et Uurbili, testes, et filiorum eorum. Factum est hoc sub die XVII kalendas februarii, die dominico, in loco non ignobili nuncupante aecclesia Rufiaco, presente populo, regnante domno et gloriosissimo Lodouuico, anno XVII regni ejus, Uuidone *commite* in Venedia, Reginario episcopo, Portitoe machtierne, et Uuoruili frater ejus ; ego Haeldetuuido, clericus, scripsi.

15

Uuoluan vend à Dormin et à son fils Maencomin le domaine de Uurmoet, sis à Trebdobrogen, en la paroisse de Ruffiac.

Num. CXCVI du Cart., fol. 103 v°, p. 152.

1ᵉʳ Juillet 830.

Magnifico viro fratri Dormino et filio suo Maencomino, ego enim, Uuolouan, constat me vobis vendidisse et ita vendidi rem proprietatis meae, hoc est, de terra modius (*sic*) de brace VIII, modios de brace Uurmoet, sitam in pago Venedie, in condita Rufiaco, in loco nuncupante Trebdobrogen[1], finem habens II campus (*sic*) ex uno latere, Ranngratias et Botbeuuin et silvam et pratum ; alius vero et campus finem habens et (*leg ex*) uno latere Rann Eleoc et alia via publica ; ex uno fronte Campgratias, ex alio Rannpencelli ; tercius autem habet ex uno fronte via que ducit ad Beduu, ex alio Campcoet *ex* uno latere Ran Anauuin et ex alio a (*sic*) villa Abeduu usque ad Betfuric, cum terris, silvis, pratis, pascuis, aquis aquarumve decursibus, mobilibus et inmobilibus, totum et *adintegrum*

---

[1] TREBDOBROGEN. Aujourd'hui : DOBROGEN.

cum omnibus apendiciis suis, vel omni supraposito suo, sicut a me presenti tempore videtur esse possessum, de jure meo in tua trado potestate vel dominatione, unde accepi a te precium sicut mihi bene complacuit, illis presentibus qui *subter tenentur* inserti, hoc est, de argento sosidos (*sic*) XVIIII et denarios X, ita ut ab hodierna die quicquid exinde facere volueris, jure proprietario, liberam *et* firmissimam in omnibus habeatis potestatem ad faciendum, sine censu, sine tributo et sine opere ; et si fuerit, aut ego ipse, aut ullus de heredibus meis, vel quislibet persona, qui contra hanc venditionem aliquam calumniam vel repeticionem generare presumpserit, illud quod repetit non vindicet, et insuper contra cui litem intulerit solidos XL multa conponat, et haec venditio firma et stabilis permaneat. † *Cunaualt*, testis ; Uuolethec, *dilisid* ; † Maenuili, dilisit ; Junetuuant, †, dilisid ; † Houuori ; † Diloid ; † Iarndetuuid ; † Lathoiarn, presbyter ; † Uuetenuuoret ; † Milcondoes ; † Maenuuoret ; † Blenlini ; † Driuinet, presbyter ; † *Tethuuiu* ; † Loiesuuocon ; † Hirduuoret, presbyter ; † Paschoiarn ; † Menion ; † Louuenhoiarn ; † Rihouuen, presbyter ; † Pasccaham ; † presentibus Anauran, Catuueten ; † Cathoiarn ; † Uuolouan, †, venditoris. Factum est hoc in loco nuncupante Botmachlon, presentibus Portitoe et Uuruili, vassis dominicis, sub die kal. julii, VI feria, regnante domno Lodouuico imperatore, Uuidone commite Venedie, Reginario episcopo, Portitoe machtiern. Ego, Haeldetuuido, scripsi et subscripsi.

16

Roiantdreon gratifie le monastère de Redon d'un Evangéliaire enrichi d'or et d'argent, et en même temps de l'alleu qu'il possédait dans la paroisse de Lanouée comme héritage paternel.

Num. CLXV du Cart., fol. 93 r°, p. 128.

15 Août 832-835.

Haec carta indicat atque conservat qualiter venit Roiantdreon, orationis causa, ad monasterium quod dicitur Roton, et ibi donavit Evangelium paratum ex auro et argento, in sua elemosina, mittens eum super altare, necnon et alodum quem habebat in Laneos, quem antea comparavit pater suus Loiesbritou de Roenuuallon, id est, totum dimidium hereditatis ipsius Roenuuallon tradiuit Roiantdreon, in sua elemosina pro anima sua, Sancto Salvatori et monachis ibi habitantibus, ita dedit totum atque integrum supradictum alodum, cum massis et manentibus, cum terris et pratis, cum pascuis et aquis, et cum omni adpendicione sua, sine censu, sine tributo ulli homini nisi supradictis monachis. Facta est ista elemosina in die Adsumptionis *Sanctae Mariae*, post missam, tradens per suam manicam per¹ altare, coram multis testibus : Portitoe, testis ; Conual, testis ; Iarnhitin, testis ; Conan, testis ; Catloiant, testis ; Ratfred, testis ; Uuetenoc, testis ; Cristian, testis ; Conan de plebe Catin, testis ; Courantdreh, testis ; Loiesbidoe, testis ; Callon, testis ; Uurbudic, testis ; Arthuiu, testis ; Sulcomin, presbyter de Giliac, testis ; Gerharth, testis ; Uuoletec, testis ; Edelfrit, testis ; Loiesic, testis ; Noli, testis ; Uuorcomed, testis.

17

Alunoc demande à l'abbé Convoion une réduction du cens dû à l'abbaye de Redon, sur le domaine de Tegrann Botlouuernoc.

Num. XLVIII du Cart., fol. 59 v°, p. 38.

832-860.

Notum sit omnibus venturis populis qualiter veniens Alunoc ad monachos rotonenses Sancti Salvatoris, propter suam tegrannam nomine Bot Louernoc, ut moderare posset retributum illius terrae, quod et fecerunt, id est, tres modios de frumento, in die kl. octobris, consenserunt, et propriis voluntatibus, per singulos annos, reddere Sancto Salvatori, cum bono servitio et bonitate ac fidelitate illius, et ipsum tributum vadiavit Alunoc in manibus Conuuoion abbatis et Uuincalon monacus *(sic)* reddere per singulos annos. Factum est hoc in monasterio Roton coram supradicto abbate et monachis rotonensibus.

18

Catloiant et Daniel donnent en gage à l'abbé Convoion une petite partie du domaine de Rancarian en Carentoir.

Num. CXXXII du Cart., fol. 82 r°, p. 100.

832-867.

Haec carta indicat qualiter pignoraverunt Catloiant et Daniel et Sulon unam particulam terrae de Rancarian Conuuoion abbati, pro duobus solidis et IIII denariis, usque in manum *(sic)* sempiternum ; et si redempta non fuerit in capite septem annorum, permaneat in-

¹ *Per* pour *Super* (Note du Cart.)

convulsa Sancto Salvatori et suis monachis; et dederunt dilisidos in securitate supradicte *terrae* : Notolic, Iarnhitin. Factum est hoc IIII feria, in Rogationes, in Ranhac; Loiesuur, presbyter, testis ; Modrot, testis ; Uuocon, testis ; Uuetenoc, testis ; Catlouuen, testis ; Abraham, testis ; Conatam, testis ; Rohot, testis ; Mael, testis ; Iarnuuocon, testis.

19

Rethuualatr, malade, gratifie le monastère de Redon de sa villa de Uuiniau, dans la paroisse de Pluherlin.

Num. VII du Cart., fol. 4 r°, p. 7.

9 Février 833.

Mundi termino adpropinquante, jam certa signa manifestantur, idcirco ego, in Dei nomine, Rethuualatr, egrotus, considerans gravitudinem peccatorum meorum, et reminiscens bonitatem Dei dicentis, Date elemosinam et omnia munda fiant vobis si aliquid de rebus nostris locis sanctorum vel substantie pauperum conferimus, hoc nobis, procul dubio, in aeternam beatitudinem retribuere confidimus; ego quidem, de tanta misericordia et pietate Domini confisus, per hanc epistolam donationis donatumque in perpetuum esse volo ad illos monachos habitantes et operantes regulam sancti Benedicti in monasterio quod vocatur Rothon, ita et feci : ita donavi ego, Rethuualart, villam quae vocatur Uuiniau, cum mansis et manentibus, tribus hominibus : Condeloc, et alius Herpin, Driuuobri, cum terris, pratis, pascuis, aquis, aquarumve decursibus, mobilibus et inmobilibus, cultis et incultis, cum omnibus appenditiis suis, sicut a me presenti tempore videtur esse *posessum*, totum atque integrum, a die presenti trado atque transfundo ipsis monachis in elemosinam propter regnum Dei, ita ut quicquid exinde facere voluerint, liberam ac firmissimam in omnibus habeant potestatem; et si fuerit, aut ego ipse, aut unus de propinquis heredibus meis, vel quelibet persona, qui contra hanc donationem calumniam fecerit, solidos CC conponat. Signum Bili ; † Hoian; † Maban ; † Uuinou ; † Haelliffen ; † Cristian ; † Iarnhaitou ; † Roenuuallon; † Guorasou; † Triuuoet ; † Iarnhitin, presbyter; † Nominoe, presbyter; † Roencomal; † Arthuiu ; † Uurmhouuen ; † Morman , † Rethuualart; † qui donavit et firmari rogavit; id est, terram supradictam Ran Uuiniau, sine ceusu, sine tributo alicui homini nisi ad ipsos monachos *Rothonicos*. Facta est ista elemosina V idus februarii, in die dominico, in loco supradicto Roton, presente populo, donante illo Rethuualatro cespitem super altare de illa supradicta Ran Uuiniau sita in plebe nuncupata plebe Huiernim, in parrochia Venedie, regnante domno imperatore *Hlodouuico*, anno XX regni ejus, Regenario episcopo, Rethualart maetierno, Nominoe magistro in Britanniam.

20

Guencalon donne au monastère de Saint-Sauveur de Redon une villa nommée Coluuoretan, avec sa mense.

Num V du Cart., fol. 3 r°, p. 5.

15 Mai 833.

Mundi termino adpropinquante, ruinis crebrescentibus, jam certa signa manifestantur, idcirco ego, in Dei nomine, Guincalon, considerans gravitudinem peccatorum meorum, et reminiscens bonitatem Dei dicentis, Date elemosinam et omnia munda fiant vobis; si aliquid de rebus nostris locis sanctorum vel substantiae pauperum conferimus, hoc nobis, procul dubio, in aeternam beatitudinem retribuere confidimus; ego quidem, Guincalon, de tanta misricordia et pietate Domini confisus, per hanc epistolam donationis donatumque in perpetuum esse volo ad illos monachos habitantes et operantes regulam sancti Benedicti in monasterio quod vocatur Roton, ubi ipse locum petivi animam meam salvandi, quod ita et fecimus, donavimus eis, id est, villam juris mei quae mihi evenit ex parte genitoris mei, quondam nomine Coluuoretan, cum manso meo et aliis mansiunculis, ubi ipsi manentes commanent, cum terris, aedificiis, pratis, pascuis, aquis, aquarumve decursibus, mobilibus et inmobilibus, cultis et incultis, cum omnibus apenditiis suis, sicut a me, presenti tempore, videtur esse possessum, totum atque integrum, a die presente trado atque transfundo, ita ut quicquid exinde pro oportunitate monasterii facere voluerint, liberam ac firmissimam in omnibus habeant potestatem: et si fuerit, post hunc diem, aut ego ipse, aut unus de propinquis heredibus, vel quaelibet persona, quae contra hanc donationem aliquid repetere vel calumniam generare presumpserit, solidos CC multum conponat, et quod repetit non vendicet (*sic*), et haec donatio per omnia tempora firma permaneat. Actum est hoc in *Poutrecoett*, in condita Algam, anno XX imperii Hlodouuici. Signum Guencalon qui donationem istam fecit et firmari rogavit; † Riuualt; † Deurhoiarn; † Trehlouuen; † Arthmael; † Iarnuualt; † Euuon; † Catuethen; † Moruueten; † Riuualt; † Cominan; † Roenhoiam; † Brithael; † Haeloc; † Saluu; † Uuoletec;

† Driuinet; † Iarnnomen; † Francan; *Conmarc;* † Iarncum; † Iungomarc; †Tutuual; †Driuueten; † Uuinmorin; † Riuuocon; †Alunoc; †Haelhoiarn; †Hinuuethen; † Iunuuoret; † Uurgitan; †Suluuoret; † Kenetlor; † Haelcar; † Iarnhirt; † Euuen; † regnante Nominoe in Britannia, Ermor, episcopus, Machtiernn in Poutrecoett ; Cumdelu, presbyter, scripsit, idus mai, V Feria, in Liscoet, in Caroth.

21

Condeloc, fils de Groecon, donne aux moines de Redon l'emplacement de Tigran Mellac, en Carentoir.

Num. XVI du Cart., fol. 8 r°, p. 15.

14 Octobre 833.

Mundi termino adpropinquante, ruinis crebrescentibus, jam certa signa manifestantur, idiciro ego, in Dei nomine, Condeloc, considerans gravitudinem peccatorum meorum, et reminisens bonitatem Dei dicentis, Date elemosinam et omnia munda fiant vobis ; si aliquid de rebus nostris locis sanctorum vel substantiae pauperum conferimus, hoc nobis, procul dubio, in aeternam beatitudiem retribuere confidimus ; ego quidem, de tanta misericordia et pietate Domini confisus, per hanc epistolam donationis donatumque in perpetuum esse volo ad illos monachos in Rotono laborantes et regulam sancti Benedicti operantes, quos ego, Condeloc, petens ut locum mihi habitandi secum donarent, quod et fecerunt per misericordiam ; deinde donavi ego Condeloc eis campum in *Tigran* Mellac, jacentem inter fosam (*sic*) Catuuallon et viam publicam, quem campum meus pater Groecon conparaverat in alode, sine censu alicui homini ; idcirco ego, Condeloc, dono atque transfundo istum supradictum campum supradictis monachis, in elemosina, pro anima patris mei Groecon, sine censu, sine tributo alicui homini, nisi ad supradictos monachos ; et quicquid exinde facere voluerint, liberam ac firmissimam in omnibus habeant potestatem. *Signum* Condeloc, qui dedit ; † Hirtuuoret ; † Taetal, presbyter ; †Catbud : † Maenuoret; † Guinhael : † Heluili ; † Loesuuethen; † Guorthoiarn ; † Meranhael † ; Rethoiaru ; † Edelfrit ; † Driuinet; †Iudhocar. Facta est ista elemosina II idus octobris, ante aecclesiam Carantoer, III feria, XX anno imperii Hlodouuici, Raginario episcopo in Uednedia (*sic*), Guoruili et Portitoe duo machtiern.

22

Guruili donne aux moines de Redon les domaines de Bronantrcar et de Rancatoien, en Carentoir.

Num. VIII du Cart., fol. 4 v°, p. 8.

26 Octobre 833.

Mundi termino adpropinquante, ruinis crebrescentibus, jam certa signa manifestantur, idcirco ego, in Dei nomine, Guruili, considerans gravitudinem peccatorum meorum, et reminiscens bonitatem Dei dicentis, Date elemosinam et. omnia munda fiant vobis; si aliquid de rebus nostris locis sanctorum vel substantiae pauperum conferimus, hoc nobis, procul dubio, in aeternam beatitudinem retribuere confidimus; ego quidem, Guuruili, de tanta misericordia et pietate Domini confisus, per hanc epistolam donationem (*sic*) donatumque in perpetuum esse volo ad illos monachos laborantes et regulam sancti Benedicti operantes in monasterio quod vocatur Roton, id est donavi eis Bronantrcar, Ran-Catoien, sex modios brac (leg. brace), cum manentibus tribus, *Hii* sunt : Keuuirgar, *Haelhocar,* Louuencar, cum terris, silvis, pratis, pascuis, aquis, aquarumve decursibus, mobilibus et inmobilibus, et cum omnibus appendiciis suis, sicut a me videtur esse possessum, ita ego, Guuruili, trado atque transfundo in elemosina, pro anima mea et propter regnum Dei, ad supradictos monachos, ita ut quicquid exinde pro utilitate monasterii facere voluerint, liberam ac firmissimam in omnibus habeant potestatem, sine censu, sine tributo alicui homini nisi ad illos monachos. Factum est hoc in die dominica, VII kl. novembris, in aecclesia Carantoerinse. *Signum* Guoruili, qui dedit et firmari rogavit ; † Catloiant ; † Guolethec ; † Rishoiarn ; † Ridien ; † Haelin ; † Fili ; † Benitoe ; † Riauual ; † Niniau ; † Guorgomet ; † Framuual ; † Noli ; † Cathoiarn ; † Euhoiarn ; Uuinhoiarn ; regnante venerabili imperatore Holodouuico, anno XX Regenario episcopo ; pax sit omnibus.

23

Riuualt donne aux moines de Saint-Sauveur de Redon les domaines de Botlouuernoc et le Couuenran Rangleumin, ainsi que la rente qui était payée sur le domaine de Coluuoretan, en Augan.

Num. VI du Cart., p. 6.

10 Décembre 833.

Mundi termino adpropinquante, ruinis crebrescentibus, jam certa signa manifestantur, idciro, in Dei nomine, Riuualt, considerans gravitudinem peccatorum meorum, et reminiscens bonitatem Dei dicentis, Date elemosinam et omnia munda fiant vobis ; si aliquid de rebus nostris locis sanctorum vel substantia (*sic*) pauperum conferimus, hoc nobis, procul dubio, in aeternam beatitudinem retribuere confidimus ; ego quidem, de tanta misericordia et pietate Domini confisus, per hanc epistolam donationis donatumque in perpetuum esse volo ad illos monachos Rotono habitantes et regulam sancti Benedicti operantes, id est, ego, Rivvalt (*sic*) dedi eis monachis tigran Botlouuernoc et Couuenran que vocatur Rangleumin, cum manentibus et mansibus, cum terris, pratis, pascuis, aquis, aquarumve decursibus, mobilibus et inmobilibus, et cum omnibus appenditiis suis, ita trado atque transfundo terram supradictam tigran Botlouuernoc et Rangleumin et rendam que solvebatur *mihi* de Coluuoretan, in elemosina pro anima mea et pro anima imperatoris et pro regno Dei, ad supradictos monachos, sicut a me videtur hodie possessum ita trado eis, ita ut quicquid exinde pro utilitate monasterii facere voluerint, liberam ac firmissimam in omnibus habeant potestatem ; et si fuerit, aut ego ipse, aut aliquis ex propinquis meis, vel quelibet persona, qui contra hanc donationem et elemosinam aliquam calumniam generare *presumserit*, CC solidos conponat multum, et illud quod repetit non vendicet, sed ista donatio, per omnia tempora, firma permaneat. Signum Riuualt, qui dedit et firmare rogavit ; † Deurhoiarn ; † Trehlouuen ; † Riuualt ; † Tanetuiu ; † Matuidet ; † Euuon ; † Uuoron ; † *Roenhoiarm* ; † Moruueten ; † Uuoletec ; † Conmarc ; † Noduuoret ; † Iarnuualt, presbyter. Factum est hoc, ante *aecclesiam*, in IIII idus decembris, anno XX imperii Hlodouuici, gubernante Nominoe Britanniam, Hermoro episcopo, et Guencalon et Rihouuen fuerunt missi ex Rotono monasterio hoc recipere ex manu Rivvalti (*sic*) cum manica.

24

Confirmation de la dite donation par Riuualt.

Num. CXXIII du Cart., fol. 79 v°, p. 93.

10 Décembre 833.

Mundi termino adpropinquante, ruinis crebrescentibus, jam certa signa manifestantur ; idcirco ego, in Dei nomine, Riuualt, considerans gravitudinem peccatorum meorum, et reminiscens bonitatem Dei dicentis, Date elemosinam et omnia munda fiant vobis ; si aliquid de rebus nostris ocis sanctorum vel substantiae pauperum conferimus, hoc nobis, procul dubio, in aeterna beatitudine retribuere confidimus ; ego quidem de tanta misericordia et pietate Domini confisus, per hanc epistolam donationis donatumque in perpetuum esse volo ad illos monachos in Rotono habitantes et regulam sancti Benedicti operantes, id est, ego, Riuualt, dedi eis monachis supradictis tegran Botlouuernoc et *Conuuenran* quo vocatur Rangleumin et Coluuoretan, tantum quantum Uuincalon tenebat, cum manentibus his nominibus : Budic et semen ejus, Lompeu et semen ejus, et filios Rictan et semen eorum post se, et filios Heuhoiarn et semen eorum post eos ; cum terris, pratis, pascuis, aquarum (sic), mobilibus et inmobilibus, et cum omnibus apendiciis suis, ita trado atque transfundo terram supradictam et homines supradictos in elemosina pro anima mea et pro anima Deurhoiarn et pro regno Dei, ad supradictos monachos, sicut a me hodie videtur esse possessum, ita ut quicquid exinde pro utilitate monasterii facere voluerint, liberam ac firmisssimam in omnibus habeant potestatem ; et si fuerit, aut ego ipse, aut aliquis *ex* parentibus meis, vel quelibet persona, qui contra hanc donationem et elemosinam aliqua (*sic*) calumniam generare presumpserit, CC solidos multum conponat, et illud quod repetit non *vindicet*, sed ista donatio, per omnia tempora, firma permaneat. Signum Riuualt, qui dedit et firmavit ; signum Deurhoiarn ; † Drihlouuen ; † Riuualt ; † Tanetuuiu ; † Matbidet ; † Euuon ; † Uuororon ; † Renhoian ; † Moruueten ; † Uolethec ; † Conmarch ; † Noduuoret ; † Iarnuualt; † Noduinet, presbyter ; † Cennetlur ; † Budcomin. Factum est hoc ante aecclesiam Alcam, in IIII feria, IIII idus decembris, in I anno *inperii* Hlotharii, gubernante Nominoe Brittanniam, Ermor episcopo, et Uuincalon et Rihouuen fuerunt missi ex Rotono hoc recepere (*sic*) ex manu Ritiualti cum manica.

25

Conuual donne à l'abbaye de Redon la villa Bachon en Pleucadeuc.

Num. X du Cart., fol. 5 v°., p. 10.

28 Décembre 833.

Mundi termino adpropinquante, ruinis crebrescentibus, jam certa signa manifestantur, id circo in Dei nomine, Conuual, considerans gravitudinem peccatorum meorum, et reminiscens bonitatem Dei dicentis, Date elemosinam et omnia munda fiant vobis ; si aliquid de rebus nostris locis sanctorum vel substantiae pauperum conferimus, hoc nobis, procul dubio, in aeterna beatudine retribuere confidimus ; ego quidem, de tanta misericordia et pietate Domini confisus, per hanc epistolam donationis donatumque in perpetuum esse volo ad ipsos monachos in Rotono habitantes et regulam sancti Benedicti exercentes, id est, ego, Conuual, dedi eis monachis Bachon cum manentibus, cum terris, silvis, pratis, pascuis, aquis aquarumve decursibus, mobilibus et inmobilibus, et cum omnibus adpenditiis suis, ita trado atque transfundo, in elemosina pro anima mea, terram supradictam, id est, Bachon. Signum Conuual ; † Maelhoc : † Euhoiarn ; † Fomus ; † Anaugen, presbyter ; † Guethenoc ; † Tribodu ; † Arthuiu ; † *Guormhouuen* ; † Guethengar. Data est elemosina ista ad supradictos monaclos in Rothono, sine censu, sine tributo alicui homini nisi ad supra dictos monachos. Factum est hoc in die dominica, V kl. januarii, XX anno regni imperatoris Hiodouuici, Regenario episcopo in Venedia.

26

Broin livre au monastère de Redon une partie de la terre de Ranuuoionan.

Num. IX du Cart., fol. 5 r°., p. 9.

833-834.

Mundi termino adpropinquante, ruinis crebrescentibus, jam certa signa manifestantur, idcirco ego, in Dei nomine, Broin, considerans gravitudinem peccatorum meorum, et reminiscens bonitatem Dei dicentis, Date elemosinam et omnia munda fiant vobis ; si aliquid de rebus nostris locis sanctorum vel substantiae pauperum conferimus, hoc nobis procul dubio, in aeternam beatitudinem retribueree

confidimus ; ego quidem, de tanta misericordia et pietate Domini
confisus, per hanc epistolam donationis donatumque in perpetuum
esse volo ad illos monachos habitantes et operantes regulam sancti
Benedicti in monasterio quod vocatur Roton, ita et feci, idest,
donavi eis partem terrae que vocatur Ranuuoionan, id est, VIII
modios de bracce (sic), cum manente *Uueten Uuoion*, cum terris,
pratis, pascuis, aquis, aquarumve decursibus, mobilibus, cultis et
incultis, cum omnibus adpendiciis suis, sicut a me presenti tempore
videtur esse possessum, totum atque integrum, a die presente,
Broin, trado atque transfundo ipsis monachis, in elemosinam, propter
regnum Dei, ita ut quicquid exinde facere voluerint, liberam ac
firmissimam in omnibus habeant potestatem ; et si fuerit, aut ego
ipse, aut unus de propinquis heredibus, vel quelibet persona, qui
contra hanc donationem calumniam fecerit, solidos CC multum
conponat, et haec donatio, per omnia tempora, subnixa, sine censu,
sine tributo alicui homini nisi ad supra dictos monachos, permaneat.
Signum Jarded ; † Houuori ; † Maenuili ; † Haeluuobri ; † Jagu ;
† Rethuualatr ; † Bertuualt ; † Catuuobri ; † Matuueten ;
† Driuuobri ; † Maenuuobri ; † Rinduran ; † Britou ; † Cathoiarn ;
† Fomus ; † Adgan ; † Johan ; † Anaugen ; † Comaltcar. Actum est
hoc anno XX imperii Hlodouuici, Ragenario episcopo Venedie civitatis, in die dominica, in aecclesia Rufiac, et erat Portitoe machtiern
in illa plebe.

27

*Haeldetuuid donne au monastère de Redon le revenu de la
villa, du champ et de la vigne qu'il possède à Liskelli, dans
la paroisse de Guer.*

Num. CXCVII du Cart., fol. 104 r°, p. 153.

23 Janvier 833-839.

Mundi termino adpropinquante, ruinis crebrescentibus, jam certa
signa manifestantur ; idcirco ego, in Dei nomine, Haeldetuuido,
considerans gravitudinem peccatorum meorum, et reminiscens
bonitatem Dei dicentis, Date elemosinam et omnia munda fiant vobis ;
si aliquid de rebus nostris locis sanctorum vel substantiae pauperum conferimus, hoc nobis, procul dubio, in aeternam beatitudinem
retribuere confidimus ; ego quidem, de tanta misericordia et pietate
Domini confisus, per hanc epistolam donationis donatumque in
perpetuum esse volo ad basilicam Sancti Salvatoris in monasterio

rotonensi vel omni congregationi ibidem *consistensi (sic)*, et venerabilis vir Conuuoion abbas presbyter esse videtur, hoc est, rendam denarios CC in argento *iuno* (pour *in uno ?*) quoque anno de meo villare et de mea vinea et de campo qui in circuitu ejus est, qui habet sationem modios XII de frumento, a via que ducit ad fontem Pullupin, per circuitum, usque ad viam que ducit ad Lisbebu (*sic*) de Liscelli, sitam in pago trans silvam, in condita plebe Uuern, in loco nuncupante Liskelli, ea vero ratione ut quamdiu advixero, emper ipsam rendam solvere studeam ; et post meum quoque discessum, qui ex meis propinquis propinquior fuerit qui ipsam terram tenuerit, similiter faciat ; et si fuerit, aut ego Haelletuuido, aut ullus de heredibus meis, vel quislibet persona, qui contra hanc donationem aliquid refrangere vel calumniam generare presumpserit, illud quod repetit non vindicet, et insuper cui contra litem intulerit solidos multos conponat, et haec donatio stipulatione subnixa inlibata permaneat. Signum Haelletuuido. Factum est hoc in loco non ignobili nuncupante monasterio rotonensi, VII feria, die V decimo kl. februarii, regnante domno et gloriosissimo imperatore Lodouuico, coram Conuuoione abbate et suis monachis.

28

Le prêtre Rihouuen donne à Saint-Sauveur de Redon le domaine de Loutinoc, en Ruffiac.

Num. XII. du Cart., fol. 6 v°, p. 12.

18 Janvier 834.

Mundi termino adpropinquante, ruinis crebrescentibus, jam certa signa manifestantur, idcirco ego, in Dei nomine, Rihouuen, presbyter, considerans gravitudinem peccatorum meorum, et reminiscens bonitatem Dei dicentis, Date elemosinam et omnia munda fiant vobis ; si aliquid de rebus nostris locis sanctorum vel *substantie* pauperum conferimus, hoc nobis, procul dubio, *in eternam* beatitudinem retribuere confidimus; ego quidem, Rihouuen, de tanta misericordia et pietate Domini confisus, per hanc epistolam donationis donatumque in perpetuum esse volo ad illos monachos laborantes et regulam sancti Benedicti operantes in monasterio quod dicitur Roton, quos petens ut mihi locum darent habitandi, quod et fecerunt, per misericordiam et caritatem; deinde donavi eis de jure nostro Loutinoc quae mihi per cartas et venditionem evenit, id est, terram, pratum, aquam, totum atque integrum, cultum

atque incultum, circumcinctam de uno latere flumine quod vocatur
Imuuor, et de fronte terra Riantcar, de alio latere verreta, de
quarto vero fronte pratum sic conclaudit, omnia trado eis, in die
presenti, ita ut exinde quicquid facere voluerint, liberam ac firmissimam in omnibus habeant potestatem, post hunc diem ; et si fuerit,
aut ego ipse, aut unus de propinquis heredibus meis, vel quaelibet
persona qui contra hanc donationem aliquid refringere vel calumniam generare presumpserit, illud quod repetit non vendicet, et insuper cui contra litem intulerit, solidos L conponat multum, et
donatio ista, per omnia tempora, firma permaneat. Actum est hoc in
Brouuerec, condita Ruflac ; *Signum* Rihouuen qui donavit et firmari
rogavit ; † Anauuen, presbyteri ; † Johan, presbyteri ; † Comalcar,
presbyteri ; † Houuori ; † *Maenuili* ; † Louui ; † Haelouuri ; †
Drueuobri ; † Anauran ; † Cathoiarn ; † Iagu ; † Bertuualt ; † Rethuualart ; † Matuueten ; † *Maenuuobri* ; † Fomus ; † Miot ; † Arthuiu.
Factum est hoc sub XV diae (*sic*) kl februarii, in die *dominica*,
in ecclesia Ruflac, regnante domno Hlodouuico, Regenarico episcopo,
Portitoe et Guoruili duo machtienn (*sic*).

29

Rihouuen confirme sa donation.

Num. CLVI du Cart., fol. 90 r°, p. 120

18 Janvier 834.

Mundi termino adpropinquante, ruinis crebrescentibus, jam certa
signa manifestantur ; idcirco ego, in Dei nomine, Rihouuen, presbyter, considerans gravitudinem peccatorum meorum, et reminiscens
bonitatem Dei dicentis, Date elemosinam et omnia munda fiant vobis ;
si aliquid de rebus nostris locis sanctorum vel subtstantiae pauperum conferimus, hoc nobis, procul dubio, in aeterna beatitudine retribuere confidimus ; ego quidem, Rihouuen, presbyter, de tanta misericordia et pietatem (*sic*) Domini confisus, per hanc epistolam donationis donatumque in perpetuum esse volo ad illos monachos laborantes et regulam sancti Benedicti operantes in monasterio quo (*sic*)
dicitur Roton, quos petens ut locum mihi darent habitandi, quod
et fecerunt per misericordiam et caritatem ; deinde donavi eis de
jure meo Loudinoc, que mihi per cartam et venditionem et[1] quodam
homine nomine *Broin*, venditore, evenit, cum terris, pratis, pascuis, aquis, totum et *adintegrum*, cultum atque incultum, et esse

[1] *Et* pour *a* (Note du Cart.)

(*sic*) cinctam de uno latere flumen (*sic*) quod vocatur Himboir, et de fronte Ran Riantcar, de alio latere verneta, de quarto vero fronte pratum (*sic*) si concludit, omnia trado eis de die presente ita ut quicquid exinde facere voluerint, liberam ac firmissimam in omnibus habeant potestatem post hunc diem ; et si fuerit, aut ego ipse, aut unus de propinquis vel quoheredibus (*sic*), aut quelibet persona, qui contra hanc donationem aliquid refringere vel calumniam generare presumpserit, illud quod repetit non vindicet, sed insuper cui contra litem intulerit L⁎ permaneat. Factum est hoc in pago Venedie, in condita plebe Rufiaco. Signum Kihouuen, qui dedit et firma.e rogavit ; † Anaugen, presbyter, testis ; Johan, testis ; Comaltcar, presbyter ; Houuori, testis ; Maenuili, testis ; Louui, testis ; Haeluuobri, testis ; Dreuuobri, testis ; Anauran, testis ; Jacu, Berhtuualt, testes ; Rethuualart, testis ; Maenuueten, testis ; Maenuuobri, testis ; Fumus, testis ; Miot, testis ; Arthueu, testis ; Cathoiarn, testis. Factum est hoc sub die XV kl. febr., in die dominico, in aecclesia Rufiac, regnante domno Hlodouuico, Reginario episcopo, Portitoe et Uuruili duo machtiern.

30

Portitoe et Conuual donnent à Saint-Sauveur de Redon le lieu dit Botgart, situé sur la rive de l'Oust.

Num. XI du Cart., fol. 6 r°. p. 11.

27 Janvier 834.

Mundi termino adpropinquante, ruinis crebrescentibus, jam certa signa manifestantur, idcirco, in Dei nomine, Portitoe et Conuual, reminiscentes bonitatem Dei dicentis, Date elemosinam et omnia munda fiant vobis ; si aliquid de rebus nostris locis sanctorum vel substantiae pauperum conferimus nos, hoc nobis, procul dubio, in eternam beatitudinem retribuere confidimus ; nos quidem, de tanta misericordia et pietate Domini confidimus in Domino, per hanc epistolam donationis donatumque in perpetuum esse volumus ad illos monachos habitantes in monasterio quod vocatur Roton, locum nomine Botgarth, quod construxit Guoruuelet, situm in pago Venedie super ripam fluminis Ult, cum terris, edificiis, silvis, cultis et incultis, et cum omnibus adpenditiis suis, sicut a me vel a nobis, pre-

---

* Il faut ajouter *solidos conponat, et haec donatio firma et stabilis* (Note du Cart.)

senti tempore, videtur esse possessum, totum et integrum, tradimus atque transfundimus in elemosina ad supradictos monachos et ad illos qui habitabunt in Botgardi, propter regnum Dei. Signum Portitoe ; † Conuual ; † Iarnhitin ; † Maenuili ; † Driuuobri ; † Broin ; † Haeluuobri ; † Bertuualt ; † Haeluili ; † Fomus ; † *Guoeduual* ; † Riuuorgou ; † Uuorgon ; † Uuoedanau ; † Loiesoc ; † Doethuual ; † Haelmoeni ; † Biscan ; † Eusurgit ; † Johann ; † Anaugen. † Datum est istud monasteriolum in IIII^{ta} feria (leg. III^a), VI^{to} kl. februarii, sedentibus Portitoe et Conuual et *Jarnhitin* cum monachis et cum aliis popularibus antescriptis in mansionem Rihouuen, regnante domno Lodouuico, XX anno ejus, Regenario episcopo in Venedia, Nominoe dominante Brittanniam, et Francis iterum intrantibus in eam ; et si fuerit, aut ego ipse, aut ullus de heredibus meis, vel aliqua persona, quae contra hanc donationem elemosinamque aliquid repetere vel calumniam generare presumpserit, illud quod repetit non vendicet, et insuper cui contra litem intulerit, solidos CCC conponat, et haec donatio stipulatione subnixa inlibata permaneat, sine angabolo.

31

Nominoe, délégué de l'empereur Louis, donne à l'abbaye de Redon une portion de le terre de Ros, dans la paroisse de Bain.

Num. II du Cart., fol. 1 r°, p. 1.

18 Juin 834.

Mundi termino adpropinquante, ruinis crebrescentibus, jam certa signa manifestantur, idcirco ego, in Dei nomine, missus imperatoris *Ludouici* Nomine, considerans querelam ac tribulationem quam habet domnus noster imperator Loduicus et gravitudinem peccatorum meorum, et reminiscens bonitatem Dei dicentis, Date elemosinam et omnia munda fiant vobis ; ego quidem, de tanta misericordia et pietate Domini confisus, per hanc epistolam donationis donatumque in perpetuum volo esse ad illos monachos habitantes et regulam sancti Benedicti tenentes, in monasterio quod vocatur Roton, quod ita et feci ; id est, donavi eis illam partem que vocatur Ros, circumcinctam ex duobus (sic) aquis, id est ; ex Ultone flumine et Visnonie ; et, ex tertia parte, de antiqua *aecclesia* Bain, sita in parte que dicitur Spiluc pervenientis per finem hereditatis *Uuethencor* et per finem

Villule quae dicitur Mutsin, usque ad flumen Ult ; hoc totum dedi supradictis monachis, in elemosina Hlodouici imperatoris, cum massis et manentibus, cum silvis, pratis, pascuis, aquis, aquarumve decursibus, mobilibus et immobilibus, et cum omnibus *adpenditis* suis, ita ut quicquid exinde pro oportunitate *(sic)* monasterii facere voluerint, liberam ac firmissimam in omnibus habeant potestatem, sicut a me videtur hodie esse possessum ita trado atque transfundo, totum atque integrum, supradictis monachis, in elemosina domni imperatoris, ut eum Dominus, per orationes eorum, adjuvare dignetur ; et si fuerit aliquis, post hunc diem, qui contra hanc donationem aliquam calumniam fecerit, ad me veniat ; et si rectum fuerit, ego mutabo ei in alio loco, et isti permaneant securi ; et ista donatio per omnia tempora, firma et *inmutabilis* permaneat. Factum est hoc in loco nuncupato Roton, XXI anno imperii domni Hlodouuici. Signum Uuoruuoret ; † Loieshoiarn ; † Rodalt ; † Uuoruuoret ; † Bledic ; † Morman ; † Vuotaiin ; † Riskipoe ; † Conan ; † Kintuuallon ; † Guethencar ; † Derian ; † Hedremarchuc ; † Kalanhedre ; † Aithlon, Gulugan ; † Hailgugur ; Raginarius episcopus subscripsit, V feria, XIIII kal. Juli.

32

Rethuuobri donne à l'abbaye de Redon les trois portions de terre nommées Rananaumonoc, Ranhaelmonoc, et Rantutiau, en Ruffiac.

Num. CLXXVIII du Cart., fol. 96 v°, p. 137.

22 Octobre 834.

Mundi termino adpropinquante, ruinis crebrescentibus, jam certa signa manifestantur ; idcirco ego, in Dei nomine, Rethuuobri, considerans gravitudinem peccatorum meorum, et reminiscens *bonitatem dicentis*, Date elemosinam et omnia munda fiant vobis ; si aliquid de rebus nostris locis sanctorum vel substantiae pauperum conferimus, hoc nobis, procul dubio, in aeterna beatitudine retribuere confidimus ; ego quidem, Rethuuobri, de tanta misericordia et pietate Domini confisus, per hanc epistolam donationis donatumque in perpetuum volo esse ad illos monachos in Rotono laborantes et regulam sancti Benedicti exercentes, id est, donavi ego, Rethuuobri, III virgadas que sic nominantur : Rananaumonoc et Ranhaelmonoc et Rantutiau, Sancto Salvatori et supradictis monachis, in elemosina pro anima mea et pro hereditate in regno Dei, sicut a me videtur esse possessum ita trado atque transfundo, cum manentibus, cum terris, pratis, pascuis, et cum omnibus apendiciis suis, sine censu, sine tributo ulli homini nisi ipsis monachis ; et si fuerit, aut ego ipse aut aliqua persona, qui contra hanc elemosinam aliquam calumniam generare presumpserit, L solidos multum conponat, et quod repetit non vindicet, et ista donatio atque elemosina stabilis atque inconvulsa per omnia tempora permaneat ; et dedit ipse Rethuuobri Treblaian ad Juab, ut ipse Juab solvat quicquid debet princeps illius plebis et[1] supradictis virgatis habere, et faciat securitatem earum ex omnibus occasionibus. Signum Rethuuobri, qui dedit et firmare rogavit ; Uurbili, testis ; Ratuili, testis ; Tanetuuiu, testis ; Framuual, testis ; Rethuualart, testis ; Drehuualoe, testis ; Uuinhamal, testis ; Hamcar, testis; Catuuoret, testis; Hinuueten, testis; Ilian, testis ; Riuuorgou, testis ; Drihican, testis ; Risuuoret, testis ; Dorgen, testis ; Roenuuolou, Uuotalin, testis ? ; Grettanet, testis ; Uurcomin, Uuoretoc, testes ? ; Cathoiarn, testes ; Tanetmarcoc, Buduuoret, testes ? ; Tanetuuoion, testis ; Kenethlur, testis ; Menion, testis ; qui fuit missus monachorum. Factum est hoc XI kal. novembris, in domo Uuinhamali presbyteri, ante aecclesiam Uuennense (*sic*), in die sabbato, imperante domno Hlodouuico, gubernante Nominoe totam Brittanniam, et Uurbili machtiern.

33

Le mactiern Trihoiarn livre au prêtre Jarnhitin les domaines de Rantonam et Ranrituuallon, en échange d'un cheval de prix.

Num. CXVI du Cart., fol. 78 r°, p. 88.

Vers 834.

Haec carta indicat qualiter venit quidam machtiern, nomine Trihoiarn, ad Iarnhitinum, presbyterum in plebe quae vocatur Giliac, deprecans eum ut concederet ei suum equum valde bonum, quod et fecim (*sic*) ; ipse autem supradictus Trihoiarn dedit Ianhitino Ranntonam pro suo equo, a vertice montis usque ad suum fluvium *que* vocatur Ulto, et Ranrituuallon totam atque integram usque ad oram fluminis supradicti, sicut rivus currit per circuitum.

[1] Il faut lire *ex* (Note du Cart.)

nomine Loutoc, cum terris, pascuis, cum fontibus atque rivis, et cum omnibus apendiciis suis, ita tradidit Iarnhitino presbytero possidendam usque in sempiternum ; et si fuerit aliquis de propinquis meis sive de coheredibus qui contra hanc coemptionem venire et inquietare presumpserit, C. solidos solvat, et quod repetit vindicare non audeat ; et haec coemptio firma et stabilis permaneat. Factum est hoc in aecclesia Giliac, mense julii (sic), in die dominico, coram his testibus : Conneur, presbyter, testis ; Sulcomin, presbyter, testis ; Roidoc, abbas, testis ; Uuorhatohoui, major, testis ; Sidol, machtiern, testis ; Uuorgost, machtiern, testis ; Dilis, machtiern, testis ; Hertiau, testis ; Loieruth, testis ; Maenuuoret, testis ; Buduuolou, testis, cum duobus filiis suis testibus ; Ristanet, testis ; Uuriunet, testis ; Budin, testis ; Ritanau, *testis* ; Gleulouuen, testis. Actum est hoc in tempore Lodouuici imperatoris, Riuualt tunc machtiern, testis, Ermor, episcopus, testis, in pago Trocoet.

34

Portitoe donne aux moines de Redon sa terre de Ran Uinac.

Num. XIV du Cart., fol. 7 v°, p. 13.

Vers 834.

Mundi termino adpropinquante, ruinis crebrescentibus, jam certa signa manifestantur, idcirco in Dei nomine, Portitoe, considerans gravitudinem peccatorum meorum, et reminiscens bonitatem Dei dicentis, Date elemosinam et omnia munda fiant vobis ; si aliquid de rebus nostris locis sanctorum vel substantiae pauperum conferimus, hoc nobis, procul dubio, in aeternam beatitudinem retribuere confidimus ; ego quidem, de tanta misericordia et pietate Domini confisus, per hanc epistolam donationis donatumque in perpetuum esse volo ad illos monachos habitantes et operantes regulam sancti Benedicti in monasterio quod vocatur Roton, ita et feci, id est, donavi eis partem terrae quae vocatur Ran Uinae, cum duobus hominibus nomine Iudlouuen, Run, cum terris et seminibus suis, pratis, aquis, pascuis, cultis et incultis, cum omnibus adpenditiis suis, sicut a me videtur hodie possessum, ita trado atque transfundo eis monachis, in elemosina, propter regnum Dei, sine censu et sine tributo alicui homini, nisi ipsis monachis, ita dedi eis ut, ab hodierna die, quicquid exinde voluerint facere, liberam ac firmissimam in omnibus habeant potestatem ; et si fuerit, ut ego ipse, ut aliquis ex propriis hereditariis meis, vel quaelibet

persona, qui contra hanc donationem aliquam calumniam vel litem
generare presumpserit, CC solidos conponat, et illud quod repetit
non vendicet. Signum Portitoe, qui donavit et firmari rogavit ;
† Catuuoret ; † Ninan ; † Guoletec ; † Loiesic ; † Edelfrit ; † *June-
tuuhant* ; † Maenuuoret ; † Haelin ; † Venitoe ; † Guoretan ; † Nodent ;
† Brient ; † Catloient ; † Roenuuallon ; † Hidran ; † Driuinet ; †
Taetal ; † Ratuuili ; † Rishoiarn ; † Haeluili ; † Sulhael.

35

*Riuualt, malade, donne aux moines de Redon Finit et un quart
de Randremes Merthiniac, en Augan.*

Num. CXXII. du Cart., fol. 79 v°, p. 92.

Vers 834.

Haec carta indicat quod dedit Riuualt Finit et suam hereditatem
in Aicam, id est, quarta pars Randremes Merthiniac, in elemosina
pro anima sua et pro regno Dei, Sancti Salvatoris (*sic*) et monachis
in Rotono *comorantibus,* in illa die quando gressus est infirmus de
domo sua Lisuisonn, pausans in faginetum ante Lisnouuid, sine
censu et sine tributo et sine renda *ullo* homini sub caelo nisi sancto
Salvatori et suis monachis coram multis nobilibusque viris :
Riuualt, testis, qui donavit ; Fraugal, filius ejus, testis ; Deurhoiarn,
filius ejus ; Anaubritou, testis ; Uuoron, testis ; Moruueten, testis ;
Hirtuueten, testis ; Drihuualt, testis ; Riduualt, testis ; Euuen, testis ;
Loiesuuallon, presbyter, testis ; Finitan, presbyter, testis ; Rethuualart,
presbyter, testis ; Uurbili, testis ; Juduuallon, presbyter, testis ;
Sulan, testis ; Rethuuoret, presbyter, testis ; Scuban, presbyter,
testis ; Driuinet, presbyter, testis ; Haelcar, testis ; Conmarch, testis ;
Jacu, testis ; Rischaham, testis ; Rumatam, testis.

36

*Rethuuobri donne aux moines de Redon le Tigran Fabr, sauf
un champ donné précédemment à l'église de Saint-Pierre
de Guer.*

Num. CLXXVI du Cart., fol. 96 r°, p. 135.

Vers 836.

Mundi termino adpropinquante, ruinis crebrescentibus, jam certa
signa manifestantur ; idcirco ego, in Dei nomine, Rethuuobri, considerans gravitudinem peccatorum meorum, et reminiscens bonitatem

Dei dicentis, Date elemosinam et omnia munda fiant vobis ; si aliquid de rebus nostris locis sanctorum vel substantiae pauperum conferimus, hoc nobis, procul dubio, in aeterna beatitudine retribuere confidimus; ego quidem, Rethuuobri, de tanta misericordia et pietate Domini confisus, per hanc epistolam donationis donatumque in perpetuum esse volo Sancto Salvatori et monachis in Rotono Deo servientibus, id est, donavi eis tigran Fabr, excepto (sic) unam (sic) campum, quod ante donaveram Sancto Petro in aecclesia Uuernensi, in elemosina pro anima mea et pro regno Dei, sicut videbatur esse a me possessum, ita donavi supradictam Fabr Sancto Salvatori et suis monachis, in oblatione et in elemosina, cum terris, silvis, pratis, pascuis, aquis aquarumve decursibus, mobilibus et inmobilibus, et cum omnibus apendiciis suis, sine censu, sine tributo ulli homini nisi supradictis monachis. Factum est hoc in loco qui dicitur Lisrannac, XVIIII[1] kal. decembris, sedente Nominoe in scamno et Arganthael secum. Uuruueten, testis ; Salomon, testis ; Atoere, testis ; Uuruuoret, testis ; Junuueten, testis ; Bledic, testis ; Comminan, testis ; Juab, testis ; Hitin, testis ; Buduuoret, testis.

37

Catuueten s'efforce de reprendre l'alleu qu'il avait vendu à sa sœur Roiantken.

Num. CXLVII du Cart., fol. 87 r°, p. 113.

Vers 836.

Deinde, post tempus, voluit Catuueten istam elocutionem diffacere, et venerunt simul in lege Roiantken et Catuueten ante Iarnhitin et filios suos Portitoe et Uuoruili, in loco nuncupante Lisuedu, et ista sunt nomina scavinorum qui judicaverunt quod firma et stabilis permaneat ista venditio et ista terra supradicta ad Roiantken, sicut supradictum est : *Uuolecec*, Uinetuuant, Rethmonoc, Houuori, Britoei, Canthoe, Iarnbud, *Uuoretcahan*, Matuidet, Diloid, Iarndetuuid.

[1] Il faut lire XVIII (Note du Cart.).

38

Portitoe et son fils Conuual livrent aux moines de Redon les terres de Cranuuikant et de Cranquarima, et tout ce qu'ils avaient droit d'enlever dans la forêt.

Num. XIII du Cart., fol. 7 r°, p. 13.

1er décembre 837.

Notum sit omnibus quod dedit Portitoe et Conuual Cranuuikant et Cranquarima et quicquid potuissent eradicare de silva, in elemosina pro anima sua et pro hereditate, in regno Dei, ad monachos rotonenses, in die sabbati, id est, Kl. decembris, sedentes in mansiuncula ad frontem basilicae, in monasteriolio Gurguelet ; Rimael presbyteri † ; Jarnhiten, testis ; Guoetuual, testis ; Gleden, testis ; Broin, testis ; *Iarnuidoc*, testis ; Loiesa, testis ; Riuuorgon, testis ; Guodanau, testis ; Iagu, testis ; Louui, testis ; Guoscadoc, testis ; ita et Guoruili postea, in IIII^{ta} feria sequente, tradidit pro anima sua in elemosina, sicut frater ejus Portitoe et filius ejus Conuual antea dederant ; Kintuuant, testis ; Noli, testis ; Cathoiarn, testis ; Catuuotal, testis. Actum est hoc anno XXI (leg. XXIV) imperii domni Hlodouuici, Raginario episcopo Venedie, Portitoe et Guoruili duo machtiernn in plebe Catoc.

39

Rethuuobri donne aux moines de Redon la villa Cléguer.

Num. CLXXVII du Cart., fol. 96, v°, p. 136.

Décembre 837.

Haec indicat atque conservat quod donavit Rethuuobri villam Cleger circumcinctam aliis villis Bronanauan et Fau, Lenguennoc, Bronharch et Piroit et Cherguedet, Sancto Salvatori et monachis in Rotono habitantibus, in elemosina pro anima sua et pro regno Dei, sine censu, sine tributo et sine cofrito ulli homini nisi Sancto Salvatori et suis monachis. Signum Rethuuobri, qui donavit ; Uurbili, testis ; Ratuili, testis ; Tanetuuiu, testis ; Framuual, testis ; Rethuualart, testis ; *Drihuualae*, testis ; *Uuiu, Hamal, testes* ; Hamcar, testis ; Catuuoret, testis ; Euhoiarn, testis ; Ilian, testis ; Riuuorgou, testis ; Drihican, testis ; Risuuoret, testis ; Dorgen, testis ; Uuortalin, testis ; Cathoiarn, testis ; Rishoiarn, testis ; Tanetmarcoc, testis ; Uuoretan, testis ; Buduuoret, testis ; Tanetuuoion, testis ; Menion, testis. Factum est hoc in die sabbato, mensis decembris, regnante domno Lodouuico imperatore, XXIIII anno imperii ejus, Couranto episcopo, Nominoe misso imperatoris in Brittannia, Conuuoion, scriptor ; et insequenti sabbato donavit supradictus Rethuuobri Rannloisoc in manu Rihouuen monachi, dicens : Cum ego mortuus fuero, Rethuuobri, in ista peregrinatione, permaneat ista supradicta *Ranlousoc*, in elemosina pro anima mea, ad Sanctum Salvatorem et suos monachos, sine censu, sine tributo ulli homini nisi Salvatori. Ratuili, testis , Hitin, testis ; Juab, testis ; Drihican, testis ; Matuuethen, testis ; Dorgen, testis ; Noli, testis ; Cominan[1], Roenuuolou, testes ; Junasoi, testis ; Menion, testis ; Tanetuuoion, testis ; Hilian, testis.

40

Rethuuobri donne aux moines de Redon ses terres de Hoedlmonoc, et de Ranturnor et de Ranriuuocon ; il donne en même temps à Juab la terre de Treblaian[2] à condition qu'il acquittera tout ce qui est dû sur les terres citées plus haut à Uurbili et à ses enfants.

Num. CLXXIX du Cart., fol. 97 r°, p. 138.

Décembre 837.

Noticia sub quorum presentia qui *subter tenentur* qualiter veniens nobilis vir nomine Rethuuobri ante aecclesiam Uuernensem, coram multis nobilibusque viris, donavit virgatas proprie sue hereditatis, haec sunt nomina earum ; Hoedlmonoc et *Ranturnorr* et *Rannriuuocon*, Sancto Salvatori et suis monachis in Rotono habitantibus, in elemosina pro anima sua et pro regno Dei, sine censu et sine tributo et sine cofrito ulli homini sub caelo nisi Sancto Salvatori ; et in ipsa hora dedit supradictus Rethuuobri Treblaian in hereditate et sine

---

[1] Dans le manuscrit il y a *Com*. (Note du Cart.).
[2] Treblaian, villa de la paroisse de Ruffiac.

fine ad Juab, ut ille Juab reddat et solvat quicquid de supradictis virgatis *Rannhoidlmonoc* et Ranturnorr et Rannriuuocon debet Uurbili et semini ejus accipere de illa renda que reddebatur de supradictis virgatis ; et promisit Joab hoc perportare, tribuens suam manicam dexteram in manu Rethuuobri in signo. Signum Rethuuobri, qui donavi ; † Uuorbili ; † Ratuili ; † Tanetbiu ; † Framuual ; † Rethualart ; † Driuualoe ; † Uurhamal ; † Hocar ; Catuuoret ; † Heuhoiarn ; † Ilian ; † Riuuorgou, testis ; Drihicam : † Risuuoret ; † Dorgen ; † Uuotalin ; Cathoiarn ; † Rishoiarn ; Tanetmarcoc ; † Uuoretoc ; † Buduuoret ; † Tanetuuoion ; † Uuoretoc ; † Meinion†. Factum est hoc in die sabbato, mensis decembris, regnante domno imperatore Hlodouuico, XXIIII anno imperii ejus, Iarnuualto episcopo, Nominoe misso imperatoris in Brittania, Conuuoion scriptor, et insequenti sabato (*sic*), donavit supradictus Rethuuobri Ranlousoc in manu Rihouuen monachi, dicens : si ego mortuus fuero, Rethuuobri, in ista supradicta Ranlousoc, in elemosina pro anima *mea*, ad Sanctum Salvatorem et suos monachos, sine censu, sine tributo ulli homini nisi Sancto Salvatori. Rantuili, testis ; Hitin, testis ; Juab, testis ; Drihican, testis ; Framuual, testis ; Dorgon, testis ; Noli, testis ; Cominan[1], testis ; Roenuuolou, testis ; Tudian, testis ; Menion, testis ; Tanetuuoion, testis ; Illian, testis.

41

La femme Haelhoiam vend à l'abbé Convoion une petite pièce de terre du domaine de Riantcar, avec la villa Kelliuuenhan.

Num. CXLVIII du Cart., fol. 87 r°, p. 113.

19 janvier 838-839.

Magnifico viro Conuuoioni abbati, emptori, ego enim, in Dei nomine, *Haelhoiam* femina, venditrix, constat me tibi vendidisse et ita vendidi rem propietatis meae, hoc est, petiolam de terra de brace IIII^{or} modios de parte Riantcar, que est a fine Ranmelan ad rocham, a roca ad fossatam Matuuor, a fossata ad ripam, a ripa per landam ad finem Randofion, secundum finem Ranndohion et ortis (*sic*) Suluuoion usque finem Ranhaelmorin, per finem fossatellam usque ad rubeam fossatam, per rubeam fossatam usque ad pontum (*sic*) Loutinoc, cum mancipiis et cum villa nomine Kelliuuenhan et silvis, pratis, aquis, pascuis, et omni supraposito suo, unde accepi

[1] Dans le manuscrit il y a $\overline{Com}$. (Note du Cart.).

a te pretium in quo mihi bene complacuit, illis presentibus qui *subter tenentur* inserti, hoc est, XXIIII solidos, habeas, teneas, possideas, facias exinde quicquid volueris, ita ut ab hodierna die quicquid exinde facere volueris, jure proprietario, liberam et firmissimam in omnibus habeas potestatem ad faciendum ; et obligo tibi fidejussores vel dilisidos in securitate de ipsa terra : *Iarndetuid*, Anauran, et Menuili et Arthuueo, *inluh*, in alode, dicombito, sine redemptionem (*sic*) umquam, dicofrit, difosot, diuuoharth, et sine ulla re ulli homini sub caelo nisi ad Conuuoionem abbatem et cui voluerit post se ; quod fieri non credo, si fuerit aliqua persona, aut ego ipse aut ullus de heredibus meis, qui contra hanc venditionem aliquam calumniam vel repeticionem generare presumpserit, illud quod repetit non vindicet, insupra et contra cui litem intulerit solidos LXVIIII multa conponat, et haec venditio firma et stabilis permaneat, hii sunt qui *subter firmaverunt* : Signum Uuruili, machtiern ; † Catloiant; † Bertuualt; † Maenuuobri ; † *Haelhoiam*; † Maenuili ; † Filius ; † Noli ; † et Hoiarn ; † et Fomus ; † Haeldifois ; † *Uuolechec* ; † Cathoiarn ; † Uuincant ; † Johan, presbyter ; † Maenuueten, presbyter ; † Anaugen ; † Finituueten, presbyter ; † Taetal ; † Catuuotal, presbyter ; Buduuoret, presbyter ; † Uuoretan, presbyter ; † Loiesbidoe ; † Miot ; † Juduuocon ; † Factum est hoc in loco non ignobili nuncupante aecclesia Ruflaco, die dominico, sub die XIIII, kal. febr., luna XXX, regnante domno et gloriosissimo imperatore Lodouuico, Niminogio misso in Brittannia, Susanno episcopo, Uurbili, machtiern ; ego, Haeldetuuido, clericus, scripsi et subscripsi.

42

Riduueten, fils de Hinuueten, donne à Saint-Sauveur de Redon tout son héritage paternel et un demi-muid de blé, que lui avait donné Joumonoc, c'est-à-dire les terres de Coetbot et de Lisros[1].

Num. CLXXXVIII du Cart., fol. 100 r°, p. 145.

838-848.

Mundi termino adpropinquante, ruinis crebrescentibus, jam certa signa manifestantur ; idcirco ego, in Dei nomine, Riduueten, considerans gravitudinem peccatorum meorum, et reminiscens bonita-

---

[1] COETBOT et LISROS, villas de la paroisse de Caro.

tem Dei dicentis, Date elemosinam et omnia munda flant vobis, si aliquid de rebus nostris locis sanctorum vel substantiae pauperum conferimus, ego quidem, Riduueten, de tanta misericordia et pietatem (sic) Domini confisus, per hanc epistolam donationis donatumque in perpetuo volo esse Sancto Salvori et monachis ibi Deo servientibus in Rotono et regulam sancti Benedicti exercentibus, quos petens ut mihi locum darent *habitanti*, quod ita et fecerunt; deinde de die istorum (sic) totam meam hereditatem que mihi evenerat ex parte genitoris mei Hinuueten, et somodium de brace quem dedit michi Joumonoc, id est, Coetbot et Lisros, cum massis et manentibus his nominibus : Uuorcantoe et suos *filio* (sic), Dreuualoe et nepotes illius, Uuentenbidoe et Iarnganoe et Tanetbidoe et Risuidoe, cum terris, pratis, pascuis, aquis aquarumve decursibus, mobilibus et inmobilibus, cum omnibus apendiciis suis, ita ego, Rithuueten, trado atque transfundo in elemosina, pro anima mea et pro aeterna retribuittione *(sic)*, Sancto Salvatori et ad supradictos monachos, sicut videtur a me esse possessum, ita ut quicquid exinde facere voluerint, liberam et firmissimam in omnibus habeant potestatem ; et si fuerint, aut ego, aut aliqua persona, aut de meis parentibus, qui contra hanc elemosinam aliquam calumniam generare presumpserit, *CCC* solidos multa conponat, et quod repetit non vindicet, et haec donatio atque elemosina fixa atque inconvulsa per omnia tempora permaneat. Facta est ista donatio. prima vice, *V* feria, in quadragesima paschali, in plebe nuncupante Motoriac, Conuuoion, abbas, testis ; Cumdelu, testis ; Haelmin, testis ; Loieslouuen, testis ; Iarnuualt, testis ; Maelon, testis ; et in alia vice, firmatum est quando *supradicto* (sic) Riduueten promisit regulam sancti Benedicti in rotonensi monasterio, tradens supradictam terram super altare Sancti Salvatoris ex manu propria; Riduueten, monachus, testis ; Conuuoion, abbas, testis ; Louhemel, prepositus, testis ; Cumdelo, decano (sic) *teste* ; Cumdeloc, testis ; Arthuuolou, testis ; Riuilin, testis ; Rihouuen, testis ; Iarnhitin, testis ; Triboud, testis ; Anauan, testis ; Aldemar, testis ; Hincunnan, testis ; Cunneur, Uuorcomin, *testes* (?) ; hii sunt o:ns prb. erant omi diac.[1] ; Haelmin, diaconus, testis; Liuer, testis ; *Jahan*, testis ; Catbud, testis ; Isaac, testis. Factum est hoc in monasterio rotonensi, dominante Nominoe Brittanniam, Susanno episcopo Venedie civitatis.

[1] M. de Courson traduit ainsi cette phrase : *Hii sunt Omnis, presbyter ; erant Omni, diaconus*, etc.

43

Catuuoret donne à l'abbaye de Redon tout son héritage maternel en Campénéac.

Num. CXCIV du Cart., fol. 102 v°, p. 150.

4 février 840.

Mundi termino adpropinquante, ruinis crebrescentibus, jam certa signa manifestantur; idcirco ego, in Dei nomine, Catuuoret, considerans gravitudinem peccatorum meorum, et reminiscens bonitatem Dei dicentis, Date elemosinam et omnia munda fiant vobis; si aliquid de rebus nostris locis sanctorum vel substantia (*sic*) pauperum conferimus, hoc nobis, procul dubio, in aeterna beatitudine retribuere confidimus; ego quidem, Catuuoret, de tanta misericordia et pietatatem (*sic*) Domini confisus, per hanc epistolam donationis donatumque in perpetuo esse volo Sancto *Salvatoris* (*sic*) et monachis in Rotono servientibus Deo, quod ita feci, id est, donavi meam totam hereditatem in Kenpeniac, *que* mihi evenit ex parte matris meae, quam adquisivi super Haeldifois, cum illis manentibus illam terram tenentibus, cum terris, silvis, pratis, pascuis, aquis aquarumve decursibus mobilibus et inmobilibus, cultis et incultis, et cum omnibus adpendiciis suis, sicut a me videtur esse possessam, ita ego, Catuuoret, tradens (*sic*) atque transfundo Sancto Salvatori et supradictis monachis in elemosina, pro anima mea et pro regno Dei, ita ut quicquid exinde facere voluerint, liberam ac firmissimam in omnibus habeant potestatem; et si fuerit, aut ego ipse aut alicujus hominis aliqua persona, qui contra hanc donationem atque elemosinam aliquam calumniam generare presumpserit, C solidos multum conponat cui litem intulerit, et illud quod repetit non vindicet, et ista donatio atque elemosina per omnia tempora permaneat fixa atque inconvulsa, sine censu, sine tributo, sine cofrito ulli homini nisi supradictis monachis. Signum Catuuoret, qui donavit et firmare rogavit, testis; Riuualt, testis; Drilouen, testis; Arthmael, testis; Torithien, testis; Framuual, testis; Euuon, testis; Tutuual, testis; Euuen, testis; Erthiau, testis; Autur, testis; Maenuuallon, testis; Pascuuoret, testis; Uuororon, testis; *Soferian*, testis; Uurhoclou, testis; Dumuuoret, testis; Uuallon, testis; Nadal, testis; Kenedlor, testis; Sulcomin, testis; Haelhoiarn, testis. Facta est ista elemosina

II nonas febr., in I feria[1], in domo Riuualti, in loco nuncupante Bronn Euuin, regnante venerabili viro imperatore Hlodouuico, XXVII anno regni ejus, et Maen episcopo, Riuualdo machtierno, Nominoe duce in Brittannia; Otbert scriptor.

44

Maenuuobri achète de Haeluuicon une partie de la terre de Ranuuicanton, comprise dans la villa Etuual, en Ruffiac.

Num. CLXXI du Cart., fol. 94 v°, p. 131.

26 mars 840.

Magnifico viro *fratri* nomine Maenuuobri, *aemptor*, ego enim, in Dei nomine, Haeluuicon, venditor, constat me tibi vendidisse et ita vendidi rem proprietatis meae, hoc est, partem de terra, IIII modios de brace, nuncupante Ranuuicanton, sitam in pago nuncupante Brouucroch, in condita Rufiaco, in loco nuncupante villa Etuual, super riuuam (*sic*), que dicitur Piscatura, finem habens ab uno latere et fronte riuuam Piscaturam et partem Sanctam, de altero vero latere et fronte partem Uuetenuual et Roscaroc, per viam ad Piscaturam, unde accepi a te pretium in quo mihi bene complacuit, illis presentibus qui *subter tenentur* inserti, hoc est, caballum unum cannum (leg. canum) non[2] Couuiranum, contra solidos XX et X solidos in argento, habeas, teneas, possideas, facias exinde quicquid volueris, *inluh*, in dicombito, in alode comparato, diost, dicofrit, diuuohart, et sine ulla re ulli homini sub caelo nisi Maneuuobrio et cui voluerit post se, *cummuno* colono nomine Lunmonoc, filius (*sic*) Sulmonoc, et semini ejus, ita ut ab hodierna die quicquid exinde facere volueris, jure proprietario, liberam ac firmissimam in omnibus habeas potestatem ad faciendum; et alligo tibi fidejussores vel dilisidos in securitatem ipsius terrae *supradicta* (*sic*): Cathoiarn et Catuuotal et *Uuorcomet*; et, quod fieri non credo, si fuerit ulla quislibet persona, si ego ipse, Haeluuicon, aut ullus de *heredibus* vel propinquis meis, qui contra hanc venditionem aliquam calumniam vel repeticionem generare presumpserit, illud quod repetit non vindicet, insuper et cui contra litem intulerit solidos LX multa conponat, et haec venditio firma et stabilis permaneat, cum

---

[1] Il faut lire : IV feria. (Note du Cart.).
[2] *Non* est sans doute mis pour *nomine* (Note du Cart.).

terris cultis et incultis, aquis, pratis, pascuis, totum et *adinteyrum*, cum omni supraposito suo. His presentibus actum fuit : Signum Uurbili, machtiern, testis ; Catloiant, filius ejus, testis; Jarnhitin, testis ; Hiauuid, testis ; Matfrid, Noli, testes ; Uurcomet, testis ; Numinoe, testis ; Sulmin, abbas, testis ; Conhael, abbas, testis ; Maenuili, testis ; Uuobrian, testis ; Fomus, testis ; Haeldifois, testis ; Tanhoiar, testis ; Comaltcar, presbyter, testis ; Menuueten, presbyter, testis ; Houuoret, testis ; Uuolecec, testis ; Uuicant, testis ; Haelin, testis ; Rishoiarn, testis ; Catbud, testis ; Ridgen, testis ; Saushoiarn, testis ; Risuuocon, testis ; Uuotolan, testis ; Loiesauual, testis. Factum est hoc in loco nuncupante villa Uuicanton, *testis*, VI feria, VII kal. aprilis, regnante domno et gloriosissimo imperatore Hlodouuico, Nominoe possidente Brittanniam, Susanno episcopo. Ego, Haedetuuido, clericus, scripsi et subscripsi.

45

Dans le plaid public tenu à Liscelli[1] *devant le mactiern Gradlon et un grand nombre de nobles, l'abbé Convoion réclame d'un certain Merchrit l'héritage de Rethuuobri, qu'il détenait par force.*

Num. CLXXX du Cart., fol. 97, v° p. 139.

840-846.

Noticia in quorum presentia qualiter venit Conuuoion abbas cum monachis suis in loco qui dicitur Liscelli in placito publico ante Gradlon machtiern et ante Portitoe et Ratuili et Catloiant et Iarnuuocon filius Uuoruili, et ante Jouuuoion missus (*sic*) Nominoe, et multos alios nobiles viros qui ibidem aderant ; et interpellavit quidam (*sic*) virum nomine Merchrit eo quod hereditatem Rethuuobri, quam Sancto Salvatori et suis monachis in elemosina sempiterna donaverat, injuste et malo ordine per vim retinebat ; et ipse Merchrit in presente adstitit, et multis falsis occasionibus appositis, sed nulla veritate conperta, reddidit terram quam injuste tenebat, secundum judicium scabinorum qui ibi aderant, quorum haec sunt nomina : Hitin, Framuual, Uuolechaec, Drihican ; et illi boni viri deprecati sunt Conuuoion abbatem ut dimitteret ad ipsum Merchrit, quod injuste exforciassed (*sic*), illam terram,

[1] Liscelli, alias : Liskilli. — Villa de la paroisse de Guer.

quod et fecit, ita tamen ut eos ultra non inquietaret ; et ipse
Merchrit dedit IIII fidejussores in securitatem supradicte terre, id
est, Hitin, Framuual, Uuoruuocon, Ninan, quo (sic) neque per se
neque suum ingenium, neque per suos filios post se, illos abbatem et monachos Sancti Salvatoris inquietet de illa terra ; sed
ipsa terra firma, sicut data fuit Sancto Salvatori, maneat. Factum
est hoc in Lischelli, Nominoe principe in Brittania, Mainoue episcopo, coram multis nobilibus viris quorum haec sunt nomina :
Gradlon, machtiern, testis ; Portitoe, testis ; Ratuili, testis ; Catloiant, testis ; Bran, testis ; Uuiuhamal, testis ; Tudian, testis ;
Seman, testis ; Tanetuuoion, testis ; Menion, testis ; Cometoc,
Dauui, *testes* (?) ; Drihican, testis ; Uolechec, testis ; Haelocan, testis ;
Loiesbidoe, testis ; Miot, testis ; Cristian, testis ; Euhoiarn, testis ;
Houuoret, testis ; Uuoran, testis ; Rumanton, testis ; Tanetmarcoc,
testis ; Iarnhitin, testis ; Hitin, testis ; Tanetuuolou, testis ; Gre-
tanet, testis ; Catuuotal, testis.

46

Risuuocon et Maenuuocon donnent en gage à Carantcar
la terre de Ran Sulhoel, en Ruffiac.

Num. CCLXV du Cart., p. 214.

840-847.

Notitia in quorum presentia pignoravit Risuuocon et Maenuuocon
quatuor modios de brace, id est, Ran Sulhoel, cum mancipiis, et nomina mancipiorum Jarnhoel *et* Vuinmonoc, sitos in plebe Ruflac,
in pago nuncupante Brouueroc, in manu Carantcar, super solidos
VII et denarios VII, usque ad capud (sic) III annorum ; et si tunc
non redemerit, fiat in antea usque ad capud aliorum III annorum ;
et si tunc non *redimerit*, fiat in ante usque ad aliorum III annorum,
hoc est, VIIII annorum ; et si tunc redempta non fuerit, fiat ipsa
terra inconvulsa et *et* stabilis, in alode comparato, ad Carantcar
et filiis ejus et semini ejus usque in finem seculi ; et quicumque
voluerit querere hanc terram, reddat XIII solidos in causa commitis,
et permaneat ipsa terra in manu Caruntcar (sic) et seminis ejus.
Alligavit itaque Risuuocon et Maenuuocon fidejussores vel dilisidos in securitate *ipsi* terrae ad Carantcar et semini ejus, ut supradictum est, his nominibus : Nominoe et Maenuili, cum terris, silvis,

pratis, pascuis, aquis, et cum omni supraposito suo, totum et *adintegrum* ; redemptio vero ipsius terrae, de kal. octob. in kal. octob. sine renda, sine opere, sine censu, dicofrit, et sine ulla re homini ulli nisi ad Carantcar fabrum et semini ejus, His testes (*sic*): Noli, testis ; Hiauuid, abbas, testis ; Jarndeduid, abbas, testis ; Sulmin, abbas, testis ; Comaltcar, presbyter, testis ; Maenuueten, presbyter, testis ; Finituueten, presbyter, testis ; Miot, testis ; Moeni, testis, Vurdoetal, testis ; Vuetenhoiarn, testis ; Bouuoret, testis ; Haellifois, testis ; Fomus, testis ; Rumatam, testis ; Vurmham, testis ; Conatam, clericus, testis ; Budican, testis. Factum est hoc in fronte ecclesiae Rufiac, in die sabbati, de verbo Ratuili et Catloiant et Jarnuuocon, regnante Karolo rege, Nominoe possidente Britanniam, Susanno episcopo Venetis ; et post hoc factum, dedit Carantcar II solidos argenti et VII denarios ad Maenuuocon et *Haeluuecon*, ante tempus redemptionis ipsius terrae ; Cumaltcar, presbyter, testis ; Finituueten, presbyter, testis ; Hiauuid, abbas, testis ; Fomus, testis ; Reituualart, testis ; Etvual, testis ; dilisidos in XII solidos et VII denarios ; et venit Hinuualart, macthiern, causare..., Carantcar de illa terra. Post hoc factum, et Carantcar *dr.* (denariorum ?) V solidos argenti ad Hiriuualart (*sic*), sine causa veritatis contra Carantcar nisi causam mendatii de ista terra ; Moeni, testis ; Miot, testis ; Hiauid, testis ; Fomus, testis ; Haellifois, testis, Factum est hoc in die Veneris.

47

Maenhoiarn vend à Ratlouuen quatre muids de la terre de Menehi Crocon, au lieu dit Dobrogen, dans la villa Crohon, en Ruffiac.

Num. CXLI du Cart., fol. 85 r°, p. 107.

30 janvier 848.

Magnifico viro nomine Ratlouueno, emptori, ego enim in Dei nomine, Maenhoiarn, venditor, constat me ibi[1] vendidisse et ita vendidi rem proprietatis meae, hoc est, IIII modios de Menehi Crocon, sitos in pago nuncupante Erouueroch, in condita plebe Rufiaco, in loco nuncupante villa Dobrogen, in villa *que* dicitur Crohon, unde accipi at (*sic*) te pretium in quo mihi bene *complacuit*, illis presentibus qui *subter tenentur* inserti, hoc est, in argento solidos XX et

[1] Il faut lire *tibi* (Note du Cart.).

denarios VII, habeas, teneas, possideas, tu et semen tuum post te, usque in finem seculi, sine renda et sine opere et sine censu et sine ulla re ulli homini sub caelo nisi Ratlouueno vel conjugis (sic) suae nomine Brian vel semini eorum post se usque in finem seculi ; et alligo tibi fidejussores vel dilisidos in securitatem ipsius terre, his nominibus : Fomus et Haellidifois et Nominoe et Catuueten ; finem habens de uno latere et fronte campum Laoc et partem Runlin, de altero vero latere et fronte terram Uuorcomet et fontanam Anauhoiarn et fosc linni ; hii sunt qui tunc firmaverunt : ✝ Maenhoiarn ; ✝ venditoris, testis ; Anauhoiarn, testis ; Carathnou, testis ; Hidran, testis ; Driuuobri, testis ; Ninocan, testis ; Paschoiarn, testis, et filiorum ejus, testes ; Uuorcomet, testis ; Couuethic, testis ; Hoiarn, testis ; Maencomin, testis ; Bitcomin, testis ; presente Maenuueteno, presbytero, ex verbo Conuual machtiern. Factum est hoc in loco confinio terre Uuorcomet et ipsius alodis, II feria, III kal. febr., regnante domno gloriosissimo imperatore *Lothario*, et Nominoe possidente Brittanniam, Susanno episcopo in Venedia civitate, a fronte (sic) Anauhoiarn per viam ad lin, deinde per viam ad III lapides confinium terre Uuorcomet, per lapides fixos ad caput Telerimelsi (sic) ad lapides fixos, deinde ad Cloicerian, ad perarium, ad viam publicam, ad cornu campi Blahoc, secundum unnant, per lapides fixos ad landam.

48

Uuenerdon vend au prêtre Sulcomin six parties de la terre de Tonouloscan[1], en Guillac.

Num. CXXXVI du Cart., f⁰ 83 v°, p. 103.

9 avril 842.

Notum sit omnibus audientibus hominibus tam clericis quam laicis qui audierint, quod vendidit Uuenerdon particulas terre ad *Sulcomminum* presbyterum, id est, sex argentiolas terre Tonouloscan, cum monticulis et vallibus et pratis et pascuis et heredibus suis ; et Sulcommin dedit pretium istius terrae ad Uuenerdon, id est, duos equos et solidos d.[2] VIII argenti, contra solidos XX, et unum solidum ad Morman, et unum solidum ad Catuualart, et

---

[1] Tonouloscan. — Aujourd'hui le village *Teueux*, en 1454 *Tueul*, en Guillac.

[2] La lettre *d* semble indiquer des deniers dont le nombre n'est pas fixé. (Note du Cart.)

unum solidum ad Hoiarn, et VI denarios ad Uuorgost, III denarios ad Kerentin, et III denarios ad Argantlouuen, et III denarios ad Hertiau, et X denarios aliis hominibus; et Uuenerdon dedit istam terram pro isto pretio ad Sulcomin, sicut de trans mare super scapulas suas in sacco suo detulisset, et sicut insula in mare, sine fine, sine commutacione, sine jubeleo anno, sine exactore satrapaque, sine censu et sine tributo, sine opere alicui homini sub caelo nisi Sulcomino presbytero et cui voluerit post se commendare, preter censum regis ; et Uuenerdom fidejussores dedit in ipsam terram ad Sulcomin ; hi sunt fidejussores his nominibus ; Morman, Catuualart, Gurgost, Erthiau. Factum est hoc ante aecclesiam Giliac, coram his testibus quorum haec sunt nomina : Sulcomin, presbyter ; Asoiucar, testis ; Sulcar, custor (*sic*) testis aecclesie, testis ; Uuormoet, clericus, testis ; Morman, testis ; Uuorgost, testis ; Hertiau, testis ; Roiantuualt, testis ; Borgon, testis ; Uuorgouan, testis ; Judgan, testis ; Stouuillan, testis ; Kerenin, testis ; Maenuuoret, testis ; Buduuoret, testis ; Iartiern, testis ; Iarnhobrit, testis ; Hirtmarcoc, testis ; Cleulouuen, testis ; Isimbert, testis ; Drihom, testis ; Pirinis, testis ; Uuoretcant, testis ; Catuualart, testis ; Hoiarn, testis ; Bertuualt, testis ; Clutgen, testis ; Budien, testis ; Uuenuorgou, testis ; et hec venditio fuit in tempore Maen episcopi, dominante Nominoe Brittannie, in die dominico, V idus aprilis, luna XXV (leg. XXIV).

49

Houuoret vend à Sperauet ou à son épouse Moenken quatre muids de blé dits Botelerli.

Num. CCXX du Cart., fol. 110 v°, p. 169.

7 avril 843.

Magnifico viro fratri nomine Sperauet, emptori, vel conjugi sue, nomine Moenken, ego enim, in Dei nomine, Houuoret, venditor, constat me vobis vendidisse et ita vendidi rem proprietatis meae, hoc est IIII modios de brace, nuncupantes Botelerli, que mihi de partibus parentum meorum per conparationem advenit, una cum cartis transfundi atque tradidi, unde accepi a vobis pretium in quo michi bene conplacuit, illis presentibus qui *subter tenentur* inserti, hoc est, solidos XXIIII et denarios VI, habeatis, teneatis, possideatis, faciatis exinde quicquid volueritis, ita ut ab hodierna die quicquid exinde facere volueritis, liberam ac firmissimam in omnibus habeatis potestatem ad faciendum, cum terris cultis et incultis, silvis, pratis, pascuis, aquis, aedificiis, planto (*sic*), et cum omni supraposito suo, sicut a me presenti tempore videtur esse possessum, ita de jure meo in vestra trado potestate vel dominatione; et alligo vobis fidejussores vel adlisidos (*sic*) in securitate ipsius terrae, his nominibus : Maenuili, Jacu, Iarndeduuid, Catuuotal; manu mea firmavi et bonis viris adfirmare rogavit (*sic*) : † Jarnhitin, machtiern; † Miot, †, testis; Haellifois, testis; Drehuobri, testis; Brechuualt, testis; Tutuual, testis; Rodarch; † Comaltcar, presbyter, testis; Maenuueten, presbyter, testis; Finituueten, presbyter, testis; Cunutam, testis; Uuobrian, testis; Hiauuid, testis; Omnis, testis; Precois, testis; Moeni, testis. Et, quod fieri non credo, si fuerit ulla quislibet persona, si ego ipse Houuoret, aut ullus de quoheredibus (*sic*) vel propinquis meis, seu aliqua persona, qui contra hanc venditionem aliquam calumniam repetit, generare presumpserit, illud quod repetit non vindicet, insuper et contra cui litem intulerit solidos XLVIIII multa conponat, et haec venditio firma et stabilis permaneat. Factum est hoc in loco super ipsam terram, in confinio, super lapidem, die sabbati, VII idus aprilis, Nominoe dominante Brittanniam, Susanno episcopo, Jarnhitin filius Portitoe, machtiern, et ego, Haeldetuuido, scripsi, et subscripsi, totum et *adintegrum*, sicut in aliis cartis habeat confinium.

50

Haitlon vend au prêtre Uuinhoiarn deux muids de blé de la terre de Ranhaeluual, en Carentoir.

Num. CXII du Cart., fol. 77 r°, p. 85.

10 mai 844.

Magnifico viro *fratri* Uuiuhoiarno, presbytero, emptori, ego enim in Dei nomine, Haitlon, venditor, constat me tibi vendidisse et ita vendidi rem proprietatis meae, hoc est, de terra modios II de brace, nuncupantes de Ranhaeluual, finem habentes de uno latere et fronte Ranconmarch et viam publicam per viam publicam, de via per lapides confixos usque in ripam Kaurel, juxta alodem Dreuueten presbyteri, per ripam usque fossata confinium Rancunmarch, unde accipi (*sic*) a te precium in quo mihi bene complacuit, illis presentibus qui *subter tenentur* inserti, hoc est, solidos VIII et denarios VI, et ad propinquos meos solidos IIII et denarium I, habeas, teneas, possideas, facias exinde quicquid volueris, jure proprietario, liberam *et* firmissimam in omnibus habeas potestatem ad faciendum, sine censu et sine renda, et sine opere et sine ulla re ulli homini sub caelo, nisi Uuorhoiarno presbytero vel cui voluerit, cum terris, pratis, pascuis, aqnis et omni supraposito suo, sicut a me, presenti tempore, videtur esse possessum, ita de jure meo in tua trado potestatem (*sic*) vel dominatione ; et alligo tibi fidedjussores vel dilisidos in securitate ipsius terrae : Harcon et Buduuoret. Hii sunt qui *subter firmaverunt* ; *Signum* Aitlon, venditoris ; † Arcon ; † Conhoiarn ; † Filius ; † Uuoretin ; † Juduuallon ; † Jarnuuocon ; † Dumuuallon ; Saturnan ; † Catloiant ; † Iarnuuocon ; † Indelgent ; † femina Uurbili ; † Uuoletec ; † Edelfrit ; † Euhoiarn ; † Ninan ; † Uuicant ; † Rishoiarn ; -- Boduuoret ; † Benitoe ; † Catloiant ; † Uuordotal ; † Uuorhoiarn ; † Driduuoret ; † Uuetenuuoret ; † Catbud ; † Iunuueten ; † Loiesuueten ; † Judcant ; † Romhail ; † Roenhoiarn ; † Catuuotal, deganus ; † Riscan, clericus ; † Budhoiarn, clericus ; presente Driuinet, presbytero ; † Tatalo, presbytero, et Buduuoreto, presbytero, et Hinoco, presbytero †. Factum est hoc in loco super viam publicam confinium ipsius alodis, die sabbato, VI idus mai, luna XVIII, et circulo X novenali, VIIII nonas, et antea III feria, II non. mai, ante Uurbili, in loco non ignobili nuncupante Lisnouuid, presente Noli, regnantibus Karolo, *Lothtario* vel Lodouico, et Nominoe possidente Brittanniam, Susanno episcopo, Uurbilio tiranno infirmo ; constat hoc in plebe Carantoer ; ego Haeldeduuido, clericus, scripsi et subscripsi.

51

Riscant vend à Uuinhoiarn une petite partie de la terre de Ranconmarch, en Carentoir.

Num. CXI du Cart., fol. 76 v°, p. 84.

1er juin 843.

Magnifico viro fratri, nomine Uuinhoiarno, presbytero, emptori, ego enim, in Dei nomine, Riscant, venditor, constat me tibi vendidisse et ita vendidi rem proprietatis meae, hoc est, petiolam de terra nuncupantem Ranconmarch, finem habens fossatellam *que* ducit ad cruces, ad ripam Keurillam, per ripam ad alterum alodem

Uuiuhoiarn, per confinium ipsius alodis, ad viam publicam per (*sic*) que ducit ad aeeclesiam Carantoer, per viam ipsam iterum ad cruces, unde accepi a te precium in quo mihi bene complacuit, illis presentibus qui *subter tenentur* inserti, hoc est, solidos XIII, et ad Ratuili, mactiern, denarius (*sic*) VI, et ad Litoc, missum Nominoe, missas XX, et ad Uuoethoiarn denarius VI, ad Uuicant denarius III, habeas, teneas, possideas, facias exinde quicquid volueris, ita ut ab hodierna die quicquid exinde facere volueris, jure proprietario, liberam ac firmissimam in omnibus habeas potestatem ad faciendum ; et alligo tibi fidejussores vel dilisidos in securitatem ipsius terrae his nominibus : Uuoethoiarn et Uuicant, manu mea subterfirmavi et bonis viris adfirmare rogavi. † Riscant, venditoris ; † Uuoethoiarn ; † fratis sui Ratuili, mactiern ; † Litoc, missus Nominoe ; † Marchuuocon, hominis sui ; † Uuoletec, major ; † Catuuotal ; † Deganus ; † Taetal ; † Heuhoiarn ; † Hirdhoiarn ; † Uuorethoiarn ; † Tomas, clericus ; † Uuorcondelu ; † Dreuuoret ; † Houuoret ; † Euuen ; † Factum est hoc in loco super ipsam terram, juxta cruces Roenhoiarn, x, VI feria, kal. junii, regnante Karolo rege et Nominoe possidente Brittanniam, Susanno episcopo, Rabili mactiern, et ego Haeldetuuido, scripsi et subscripsi.

52

L'abbé Convoion donne à Buduoret vingt sous d'or et en reçoit la métairie du compot Uuincampt[1].

Num. CXVIII du Cart., fol. 78 v°, p. 90.

Vers 844.

Haec carta indicat quod dedit Conuuoion, abbas, et monachis (*sic*) rotonenses cum eo, XX solidos ad Buduoret qui querebat quasi hereditatem in compot Uuincampt ; et Buduoret dedit fidejussores IIII in securitate quod nunquam quesisset heridatem, ipse nec semen ejus post eum in sempiternum, quousque redderet illos XX solidos karoliscos in manu monachorum et abbatis rotonensis ; et postea, per legem non per vim[2] , qui erat haec nomina fidejussorum et securatorum : Achebui, presbyter, Uuoruuocon, Roenhebet, Teman.

[1] Uuincampt, compot. — Terre en la paroisse de Peillac.
[2] Entre les mots *per vim* et *qui erat*, il y a évidemment une lacune (Note du Cart.)

53

Nominoe réclame à Deurhoiarn et à son père Riuualt le prix d'un de ses hommes, nommé Catuuoret, tué par Deurhoiarn. Riuualt livre à Nominoe la villa de Lisbroniuuin[1], en Campénéac, avec la terre qui en dépend.

Num. CVII du Cart., fol. 75 v°, p. 81.

8 mars 839-844.

Indicat carta quomodo Catuuoret se comendavit ad Nominoe, et dum essed (sic) illi fidelis, occidit eum Deurhoiarn filius Riuualt. Postea, Nominoe hominem suum requisivit super Riuualt et filium suum. Tunc Riuualt, ex semine Iarnuuocon heres, tradidit Lisbroniuuin et hoc quod adjacet ei, ex plebe Kempeniac, in pretio sui hominis Catuuoret. Factum est hoc in Lisranac, VIII idus marcias, in die sabbato, presentibus istis hominibus : Conuuoion monachus, testis ; Iarnhitin, monachus, testis ; Leuhemel, monachus, testis ; Cumdelu, monachus, testis ; Rethuualart, presbyter, testis ; Dreuuallon, presbyter, testis ; Riuuallon, commes Poucaer, testis ; Biscan, invitator Nominoe, testis ; Juduuoret, invitator Riuualt, testis ; Uurscant, testis ; Euuen, testis ; Portitoe, testis ; Drihican, testis ; Rohot, testis ; Catuuobri, testis.

54

Uuetenoc achète de Uuobrian la villa Foubleid, située à Lerniac en Ruffiac.

Num. CXXXVIII du Cart., fol. 84 r°, p. 105.

2 mars 846.

Magnifico viro nomine Uuetenoc, emptori, ego enim, in Dei nomine, Uuobrian, venditor, constat me tibi vendidisse et ita vendidi, tradidisse et ita tradidi rem proprietatis meae, hoc est, de terra VIII modios de brace, nuncupantes Foubleid, sitos in pago nuncupante Brouueroec, in condita plebe Ruflaco, in loco qui dicitur Lerniaco, super ripam Eual, cum terris cultis et incultis, silvis, pratis, pascuis,

---

[1] Lisbroniuuin, alias : Lis Bronn-Euin. — Aujourd'hui le village de *Bernéan*, en Campénéac.

aquis aquarumve decursibus, heredibus, mobilibus et inmobilibus, aedificiis, tolum et *adintegrum*, cum omni supraposito suo, sicut a me presenti tempore videtur esse possessum, ita de jure meo in tua trado potestate vel dominatione, unde accepi a te pretium in quo mihi bene complacuit, *illi* (sic) presentibus qui *subter tenentur* inserti, hoc est, caballus contra novem solidos et novem solidos in argento, habeas, teneas, possideas, facias exinde (*add*. quicquid) volueris, ita ut ab hodierna die quicquid exinde facere volueris, jure proprietario, liberam ac firmissimam in omnibus habeant (sic) potestatem ad faciendum; et alligo tibi fideijussores vel dilisidos, in securitate ipsius terre, Fomus, Jacu, Drihuuobri et Rethuualart, sine renda, sine opere, sine censu et sine ulla re ulli homini nisi Uuetenoc vel cui voluerit, finem habens de uno latere et fronte ripam *Euual* et villam Gelloc, de altero vero latere et fronte Graton et Faumouron; hii sunt qui subter firmaverunt : Signum Uuobrian, venditoris; † Iarnhitin ; *Signum* Conan ; † Hinuualart ; † Comaltcar ; † Seman, presbyter ; † Maenuueten, presbyter ; † Iarndetuuid, abbas ; † Hiauid, abbas ; † Uuorcomed ; † Moeni ; † Tuduual ; † Mathoc ; † Rumatam ; † Loiesuidoe ; † Conatam ; † Loiesuuaroe ; † Dumuual. Factum est hoc in loco non ignobili nuncupante aecclesia Ruflaco, III feria, VI nonas marc.

55

Catloiant vend au prêtre Comaltcar la villa Bronantrcar, en Ruffiac.

Num. CLX du Cart., fol. 91 v°, p. 123.

19 mars 846.

Magnifico viro nomine Comaltcaro, presbytero, emptori, ego enim, in Dei nomine, Catloiant, venditor, constat me tibi vendidisse et ita vendidi rem proprietatis meae, hoc est, villam juris mei nuncubantem (sic) Bronantrcar, VIII modios de brace, cum duobus colonis his nominibus : Roiantmonoc et Goiduual et semen eorum, et Uuiurat et semen ejus, cu n terris cultis et incultis, silvis, pratis, pascuis, aquis aquarumve decursibus, mobilibus et inmobilibus, totum et *adintegrum*, cum omni supraposito suo, sicut a me presenti tempore videtur esse possessum, ita de jure meo in tua trado potestate vel dominatione, finem habens a Pullgouidnet per fossatam ad finem Rann Melhouuen, per viam usque ad pontum (sic) Frotguiuan, per Frotguiuuan *adluh Guiuuan*, per vallem finis Ranlis ad finem *Rannloin* Picket usque iterum Pullgouidnet, habeas, teneas, possideas, facias exinde quicquid volueris, ita ut ab hodierna die quicquid exinde facere volueris, liberam ac firmissimam in omnibus habeas potestatem ad faciendum, sine censu et sine tributo et sine opere et sine ulla re ulli homini sub caelo nisi ad Comaltcarum presbyterum vel cui voluerit, *inluh* et alode comparato, sine redemptione umquam ; et alligo tibi fidejussores et dilisidos in securitate ipsius terre his nominibus : Iarnetuuid, Noli, Miot, Cathoiarn ; unde accepi a te precium in quo mihi bene complacuit, illis presentibus qui *subter tenentur* inserti, hoc est, solidos XVI. His presentibus actum fuit vel tunc firmaverunt : Signum Catloiant, venditoris, testis ; Ratuili, fratris ejus, testis ; Hiauuid, abbas, testis ; Moruueten, abbas, testis ; Loiesoc, testis ; Precoes, testis ; Haellifois, testis ; *Couetic*, testis ; Haeluuicon, testis ; Hirduueten, testis ; Jacu, testis ; Haeluuoret, testis ; Greda, presente ; Anaugeno, presbytero, presente ; Maenuueteno, presbytero, teste, presente[1] ; Finituueteno, presbytero, teste, presente ; Dalitoc, presbytero, teste ; *Redhuuoreto*, presbytero, teste ; Hirdbidoe, testis ; Juduueten ; ego Haeldetuuido, abbas, *et* scripsi et subscripsi. Factum est hoc in loco super ipsum villare, die Martis, VII idus mart., Nominoe possidente *Bruttanniam*, Susanno episcopo, in ipso anno quando bellum fuit inter Karolum regem et Nominoegium.

56

Tiernan et Tutuuoret livrent à Nominoe le Randremes Golbin et la moitié des deux Randremes Bonafont et Lisuuern, en compensation d'une rente qu'ils devaient sur un domaine situé en Cournon, rente qu'ils avaient cachée frauduleusement.

Num. CVIII du Cart., fol. 75 v°, p. 82.

Vers 847.

Hæc carta indicat atque conservat quomodo caelaverunt Tiernan et frater suus Tutuuoret rendam atque debitum proprie hereditatis in plebe Cornou (sic), per annos III, quam debebant reddere ad principem Nominoe : et pro illa renda tradiderunt duas randremessas, una est que dicitur Randremes Golbin, excepto uno Tigrano, in Ergentet, et dimidium Randremes Bonafont, excepto dimidio tegran Bonafont,

[1] Dans le manuscrit le mot *presente* est ainsi écrit *ps* (Note du Cart.).

et dimidium Randremes Lisuuern, excepto dimidium (sic) tegran, tradiderunt supradicti fratres supradictam terram cum massis et manentibus ibi habitantibus, cum silvis, pratis, pascuis, aquis, aquarumve decursibus, moblibus et inmobilibus, cum omnibus adpendiciis suis, sicut ab ipsis videbatur esse possessam, sine fine et sine mutacione, in manu Numinoi pro fraude supradicta. Factum est hoc in Lisranac, VI feria, II idus, coram multis testibus : Rethuualart, presbyter, testis ; Dreuuallon, presbyter, testis ; Uurhoiarn, presbyter; Riassoe, presbyter, *testes*(?); Conan, presbyter; Uuorloies, invitator, *testes* (?) ; Hoiarscoet, testis : Dumuualart, testis ; Euuen, testis; Iarnhitin, testis; Catloiant, testis; Ratfred, testis ; Roenuuallon, testis ; Houuen, Branoc, *testes* (?).

57

Conuual vient dans l'église de Redon le jour de la translation des reliques de saint Marcellin et donne à l'abbaye une petite partie de la terre où se voyait autrefois un bois.

Num. CXV du Cart., fol. 70-78 r°, p. 88.

Février 848.

Haec carta indicat atque conservat qualiter venit Comuual, ipso die quando allatum est corpus sancti Marcellini in ecclesia Sancti Salvatoris, et tradidit ipso die, ad vesperum, petiolam de terra quae fuerat antea silva et foresta, jacens inter Bachon et Coethaeloc. Factum est hoc in die dominica, mense februario, coram Conuuoiono abbate et suis monachis et Bili machtiern et suis filiis ; et postea venit supradictus Conuual supra supradictam terram, manifestans suam elemosinam coram Pluiucatochensibus ; Comaltcar, presbyter, Maenuueten, presbyter, testis ; Iarnhitin, testis ; Natus, testis ; Loiesbidoe, testis ; Gedeon, testis ; Conuili, testis ; Uuoran, testis ; Uuinhael, testis ; Loiesuueten, testis, tradens supradictam terram in manus Tridboud.

58

Uuinhoiarn donne à Saint-Sauveur de Redon plusieurs muids de blé dits Ranarhuual, et une petite partie de la terre de Rancunmarch, en Carentoir.

Num. CXIII du Cart., fol. 77 v°, p. 86.

6 mai 848.

Mundi termino adpropinquante, ruinis crebrescentibus, jam certa signa manifestantur, idcirco ego, in Dei nomine, Uuiuhoiarn, considerans gravitudinem peccatorum meorum et reminiscens bonitatem Dei dicentis, Date elemosinam et omnia munda fiant vobis ; si aliquid de rebus nostris locis sanctorum vel substantiae pauperum conferimus, hoc nobis, procul dubio, in aeterna beatitudine retribuere confidimus ; ego quidem, Uuinhoiarn, de tanta misericordia et pietate Domini confisus, per hanc epistolam donationis donatumque in perpetuum esse volo Sancto Salvatori et suis monachis in Rotono habitantibus, hoc est, de terra modios de brace nuncupantes de Rañarhuual, et petiolam de terra nuncupante Rancunmarch, totum atque integrum, cum pratis et pascuis, aquis, aquarumve decursibus, mobilibus et inmobilibus, cum omnibus apendiciis suis, sicut a me, presenti tempore, videtur essse possessum, ita trado atque transfundo in elemosina, pro anima mea et pro regno Dei, Sancto *Salvatoris* (sic) et suis monachis in Rotono habitantibus, ita ut ab hodierna die quicquid exinde facere voluerint liberam ac firmissimam in omnibus habeant potestatem, sine censu et sine tributo et sine renda nulli[1] homini sub caelo, nisi Sancto Salvatori et suis monachis. Si quis vero, quod futurum esse non credo, quod absit, qui contra hanc donationem aliquam calumniam vel repeticionem generare presumpserit, illud quod repetit non vindicet, et insuper cui contra litem intulerit solidos multos conponat, et haec donatio firma permaneat. Signum *Uuiuhoiarn*, qui hanc donationem[2] et firmare rogavit. Factum est hoc supra dictam terram, coram his testibus : Taital, presbyter, testis ; Buduuoret, presbyter ; Uuoletec, testis ; Roenuuallon, testis ; Uuinhael, testis ; Benitoe, testis ; Loieshoiarn, testis ; Cathoiarn, testis ; Rathoiarn, testis ; Hirthoiarn, testis ; Guodhoiarn, *testis ;* Hirduidoe, testis ; Preselcoucant, testis ; Haelcourant, testis ; Haethlon, testis. Actum est hoc II nonas mai, illo anno quo *sinodus* facta est in Brittannia, in aula que vocatur Coitlouh, contra episcopos, temporibus Lotharii atque Karoli seu Lodouuici reges (*sic*), Nominoe gubernante Brittanniam, Susanno episcopo dejecta (*sic*), Ratuil tirannus.

---

[1] Au-dessus du mot *nulli* est écrit le mot *uolo* (Note du Cart.).
[2] Il faut ajouter le mot *fecit*, omis dans le manuscrit (Note du Cart.).

59

Coruueten et Catuuolou, moines au monastère de Ballon[1], demandent à Nominoe une partie des droits perçus à Balrit[2] sur les navires et les acheteurs.

Num. CVI du Cart., p. 80.

848-849.

Noticia in quorum presentia qui *subter tenentur* qualiter venientes sacerdotes his nominibus, Coruueten et *Catuuolou*, ex monasterio Ballon ad Nominoe, deprecantes eum ut eis donaret partem ex navibus et ex emptoribus in Balrit. Tunc interrogavit Nominoe si erat rectum *illis* dare, et jussit misso suo Riuuoret ut congregarentur omnes seniores ex Poliac[3] et ex Bain et ex Rannac et ex Siz[4], quod ita et fecit ; venerunt et ex Poliac : Illoc, Hocar et Haeluuocon, presbyter[5], Ratuueten, Haelmoini, Risuuoret, Uuinam, Matganoc, Catuueten ; et ex Bain : Jarnhatoe, Uurhoiarn, Roenuuallon, Suluual, presbyter ; Uuetencar, Arthuuiu, Jarnhebet, Haeldetuuid, Maenuuoron ; et ex Siz : Uuetengloeu, Catuuoret, Cumiau, Greduuocon, Uuallon ; et ex Rannac ; Houuen, Jacu, Uuocon, Branoc, Cadlouuen ; et interrogati sunt omnes qui debebat accipere teloneum de navibus in Balrit, sive in Busal, et testificaverunt omnes supradicti homines Poliaccenses et Baincenses et Zizcenses et Rannacenses quod ille qui Bain haberet in potestatem semper accepit teloneum sive mercedem de navibus seu de ementibus, ab illo die quo naves ceperunt navigare in Ult, neque abbs[6] (bb barrés) Busal neque abbs (bb barrés) Ballon habuerunt ullam potestatem neque de navibus, neque vendentibus, neque ementibus, acceperunt teloneum sive mercedem usque in presentem diem. Factum est hoc in loco nuncupante Peisuuentoc, juxta silvam, adstante Conuuoioion monacho et audiente, cui Nominoe mandavaerat (*sic*) ibi adesse, et illi hoc renunciare.

---

[1] BALLON. — Monastère de la paroisse de Bains, près de l'emplacement de la célèbre bataille de Ballon gagnée par Nominoé sur Charles le Chauve.

[2] BALRIT. — Station située sur l'Oust.

[3] POLIAC. — Aujourd'hui *Peillac*, paroisse.

[4] SIZ, alias : SILZ. — Paroisse aujourd'hui dans l'Ille-et-Vilaine, qu'on écrit à tort *Sixt* au lieu de *Silz*.

[5] Aussi bien *presbyteri* (Note de M. Rosenzweig).

[6] Il faut lire *abbates* (Note de M. Rosenzweig).

60

Catmoet vend à Alurit le champ de Ranbuduuere, en Aruuistl'.

Num. CCLI du Cart., fol. 123 v°, p. 202.

29 juillet 849.

Noticia in quorum *presencia* de illa parte terra campum juris mei *Ranbuduere*, ego, Catmoct, constat me tibi Alurit[2] dedisse illam rem proprietatis mee in Aruuistl propter solidos VI, quod mihi bene complacuit usque ad caput VII annos in Ascensione Domini, Pascha rogationis, et si invenitur in ipsa die in Pascha rogationis sol.[3] ad Alurit, reddatur terra ad suum heredem, sin per firmata erit ad Alurit et generaciones suas in sine fine *(sic)*. Factum est hoc super Atro flumine, in via que ducit de ponto Alurit[4] ad ecclesiam Mulaco ; est quidem de uno latere ejus et fronte *Ran-Haelon*, et de altera parte Ranmacoer ; et ego, Catmoet, dedi fidejus sores in ea III : Riuuaroi, fidejussor ; Rathoiart, fidejussor ; Glevan, fidejussor ; palam testibus : Juduuoret, testis ; Matuuoret, testis ; Trehoiarn, testis; Gorethuc, testis; Rumuual, testis ; Anauhoiarn, testis; Dalan, testis; Buduuoret, testis; Catuuotal, Agnus, *testes*(?); Arbidan, testis ; Finituueten ; Epetic, presbyter. Factum est hoc in condita plebe Mullaco, in pago Venetici *(sic)*, IIII kal. aug., II feria, regnante Lothario imperatore, Numinoe dux tota *(sic)* Britannie, Jarnithin principe, Bili majore, Riuuaroie centurione, Epetic, presbytero ; Dignum ostiarius *(sic)*, et ego, Agnus, scripsi et *subscripsi*.

61

Le vieillard Houuori atteste que la famille de Catoc ne possède aucun héritage en Bachon[6].

Num. CCV du Cart., fol. 106 v°, p. 159.

849-868.

Noticia in quorum presentia testificavit Houuori senex quod non debebant filii Catoe, neque pater neque avus neque progenies eorum, hereditatem in Bachon habere. Hi sunt qui audierunt : Conuuoion, abbas ; Rihouuen, monachus ; Jarnhitin, Maenuili, Heuuobri, Jacu, Louui, Hiauuid ; Johan, presbyter ; Comaltcar, presbyter, *testes* (?).

---

[1] Arwistl. — Domaine de la paroisse de Molac.
[2] Alurit pour *Alvrit*, pour *Alfrit* (?)
[3] Il faut lire sans doute : *si inveniuntur solidi* (Note du Cart.).
[4] *Pont de Larré* (Annotation mise en marge au XVI° siècle) (Note du Cart.).
[6] Bachon. — Villa de la paroisse de Pleucadeuc.

62

Maencomin et Mailon vendent au chef Albrit, fils de Ritgen, les domaines de Ronhoiarn et de Hoccretan[1].

Num. CCXLIX du Cart., fol. 123 r⁰, p. 200.

5 octobre 850.

Haec carta indicat atque conservat quod vendiderunt Maencomin et Mailon fratris sui (sic) partem proprietatis suae Albrito tiranno, filius (sic) Ritgen, hoc est, quod emerunt de hereditate Uuorethoc, hoc est, Maencomin et Mailon dederunt precium ejus Uurgosto Filius *Uuoretoc* XIIII solidos propter partem Ronhoiarn et partem Hoccrean, et dixerunt Maencomin et Maelon ad Albrit : da nobis quod datum fuerit de nostra causa ad *Uirgostum*, hoc est, XIIII solidos ; et Albrit dedit eis XIIII solidos, et illi dederunt ei quod emerunt de hereditate Uuorethoc, hoc est, partem Ronhoiarn et partem Hoccretan, finem habens de uno latere et de *frote sosatam Riuinet*[2], de alia parte Uurmo et de alia parte Uurmonoc, in plebe Mullaco[3], super Atro[4], flumine positam, in pago *Vedie*[5] ; et dederunt Maencomin et Mailon fidejussores in securitate ad Albrit : Rimonoc, fidejussor ; Botuuan, fidejussor ; Gnauet, fidejussor ; Unum, fidejussor ; Omni, fidejussor ; Uurmonoc, fidejussor ; Jarnouuen, fidejussor ; Jatoc, fidejussor ; Arblant, presbyter, fidejussor ; Arbidan, presbyter, testis ; Anauuuolou, testis ; Jouuan, testis ; Logesfinit, testis ; Iungoret, testis ; Aldaer, testis ; Gosbert, testis ; Marccoval, presbyter, testis ; Uurmas, testis ; Guitcon, testis ; Gleuuethen, testis ; Dalan, testis ; Catuocal, testis ; Nominoe, testis ; Pascuethen, testis ; Iuncar, testis ; Briuual, testis. Factum est hoc in pago Venedie, in illa plebe que vocatur Mullac, III non. octob., die dominico, regnante *domno* Lothario, *Nominoe* commes in tota Britannia, *Courangenus* episcopus. Qui voluerit frangere maledictus erit a Deo et ab hominibus christianis.

[1] Ronhoiarn et Hoccretan. — Domaines situés sur l'Arz, entre Pleucadeuc et Molac.

[2] Frost Rivinet. — Terre située en Pleucadeuc.

[3] Plebs Mullac.

[4] Atrum flumen. — L'Arz.

[5] Pagus Vedie. — Territoire actuel de la paroisse de *Saint-Gravé*.

63

Comaltcar donne à l'abbaye de Saint-Sauveur la villa de Broinantrcar[1].

Num. CLXI du Cart., fol. 92 r°, p. 124

850-866

Mundi termino adpropinquante, ruinis crebrescentibus, jam certa signa manifestantur ; idcirco ego, in Dei nomine, Comaltcar, considerans gravitudinem peccatorum meorum, et reminiscens bonitatem dicentis[2], Date elemosinam et omnia munda fiant vobis, si aliquid de rebus nostris locis sanctorum vel substantiae pauperum proferimus, hoc nobis, procul dubio, in aeternam beatitudinem retribuere confidimus ; ego quidem, de tanta misericordia et pietate Domini confisus, per hanc epistolam donationis donatumque in perpetuo esse volo Sancto Salvatori et monachis in Rotono habitantibus, hoc est, Broinantrcar cum duobus colonis, Roiantmonoc et Uuoetuual et Uuiurat et semen eorum, cum terris, silvis, pratis, pascuis, aquis, totum et *adintegrum*, trado in tua potestate ita ut quicquid exinde facere volueris, liberam ac firmissimam in omnibus habeas potestatem ad faciendum ; si quis vero, quod futurum esse non credo, quod absit, aut ego ipse, aut ullus ex propinquis meis, vel quislibet persona, qui contra hanc donationem aliquam calumniam vel repeticionem generare presumpserit, illud quod repetit vindicet[3], et super contra cui litem intulerit solidos C multa conponat, et haec donatio omnique tempore firma et stabilis permaneat. Actum est hoc Martis die, in Rotono monasterio, coram his testibus : Comaltcar, presbyter, testis, qui donavit, testis, ac Conuuoion, abbas, cui datum est, testis ; Iarnhitin, testis ; Triboud, testis ; Leuhemel, testis ; Tethuuid, testis ; Liuer, testis ; Haelmin, testis : Cundelu, testis ; Arthuuolou, testis ; Hinconan, testis ; Sulhoiarn, testis.

[1] Broinantcar. — Villa de la paroisse de Ruffiac.
[2] Il faut ajouter *Dei* (Note du Cart.).
   Non est sous-entendu.

64

Le prêtre Sulcomin donne à Saint-Sauveur de Redon son alleu de Tounouloscan, en Guillac.

Num. CXXXVII du Cart., fol. 83 v°, p. 104.

28 octobre 851.

Haec carta indicat atque conservat quod dedit Sulcommin, presbyter, alodum suum nuncupante Tonouloscan, situm in plebe nuncupantem Gilliac, Sancto Salvatori in Rotono monasterio et monachis ibi Deo servientibus, in elemosina pro anima sua et pro regno Dei, sicut ipse emit de quodam homine nomine Uuenerdon, venditore, et sicut ipse tunc videbatur eum tenere, ita tamen ut ipse Sulcomin, presbyter, teneat eum sub censu ex verbo abbatis Sancti Savatoris *rotonensi* (sic) quamdiu vixerit, sive quamdiu voluerit ad monachium (sic) ordinem venire in supradictum monasterium, si a Deo meruerit vel ab illis monachis supradictis ; postea vero supradictum alodum maneat inconvulsa (sic), in monachia sempiterna, ad supradictum Sanctum Salvatorem et suos monachos, sine censu, sine tributo et sine ulla re ulli homini sub caelo nisi ad supradictos monachos vel cui voluerint. Factum est hoc in monasterio Roton. V kal. novembris, id est, in die natali Sanctorum apostolorum Simonis et Jude, ipso die dedicatio (sic) basilice Sancti Salvatoris rotonensis, coram Conuuoion et suis monachis.

65

Erispoe donne à l'abbaye de Redon Locmariaquer et l'Ile-aux-Moines.

Num. LXX du Cart., fol. 66 r°, p. 55.

851-856.

Haec carta indicat atque conservat qualiter dedit Erispoe illam plebem que vocatur Chaer, cum massis et manentibus ei pertinentibus, id est, Avaellon et Clides et Vilata, cum vineis et pratis, et insulam que vocatur Crialeis, id est, *Enesmanac* ad fabas, monachis Sancti Salvatoris in elemosina pro anima sua et pro regno Dei, tradens eam in manu Conuuoioni abbatis, per manicam suam, in loco nuncupante Cancell. Factum est hoc coram multis nobilibus viris : Erispoe, qui dedit et firmare rogavit, testis ; Budic, testis ; Hoiarnscet, testis ; Uuoruueten, testis ; Penot, testis ; Pascuueten, testis ; Festgen, testis ; Felix, diaconus, testis ; Meior, presbyter, testis ; imperante dommo Lothario imperatore, regnante Karolo rege, dominante Erispoe Brittaniam, Courantgenus episcopus in Venedia civitate.

66

Uurdoital, fils de Cathoiarn, donne au moine Menuueten sa part de la villa Ranmeuuin.

Num. CXLIII du Cart., fol. 85 v°, p. 109.

851-857.

Mundi termino adpropinquante, ruinis crebrescentibus, jam certa signa manifestantur ; idcirco ego, Uurdoital, reminiscens bonitatem Dei et retribuittionem (sic) justorum, trado atque transfundo tibi Menuueten monacus, id est, do tibi III modios de brace de terra, hoc est, de Ranmeuuin, pro anima mea et pro anima patris mei Cathoiarn, in dicombito et in monachia sempiterna, cum suo herede nomine *Jarngrinn* et filios (sic) ejus Gleudain et *Uuetencain* et filiabus et quod ex eis procreatum fuerit, habeas, teneas, possideas, exinde quicquid volueris liberam ac firmissimam *in omnibus habeas potestatem*, jure proprietario, ad faciendum, cum terris cultis et incultis, pratis, pascuis, aquis, et cum omni supraposito suo, sicut a me, presenti tempore, videtur esse possessum, ita de jure meo in tua trado potestate vel dominatione ; *manibus meis subter firmaverunt* et bonis hominibus adfirmare rogavi : Signum Uuordoitali firmatoris ; † Judicar, filii ejus ; † Ratuili, machtiern ; † Iarnithin, machtiern ; Uuocomet, testis ; Nominoe, testis ; Fomus testis ; Haellifois, testis ; Uuetenhoiarn, testis ; Omnis, testis ; Miot, testis ; Moeni, testis ; Jacu, testis ; Uuobrian, testis ; Iarnde tuuid, abbas, testis ; Hiauuid, abbas, testis ; Sulmin, abbas ; Comaltcar, presbyter, testis ; Conadam, presbyter, testis; Anaugen, presbyter, testis ; Finituueten, presbyter, testis. Factum est in loco super quadrivium, inter partem Uuantnou et partem Meuuini, II feria, regnante domno Karolo regi (sic), Erispoe possidente Brittanniam, Courantgeno episcopo Venetis civitatis, et ego, Haeldetuuid, abbas, scripsi ; et propter hoc cantavit Maenuueten, presbyter, inter missas et psalteria CC, pro anima Uuordoital.

67

Fomus interpelle les moines de Redon au sujet de la terre d'Arbiuan, qu'il réclame comme son héritage.

Num. CXXVII du Cart., fol. 81 r°, p. 96.

29 janvier 852.

Noticia in quorum presentia qui *subter tenentur* qualiter venit Fomus ad interpellandos monachos Sancti Salvatoris in Rotono monasterio habitantes, de hereditate Arbiuan, et dicebat quod suam hereditatem erat ; et habuit Conuuoionus abbas consilium cum fratribus suis super hac re, et dediderunt et illi consilium ut trammitteret (sic) tres doctissimos ex suis fratribus usque ad supradictam illam terram, in conspectu virorum nobilium qui manebant illa plebis (sic), et interrogarent eos utrum verum quereret an non. Et abierunt Leumelus, presbyter et monachus, et Uuinkalunus, presbyter et monachus, *erit uere*[1], monachus, usque ad supradictam illam terram, in IIII feria, in decollatione sancti Johannis ; et dederunt illi illam terram terciam partem hereditatis Degnum ; et donavit ille Fomus fideijussores et securitates, Iarnhobrit et Dumuuoret, ut non quereret ille amplius super illos de hereditate Dignum et de hereditate Arbeuuan, nec ipse, nec filius ejus, nec filii filiorum ejus usque in aeternum, *quamdiu* mundus staret ; et in annis singulis promisit ille dare ex illam *terciam parcem* (sic) unum semodium ex frumento, denarios XVIII. Factum est hoc in plebe que vocatur Alcam, in Coluuoretan, coram multis nobilibusque viris quorum haec sunt nomina : Reinbert, presbyter, testis ; Haelhoiarn, presbyter, testis ; Catuueten, testis ; Cenetlor, presbyter, testis ; Arthanael, testis ; Uuoletec, testis ; Rethuualt, testis ; Alunoc, clericus, testis ; Iarnican, testis ; Uuorbili, testis ; Maenuuallon, testis ; Pascuuoret, testis ; Seferia, testis. Factum est hoc IIII kal. februarii, anno XII regnante Karolo rege, dominante Erispoe Brittanniam.

[1] Ce que M. de Courson interprète ainsi : e rituere, e mis pour *et*.

68

Le mactiern Altfrid donne à Saint-Sauveur de Redon les domaines de Ran Macoer Aurilian[1] et de Ran Buduuere.

Num. XX du Cart., fol. 51 r°, p. 17.

21 septembre 852.

Haec carta indicat atque conservat quod dedit Altfrid, machtiern, Ran Macoer Aurilian et Ran Buduuere, in elemosina pro anima sua et pro regno Dei, Sancto Salvatori et suis monachis in Rotono habitantibus, totum atque integrum, sicut ab illo videtur esse possessum, id est, cum massis suis et manentibus, cum pratis et pascuis, aquis, aquarumve decursibus, mobilibus et inmobilibus, cum omnibus *apendiciis* suis, ita tradidit, pro anima sua, Sancto Salvatori et suis monachis, ita ut ab illo die quicquid exinde facere voluerint, liberam ac firmissimam in omnibus habeant potestatem. Facta est ista donatio in monasterio Roton ante altare Sancti Salvatoris, in natale Sancti Mathei apostoli, IIII feria, coram multis nobilibusque viris quorum ista sunt nomina : Signum Altfrid, qui dedit et firmare rogavit ; † Pascuueten ; † Ritguoret ; † Hocunan ; † Iacu ; † Liuer ; † Hencar ; † Catuuotal ; † Briuual ; † Rituuoret ; † Loiesuuoret, presbyter ; † Roiantuuallon, clericus ; † Ili ; † Cristian ; † Catuuallon ; † Hailimar ; † Dalam ; † *Heden* ; † Riuuoret, presbyter ; †. Actum est hoc, anno nono regnante *Hlothario* imperatore, Erispoe duce in Brittanniam, Courantgeno episcopo in Uenetis

69

Pascuueten donne à Saint-Sauveur de Redon les villas de Botcuach et de Ranlis en Ruffiac.

Num. XXXV du Cart., fol. 55 r°, p. 28.

21 septembre 852.

Mundi termino adpropinquante, ruinis crebrescentibus, jam certa signa manifestantur, idcirco ego, in Dei nomine, Pascuueten, considerans gravitudinem peccatorum meorum, et reminiscens bonitatem Dei dicentis, Date elemosinam et omnia munda fiant vobis ; si ali-

---

[1] Ran Macoër Aurelian. — Aujourd'hui *Mangolerian*, village et chapelle de la paroisse de Monterblanc, au diocèse de Vannes. Vis-à-vis Mangolérian, mais en la commune de Saint-Avé, existent encore des retranchements considérables nommés : *Le camp de César*, d'où l'on domine toute la baie du Morbihan.

quid de rebus nostris locis sanctorum vel substantiae pauperum conferimus, hoc nobis, procul dubio, in aeternam beatitudinem retribuere confidimus ; ego quidem, Pascuueten, de tanta misericordia et pietate Domini confisus, per hanc epistolam donationis donatumque in perpetuum esse volo Sancto Salvatori et monachis in Rotono Deo servientibus, quod ita feci, id est, donavi eis Botcuach et Ranlis, cum manentibus suis, his nominibus : Risan, Rianau, Dreanau, Haelbert, cum terris, silvis, pratis, pascuis, aquis, aquarumve decursibus, mobilibus et inmobilibus, cultis et incultis, et cum omnibus appendiciis suis, sicut a me videtur esse possessum, ita ego, Pascuueten, trado atque transfundo Sancto Salvatori et supradictis monachis in elemosina pro anima *mea* et pro regno Dei ita ut quicquid exinde facere voluerint, liberam ac firmissimam in omnibus habeant potestatem ; et si fuerit, aut ego ipse, aut alia aliqua quelibet persona, qui contra hanc donationem atque elemosinam aliquam calumniam generare presumpserit, mille solidos multum conponat, cui litem intulerit, et illud quod repetit non vindicet ; et ista donatio atque elemosina, per omnia tempora, fixa atque inconvulsa permaneat, sine censu, sine tributo et sine cofrito ulli homini nisi supradictis monachis. Factum est ista donatio in monasterio Roton, ante altare Sancti Salvatoris, in natale Sancti Mathei apostoli, IIII feria, anno nono regnante *Hlothario* imperatore, Erispoe duce in Brittannia, Courantgeno episcopo in *Uenedis*. Signum Pascuueten, qui donavit et firmare rogavit ; † *Altfrit* ; † Riduuoret ; † *Hocunnan* ; † Iacu ; † Liuer ; † Hencar ; † Briuual ; † Ili ; † Cristian ; † Catuuallou ; † Haellimar ; † Dalam ; † Hitin ; † Rituuoret ; † Loiesuuoret, presbyter ; † Roenuuallon † ; et hoc est redditum supradicte terrae : de avena modios X et VIII de frumento, et siclo duos modios ; panes LII, unum porcum valentem XII denarios, porcellum duos denarios, duos multones et duos agnos, in manaheda, XII denarios.

70

Gredcanham et la femme Uuiuhoiam donnent en gage au prêtre Hinuueten leur part de la villa Botriuualoe, située à Réminiac, en Caro.

Num. CXCIII du Cart., fol. 102 r°, p. 149.

18 janvier 856.

Noticia in quorum presentia pignoraverunt Gredcanham et Uuiuhoiam femina de terra nuncupante Botriuualoe, sitam in plebe nuncupante Caroth, in loco nuncupante Ruminiac, Gretcanam, duas partes super solidos VIII et denarios VI, et Uuiuhoiam terciam partem super solidos II, in manibus Hinuueteni presbyteri et nepotis sui Trihuueteni clerici, usque ad caput VII annorum ; et si tunc redimerint, redimant, et si tunc non redimerint, fiat iterum ut supra usque ad caput aliorum VII annorum, hoc est XIIII annorum ; et si tunc redimerint, redimant, et si tunc non redimerint, fiat iterum ut supra usque ad caput trium VII annorum, hii sunt XXI annorum ; et si tunc non redimerint, fiat ipsa terra in alode comparato ab ipso die, sine redempsione (*sic*), finem habens a fine porte alodis Hinuueteni presbyteri, a sinistra parte ad perarium, ad roborem, ad alium perarium, ut simul dividant et ligna et fructus eorum ; a dextera parte usque ad viiiarem Driuuolou per semittam, hoc est, confinium inter terram Loieshoiarni et terram pignorantiae et confinium menehi Sancti Petri apostoli ; et inde per fossellam usque ad terram *pignarantia* (*sic*) Louuuian presbyteri, per viam publicam et per aliam viam usque ad alodem Hinuueteni presbyteri ; et isti sunt fidejussores vel dilisidi pro Gretcanham ; Iarnhoiam et Driduualtum ; et pro Uuiuhoiam : Loieshoiarnnum. His presentibus actum fuit : Louuianus, presbyter, testis ; Diloid, testis ; Uuincar, testis ; Rithoiarnus, testis ; Iunham, testis ; Haelhoiarnus, testis ; Loiesuuetenus, *Uuorhatoeut, testes* (?) ; Hirdmarcocus, testis ; *Clotuuious*, testis. Factum est hoc super ipsam terram pignorantiae, die sabbato, XV kal. februarii, regnante domno Karolo rege, vel (?) Erispoe possidente Brittanniam, et Deurhoiarno commite, et Rethuualatro episcopo ; ego, Haeldetuuido, clericus, scripsi ; Doithanu, testis.

74

Roeantken donne à Saint-Sauveur de Redon la villa de Uuicantoe et sa part du domaine de Ransantan, en Ruffiac.

Num. XXXVI du Cart., fol. 56 r°, p. 30.

858.

Haec carta indicat atque conservat quod dedit Roeantken terram IIII modios de brace, *hoc* est, Rann Uuicantoe et duos modios et VIIII sextarios de Ransantam, quam terram comparavit Roeantken de Maenuuobri, de Haeluuicon, Sancto Salvatori in Rotono, in elemosina pro anima sua et pro regno Dei, cum massis et manentibus et cum omnibus appendiciis suis, et cum omni supra posito, totum atque integrum, dedit Sancto Salvatori et monachis illi servientibus, sine censu, sine tributo ulli homini sub caelo nisi supradictis monachis. Factum est hoc XII kl. martii, VI feria, in Rotono; et postea firmatum est in aecclesia Ruflac, III non. martii, V die dominico, regnante Karolo rege, dominante Salomone Brittanniam, Reduualatro episcopo, coram nobilibus viris qui ibi aderant : Roeantken, que dedit, testis ; Leuhemel, presbyter et *monacus*, testis ; Tudian, presbyter, testis ; Ebetic, presbyter, testis ; Iarnhitin, testis ; Dumuualart testis ; Iarndetuid, testis ; *Fonus*, testis ; Haellifois, testis ; Rethuualart, testis ; Sulmin, testis.

72

Le clerc Anauan, condamné à avoir la main coupée pour tentative d'assassinat sur le prêtre Anauhoiarn, se rachète en donnant à Saint-Sauveur de Redon sa vigne en Tréal.

Num. CCII du Cart., fol. 105 v°, p. 157.

24 février 858.

Haec carta indicat qualiter dedit Anauah, clericus, suam vineam que est in suo orto in Treal, Sancto Salvatori et Conuuoiono abbati et suis monachis, in monachia sempiterna, pro redemptione manus sue dextre, quam judicaverunt incidere eo quod voluit occidere Anauhoiarn presbyterum, flagellans eum ac manus ei ligans ; et dedit ipse Anau fidejussores in securitatem istius vine (*sic*), his nominibus : Uuoruuoion, Rihouuen, Uuinhael. Factum est hoc in monasterio Roton, V feria, VI kalendas marc., luna VII, coram multis nobilibus viris quorum ista sunt nomina : Anau, qui hanc donationem dedit, testis ; Conuuoion, abbas ; Leuhemel, presbyter, testis ; Uuinkalon, presbyter, testis ; Loiesuuallon, presbyter, testis ; Matganet, testis ; Atoere, presbyter, testis ; Ratfred, testis ; Ratuili, testis ; Hi, testis ; Loiesuuoret, testis ; Liosic, presbyter, testis ; Uuorgouan, testis ; Uuetenoc, testis ; Ranauuuart, testis ; Prosperum, testis ; Rihouuen, testis ; Mathic, testis ; Iarnuuoret, testis ; Uuoedor, testis ; Matfred, testis ; Uuinhael, testis ; Junet, testis ; et postea dedit ipse Anau alios fidejussores quorum ista sunt nomina : Ratfred, Ratuili, Rihouuen, Uuoruuoion, Junet, Uuinhael, quod numquam faceret malum hominibus Sancti Salvatoris et monachorum ejus nec in tota monachia eorum, et quod numquam consenciens facienti ; et si sciret alium facere volentem, in quantum posset prohiberet, et abbati aut monachis sito (sic) indicaret ; et si hoc mutasset, ipsi fidejussores precium ejus abbati et suis monachis reddant, et illum usque ad mortem persequantur.

73

Roiantken donne aux moines de Redon la terre de Ranafroc en Augan.

Num. CLXXV du Cart., fol. 95 v°, p. 135.

13 avril 858.

Haec carta indicat atque conservat qualiter dedit Roiantken dimidiam partem Ranafroc, pro anima sua, Sancto Salvatori et monachis in Rotono monasterio habitantibus, sine censu, sine tributo ulli homini sub caelo nisi supradicto Sancto Salvatori et suis monachis. Factum est hoc, idus aprilis, 1111 feria, super ipsam terram, in plebe que vocatur Alcam ; et ipsa Roientken tradidit supradictam terram, cum viro suo et filio, in manu Leumeli preposito (sic) monasterio Roton, vice Conuuoioni abbatis, coram his testibus : Maenuueten, presbyter, testis ; Rethuuocon, presbyter, testis ; Juduuallon, presbyter, testis ; Uurbili, presbyter, testis ; Deurhoiarn, machtiern ; Iarnuuocon, filius ejus, *testes* (?) ; Catuueten, testis ; Uurcomet, testis ; Hirdhoiarn, Fomus, Milcondoes, testes ; Uuolecec, testis ; Bronmael.

74

Catuueten, fils de Drelouuen, donne aux moines de Redon sa part de la villa Botalaoc, en Ploërmel.

Num. CCIV du Cart., fol. 106 r°, p. 158.

12 mai 858.

Haec carta indicat atque conservat quod dedit Catuueten, filius Drelouuen, partem terrae que vocatur Botalaoc, sitam in plebe Arthmael, pro anima sua et pro regno Dei, Sancto Salvatori et suis monachis in Rotono servientibus, cum terris, pascuis, et cum omnibus apendiciis suis, sine censu, sine tributo et sine quolibet pastu alicui homini nisi supradictis monachis. Facta est haec donatio in Rotono monasterio, in aecclesia Sancti Salvatoris, die *Ascensionis*

Domini, V idus *mai* (sic), luna XXIIII[1], II° anno principatus Salomonis in Brittannia, Rethuualatro episcopo in Poutrocoet, coram nobilibus viris quorum ista sunt nomina : Catuueten, qui hanc donationem dedit; Deurhoiarn, testis; Iarnuuocan, testis; Uurlouuen, presbyter, testis ; Festuuoret, testis; Uuincalon, testis; Leisou, testis ; Tanetuiu, Liosoc, *testes* (?).

75

Uuetenoc donne au monastère de Redon son alleu de Foubleth, en Ruffiac.

Num. XLIV du Cart., fol. 58 v°, p. 36.

858-865.

Haec carta indicat atque conservat qualiter dedit Uuetenoc alodum suum qui vocatur Foubleth, in elemosina pro anima sua, Sancto Salvatori et suis monachis in Rotono monasterio degentibus, ita tamen ut quamdiu ille vixerit, teneat supradictum alodum et reddat censum, singulis annis, ad monachos in Roton ; et post mortem ejus, si quis ex progenie ejus superfuerit ex ejus (sic), reddat supradictum censum Sancto Salvatori ; si autem non fuerit ex ejus progenie qui tenuerit eum, maneat inconvulsum usque in finem seculi. Facta est haec donatio in Rotono monasterio, coram his testibus : Uuetenoc, qui dedit, testis : Comaltcar, presbyter; Maenuueten, presbyter; coram omnibus monachis qui ibi aderant, quorum ista sunt nomina : Conuuoion, abbas, Leuhemel, presbyter et *monacus*, testis; Tribod, presbyter, testis; gubernante Salomone Brittanniam, Courantgeno episcopo in *Uenetis* civitate ; et post hoc manifestavit, die dominico, in aecclesia Ruflac post missam, coram populis qui erant in aecclesia et coram his testibus : Connatam, presbyter, testis ; Comalcar, presbyter, testis ; Maenuueten, presbyter, testis ; Adaluuin, presbyter, testis; Loiesbritou, clericus, testis ; Miot, testis; *Meeni*, testis; Iacu, testis; Dreuuobri, testis ; Uuordoutal, testis; Nominoe, testis; Uuorcomet, testis.

[1] D'après M. de Courson il faudrait : *IV idus* et *luna* XXV

76

Cadalo donne aux moines de Redon son alleu en Locmariaquer avec sa villa et ses dépendances.

Num. LXIX du Cart., fol. 65 v°, p. 54.

2 *janvier 859.*

Mundi termino adpropinquante, ruinis crebescentibus, jam certa signa manifestantur ; idcirco ego, in Dei nomine, considerans gravitudinem peccatorum meorum, et reminiscens bonitatem dei dicentis, Date elemosinam et omnia munda fiant vobis; si aliquid de rebus nostris locis sanctorum vel substantiae pauperum conferimus, hoc nobis, procul dubio, in aeterna beatitudine retibuere confidimus; ego quidem, Cadalo, de tanta misericordia et pietate Domini confisus, per hanc epistolam donationis donatumque in perpetuum esse volo Sancto Salvatori et monachis in Rotono ei servientibus et regulam sancti Benedicti exercentibus, quod ita et feci, id est, donavi eis meum alodum in Caer, com (*sic*) manente nomine Petrone, et villam et pratum cum omnibus apendiciis suis, sicut a me videtur esse possessum, ita trado atque transfundo, in elemosina pro anima parentis mei et pro anima mea et pro regno Dei, ita ut quicquid exinde facere voluerint, jure proprietario, liberam ac firmissimam in omnibus habeant potestatem ; et si fuerit, aut ego ipse, aut ullus de heredibus meis, qui contra hanc donationem vel elemosinam aliquam calumniam generare presumpserit, illud quod repetit non vindicet, sed insuper contra cui litem intulerit solidos CCC conponat ; et haec donatio atque elemosina firma et stabilis atque inconvulsa permaneat, cum stipulatione subnixa. Factum est hoc in mense januarii, feria III (*leg.* feria II), IIII non. januarii, luna V, anno Dominice incarnationis DCCCLVIIII[1], indictione VII, regnante Karolo, dominante Salomone[2] Brittanniam, Actardo espiscopo Namnetis. Signum Cadalonis, qui dedit et firmare rogavit ; Connuuoion, abbas ; † Leuhemel ; † Tribodi, monachus et presbyter ; † Adgan, monachus et presbyter ; † Liberii, monachus ; † Riuuere, monachus ; † Uuinuuetenn, monachus et presbyter ; † Otto, dia-

---

[1] Au XVI° siècle on a écrit, mais à tort, LXIX pour LIX (Note du Cart.).
[2] On a aussi biffé *Salomone*, pour intercaler *Nominoe*.

conus ; † Comaltoni (sic), monachus et presbyter, testis ; Tegrimi ;
† Adalingi ; † Ebroini ; † Tete ; † Fulcricus, monachus † et diaconus,
rogatu Cadalonis, scripsit et subscripsit.

77

Catuueten donne aux moines de Redon sa part de la villa Botalaoc, en Ploërmel.

Num. XXIV du Cart., fol. 52 r°. p. 20.

11 mai 859.

Haec carta indicat quod dedit Catuueten, filius Drelonuuen, partem terrae quae vocatur Botalaoc, sitam in plebe Arthmael, pro anima sua et pro regno Dei, Sancto Salvatori et suis monachis in Rotono ei servientibus, cum terris, pascuis, et cum omnibus appendiciis suis, sine censu, sine tributo et sine quolibet alicui homini nisi supradictis monachis. Factum (sic) est haec donatio monasterio, in aecclesia Sancti Salvatoris, die ascensionis Domini, V idus mai, luna XXVII[1], II anno principatus Salomonis in Brittannia, Redhuualatro episcopo in Poutrocoet, coram multis nobilibus viris quorum ista sunt nomina : Catuueten, qui hanc donationem dedit, testis ; Deurhoiarn, mactiern, testis ; Iarnuuocan, testis ; Uuorlouuen, testis ; Festuuore, testis ; Uuincalon, testis ; Leisou, testis ; Tanetuuiu, testis ; Liosoc, testis.

78

Framuual donne aux moines de Redon la villa de Henterran en Caro.

Num. XXV du Cart., fol. 52 v°, p. 21.

18 juin 859.

Haec carta indicat quod dedit Framuual Henterrann cum manente nomine Courenti, sitam in plebe Caroth, pro anima sua et pro regno Dei, Sancto Salvatori in Rotono ei servientibus, sine censu, sine tributo alicui homini nisi supradictis monachis. Facta est donatio in Rotono monasterio, die dominico. XIII kl. iulij, luna XIII (leg. XIV), anno secundo principatus Salomonis, Rethuualatro epis-

[1] C'est à faux que l'on indique ici le XXVII° jour de la lune (Note du Cart.).

copo in Poutrocoet, coram Conuuoiono abbate et suis monachis ; Leuhemel, monacus et presbyter ; Liuer, presbyter et monachus, testis ; Adgan, presbyter et monacus, testis ; Omni, presbyter et monachus, testis ; Adalundicus, monachus ; Otto, diaconus ; Liosic, presbyter et monachus, testes.

79

Jarnhitin, fils de Portitoe, donne à Saint-Sauveur de Redon le domaine de Ran Uueten, en Ruffiac.

Num. XXXVII du Cart., fol. 56 r°, p. 30.

18 mars 859-864.

Haec carta indicat atque conservat quod dedit Iarnhidin (sic), filius Portitoe, terram quatuor mod. (d barré[1]) de brace, id est, Ran Uueten, Sancto Salvatori et monachis rotonensibus, sitam in plebe Ruflac, tradens eam per manicam suam super altare Sancti Salvatoris in Rotono, in elemosina pro anima sua et pro regno Dei, sine censu, sine tributo ulli homini sub caelo, nisi supradicto Sancto Salvatori et supradictis monachis[2], in monachia sempiterna, cum omnibus appendiciis suis et cum omnibus rebus supradictae terrae pertinentibus ita tradidit. Factum est hoc XV kl. aprilis in Rotono, die *sabbato*, regnante Karolo rege, dominante Salomone Brittanniam, Rethuualatro episcopo in Poutrocoet[3], coram Conuuoion abbate et coram cunctis monachis qui ibi aderant : Jarnhitin, qui firmavit et firmare rogavit, testis ; Dumuualart filius ejus, testis ; Menuueten, presbyter, testis ; Bertuualt, testis ; Tuduual, testis ; Uuoetuual, testis.

80

Treanton donne à Saint-Sauveur de Redon son fils Tanchi ; il donne aussi la partie de l'Oust comprise entre l'écluse de Muzin et le confluent de l'Atr ; enfin la moitié du ruisseau de Bach Houuori et de la villa Critoc, en Peillac.

Num. LXXIV du Cart., fol. 67 r°, p. 58.

859-865

Haec carta indicat quod dedit Treanton filium suum nomine Tanchi, ad monachicum ordinem, Sancto Salvatori et Conuuoiono ab-

---

[1] Faut-il lire *modios* ou *modiorum* ?
[2] Le mot *monachis* est omis dans le manuscrit (Note de M. Rosenzweig.).
[3] Dans le manuscrit il y a *Poutrocet*, mais c'est une faute (Note du Cart.).

bati et ejus monachis, et dedit cum eo totum Ultum flumen ab exclusa Muzin superiori usque ad fluvium Atr, et medietatem Bacb Houuori ab exclusa Stumou usque ad Loinprostan, et medietatem ville Cristoc, cum manente nomine Connetcar ; et dedit Treanton hanc donationem Sancto Salvatori et ejus monachis, absque ulla mutacione, pro anima sua, in monachia sempiterna. Facta est ista donatio idus julii, juxta Muzin, sub surbario, coram multis nobilibusque viris quorum nomina haec sunt; Milun, Buduuoret, Risuueten, Uurmgen, Euen, Comaltcar, Nadal, Glevbidoe, Hirhuueten, Tuduual, Mabon, Achiboe, presbyter ; Uuoran, presbyter ; Uuoruuoion, Uuorasoe, *Roiant Hebet*, Jarnuuoret, Lilloc, Uuetenoc, Loiesoc, Uurmhaellon, Uuedor, Liosoc, *Iudrih*.

81

Juduual donne au monastère de Redon le domaine de Ran Riocan, en Peillac.

Num. CCXIII du Cart., fol. 108 r°, p. 164.

12 novembre 860.

Haec carta indicat atque conservat qualiter dedit *Uuduual* Ran Riocan, pro anima sua, Sancto Salvatori et suis monachis in Rotono monasterio *habitantantibus*, sine censu et sine tributo alicui homini sub caelo nisi Sancto Salvatori et suis servitoribus, ita vero tradidit cum massis, cum manentibus, cum pascuis, aquis aquarumve decursibus, mobilibus et inmobilibus, sicut adjacet ; et est sita in plebe que vocatur Poliac ; isti sunt testes qui viderunt et audierunt quando tradidit supradictus Uuduual (*sic*) illam terram Sancto Salvatori : Loiescar, presbyter, testis ; Tanetuueten, presbyter, testis ; Uuoruuocon, presbyter, testis ; Uuoiduual[1], testis, qui hanc donationem dedit ; Uuotalin, *testis*; filius ejus, testis; Anauhocar, testis; Cristianus, testis ; Manus, testis ; Uuetencar, testis ; Haellifois, testis ; Iarniuuon, Groecon, testes. Factum est hoc in aecclesia que vocatur Puliac, pridie idus novembris, III feria, IIII anno gubernante Salomon Brittanniam post obitum Erispoe, Courantgen episcopus in Venetica[2] ; Liberius monachus atque presbyter scripsi atque composuit (*sic*).

[1] Il faut lire *Juduual* (Note du Cart.).
[2] Il faut ajouter le mot *civitate* (Note du Cart.).

82

Arthuuius donne à Freoc, son neveu et filleul, le jour où il reçoit la tonsure, la moitié de la terre de Rantomaioc et sa petite villa qui touche l'église de Ruffiac.

Num. CLVII du Cart., fol. 90 v°, p. 121.

Vers 860.

Haec carta indicat atque conservat quod Arthuuius donavit in sua elemosina, pro anima sua, filiolo suo, nomine Freoc, filio sororis sue, nomine Uuiulouuen, quando totundite (*sic*) eum clericum in domo Freoc, in Lisprat, in plebe Alcam, eo quod antea stetit sub illo a fonte baptismatis, firmavit itaque atque tradidit et cedit Arthuuius demedium Rantomaioc, IIII modios de brace de terra, nepoti suo bis filiolo Freoc, totum et *adintegrum*, cum terris. pratis, pascuis, aquis, et cum omni supraposito suo, et suum villare juxta aecclesiam Ruflac. His presentibus actum est : Uurgitan, presbyter, testis ; Haelhoianr[1], presbyter, testis ; Iarnoc, clericus, testis ; Maelcar, clericus, testis ; Bobsin, clericus, testis ; Roenhoiam, testis ; Finit, testis ; item Finit, testis ; Uuolecec, testis. In domo filioli factum est hoc, et postea ante aecclesiam Ruflaco, die dominico, firmavit Arthuuiu hanc donationem, ut supradictum est, nepoti suo Freoc supradicto et filiolo suo, in sua elemosina et in dono filioli sui, coram his testibus : Anauuian, presbyter, testis ; Maenuueten, presbyter, testis ; Noli, testis ; Uuorcomet, testis ; Cathoiarn, testis ; Iarndetuuid, abbas, testis ; Hiauuid, abbas, testis ; Menulli, testis ; Louui, testis ; Drihuuobri, testis ; Maenuuobri, testis ; *Rethuualart*, testis ; et pro hoc cantavit Freoc psalteria LX, pro anima Arthuuiu avunculi sui, et ita donavit ei Arthuuiu supradictam donationem, sine renda et sine opere et sine ulla re ulli homini nisi ad Freoc et cui voluerit.

---

[1] Il faut lire *Haelhoiarn* (Note du Cart.).

83

Uuobrian interpelle Uuetenoc au sujet de l'alleu que ce dernier lui avait vendu depuis longtemps, c'est-à-dire de Foubleid, en Ruffiac.

Num. CXXXIX du Cart., fol. 84 v°, p. 106.

17 juin 860-866.

Noticia in quorum presentia qualiter interpellavit quidam homo nomine Uuobrian alterum hominnem (*sic*) nomine Uuetenoc, propter alodum quem supradictus Uuobrian illi, multo ante tempore, vendiderat ; dicebat enim Uuobrian non se vendidisse ei tantum de terra quantum ille tenebat. Tunc supradictus Uuetenoc placitum inde levavit, adunatis suis quorum ista sunt nomina : Fomus, Jacu, Rethuualart, Drehuuobri ; et lecta sua carta, et adtestantibus suis testibus et dilisidis, revelavit quod totum quod tenebat, comparaverat *adsupradicto* (*sic*) Uuobrian. Tunc Uuobrian, victus tam ad (*sic*) carta quam a testibus et dilisidis, confessus est. Factum est hoc in aecclesia Ruflac, XV kalendas julii, feria II, coram Iarnhitin machtiern et Hinuualart et Litoc, hoc misso Salomonis principis, et coram multis nobilibusque viris quorum haec sunt nomina : Uuorcomet, testis ; Nominoe, testis ; Miot, testis ; Omnis, testis ; Tuduual, testis ; Hciarn, testis ; Sulmin, abbas, testis ; Juna, abbas, testis ; Comaltcar, presbyter, testis ; Adaluuin, testis ; Eusorchit, clericus, testis, qui tunc cartam publice legit quod totum ei vendiderat sicut sua carta dicebat supradictus (*sic*) Uuetenoc.

84

L'abbé Convoion et les moines de Redon donnent en bénéfice à Haeluuocon Sqrenic le domaine de Trebuuiniau, en Pluherlin, et Tretbras avec sa terre située en Malansac.

Num. XCIII du Cart., fol. 71 v°, p. 70.

18 septembre 860-866.

Haec carta indicat atque conservat quod beneficiavit Conuuoiono (*sic*) abbas et monachi rotonenses Trebuuiniau in plebe Hoiernin *et* filium Tretbras cum terra sua in plebe Malanzac, ad Haeluuocon

Sqrenic, dum abbati et monachis placuerit, coram multis nobilibus viris : Leuhemel, presbyter et monachus, testis ; Tribodu, presbyter et monachus, testis ; Liosic, presbyter et monachus, testis ; Tudian, presbyter et mon. testis : Uuorgouan, testis ; Ninan, testis ; Uuiuuoret, presbyter, testis ; Unum, presbyter, testis ; Tedei, presbyter, testis ; Hinuualart, testis ; Milun, testis ; Haeluuocon, testis ; Greduuoret, testis ; Ratuili, testis ; Ili, testis ; Iarlios[1], testis. Factum est hoc in silva super Avam fluvium, die IIII feria, XIIII kl. octobris, anno dominice incarnationis.

85

Jarndetuuid vend au prêtre Penuuas la villa Botsarphin.

Num. CCLVI du Cart., fol. 125 v°, p. 206.

25 octobre 860-866.

Magnifico *fratri* nomine Penuuas, presbytero, ego enim, in Dei nomine, Jarndetuuido, constat, me vendidisse et ita vendidi rem proprietatis mee, hoc est, Botsarphin, cum terris cultis et incultis, silvis, pratis, pascuis, aquis aquarumve decursibus, cum omni suraposito suo, totum et *adintegrum*, unde a me presenti tempore videtur esse possessum, de jure meo in tua trado potestate vel dominatione, unde accepi a te pretium sicut mihi complacuit, illis presentibus qui *subter tenentur* inserti, hoc est, in argento solidos XL, ita ut ab hodierna die quicquid exinde facere volueris, jure proprietario liberam et firmissimam in omnibus habeas potestatem ad faciendum ; non credo, si fuerit, aut ego ipse, aut ullus de heredibus meis, vel quislibet persona, qui contra hanc *vendicionem* aliquam calumpniam vel repeticionem generare presumpserit, illud quod repetit non vindicet, et insuper cui contra litem intulerit solidos CXXI multa componat, et haec vendicio firma et stabilis permaneat ; et obligo tibi fidejussores in securitate de ista terra VIII dilisidos, his nominibus : Dreon, Dorgen, Fili, Anau, *Maeluuelhen*, Uurmcant, Fnitit, Catoi, de flumine Cles usque ad flumen Ult ; Pyrki, presbyter ; Guenhael, testis ; Loiesuuoret, presbyter, testis ; Jacu, testis ; Uuobrian, testis ; Catloen, testis ; Loiesuuoroei, testis ; Marchobol, testis. Postea ostendit Jarnetuuid finem Botsorphin ad Penuua de *parcel* Uuocon usque ad villam Curr, coram hominibus his nominibus,

[1] Il faut lire *Jarlios*, d'après M. Rosenzweig.

hoc est : Natus, testis ; Loisuuidoe, testis ; Conuili, testis ; Ignatus, testis ; Jacu, testis ; Jedecael, testis ; Halanau, testis. Factum est hoc in loco nuncupante Botsorpin, in die Veneris, VIII kal. novemb., in tempore Karoli regis, Salomon dux in *Britannia* et Pascuethen belstonno[1], Courangen episcopo, Hoiarn, Uocon, Jarnithin, tres tiranni, et de verlo (*sic*) illorum factum est hoc ; fidejussor, *Tanuoion* ; in fidelitate et pietate Fulcrici abbatis et monachorum ; Arthmael, fidejussor ; Ronuuallon similiter ; Bili filius Ratfred.

86

Glur donne à l'abbaye de Redon la rente de la moitié du domaine de Rantuduael et du tiers du domaine de Rancunuuas, avec les hameaux de Macoer, en Carentoir.

Num. LXXXIII du Cart., fol. 68 v°, p. 63.

24 mars 861.

Haec carta indicat atque conservat quod dedit Glur censum de dimidia parte Rantuduael et de tercia parte Rancunuuas, cum duobus villariis Macoer, Sancto Salvatoris in Rotono et monachis rotonensibus, pro anima sua et pro regno Dei, *id.* V denarios ad festivitatem sancti Martini, omni anno, et ut ipse reddat quamdiu vixerat (*sic*) et post mortem ejus, si ipse supradictam terram Sancto Salvatori non dederit, ad integrum quicumque illam tenerit, reddat hunc censum, sicut jam diximus ; et posuit hanc elemosinam per manicam super altare Sancti Salvatoris, coram *Conuoion* abbate et pluribus de monachis, VIIII kal. aprilis, II feria ; et postea firmavit Glur hanc donationem ante aecclesiam Carantoer, coram Omni, monacho, misso monachorum, et coram multis nobilibusque viris quorum haec sunt nomina : Ratuili, testis ; Uuoruuocon, testis ; Haeluualoe, presbyter, testis ; Hinoc, testis ; Catnimet, testis ; Uuetenuuoret, testis ; Uuoretan, testis ; Euhoiarn, testis ; Loiesuuocon, testis ; Uuinnoc, testis ; Iuduuallon, testis ; Trehoiarn, testis ; Hinhoiarn, testis.

[1] Ou *belstomno* (Note du Cart.).

87

Hencar donne aux moines de Redon le tiers de la terre de Reus[1], qui faisait partie de son héritage.

Num. LXXVI du Cart., fol. 67 v°, p. 59.

26 avril 862.

Haec carta indicat atque conservat qualiter dedit Hencar aliquam partem terre de hereditate sua, id est, terciam partem Reus, Sancto Salvatori et monachis rotonensibus, cum massis et manentibus, cum omnibus apendiciis suis, sicut ab illo presenti tempore videbatur esse possessa, ita tradidit supradicto Salvatori et supradictis monachis, in elemosina pro anima sua et pro regno Dei, in monachia sempiterna, sine censu et sine tributo ulli homini sub caelo nisi supradictis monachis. Factum est hoc die dominico, VI kal. mai, in aecclesia Sancti Salvatoris, dominante Salomone Brittanniam, anno V, adstantibus ibi multis nobilibus viris quorum nomina haec sunt : Testis, Hencar, qui dedit; Conuuoion, abbas ; Adgan, presbyter[2] ; Tribodu, presbyter ; Leuhemel, presbyter ; Liuer, presbyter ; Omni, presbyter ; Junuueten, presbyter ; Haeluuccon, presbyter ; Rituuoret, presbyter ; Uuoder, Jarnuuoret, Sultiern, Uuoranton, Urblon, Horuic, Roenuuoret, Judhouuen, Jedcar, Uuoretcar.

88

Anau lègue, à sa mort, au monastère de Redon, sa vigne en Tréal.

Num. CCIII du cartul., fol. 106 r°, p. 158.

11 octobre 862.

Haec carta indicat atque conservat qualiter dedit Anau suam vineam in Treal, pro anima sua et pro anima patris sui, Sancto Salvatori in Rotono monasterio et suis monachis, in monachia sempiterna; et teneat ipse Anau ipsam vincam quamdiu vixerit, et post obitum ejus permaneat ipsa vinea supradictis fratribus rotonensibus.

[1] Reus. — La terre de *Rieux*,, aujourd'hui canton d'Allaire (Morbihan).

[2] Dans le manuscrit le mot *presbyter* est écrit en abrégé *pr*. (Note du Cart.).

Factum est hoc in aecclesia Landegun, V idus octobris, I feria, coram nobilibus viris qui ibi aderant : Anau, qui dedit; Datlin, testis ; Uuorhocar, testis ; Godofred, testis ; Sultiern, testis ; Momlin, testis ; Acunic, testis.

89

L'abbé Convoion donne en bénéfice à Uuruueten la terre de Rannjarnoc, située au lieu dit Henlis-Aladin, en Carentoir.

Num. LXIII du Cart., f° 64 r°, p. 50.

11 août 863.

Haec carta indicat atque conservat qualiter beneficiavit *Conuuoio* abbas partem terrae quae vocatur *Rann. Jarnoc,* sitam in plebe Carantoer, in loco noncupante Henlis-Aladin, ad Uuruueten, et dedit Uuruueten duos fidejussores ad supradictum abbatem, his nominibus : Enoc et Merchion, ut omnibus annis redderet censum ad Kl. octobris, id est, duos solidos, sine repugnatione ; et dederunt *supradictus* Uuruueten et Pivetat IIII^{or} fidejussores in securitate ut nec ipsi, nec parentes eorum nec filii eorum post eos, dicant accepisse se in hereditate illam supradicta (*sic*) partem, sed in beneficio quamdiu libitum fuerit Conuuoion abbati et monachis rotonensibus. Et haec sunt nomina securatorum hoc in loco nuncupante Henlis-Aladin, IIII feria, III idus augusti, dominante Salomone Brittanniam, Courantgenus, episcopus *Uenetensis,* coram nobilibus viris qui ibi aderant : Hinuualart, testis ; Ratfred, testis ; Ratuili, testis ; Gosbert, testis ; Loiesic, testis ; Enoc, testis ; Kentuuocon, testis ; Arthuueu, testis ; Maenuuobri, testis ; Tomas, testis ; Alexander, testis ; Blenliuet, testis ; Uuithur, testis ; Uuoranton, testis ; Uuormhaelon, testis ; *Uuoruuouan,* testis ; Finithoiarn, presbyter, testis ; Uuormonoc, presbyter, testis ; Uuoruuocon, testis ; Hinoc, presbyter, testis ; Haeluualoe, presbyter, testis.

90

Le prêtre Comaltcar donne à Saint-Sauveur de Redon son alleu de Ranriantcar, avec Trebnouuid, en Ruffiac.

Num. LIV du Cart., fol. 61 v°. p. 43.

18 mai 863-864.

Haec carta indicat atque conservat quod dedit Comaltcar, presbyter, alodum suum, id est, Ranriantcar, cum Trebnouuid, cum massis et manentibus ibi habitantibus, cum silva et pascuis et pratis, *cum aquis* et cum omnibus appendiciis *suis*, sicut abjecit in plebe que vocatur Rufiac, Sancto Salvatori in Rotono et monachis ibi Deo servientibus, in elemosina pro anima sua et pro regno Dei, sine ullo censu, sine tributo ulli homini nisi Sancto Salvatori. Factum est hoc IIII[1] feria, XV kal. junii, coram his testibus : Comaltcar, presbyter, testis, qui dedit et firmare rogavit ; Finituueten, presbyter, testis, *Jarnhitin*, testis ; Miot, testis ; Precoes, testis ; Nodnoiarn, testis ; Dumuualart, testis ; Haellifois, testis ; *Rohot*, testis ; Conuili, testis ; Tanetuueten, testis ; Exaudi, testis. Factum est hoc VII anno gubernante *Solomone* Brittanniam.

91

Jarnhitin donne à l'abbaye de Redon une partie de la terre de Ranmelan, en Ruffiac.

Num. LV du Cart., fol. 61 v°, p. 44.

18 mai 863-864.

Haec carta indicat atque conservat qualiter dedit Jarnhitin partem terrae que vocatur Ranmelan, modios IIII de brace, in elemosina pro anima sua, Sancto Salvatori et suis monachis, sine censu et sine tributo ulli homini, supradicto Sancto Salvatori et monachis ibi habitantibus. Factum est hoc ante aecclesiam Rufiac, IIII feria, XV kal. junii, coram nobilibus viris quorum hec sunt nomina : Comaltcar, presbyter, testis ; Finituueten, presbyter, testis ; Jarnhitin, qui dedit, testis ; Dumuualart, testis ; Miot, testis ; Precoes, *testis* ; Recu, testis ; Nodhoiarn, testis ; Rohot, testis ; Pascuueten, testis ; testis ; Conuili, testis ; Tanetuueten, testis ; Exaudi, testis ; Haeldifoes, testis ; *Rethuualart*, testis ; regnante Karolo, dominante Salomone Brittanniam, anno VII regni ejus.

92

Nouvelle concession de l'alleu de Ranriantcar et de la villa Trebnouuid.

Num. CXLIX du Cart., fol. 87 v°, p. 114.

18 mai 864.

Haec carta indicat atque conservat quod dedit Comaltcar, presbyter, alodum suum, id est, Ran Riantcar, cum villa que vocatur

[1] Il y a une erreur dans l'indication de la férie (Note du Cart.).

Trebnouuid, que est in plebe Ruflac, cum massis et manentibus, cum terris cultis et incultis, silvis, pratis, pascuis, aquis, et cum omnibus appendiciis suis, Sancto Salvatori in Rotono monasterio et suis monachis, in elemosina pro anima sua, ita tamen ut ipse *Cumaltcar*, quamdiu vixerit, teneat supradictum alodum et reddat censum de eo, singulis annis, quod voluerint ; et post mortem ejus, Finituueten frater ejus, si supervixerit, reddat supradictum censum Sancto Salvatori et supradictis monachis ; postea autem maneat supradictum alodum inconvulsum et in monachia sempiterna supradicto Sancto Salvatori in Rotono et suis monachis, sine ullo censu, sine tributo, sine opere ulli homini sub caelo nisi supradicto Sancto Salvatori et supradictis monachis. Factum est hoc XV kl. *juni*, IIII (*leg.* V) feria, coram his testibus : Comaltcar, presbyter, qui dedit et firmare rogavet, testis ; Finituueten, presbyter, testis ; Dumuualart, testis ; Iarnhitin, testis ; Miot, testis ; Precoes, testis ; Nodhoiarn, testis ; Haellifois, testis ; Conuili, testis ; Tanetuueten, testis ; Exaudi, testis. Factum hoc est VII anno gubernante Salomone Brittanniam, Conuuoion abbate in Rotono monasterio.

93

Juduuallon rend à Leuhemel, mandataire de l'abbé Convoion, l'allen de son oncle Buduuoret, c'est-à-dire Botjuduuallon en Carentoir, terre qu'il retenait jusque-là injustement. C'est alors que Leuhemel concède à Juduuallon l'alleu susdit, à condition qu'il lui paiera chaque année une rente.

Num. CX du Cart., fol. 76 r°, p. 83.

21 juin 859-864.

Haec carta indicat atque conservat qualiter reddidit Juduuallon alodum avunculi sui Buduuoret, quod appellatur *Bot Iuduiallon*, in manu Leuhemel prepositi, vice Conuuoioni abbatis et omnium monachorum *rotonensum*, in ecclesia que appellatur Carantoer ; supradictus namque ad Juduuallon jam reddiderat illam terram supradictam in manu Conuuoioni abbatis, coram Courantgeno episcopo ; et secum retinuit nec voluit reddi. Postea penitentia ductus, redit (*sic*) iterum illum supradictum alodum, sicut superius diximus, in manu Leomeli prepositi ; sed ipse prepositus iterum reddidi (*sic*) illi, ita tamen ut singulis annis reddeat (*sic*) unum solidum argenti in censu Sancto Salvatori et suis monachis in Rotono monasterio manentibus ; isti sunt fidejussores quos dedit Juduuallon *pp.* illum censu (*sic*), id est, Loieshoiarn, Catuut. Factum est hoc XI kl. julii, in ecclesia *que* appellatur karantoer, IIII feria, coram istis testibus : Uuorgouan, presbyter ; Haeluualoe, presbyter ; Bili, presbyter ; Uuoratam, testis ; Catnimet, testis ; Glur, testis ; Kintuuocon, testis ; Dosarboi, testis ; Grokin, testis ; Hirdhoiarn, testis ; Leuhemelus, missus monachorum, testis.

94

Sur l'ordre de Salomon, Heudotal donne aux moines de Redon la villa Duecot, en Ruffiac.

Num. CCLVIII du Cart., fol. 126 r°, p. 208.

22 mai 865.

Mundi terminum (*sic*) adpropinquante, ruinis crebrescentibus, jam certa signa manifestantur ; idcirco *Heudotal*, cognoscens gravitudinem peccatorem meorum, et reminiscens bonitatem Dei didicentis, Date elemosinam et omnia munda fiant vobis, donationem donavi Sancto Salvatori et suis monachis, id est, villam que noncupatur Duecot, cum mansis et manentibus, cum silvis et pascuis, cum aquis aquarumve decursibus, et cum omnibus apenditiis suis sicut adjacet, ex jussione Salomonis ducis *Britannie*, pro regno Dei et pro redemptione anime meae, sine censu et sine tributo alicui homini sub celo nisi Sancto Salvatori et suis monachis, jure perpetuo ; si vero fuerit aliquis de *quoheredibus* meis et de propinquis qui hanc donationem inquietare presumpserit, C solidos multa conponat, et quod repetit vindicare non valeat, et haec donatio firma et stabilis permaneat. Factum est hoc in aula que dicitur Colruit, XI kal. jun., luna XXI (*leg.* XXII), feria III, coram his testibus : Salomon, princeps, dux Britannie, testis ; similiter Pascuueten, comes provintie Brouueroch, testis ; Solom, testis ; Bernahart, testis ; Kenmarcoc, testis ; Hincant, testis ; Gloisanau, testis ; Bili, Sapiens, testes ; Natale, presbyter, testis ; Fulcrat, presbyter, testis ; ..... presbyter, testis ; Diloid, presbyter, testis ; Sperevi, nepus (*sic*) illius vidue, testis ; Abgar, testis ; Sitir, testis ; Gedeon, testis.

95

Exposé de la revendication de l'abbé Convoion au sujet de la terre de Botjuduuallon.

Num. LVI du Cart., fol. 62 r°, p. 44.

865-866.

Haec carta indicat atque conservat qualiter inquisivit Conuuoion abbas Juduuallon clericum de alode *Bot Juduuallon*, quem dederat avunculus suus Buduuoret, presbyter, Sancto Salvatori in Rotono, et deprecatus Juduuallon *Conuuoion* abbatem ut non tolleret ipsum alodum, sed censum ex eo acciperet quod voluisset per singulos annos. Factum est sic, et dedit Juduuallon duos fidejussores, hi sunt : Loieshoiarn, Catbud, prima vice. Factum est hoc ante aecclesiam Carantoer, IIII feria, coram Leuhemel preposito, coram his testibus : Uuruuocon, presbyter, Haeluualoe, presbyter, *testes* ; Uuoretan, testis ; Uuetenuuoret, testis ; *Maenanauuoret*, testis ; Benitoe, testis ; Rathoiarn, testis ; Catnimet, testis ; Glur, testis ; Kintuuocon, testis ; Dosaruu, testis ; Groekin, testis ; Hirdhoiarn, testis. Factum est hoc IIII feria, regnante Karolo, dominante Salomone Brittanniam, anno VIIII° regni ejus.

96

Uordoital interpelle le prêtre Maenuueten au sujet de la terre de Ranmeuuin, en Ruffiac.

Num. CXLIV du Cart., fol. 82 r°, p. 110.

865-870.

Noticia in quorum presentia qualiter interpellavit quidam homo nomine Uuordoital alterum hominem nomine Maenuueten, presbyterum, propter III modios de brace de Ranmeuuin cum suis colonis, quos supradictus *Uuodoetal* illi, multo ante tempore, in sua elemosina dederat ; dicebat enim Uuordoetal non se dedisse ei hanc elemosinam ut posse (*leg.* posset) transferre ad alium locum ubi voluisset, nisi tantum ad aecclesiam Rufiac. Tunc supradictus Maenuueten, presbyter, placitum inde voluit levare, et suam cartam cum suis testibus in publicum adunare, quodo (*sic*) illi soli specialiter et jure proprietario hanc elemosinam dedisset *Uuodoetali*. Videns autem supradictus Uuordoetal quod prepararet supradictus Maenuueten, coadunatis suis testibus et dilisidis cum sua carta, et ut ne suam pristinam perderet ammicitiam (sic), misit ad supradictum Maenuueten, ut pro sua necessitate et amicitia illi IIII solidos in argento concederet, et ipse ei iterum supradictam terram adfirmaret ; quod et fecit Maenuueten ; et tunc iterum firmavit supradictos (sic) Uuordoetal supradictam terram ipseme¹ Maenuueteno presbytero, ita ut faceret exinde quicquid illi placeret, licenlia et dicombito Uuordoital, sive tribuendo, sive vendendo, seu transferendo. Factum est hoc in loco nuncupante aecclesia Rufiac, mense octobr., IIII feria, coram his testibus : Uuordoital, qui firmavit et firmare rogavit ; Sulmin, presbyter, testis ; Omnis, testis ; Comaltcar, presbyter, testis ; Adaluuin, presbyter, testis ; Maenuueten, presbyter, testis ; Simeon, hostiarius, testis.

97

Les prêtres Maenuueten et Hinuualart donnent à Saint-Sauveur de Redon une partie du domaine de Let Tigran, autrement dit : Randreuuolou, en Ruffiac.

Num. LXII du Cart., fol. 64 r°, p. 49.

9 janvier 866.

Haec carta indicat atque conservat qualiter dederunt Hinuualart et Maenuueten, *prb.*, suam partem terrae, id est, IIII modios de brace, quae vocatur *Lettigran*, quae, alio nomine, noncupatur Randreuuolou, quam antea dederat supradictus Hinuualart Maenuueteno presbytero, sitam in plebe Rufiac, tradentes eum in manu Leuhemeli prepositi, Sancto Salvatori et monachis in Rotono monasterio degentibus, in elemosina pro animabus suis et pro regno Dei, in monachia sempiterna, sine censu *et* sine tributo ulli homini sub caelo, nisi Sancto Salvatori et supradictis monachis rotonensibus. Factum est hoc in aecclesia Rufiac, IIII feria, Vidus januarii, dominante Salomone Brittanniam, Courantgenus episcopus in *Uenetis* civitate, coram nobilibus viris qui ibi aderant : Hinuualart et Maenuueten, *prb.* qui dederunt, testes : Comaltcar, presbyter, testis ; *Iarnhitin*, testis ; Moeni, testis ; Miot, testis ; Jacu, testis ; Uuincalon, testis ;

¹ Pour *ipsemet* (Note du Cart.).

Driuuobri, testis ; Loiesuueten, testis ; Afroc, testis ; Haeluuocon, testis ; Uuoletec, testis ; Bodan, testis ; *Hirdhidoe*, testis ; Blenliuuet, testis ; Haeldifoes, testis ; Logesirc, testis ; Loiesbritou, clericus, testis.

98

Hinuualart donne à Saint-Sauveur de Redon les terres de Ranbaiai et de Ranuuiuan, en Ruffiac (?).

Num. LXV du Cart., fol. 65 r°, p. 52.

30 avril 866.

Haec carta indicat atque conservat quod dedit Hinuualart IIII modios de bracce, id est, Ranbaiai et Ranuuiuan, pro hereditate sempiterna et pro redemptione animae suae in monachia sempiterna, Sancto Salvatori et monachis ei servientibus in Rotono monasterio. Factum est hoc donatio (*sic*) in Rotono, II kal. mai., ora (*sic*) III, feria III, luna XI, coram his testibus : Hinuualart, qui hanc donationem donavit, testis ; Dumuualart, nepos ejus, testis ; Conuuoion, abbas, testis, et omnes monachi rotonenses ; et postea manifestavit et firmavit Hinuualart hanc donationem in aecclesia Ruflac, die dominico, III idus augusti, luna XXV, coram nobilibus viris qui hanc donationem firmaverunt, quorum ista sunt nomina : Hinuualart, testis ; Nominoe, testis ; Omnis, testis ; Haellifoes, testis ; Hirthoiarn, testis ; Iarnhitin, testis ; Dumuualart, testis ; Comaltcar, testis ; Maenuueten, presbyter, testis ; Loiesbritou, clericus, testis ; Hirdbidoe, testis.

99

Bili et son épouse Morliuuet donnent au monastère de Redon leur part de la villa Rantaruu, en Augan.

Num. XCIX du Cart., fol. 73 r°, p. 75.

23 octobre 866.

Mundi termino adpropinquante, ruinis crebrescentibus, jam certa signa manifestantur, idcirco, in Dei nomine, Bili, et conjux mea Morliuuet, considerantes gravitudinem peccatorum nostrorum et reminiscens (*sic*) bonitatem Dei dicentis, Date elemosinam et omnia munda fiant vobis ; si aliquid de rebus nostris locis sanctorum vel substantiae pauperum conferimus, hoc nobis, procul dubio, in aeterna beatitudine retribuere confidimus ; nos igitur. de tanta misericordia et pietatem (*sic*) Domini confisus (*sic*), per hanc epistolam donationis donatumque in perpetuum esse volumus monasterio Sancti Salvatoris, quod vocatur Roton, et monachis ibi regulam sancti Benedicti exercentibus, donavimus eis partem terrae que vocatur Rantaruu, in plebe Alcam, in loco nuncupante Nanton, cum colonibus (*sic*) manentibus supra, filiis Dreuuoret et semine eorum, cum terris, silvis, pratis, pascuis, aquis, aquarumve decursibus, mobilibus et inmobilibus, et omnibus circum adjacentiis, in monachia sempiterna, sine censu et sine tributo ulli homini sub caelo nisi supradictis monachis, ita ut ab hac die quicquid exinde pro utilitate monasterii facere voluerint, liberam ac firmissimam in omnibus habeant potestatem. Facta est haec donatio, X kl. novembris, IIII feria, in plebe Serent, in aula quae vocatur Lisfauin, et donaverunt in manu Ritcant filii sui et Leuhemel prepositi, coram Loiesuuallon presbytero et Maenuueten presbytero, postea monacho *Aithlon* et Bertuualt et Cunan, *et* postea venerunt, orandi causa, ad supradicum monasterium, IIII idus novembris, I feria, et posuerunt cespitem de illa terra super altare Sancti Salvatoris ; et ita firmaverunt coram omnibus poene monachis et cum Conuuoiono abbate aliisque *nobilis* viris quorum haec sunt nomina : Bili et Morliuuet, qui dederunt ; et Urbien, eorum filius, testis ; Cunan, testis ; Miot, testis ; Houuoret, testis ; Caduualart, testis ; Catuualon, testis ; Conuuoion, tesiis ; Tribudu, testis ; Drioc, testis ; Catuuoret, testis ; Uuoeder, testis ; Jarnuuoret, testis ; Sultiern, testis.

100

Freoc donne aux moines de Redon quatre muids de blé du domaine de Rantomaioc, et reçoit cette terre en bénéfice.

Num. LXVI du Cart., fol. 65 r°, p. 52.

22 décembre 866.

Noticia in quorumpresentia dedic (*sic*) Freoc IIII modios de brace de Rantomaioc, pro hereditate sempiterna et pro redemptione anime suae, Sancto Salvatori et monachis ei servientibus, et ut ipse Freoc det singulis annis tributum de ipsa terra quamdiu vixerit ipse, et post mortem ipsius, quicumque tenuerit ex genere ipsius ipsam terram, similiter reddat. Factum (*sic*) est haec donatio in Rotono monasterio, XI kl. januarii, luna XI, coram multis nobilibus viris : Freoc, testis, qui hanc donationem donavit ; Leuhemel, prepositus, testis ; Loiesuuallon, presbyter, testis ; Comaltcar, presbyter, testis ; Uuetenoc, monachus, testis ; Adgan, *monachus*, testis ; Catuuallon, clericus, testis.

101

Nouvelle transcription de la donation susdite.

Num. CLVIII du Cart., fol. 91 r°, p 122.

22 décembre 866.

Haec carta indicat atque conservat quod dedit Freoc IIII modios de brace de Rantomaioc, pro hereditate sempiterna et redemptione anime sue, Sancto Salvatori et monachis ei servientibus, et ut ipse Freoc det singulis annis III idus (sic) de ipsa terra quamdiu vixerit ; et post mortem ipsius, quicumque tenuerit, ex genere ipsius, ipsam terram, similiter reddat. Factum est haec donatio in Rotono monasterio, XI kl. jan., luna XI, coram multis nobilibus viris. Signum Freoc, qui hanc donationem donavit ; † Leuhemel, presbyter ; † Comaltcar, presbyter ; † Maenuueten, presbyter ; † *Uuetenocus*, monachus ; † Adgan, monachus ; † Catuuallonus, clericus, †.

102

Maenuuobri vend à Roiantken sa part du domaine de Santan et du domaine de Uuicanton avec son hameau.

Num. CLXXIII du Cart., fol. 95 r, p. 133.

23 janvier 867.

Haec carta indicat atque conservat quod vendidit Maenuuobri IIII modios de brace, hoc est, partem Uuicanton et duos modios et octo sextarius (sic) de parte Santan ; et donavit Roiantken ad Maenuuobri XX solidos argenti pro parte Quicanton cum sua villare, et duas partem (sic) Santan ; et donavit Maenuuobri ad Roiantken ipsam terram suam, alodum quod emerat *d* Haeluuicon ; sic vendidit Maenuuobricum terris cultis et incultis, silvis, pratis, pascuis, aquis aquarumve decursibus, mobilibus et inmobilibus, totum et *adintegrum*, in alodum dicombitum ad Roiantken et seminibus suis post se. His presentibus actum fuit : Comaltcar, presbyter, testis; Louuian, presbyter, testis ; Finituueten, presbyter, testis ; Loiesou, testis ; Nominoe, testis; Haellifois, Blenliuuet *testes* (?) ; Haeluuocon, testis ; Uuincalon, testis ; Iarnuualt, testis; Haeluuoret, testis ; Marcocuueten testis ; Uuordoetal, testis ; Uuetenhoiarn, testis ; Omnis, testis ; Haeluueten, testis; Maenuuocon, testis. Hoc factum est in tempore Karolo *(sic)* rege, dominante Salomone Brittanniam et Rethuualatro episcopo in (.. . [1]), X kl. feb., V feria, luna XIII.

103

Ritcan, nouvel abbé de Redon, interpelle devant le comte Riuilin Milun et Haeluuocon, fils de Risoc, ainsi que Biduuoret et Haeluuocon, fils de Standulf, au sujet de la villa que l'abbé Convoion leur avait donnée en bénéfice.

Num. XCVI du Cart., fol. 72 r°, p. 72.

867.

Noticia in quorum presentia venit Ritcant, noviter postquam vestitus erat de abatia *(sic)* Sancti Salvatoris, et alii ex fratribus cum eo ante *Riuilin* commitem in Bronjuduuocon, interpellans quosdam homines quorum ista sunt nomina : Milun et Heluuocon, filium Risoc, et Biduuoret, et Haeluuocon, filium Standulf, de jam dicta villa quam Conuuoion abbas, cum consensu suorum monachorum, beneficiaverat eis in fidelitate Sancti Salvatoris et abbatis qui fuisset in Roton et omnium monachorum rotonensium, ut redderent ipsa beneficia in manu sua, quia ipse erat electus ad abbatem post Conuuoion ; et tunc reddiderunt viri supranominati beneficia sua que, usque tunc, ex datu Conuuoion tenebant, in manu Ritcan novi abbatis. Deinde ipse Ritcant, ipsis suppliciter precantibus, reddidit illis iterum ipsa beneficia ex consensu fratrum, in fidelitate et servitio Sancti Salvatoris et sua et omnium monachorum rotonensium ; et ut essent defensores tocius abbatie Sancti Salvatoris, nisi forte, quod absit, commes qui fuisset in Poilac contrarius monachis rotonensibus, tunc, ipsi reddant beneficia sua in manu Ritcant abbatis vel cujus cumque qui fuerit abbas in Rotono ; et dederunt viri supradicti fidejussores ad Ritcant ut essent fideles, juxta hunc mo-

[1] Il faut lire *in Poutrecoet*, ou bien *in Aleta civitate* (Note du Cart.).

dum, Sancti (sic) Salvatori et abbati qui fuerit in Rotono et *monachi* (sic) rotonensibus ; isti sunt fidejussores quos dedit Milun in hac fidelitate et servitio, id est, Haeluuocon, filius Standulf, et Haeluuocon, filius Risoc ; et isti sunt quos dedit Haeluuocon, filius Risoc, id est Milun et Haeluuocon, filius Standulf, et Maban ; et hi sunt quos dedit Buduuoret, id est Maban et Christian et Arthuuiu ; Arthuuiu, tamen, sicut Conuuoiono abbati dederat, tamen Haeluuocon, filius Standulf, nunc tunc reddidit. Factum est hoc in plebe Poliac, in Bronjuduuocon, VI kl. marc., II feria, ante Rivelen commitem, coram multis nobilibusque viris quorum ista sunt nomina : Rivelen, commes, testis ; Telent, testis ; Driuueten, testis ; Briuualt, Gleumarcoc, testes (?) ; Uuormoet, Groniar, testes (?) ; Benedic, testis ; Risuueten, testis ; Ulirgen, testis ; Euuen, testis ; Uuoetuual, testis ; Uuoruuinet, testis ; Coruueten, presbyter, testis ; Uurdisten, testis ; Haeluuocon, testis ; Maencouual, testis ; Dreanton, testis ; Trederh, testis.

104

Nominoe, fils de Noli, donne à Saint-Sauveur de Redon la rente de sa villa de Randronhael, en Ruffiac.

Num. CXLV du Cart., fol. 86 v°, p. 111.

10 juillet 867.

Haec carta indicat atque conservat quod dedit Nomine, filius Noli, censum de tota sua parte Randronhael, sitam (sic) in plebe Ruflac inter duas villas que nuncupantur Loin et Cnoch, Sancto Salvatori in Rotono et monachis rotonensibus, pro anima sua, censum per singulos annos ad festivitatem Sancti Martini ; et si ipse Nominoe *adintegrum* illis donaverit supradictam terram, quicumque de semine ejus tenuerit eam, reddat suum censum per singulos annos supradicto loco et supradictis monachis ad supradictum tempus ; quod si ipse Nominoe non habuerit semen, supradictam (sic) maneat inconvulsa et in monachia sempiterna, totum et *adintegrum*, cum omnibus apendiciis suis, Sancto Salvatori et supradictis monachis. Factum est hoc in monasterio Roton, VI idus julii, V feria, et donavit Nominoe hanc donationem sive elemosinam per manicam super altare Sancti Salvatoris, coram Ritcando novo abbate et coram cunctis monachis. Postea vero, hoc est, III idus jul., die dominico, firmavit Nominoe hanc donationem ante aecclesiam Ruflac, quorum (sic) multis nobilibusque viris quorum haec sunt nomina : Nominoe, qui dedit et firmare rogavit, testis ; Cumaltcar, testis ; Adaluuin, presbyter, testis ; Uuoetatoe, presbyter, testis ; missus monachorum, testis ; Iarnhitin, machtiern, testis ; Domuuaiart, testis ; Miot, testis ; Moei, testis ; Haellifois, testis ; Uuorcomed, testis ; Juna, testis, Haeloc, testis ; Fomus, testis ; Catlouuen, testis ; Hiauuid, testis ; Uuordoital, testis ; Tuduual, testis ; Anaubritou, testis ; Eusorgit, testis, erat testis qualiter vendidit Catuueten ad Roiantken, sororem suam.

105

Courantmonoc et Sulhaeloc, fils de Tethuuiu, donnent aux moines de Redon la villa de Ranlouuinid, que Tethuuiu avait achetée d'un certain Euhocar.

Num. CLIV du Cart., fol. 89 r°, p. 118.

11 juillet 867

Haec carta indicat atque conservat quod dederunt Courantmonoc et Sulhaeloc, frater ejus, Sancto Salvatori in Rotono monasterio et suis monachis, Ranlouuinid quam *emer*[1] Tethuuiu et sua conjux Argantan nomine a quodam viro nomine Euhocar, venditore ; et ipse (sic) Argantan dereliquid (sic) ipsam terram filio suo nomine Courantmonoc supradicto, et de IIII modiis de brace Ranuuorocan, quam emit supradictus Sulhaeloc a quodam viro nomine Couuetic, venditore, pro animabus suis et pro regno Dei, servitium per singulos annos ad festivitatem Sancti Martini ab his qui tenuerint supradictos alodos ; et posuerunt supradicti, id est, Cobrantmonoc et Sulhaeloc, hanc donationem sive elemosinam per manicam super altare Sancti Salvatoris in Rotono, V idus jul., VI feria, coram monachis pone (sic) rotonensibus. Postea vero firmaverunt supradicti fratres hanc donationem ante aecclesiam Rufiac, idus augusti, IIII feria, ex concensu Sulmin abbatis Sancte Leuterine ; censum quem ante dedit Tehuuiu ad ipsam pro anima sua, id est, VI denarios per singulos annos, et dedit supradictus Courantmonoc hanc donationem, ex concessu Sulhaeloc fratris suis (sic), in manu Ritcanti abbatis, coram his testibus : Loiesuuallon, presbyter, testis ; Urmgen, testis ; Iarnuuocon, testis ; Hiauuid, testis ; Hirthmaroc, testis ; Comaltcar, testis ; Adaluuin, testis ;

[1] Pour *emerunt* ou *emerant*, d'après M. Rosenzweig.

Loiesbritou, abbas, testis ; Sulmin, abbas, testis ; Junmonoc, diaconus, testis ; Haeluueten, testis ; Jacu, tetis ; Miot. testis ; Catuuallan, testis ; Eusorgit, testis.

106

Ratlouuen donne à Saint-Sauveur de Redon la rente de la terre de Menchi-Grocon, dans la villa Dobrogen, en Ruffiac, qu'il avait achetée d'un certain Menhoiarn.

Num. CXLII du Cart., fol. 85 v°, p. 108.

19 juillet 867.

Haec carta indicat atque conservat quod dederunt Ratlouuen et filius ejus Catlouuen censum de IIII modios (*sic*) de brace, id est, de menehi Grocon, sitos (*sic*) in plebe Rufiac, in loco nuncupante villa Dobrogen, in villa *que* dicitur Groco, quos supradictus Ratlouuen emerat ad quoddam (*sic*) homine nomine Menhoiarn, venditore, hoc est, per singulos annos ad festivitatem Sancti Martini, pro animabus suis, Sancto Salvatori in Rotono et monachis rotonensibus, quamdiu ipse vel semen eorum tenuerint supradictam terram ; et si ipse (*sic*) desiderint eam tenere[1], maneat inconvulsa et in monachia sempiterna supradicto loco et supradictis monachis. Factum est hoc in monasterio Roton, XIIII kl. augusti, VII feria ; et posuerunt hanc donationem super altari (*sic*) Sancto Salvatori, per cartam et per cespitem de ipsa terra, coram Ritcanto abbate et monachis poene (*sic*)[2] rotonensibus. Postea vero firmaverunt supradictus Radouuen (*sic*) et filius ejus Catlouuen et Terithien hanc donationem ante aecclesiam Ruflac, idus augusti, IIII feria, coram Ritcanto supradicto abbate et Leuhemel et Uuetenoc et Maenuueten monachis, et coram multis nobilibusque viris quoram haec sunt nomina : Loiesuuallon, presbyter, testis ; Urbingen, testis ; Hiauuid, testis ; Hirdmarcoc, testis ; Comaltear, presbyter, testis ; Adaluuin, presbyter, testis ; Loiesbritou, abbas, testis ; Sulmin, abbas, testis ; Iunnomoc (*sic*), diaconus, testis ; Haelnueten, testis ; Jacu, testis ; Iarmuuocon, testis ; Miot, testis ; Cutuuallon, testis.

[1] C'est à tort qu'il y a dans le manuscrit *tenere*, qui doit se lire *tenerem* (Note du Cart.)
[2] Après l'adverbe *poene*, il faut ajouter sans doute le mot *omnibus* (Note du Cart.)

107

*Fomus donne en gage à l'abbé Convoion tout ce qu'il possédait
du domaine de Coluuoretan, en Augan.*

Num. LXVIII du Cart., fol. 65 v°, p. 53

30 juillet 867

Haec carta indicat atque conservat quod vadiavit Fomus totum quod tenebat in Coluuoretan, *que* sita est in plebe Alcam, cum massis et manentibus, cum terris cultis et incultis, totum et ad integrum, sicut Fomus tunc videbatur tenere, ad Convoionum abbatem et ad monachos rotonenses pro XX et IIII solidis usque ad XX et unum annum, et alligavit fidejussores vel dilisidos ad supradictos monachos his nominibus : Uuoletec et Critcanam et Nodhoiarn et Uuoruuoret, ita tamen ut reddat supradictos (sic) Fomus per singulos annos hunc censum quem ante reddebat supradictis monachis, id est, decem et VIII denarios iterum reddat eis et ad supradictum locum, omni anno, ad festivitatem Sancti Martini ; et alligavit dilisidos de hoc censu his nominibus : Uuoletec et Critcanam ; et si ad supradictum tempus, hoc est, ad caput XX et unius anni, supradicta terra (sic) non redimerit, aut filius ejus, maneat inconvulsa et in monachia sempiterna, id est, totum quod tenebat Fomus in Coluuoretan, cum omnibus apendiciis suis, Sancto Salvatori in Rotono monasterio et monachis rotonensibus. Factum est hoc in loco nuncupante aecclesia Alcam III kal. augusti, IIII feria, anni Domini DCCCLXVII, coram multis nobilibusque viris quorum haec sunt nomina : Fomus, qui dedit, testis ; Cumhael, presbyter, testis ; Anauuuoret, presbyter, testis ; Uuoratam, presbyter, testis ; Uuorlouuen, testis ; Catuueten, testis ; Leisou, testis ; Ricanam, testis ; Uuincalon, testis ; Freoc, clericus, testis ; Iudcar, clericus, testis ; Mercrit, testis ; Ursan, testis ; Maelcar, testis ; *Driumet*, testis ; Euuon, testis ; Saluu, testis ; Liosoc, testis ; Anoetoc, testis, misso (sic) monachorum, Leuhemel et Tudian monachi fuerunt in quorum manibus tradidit Fomus, cum sua manica, supradictam terram sicut supradictum est.

108

Comaltcar donne à Saint-Sauveur de Redon la villa Treb-nouuid et la terre de Ranriantcar, en Ruffiac.

Num. CL du Cart., fol. 88 r°, p. 115.

13 août 867.

Noticia in quorum presentia reddidit Comaltcar Rann Riantcar, cum villa que vocatur Trebnouuid, in manu Ritcanti abbatis, totum atque integrum, Sancto Salvatori in Rotono et monachis, cum silvis, terris cultis et incultis, pratis, pascuis, aquis aquarumve decursibus, cum omni supraposito suo, sicut ipse emit a quedam (sic) femina nomine Haelhoiam, in monachia sempiterna, ita ut quicquid exinde facere voluerint, liberam et firmissinam faciendi in omnibus habeant potestatem, nam antea censum illis ex supradicta terra reddebat. Factum est hoc in loco nuncupante aecclesia Ruflac, idus augusti, IIII feria, coram multis nobilibusque viris quorum, hec sunt nomina : Jarnhitin, machtiern, testis; Litoc, missus Salomonis, testis ; Uuorcomed, testis ; Iarnuuocon, testis ; Dumuualart, testis ; Matoc, testis ; Hirthoiarn, testis ; Loiesuuallon, presbyter, testis ; Urmgen, testis ; Hiauuid, testis ; Hirdmarcoc, testis ; Miot, testis ; Moeni, testis ; Milcunduis, testis ; Catuuallon, testis ; Loiesbrittou, abbas, testis ; Sulmin, abbas, testis ; Adaluuin, presbyter, testis ; Uinmonoc, diaconus, testis ; Haeluueten, testis ; Jacu, testis ; Eusorgit, testis.

109

Hirdhoiarn donne au monastère de Redon le domaine de Ran Botgellet et la villa Ioençetnoch, en Ruffiac.

Num. CLIX du Cart., fol. 91 r°, p. 122.

27 décembre 867.

Haec carta indicat atque conservat quod dedit Hirdhoiarn, filius Haelin, Ran que vocatur Bothgellet, sitam in plebe Ruflac, et aliam villam que nuncupantur *Loenc et Cnoch*, Sancto Salvatori in Rotono monasterio et monachis rotonensibus, pro anima sua et pro regno Dei, inconvulsa (sic) et in monachia sempiterna, totum et *adintegrum*, cum omnibus appendiciis suis, Sancto Salvatori et supradictis monachis. Factum est hoc in monasterio *Roton*, VI kalendas jan., VII feria, coram Ritcanto abbate et ceteri (sic) loci illius monachis. Posuerunt supradictus Hirdhoiarn et filius ejus Uuorethoiarn istam donationem per manicam super altare Sancti Salvatoris. Postea vero, hoc est, IIII nonas febr., VI feria, firmavit Hirdhoiarn supradictus hanc donationem supra dictam terram, coram multis nobilibus viris quorum ista sunt nomina : Hirdhoiarn, qui dedit et firmare rogavit, testis ; Comaltcar, presbyter, testis ; Uuoetatoe, presbyter, testis ; Menuueten, presbyter, testis ; missus monachorum, testis ; Uuorcomet, testis ; Hirdhoiarn, testis ; filius ejus, testis ; Sulmin, abbas, testis ; Uuenmael, testis.

110

Uuetenoc confirme la donation faite au monastère de Redon de l'alleu de Foubleid, en Ruffiac. (V. la charte XLIV).

Num. CXL du Cart., fol. 84 v°, p. 106.

Vers 867.

Haec carta indicat atque conservat qualiter dedit Uuetenoc alodum suum qui vocatur Foubleid, situm in plebe Ruflac, in elemosina pro anima sua, Sancto Salvatori et suis monachis in Rotono monasterio degentibus, ita tamen ut quamdiu vixerit, teneat supradictum alodum et reddat censum singulis annis ad supradictos monachos ; quod voluerunt monachi. Post mertem ejus, si quis ex progenie ejus superfuerit, reddat supradictum censum Sancto Salvatori ; si autem non fuerit ex progenie ejus qui tenuerit eum, maneat inconvulsum usque in finem seculi. Facta est haec donatio in Rotono monasterio, coram his testibus : Uuetenoc, qui dedit, testis ; Comaltcar, presbyter, testis ; Maenuueten, presbyter, testis ; et coram omnibus monachis qui ibi aderant, quorum *hista* (sic) sunt nomina : Conuuoion, abbas ; Leuhemel, presbyter, testis ; gubernante Salomone Brittanniam, Courantgeno episcopo in Venetis civitate ; et post hoc, manifestavit supradictus Uuetenoc hanc donationem, die dominico, in aecclesia Ruflac, post missam, coram cunctis populis qui erant in aecclesia et coram his testibus : Conatam, presbyter, testis ; Comaltcar, presbyter, testis ; Maenuueten, presbyter, testis ; Adoluuin, presbyter, testis ; Loiesbritou, testis ; Uuordotal, testis ; Miot, testis ; Moeni, testis ; Jacu, testis ; Drihuuobri, testis ; Iarnuualt, testis ; Nominoe, testis ; Omnis, testis ; Uuocomet, testis.

111

Junetuuan remet au nouvel abbé de Redon Ritcand le domaine de Ran Etcar, qu'il tenait de l'abbé Convoion.

Num. CCVIII du Cart., fol. 106 v°, p. 160.

867-874.

Noticia in quorum presentia dididit *(sic)* Junetuuant, filius Catlon, *terra* *(sic)* duorum modiorum de brace de Ran Etcar, in plebe Carantoer, in dicombito Callon, in manu Ritcanti abbatis, quam ipse *Junethuuant* tenebat sub censu ex verbo Conuroioni abbatis, quia ipse Conuuoion abbatis *(sic)* et Leuhemel prepositus emerant supradictam terram ab illius herede nomine Roenuuocon ; et postea ipse Ritcant abbas vestitit illum, cum consilio fratrum, de supradictam terram *(sic)*, sub censu VIIII denariorum, et dedit Junetuuant fidejussorem in supradicto censu, ad festivitatem Sancti Martini et de sua fidelitate, nomine Kentuuocon. Factum est hoc in aecclesia Bain, coram multis nobilibus viris quorum ista sunt nomina : *Junethuuant*, testis ; Ritcant, abbas testis ; Leuhemel, monachus, testis ; Adgano, monachus, testis ; Gedeon, testis ; Uuormonoc, testis ; Cafat, presbyter, testis ; Iarnuuoret, testis ; Roenhebet, testis ; Loieson, testis ; Maenhoiarn, testis ; Loieshoiarn, testis.

112

Conatam donne à Saint-Sauveur de Redon le domaine de Morham, en Ruffiac.

Num. CXIV du Cart., fol. 78 r°, p. 87.

8 janvier 864-867.

Haec carta indicat atque conservat quod dedit Conatam Morham Sancto Salvatori et monachis degentibus in Rotono monasterio, in elemosina pro anima sua et pro regno Dei, in monachia sempiterna, sine censu et sine confrito *(sic)* ulli homini sub caelo nisi Sancto Salvatori. Factum est hoc in loco nuncupante aecclesia Ruflac, coram *(add.* multis*)* nobilibusque viris : Jarnhitin, testis ; Hinuualart, testis ; Conatam, presbyter, testis, qui dedit ; Comalton, presbyter, testis ; Maenuueten, presbyter, testis ; Meinion, testis ; Miot, testis ; Jacu, testis ; Loiesuueten, testis ; Afroc, testis ; Uuincalon, testis ; Loiesbritou, testis ; Blenliuuet, testis ; Haeldeduuid, testis. Factum est hoc IIII feria, VI idus jan., dominantes *(sic)* Salomone Brittanniam, Courantgenus, episcopus, testis, Venetis civitatis.

113

Sperauuet donne à Saint-Sauveur de Redon l'alleu de Boterelli, en Ruffiac, qu'il avait acheté d'un certain Houuoret.

Num. CCXXI du Cart., fol. 111 r°, p. 170.

7 août 868.

Haec carta indicat atque conservat quod dedit Sperauuet alodum suum nuncupantem Boterelli, cum omnibus appendiciis suis, sicut ipse comparavit de quedam homine nomine Houuoret, venditore, pro solidis XXIIII et VI denariis, situm in pago nuncupante Brouueroch, in plebe que vocatur Ruflac, Sancto Salvatori in Rotono monasterio et suis monachis, in elemosina pro anima sua et pro regno Dei, ita tamen ut ipse, quandiu vixerit, et semen ejus post se, teneant eum ex verbo abbatis qui fuerit Sancti Salvatoris rotonensibus[1], censu[2] omni anno ad festivitatem Sancti Martini; quod si defecerit de semine ejus qui tenuerit eum, maneat inconvulsum et in monachia sempiterna supradicto Sancto Salvatori rotonensi et suis monachis, sine censu et sine tributo et sine ulla ré *(sic)* alicui homini sub caelo, totum et *adintegrum*, cum omnibus appendiciis suis, nisi ad supradictis *monachis (sic)* vel cui voluerint *(sic)*. Factum est hoc in monasterio Roton., VII idus august., feria VII, regnante Karolo rege, dominante Salomone *Brittanniam*, Courantgeno episcopo in Venetis civitate. † Sperauuet, †, qui donavit et firmare rogavit ; Maenuuoret ; † Filius, qui et ipse similiter fecit, tradentes supradictum alodum per manicam in manu Ritcanti abbatis, super altare Sancti Salvatoris ; † Ritcanti, abbatis, qui accepit ; † Junuual, prepositus ; Leuhemel, presbyter et monacus ; † Omni, monacus ; † Adgan, presbyter et monachus ; † Liuer ; † Tutian, presbyter et monachus ; † Otto ; † Eudon ; † Iaruuoret ; † Cleucomin, diaconus ; † Uuruual, monachus ; † Juntiern, monachus ; † Catuuotal, monachus ; † Sultiern ; † Iarnuuoret ; † Alunoc ; † Ratfred ; † Ratuili fratris ejus ; † Loiesuuallon, testis ; Iunmonoc, diaconus, testis.

[1] Il faut lire *rotonensis*. (Note du Cart.)
[2] Pour *sub* censu (?). (Note du Cart.)

114

Dreholom, fils de Menion, donne à Saint-Sauveur de Redon tout son héritage situé en Cornou, dans Derval.

Num. CCXXIV du Cart., fol. 112 r°, p. 173.

3 février 868-874.

Haec carta indicat atque conservat quod dedit Dreholom, filius Menion, totam hereditatem suam in Cornou, Sancto Salvatori in Rotono monasterio et suis monachis, pro anima sua et pro regno Dei, sine censu, sine tributo et sine ulla re ulli homini nisi supradictis monachis, ita tamen ut ipsi monachi adjuvent illum victu et vestimento quandiu vixerit. Factum est hoc in monasterio Roton, III monas febr., his presentibus; Dreholom, qui hanc donationem donavit per manicam super altare Sancti Salvatoris, testis; Ritcantus, abbas, qui accepit; Iunuual, prepositus; Leuhemel, presbyter; Omni, presbyter; Adgan presbyter; Liuer, presbyter; Otto, presbyter; Liuerin, presbyter; Tancrad, presbyter; Eudon, presbyter; Tudian, presbyter; Hinmoi, presbyter; Dreuueten, presbyter; Iarnuuoret, presbyter; Uuetenoc, presbyter; Riuueten, presbyter; Junhemel, presbyter; Gleucomin, presbyter; Uurhoiarn, presbyter; Uuruual, presbyter; Juntiern, Catuuotal, Urmoet, Alunoc, Iarnuuoret, Haelhomeit, testes; Sultiern, testis; Loiesoc, testis.

115

Maenhoiarn remet au monastère de Redon le domaine de Ranmaeltiern, c'est-à-dire la moitié de la villa Bilian, située dans le Compot de Roenhoiarn, en Carentoir, qu'il tenait de l'abbé Convoion à titre de cens. Aussitôt Ritcand, nouvel abbé de Redon, rend cette même terre à titre de cens à Maenhoiarn et à son frère Loieshoiarn.

Num. CXXXIV du Cart., fol. 82 v°, p. 101.

868-874.

Noticia in quorum presentia reddit (*sic*) Maenhoiarn, qui et Cornic, partem terre qui (*sic*) vocatur Ranmaeltiern, sitam in plebe Carantoer, in loco nuncupante compot Roenhoiarn, hoc est, dimidium ville Bilian, quam antea multo tempore pignoraverat Mertinhoiarn partem ejus ad Riuualatrum clericum, pro solidis XXVII, modiis de siclo, usque ad caput trium VII annorum, et ipse Riuualart, clericus, non valente supradicto Mertinhoiarn illam, ad tempus statutum, id est, in capite annorum, redimere, donavit Sancto Salvatori. Hoiarncornit tenebat eam sub censu a *Conuuoiono* abbate. Post obitum vero Conuuoion, reddit (*sic*) eam in manu Ritcanti abbatis cum Omni, his presentibus : Maenhoiarn, qui reddidit, testis ; Ritcandus, abbas, Iunuual, presbyter, testis ; Leohemel, testis ; Adgan, testis ; Liuer, testis ; Uuetenoc, testis ; Tudian, testis ; Ratuili, filius Uuoruili, testis ; Maenki, testis ; Kintuuocon, testis ; Hirdbidoe, testis ; et postea vestivit Ritcandus abbas supradictam (*sic*) Menhoiarn et fratrem ejus Loieshoiarn de supradicta terra, sub censu duorum solidorum ad missam Sancti Martini ; et dederunt Menhoiarn et Loieshoiarn, de supradicto censu et de sua fidelitate, et (*leg.* ut) nunquam faterentur supradictam terram in hereditatem, dilisidos quorum ista sunt nomina : Kintuuocon et Drihic. Factum est hoc in aecclesia Bain, coram multis nobilibusque viris : Ritcant, abbas, testis ; Leuhemel, monachus, testis ; Adgan, monachus, testis ; Uuormonoc, testis ; Cafat, presbyter, testis ; Gedeon, testis ; Iarnuuoret, testis ; Roenhebet, testis ; Loieson, testis ; Menhoiarn, testis ; Loieshoiarn, testis.

116

Roiantken donne au monastère de Redon les parties des domaines de Ranuuicanton et de Ransantan qu'il avait achetées de Maenuuobri et de Haeluuicon.

Num. CLXXIV du Cart., fol. 95 v°, p. 134.

18 février 869.

Haec carta indicat atque conservat quod dedit Roiantken IIII modios de brace, hoc est, Ranuuicanton et duos modios et VIII sextarios de Ransantan ; quam terram comparavit Roiantken de Maenuuobri de Haeluuicon, Sancto Salvatori in Rotono, in elemosina pro anima sua et pro regno Dei, cum massis et manentibus et cum omnibus apendiciis suis et cum omni supraposito suo, totum atque integrum, dedit Sancto Salvatori et monachis illi servientibus, sine censu, sine tributo ulli homini sub caelo nisi supra-

---

¹ Le nombre de muids n'est pas indiqué ici. (Note du Cart.)

dictis monachis. Factum est hoc XII halend. mart., VI feria, in Rotono ; et postea firmatum est in aecclesia Rufiac, III nonas mart., die dominco, regnante Karolo rege, dominante Salomone Brittanniam, Rethuualatro episcopo, coram nobilibus viris qui ibi aderant : Roiantken, *que dedit*, testis; Leuhemel, prepositus et monachus, testis ; Tudian, presbyter et monachus, testis ; Comaltcar, testis ; Conatam, presbyter, testis ; Benedic, presbyter, testis ; Iarnhitin, testis; Dumuualart, testis ; Iarndetuuid, testis ; Fomus, testis; Haeldifois, testis ; Retuualart, testis ; Jacu, testis; Uuobrian, testis; Jona, testis ; Hirdhoiarn, testis; Nodhoiarn, testis ; Hiauuid, testis ; Sulmin, testis.

117

Le prêtre Sulcomin remet entre les mains de l'abbé de Redon Ritcand l'alleu de Tonouloscan, en Guillac.

Num. CCXXII du Cart., fol. 111 r°, p. 171.

27 janvier 870.

Noticia in quorum presentia reddidit Sulcomin, presbyter, alodum suum nuncupantem Tonouloscan, situm in plebe Gillac, cum omnibus appendiciis suis, sicut ipse emerat de quodam homine nomine Uuenerdom, herede atque venditore, in manu Ritcanti abbatis, ad opus Sancti Salvatoris et monachorum rotonensium, ita reddidit totum et *adintegrum*, cum omni supraposito suo, cum terris, monticulis et vallibus, pratis, pascuis, aquis aquarumve decursibus, et inmollibus[1], cultum et incultum, sicut ipse antea multo tempore emerat de supradicto venditore, et sicut dederat Sancto Salvatori in Rotono monasterio et Conuuoion abbati et suis monachis, ita reddidit in manu supradicti abbatis, sine censu, sine tributo et sine ulla *re* sub celo nisi supradicto Sancto Salvatori et suis monachis, ita ut quicquid exinde facere voluerint, liberans (*sic*) ac firmissimam in omnibus habeant potestatem ad faciendum. Factum est hoc in monasterio Sancti Salvatoris, in plebe Lan, VI kalendas febr., VI feria, regnante Karolo rege, dominante Salomone Brittanniam, Ratuili episcopo in Aleta, his presentibus : Sulcomin, qui dedit et firmare rognavit ; † Ritcanti, abbatis ; †, qui accepit ; Nominoe, presbyter ; † Maenuuolau, presbyter ; † Liosic, presbyter et monachus ; † Leuhemel, presbyter et monachus ; † Dreuueten ; † Uuoretoc ; † Uurgouan ; † Uurmonoc ; † Maenuueten ; † Tanki ; † Anaubritou ; † Oremus ; †.

[1] Il faut lire *mobilibus et immobilibus*. (Note du Cart.)

118

Roenuuocon vend à Catlon et à son épouse Prostuuoret et à leurs enfants une partie de la villa Rannetcar, en Carentoir.

Num. CCXXXII du Cart., fol. 114 v°, p. 180.

Vers 870.

Haec carta indicat atque conservat quod vendidit Roenuuocon dimidiam partem terre quae vocatur Rananetcar, sitam in plebe Carantoer, ad Catlon et ad uxorem ejus nomine Prostuuoret, et ad filios eorum his nominibus, Merchion et Junetuuant, pro X solidis argenti et denariis III, sine redemptione ; et alligavit Roenuuocon fidejussores in securitate ipsius terrae ad supradictos emptores, his nominibus, Maertinhael et Haelcomes, sine censu et sine tributo et sine ulla re ulli homini sub caelo nisi ad supradictos emptores vel cui voluerint post se. His presentibus actum est : Taital, presbyter, testis ; Buduuoret, presbyter, testis ; Uuetenuuoret, presbyter, testis ; Uuoletec, testis ; Hinoc, testis ; Catloiant, testis ; Roenuuallon, testis ; Catbud, testis ; Hinoc, testis ; Catloiant, testis ; Roenuuallon, testis ; Catbud, testis ; Juduuocon, testis ; Loieshoiarn, testis ; Heuhoiarn, testis ; Kintuuocon, testis.

119

Prostuuoret, ayant perdu son mari et ses enfants, donne à Saint-Sauveur de Redon cette même partie de la villa Rannetcar.

Num. CCXXXIII du Cart., fol. 115 r°, p. 180.

25 août 870.

Haec carta indicat atque conservat quod dedit Prostuuoret dimidiam partem terrae nuncupante Rannetcar, sitam in plebe Carontoer (sic), in compoto nuncupante compot Catlon, Sancto Salvatori in Rotono monasterio et Ritcanto abbati et suis monachis, pro anima sua et pro animabus viri sui et filiorum suorum, in elemosina et in monachia sempiterna, sine censu et sine tributo et sine ulla re ulli homini nisi supradictis monachis vel cui voluerint, sicut ipsa Prostuuoret et vir ejus nomine Catlon, et filii ejus nominibus Merchion et Junetuuant antea supradictam terram emerant a suo herede nomine Roenuuocon, venditore, pro X solidis, sed et ipse

Roenuuocon jam eam terram uuadiaverat Conuuoiono abbate (sic) et Leuhemel prepositus¹, super III solidos argenti, et mandavit supradictus venditor supradictis emptoribus ut redimerent III solidos ad monachos rotonenses, et postea ipsam terram nisi² aliqua redemptione possiderent. Postea vero ipsam (sic) a viro et filiis suis derelicta, donavit supradictam terram, totam atque integram, Sancto Salvatori rotonensi et Ritcanto abbati in monachia sempiterna, sicut supra diximus, ita tamen ut ipsa eam terram teneat sub censu, ut denariorum III solid. per singulos annos, ad festivitatem Sancti Martini, supradicto Sancto Salvatori et suis monachis³; et dedit fidejussorem de ipso censu, nomine Leon; post mortem vero ipsius, supradicti monachi de ipsa terra liberam ac firmissimam habeant potestatem faciendi quicquid voluerint. Factum est hoc in plebe nuncupante Bain, juxta monasteriolum quod vocatur monasterium Cornon, feria VI, VIII kalendas septemb., luna XIIII⁴, his presentibus : Ritcantus, abbas ; Uuetenoc, prepositus⁵ ; Leuhemel, monachus ; Taneuuoion, monachus ; Simeon, abbas ; Leon, testis ; Salomon, testis ; Gedeon, testis ; Uuoranton, testis ; Loieson, testis ; Uurmhaelon, testis ; Uurmonoc, presbyter, testis ; Sulmael, diaconus, testis ; Judre, Uuranton.

120

Liosic, abbé de Redon, interpelle le chef Alfrit au sujet du petit monastère de Sent Ducocan, dans la paroisse de Cléguérec, qu'il retenait injustement et par force.

Num. CCXLVII du Cart., fol. 122 r°, p. 198.

9 juillet 871.

Notiria in quorum presentia interpellavit Liosic, abbas rotonensis monasterii, Alfritum tyrannum et vere tyrannum de monasteriolo quod vocatur Sent Ducocan⁶ quod est situm in plebe Clegeruc, quod dedit Rethuuoret presbyter Sancto Salvatori, et de fine quam fecerat in terra Sancti Salvatoris, id est, fossata per landam Penret contra voluntatem monachorum. Ille malus supradictus *Alfrid* tirannus, per suam rapinam et frequenter a venerabili Conuuoiono

---
¹ Il y a *ps.* dans le manuscrit. (Note du Cart.)
² *Nisi* pour *sine*. (Note du Cart.)
³ Il faut ajouter *solvat*. (Note du Cart.)
⁴ Il faut lire *luna XXIV*. (Note du Cart.)
⁵ Ici comme plus haut il y a *ps.* dans le manuscrit. (Note du Cart.)
⁶ Ce nom peut être lu en un seul mot dans le manuscrit. (Note de M. Rosenzweig.)

abbate ad Nominoe principem necnon et ad filium ejus Erispoe accusatus, in sua perduravit rapina atque malicia. Postea autem Ritcandus abbas cum monachis suis illum ad venerabilem principem Salomonem, presentibus maxima ex parte totius Britannie nobilibus viris, super ac (sic) re illum accusavit, in aula que vocatur Rester. Sed, placito accepto, mors inimica supradictum Ritcandum rapuit. Postea successor predicti abbatis, venerabilis abbas Liosic, iterum de hac ipsa causa supradictum Alfritum ad Salomonem principem accusavit. Sed necessitate convictus, et justicia et aequitate atque testibus constrictus, reddidit supradictum monasteriolum in manu Liosoc abbatis, et confessus est se non esse heredem illius et non esse rectum finem quam fecerat in Penret. Postea vero, rogatu supradicti abbatis, perrexit Salomon rex finem illius terrae, ex una parte, a descensu montis Clegeruc ad lapides magnos, sicut vadit via publica ad accervum, id est cruc[1] ad quadruvium (sic) infra ecclesiam Seleflac, et dimittit eam ad sinistram, et transit in valle subtus aecclesiam, et est, ex illa parte, illa vallis et rivulus finis usque dum revertitur per Crenarth et *Caer divon*, et venit per landam, dimittens martiris Sergii monasterium ad sinistram, et transit in valle que vadit subtus Castel Cran usque in Blauet[2]. Ex alia parte fecit ipse rex finem a supradicti montis radice per medium landa (sic) usque in rivulo qui venit quasi diurth Gnescam sicut currit usque *in* Blauet, sine censu, sine tributo, sine hereditate ullius hominis sub caelo nisi Sancto Salvatori, ita trado, ego Salomon, ut nulla lis sit amplius de hac terra. Qui hoc dissipare voluerit, et cui litem intulerit V mil. (sic) solidos conponat, et quod repetit non habeat. Factum est hoc VII idus jul., II feria, in Penret, illo anno quando voluit rex Salomon Romam ire, sed principes ejus non dimiserunt propter ...norem Normannorum. Tunc transmisit exenia multa Sancto Petro Romam. Signum Salomon, qui firmavit; Alfret, testis, qui reddidit; Loisic, abbas, qui accepit, testis; *Riuelen, commes*, testis; Pascuethen, comes, testis; Bran, comes, testis; Orscant, testis; Finoes, abbas, testis; Cenmonoc, *abbas*, testis; Jedecael, princeps Poucher, testis; Felix, archidiaconus Venetis, testis; Moruuethen, comes, testis; Ratuili, episcopus Aletis, testis; Riuallon et Guigon, filii Salomonis, testes; Guigon, filius Riuelen, testis; Maenki, testis; Uuethenoc, testis; Haeluethen, testis; Uurcundelu, testis; Ratfrid, testis; *Moruethen*, testis; Hocunnan, testis; Hin-

[1] *Id est cruc* est écrit au-dessus du mot *accervum*, et de la même main que le reste de la charte. (Note du Cart.)
[2] Ici M. Rosenzweig met un point, où M. de Courson ne met qu'une virgule.

cant, testis ; Oremus, testis ; Tute, testis ; Kenmarhoc, testis; Clolethoc, testis ; Bernaart, testis ; *Uuruidoe*, testis ; Talan, testis ; Butuoreth, testis ; Haelfinit, testis ; Liosoc, testis ; Juduuallon, testis.

121

Uuobrian remet aux moines de Redon le domaine de Ran Jarnualt, en Ruffiac, domaine que son frère Conatam avait donné précédemment à l'abbaye de Redon.

Num. CCXLVIII du Cart., fol. 123 r°. p. 199.

21 novembre 871.

Nosticia in quorum presentia qui *subter tenentur* qualiter reddidit Uuobrian. Ran Jaruualt in manibus monachorum Leuhemel et Utian necnon et Maenuuethen presbyteri, in aecclesia Ruflac. Jam antea dederat Conatam frater ejus illam partem *terræ* in elemosina aeterna Sancto Salvatori et suis monachis in Rothono monasterio ; sed supradictam terram, sicut superius diximus, (reddidit ?) cum mansis et manentibus, cum silvis et pascuis et cum omnibus apenditiis suis, sicut adjacet, quamdiu presens seculum duraverit. Factum est hoc in ecclesia Ruflac, XI kal. decembr., IIII feria, luna IIII, coram multis nobilibus viris qui illuc aderant, quorum ista sunt nomina ; Unum, presbyter, testis ; Johannes, presbyter, testis; Junmonoc, diaconus, testis ; Hinualart, marchtiern, testis ; Numinoe, testis ; Hirthoiarn, testis ; Moeni, testis ; Una, testis ; Jacu, testis ; indicatione (*sic*) III, anni Domini CCCLXXII[1].

122

Le roi Salomon donne à l'abbaye de Redon tous les alleux du prêtre Penuuas situés en Pleucadeuc.

Num. CCLVII du Cart., fol. 126 r°, p. 207.

10 février 872.

Haec carta indicat atque conservat qualiter dedit Salomon rex Brintannie (*sic*) omnes alodos Penuuas presbyteri de plebe Catoc,

[1] Au commencement de ce nombre il faut ajouter *D*. (Note du Cart.)

pro anima sua et pro hereditate sempiterna, Sancto Salvatori et suis monachis sub regulam (sic) sancti Benedicti in rotonense monasterio sibi servientibus, coram multis nobilissimis viris qui cum illo ibi tunc aderant : Ratuili, episcopus, testis ; Liosic, abbas, testis ; Salomon, rex, testis, qui jussit fieri ex concessu supradicti presbyteri Penuuas (et) adfirmavit, testis ; Vuicon, filius ejus, testis ; Bran, testis, Vuruuant, testis ; Vuicon, filius Riuuilin, testis ; Spereuui, testis ; Vuetenoc, filius Litoc, testis ; Moruueten, testis ; Budic, filius Romel, testis ; Clotuuoiam, testis. Factum est hoc in plebe Moton, feria II, III idus febr., luna XX[1], anni Domini DCCCLXXII ; et commendavit Salomon Aourken tirannisse manifestare hoc illius plebis hominibus, quia ipsa Ourken uxor Jarnhitin mactiern, ex plebe Ruflac, tunc sub potestate Salomonis in ipsa plebe que dicitur plebs Katoc vice legati habebatur ; quod et ita fecit, et manifestavit ante ecclesiam plebis Katoc, die dominico, omnibus illius plebis hominibus, coram testibus : Jarnhitin machtiern ; Meluueten, testis ; Catoe, testis.

123

Deurhoiharn et son épouse Roiantken demandent aux moines de Redon un lieu de sépulture à l'entrée de l'église de Saint-Maxent, et donnent à cette église Aethuric Freoc, clerc, et Aethurec Milcondoes. Deurhoiarn et Roiantken étant morts, les moines ensevelissent leurs corps au lieu susdit, et reçoivent de leur fils Jarnuuocon, pour l'abbaye de Saint-Maxent, la villa Eneuuor et une partie du domaine de Kethic.

Num. CCXXXVI du Cart., fol. 116 r°, p. 184.

29 juin 875.

Mundi termino adpropinquante, malis crebrescentibus, petierunt Deurhoiarn et uxor sua *Roiantkent* Sanctum Maxentium, in festivitate apostolorum Petri et Pauli, III kalendas jul., l. (luna ?[2]) XXII, regnante Pasuueten et Uuorhuuant Brittanniam, monachos rogaverunt

---

[1] Au commencement de ce nombre il faut ajouter D. (Note du Cart.)
[2] Il faut lire *luna XXVI*. (Note du Cart.)

ostendere sibi ubi corpora eorum requiescerent post obitus illorum;
et ostendit abbas Liosic, cum monachis suis, locum corporum eorum
in vestibulo Sancti Maccenti, et postea simul perrexerunt ad Sanctum Maxentium, et posuerunt suam manicam super altare, et dedi
Deurhoiarn Aethuric Freoc, clericus, in dono corporis sui, et uxor
ejus Roiantken dedit Aethurec Milcondoes, in Alcam, quam dedit
illi Riuualt in enepuuert, in dono corporis sui, Sancto Maccentio in
honore Salvatoris atque monachis in illo loco Deo servientibus; et
postea defunctus est Deurhoiarn, II idus januarii, luna XI, et
filius ejus Iarnuuocon et uxor sua Roiantken detulerunt corpus
simul cum omnibus, et invitaverunt monachos obviam sibi in via
accipere corpus; et cito ut adierunt, monachi exierunt obviam corpori cum reliquis suis, et simul detulerunt corpus ad monasterium
Sancti Maxentii, et sepelierunt eum secundum dignitatem, ut moris
est christianorum. Et postea invitavit filiis ejus Iarnuuocon, una
cum matre sua et cum multis nobilibus hominum, abbatem Liosic
nomine, cum suis monachis, in quadam exhedra juxta basilicam
Sancti Maccentii, et illas donationes quas *deder. (dederat?)* pater,
matre vivente, in dono corporum suorum, firmavit, coram multis
testis (*sic*), hii sunt: Ratfred, testis; Inhoc, testis; Maenuuallon,
testis; Nominoe, testis; Catuueten, testis; Uuoetuual, testis; Jedicahel,
testis; Euuen, testis; Uuinkalon, testis; Riscaham, testis; Uuorlouuen, presbyter, testis; Finithic, presbyter, testis; Scuban, presbyter, testis; Marcoc, testis; Jacu, testis; Seder, testis; Iarnuuoret,
testis; et cito Roiantken *defunta* est post virum, et sic monachi
fecerunt illi sicut viro suo, juxta illum sepelierunt illam cum magno
honore; et venit Iarnuuocon filius ejus, in prima dominica post
sepulturam ejus, visitare sepulcra patrum suorum; et post missam
invocavit *abbs* (bb barrés) Liosic cum suis monachis, adstetit inter
templum et altare, posuit manicam suam super altare et dixit:
Villam Eneuuordo Maccentii (*sic*) et monachis, pro anima matris
meae, in hereditate perpetua, in honore Salvatoris; et postea, in
die dominico, venit Iarnuuocon visitare sepulcra patrum suorum,
et post missam perrexit, stantibus monachis, presente populo, dedit
partem Kethic Sancto Maccentio et heres (*sic*) ilius Suluuoion nomine, pro animabus patrum suorum, coram multis testibus: Iarnuuocon, testis, qui dedit hanc donationem; Uuincalon, testis; Bleidbara, testis; Comhael, testis; Arbidoe, testis; Conglas, testis; Katic,
testis; Suluuoion, testis; Tanetuuotal, testis; Idon, testis; Tutuuoret, testis; Loiesuuoret, testis; Uurliuuet, testis; Tanetlouuen,
presbyter. Ista donatio fuit II idus *mai*, luna VIII.

124

Le roi Salomon avait donné un domaine situé dans la paroisse de Guer aux moines de Redon retirés à Plélan. Ses héritiers ayant refusé de payer le sens, leur chef Loengil se repent et rend aux moines de Redon ce qu'il retenait.

Num. CCXXXVII du Cart., fol. 116 v°, p. 185.

24 avril 876.

Illam donationem quam dedit Salomon monachis in plebe Lan, in honore Salvatoris, de plebe Uuern, in hereditate perpetua, post obitum Salomonis heredes donationis illius contradixerunt monachis reddere censum. Caput illorum Loengil erat; et post obitum Salomonis, venit Loengil ad monasterium Sancti Maccentii, VIII kalendas *mai*, luna XXV, feria II (*leg. III*), et dixit abbati Liosico : penitet me hoc quod egi ; rogo te et monachos tuos ut oretis pro me ad Dominum ; et rogavit Liosic et monachos suos, et venit in aecclesia Sancti *Maccenti* simul cum illis, et posuit manicam suam super altare Sancti Maccentii, et dixit monachis presentibus : illam partem quam reprehendi hodie do in honore Salvatoris Sancto Maccentio et monachis ejus, in hereditate perpetua, coram multis testibus nobilibus : Loengil, qui dedit hanc donationem ; Catuuoret, testis ; Milun, testis ; Driuualoe, testis ; Uuoetuual, testis ; Iarnuuocon, testis ; Catuuobri, testis ; Sebollil, testis ; Tanetlouuen, presbyter, testis ; Haelhouuen, testis.

125

L'heure de sa mort approchant, Matuedo, fils d'Hailuualoi, revêt l'habit monastique et donne au monastère de Saint-Sauveur la villa Conjubot, située dans la paroisse de Guer, et la villa dite de Bernon, en Rhuis.

Num. CCLXX du Cart., fol. 131 r°, p. 219.

21 janvier 878.

Matuedo, filius Hailuualoi, obitus illius adpropinquante die, mundi Salvatori suam commendavit animam, corpus vero rotonensi monasterio. Deinde monachicum accepit habitum, dans elemosinas, id est, omnia que sibi jure pertinebant, duas quoque villas, unam videlicet in plebe que noncupatur Uuern, et nomen ville Conjubot; alteram vero in Reuuis Brenoiou[1], Cundamn nomine. Factum est hoc XII kal. febr., luna XXIII (*leg. XXIV*), feria III. Si quis voluerit hanc donationem tollere, anathema sit.

126

Le comte Alain, délivré d'une grave maladie, donne à l'abbaye de Redon la petite paroisse d'Arzon en Rhuis, que l'empereur Louis avait donnée autrefois à l'abbaye, mais qui lui avait été enlevée par la cupidité de certains princes de Bretagne.

Num. CCXXXV du Cart., fol. 145 v°, p. 182.

12 juin 878.

In nomine sanctae et individue Trinitatis, Alan, provintiae Uuarroduae[2] commes, gratiae (*sic*) Dei, notum sit omnibus audientibus longe lateque manentibus, tam nobilibus quam ignobilibus, quod ego, Alan, castigatus flagello divino, decucurri in magna egritudine, sed tamen liberatus auxilio divino, quod olim Lodouuicus imperator dederat Sancto Salvatori in manu venerabilis Conuuoioni abbatis, cum precepto signans eum anullo suo, et obtimatibus suis innotescere fecit; postea vero cupiditate aliorum principum ablata est a Sancto Salvatori et suis monachis usque in nostrum tempus; ego vero, Alan, auxiliante Domino, conuualui de illa infirmitate. Propterea ego, Alan, tradidi Sancto Salvatori et suis monachis in Rotono monasterio habitantibus illam plebiculam quae appellatur nomine Ardon Rouuis, et est sita in *provintia* Uuarrochiae juxta mare, ita trado atque transfundo, totam atque integram, cum massis et manentibus, mobilibus et inmobilibus, cum omnibus appendiciis suis sicut adjacet, pro regno Dei et pro incolomitate mea et prosperitate regni mei, usque ad consummationem seculi, sine censu et sine tributo alicui homini sub caelo nisi Sancto Salvatori et suis monachis. Factum est hoc in plebe quae vocatur Alair, juxta aecclesiam plebis, II idus jun., feria V, luna VIII, anno Domini

---

[1] « Bernon in Reuys. » (Annotation mise en marge au XVI° siècle). (Note du Cart.).

[2] Il faut lire *Uuarrochiæ*. (Note du Cart.)

DCCCLXXVIIII[1], indicatione (sic) XI, anno primo regnante Hlodouuico rege, anno II° principante Alan provinciam Uuarrochiae, Kenmunoc episcopus civitate Venedie, Liberius abbas rotonensi (sic) monasterii. Hi sunt testes qui audierunt et viderunt hanc donationem : Alan, princeps, qui hanc donationem donavit et firmare fecit[2], testis ; Armengarius, episcopus provintie namnetice, qui ibi aderat et eum sacro oleo uxionis (sic) illo die uxit (sic), testis ; Arthur, testis ; Catuuotal, testis ; Dignum, testis ; Ristanet, testis ; Cunglas, testis, Ratuili, testis ; *Aruidoe*, testis ; Torithgen, testis ; Rituualart, testis ; Comaltcar, testis ; Jarlios, testis ; Uuoretin, testis ; Uuetencor, testis ; Uuetencar, testis ; Kincrit, testis ; Uuiumilis, testis ; Aermitit, testis ; Tethion, testis ; Jarnhitin, testis ; Ritien, testis ; Uurliuuet, testis ; Tanethirt, testis ; Riuualt, testis ; Justin, testis ; Perinis, testis ; *Haerui*, testis, filius Alan. Pax sit legentibus, sanitas anime et corporis custodientibus : Amen, fiat.

127

Bertuualt, fils de Bili, donne à Saint-Sauveur de Redon une partie du domaine de Ran Loieiscar, en Sérent.

Num. CCLXIII du Cart., fol. 128 v°, p. 213.

20 juillet 878.

Haec carta indicat (atque) conservat qualiter dedit Bertuualt, filius Bili, partem que vocatur Ran Loieiscar, sitam in plebe *que* vocatur Serent, in pago Brouueroco, pro anima sua et pro regno Dei, Sancto Salvatori et suis monachis in Rotono ei servientibus, cum terris, silvis, pratis, pascuis, aquis aquarumve decursibus, mobilibus et inmobilibus, cum omnibus appenditiis suis, sine censu et sine tributo et sine quolibet pastu alicui homini sub celo nisi supradicto Sancto Salvatori et suis monachis, coram multis nobilibus viris qui *subter* tenentur. Facta est haec donatio in Rotono monasterio, in ecclesia Sancti Salvatoris, coram abbate et cunctis monachis qui ibi presentes aderant ; et post hec, iterum firmavit ipse Bertuualt illam donationem *(sic)* coram omni plebe et coram nobilibus viris qui erant in ecclesia Serent, in die dominica, XIII kal. aug., luna XVI ; hi sunt testes qui audierunt et viderunt hanc dona-

---

[1] Il faudrait *DCCCLXXVIII*. (Note du Cart).

[2] On lit sur la ligne le mot *rogavit*, qui n'est pas effacé, et au-dessus a été ajouté le mot *fecit*. (Note du Cart.)

tionem: Loiesuuallon, presbyter, testis ; Catuualart, diaconus, testis ; Jarnuualart, testis ; Haelcourant, testis ; Tritut, testis ; Breselcoucant, testis ; Euen, testis ; Trecouuoith, testis ; Brient, testis ; Huuori, testis ; Catuuallon, testis ; Maenuili, testis ; hi sunt coloni supradicte terre : Tanetcar, Berthuuor, testes ; Roenhoiarn, testis ; anni Domini DCCCLXXVIII, indictio XI, Kenmonoco episcopo in Venetis civitate, Liberio abbate in Rotono.

128

Loiesuuallon donne au monastère de Redon le domaine de Ran Anaumonoc, dans la paroisse de Caro.

Num. CCLXIX du Cart., fol. 130 v°, p. 218.

28 décembre 878.

Mundi termino adpropinquante, ruinis crebrescentibus, jam certa signa manifestantur; idcirco ego, in Dei nomine, Loiesuuallon, considerans gravitudinem peccatorum meorum, et reminiscens bonitatem Dei dicentis, Date elemosinam et omnia munda sunt vobis ; si aliquid de rebus (nostris) locis sanctorum vel *substantia* pauperum conferimus, hoc nobis, procul dubio, in eternam beatitudinem retribuere confidimus ; ego quidem, de tanta misericordia et pietate Domini confisus, per hanc epistolam donationis dono danatumque in perpetuum esse volo ad monasterium Sancti Salvatoris, quod vocatur Roton, ubi requiescunt corpora sanctorum Marcellini pape atque Ypotemii necnon et sancti Meloril episcopi, ubi et ego cupio, Domino auxiliante, animam meam Christo lucrare, hoc est, Ran Anaumonoc cum colonis Anaumonoc, cum filiis suis Drecon et Rietoc, et Ranmorenoc cum colono suo *Haeluidoe*, et Ranuuoranau cum colonis suis Uuoranau et *Uuethanau* et Driuualoe (et) Johan, et Ranroch, sitas in pago Poutrocoet, in plebe que vocatur Caroth, cum domibus et edificiis suis, cum terris et pascuis, *cum pratis et silvis*, cum aquis aquarumve decursibus, mobilibus et inmobilibus, et *cum appenditiis eorum, ita trado atque* transfundo a die presente de jure meo, in elemosina pro anima mea et pro regno Dei, Sancto Salvatori et suis monachis in Rotono monasterio Deo servieutibus, ita ut ab hodierna eie pro oportunitate monasterii Sancti Salvatoris jure proprietario liberam ac *firmissima* (sic) in omnibus habeant potestatem ; si quis vero, quod futurum esse non credo, quislibet obposita persona qui contra hanc donationem generare aliquam calumniam presumpserit, duplicet, et illud quod repetit non vindicet ; et ista elemosina firma et inconvulsa permaneat. Factum est hoc V kal. jan., quando missa Innocentum celebratur, die dominico, in ecclesia Serent, coram multis nobilibus viris quorum ista sunt nomina : Loiesuuallsn, presbyter, qui hanc donationem dedit et firmare rogavit, testis ; Jarnconan, presbyter, testis ; Vuetenoc, presbyter, testis ; Catuualarth, diaconus, testis ; Berthuualt, testis ; *Riualt*, testis ; Catuuallon, testis ; Marchuili ; testis ; Breselconan, testis ; Houuoret, testis ; Triduith, testis ; Rodalt, testis ; Catuuoret, testis ; Jarnuuocon, testis ; Loiescant, testis ; Maeloc, testis ; Vuethenoc, testis. Postea iterum venit Loiesuuallon ad monasterium Roton, et firmavit hanc donationem coram abbate Liberio et omnibus monachis qui ibi aderant, VIII kal. febr., die dominico, anno incarnationis Domini nostri Ihesu Christi DCCC° LXX° VIII°, Alano *commite*, Kenmonoco episcopo, Liberio abbate.

129

Keuric offre son fils à Bernard, abbé de Redon, et donne à l'abbaye la terre de Rancornou dans la villa Priel, paroisse de Marzan.

Num. CCLXVI du Cart., fol. 129 v°, p. 216.

15 janvier 895.

Haec *cartula* indicat quomodo petivit Keuric *abbate* Bernarto suscipere suum filium in sua congregatione, et postremo jussit eum cum sua matre fratreque suo ad castellum Reus, quoniam abbas inibi erant, atque Alano favente, consensit abbas suscipere puerulum coram nobilibus viris : Bili, episcopus, testis ; Alan, dux, testis ; filius ejus Uueroc, testis ; Paxuueten, testis ; Budic, testis ; Salomon, filius Euuen, testis ; Dronuualoe, testis ; Harliuuin, testis ; Blenliuuet, testis ; post hoc, pervenit mater puerili Morliuuet cum eo et frater ejus ad rotonense monasterium ; et obtulerunt eum altari Sancti Salvatoris, et partem unam de sua hereditate cum eo videlicet Rancornou *que* sita est in villa *que* vocatur Priel, in plebe Marsin, et servum qui erat super eam, Gleumonoc, et semen ejus post se ; et hoc est quod debetur de ipsa parte unoquoque anno : porcum valentem denarios VI, et porcellum II denarios valentem, et arietem IIII denarios valentem, panes XV, denarios XV, de avena modios III, sextarios calcatos de frumento, in totum, modium I, sextarium I; de sigla VIII sextarios. Facta est donatio XVIII kal. febr., in IIII feria, luna XV, Alano regnante in Britannia.

130

Matbidoe donne au monastère de Redon le domaine de Faumoetcar, dans la paroisse de Guillac.

Num. CCLXVIII du Cart., fol. 130 r°, p. 217.

2 août 895.

Ne succedentibus malis temporibus oblivioni tradatur, ideo certissimo stilo veraciter curavimus tradere, ut fideles christiani qui nunc supersunt et qui futuri sunt veracissime credant, qualiter dedit Matbidoe Faumoetcar qui est in plebe Gillac, sicut adjacet, cum omnibus suis ominibus (*sic*), cum terris, pratis pascuisque suis, cultis et incultis, Sancto Salvatori et monachis in Rotono monasterio sub regula sancti Benedicti degentibus, in elemosina perpetua, pro anima sua, sine censu, sine tributo et sine loch, sine ullo *pere*[1] alicui homini sub celo nisi Sancto Salvatori et suis monachis qui sunt et qui fuerint in Rotono monasterio usque in sempiternum; et haec donatio facta est in Lisbidioc qui est in Poucar, et ita tradidit in manu Loieshird monachi, presbyteri; qui ad monachorum fuit legatus, quasi super sacrum Sancti Salvatoris altare propriis suis manibus posuisset, coram nobilibus viris qui ibi aderant, quorum hec sunt nomina : Cunmin, abbas, presbyter, testis ; Budian, presbyter, testis ; Hoiarnien, presbyter, testis ; Moietgen, testis ; Alben, presbyter, testis ; Oremus, clericus, testis ; Drehanthon, abbas, testis ; Vuoloican, presbyter de Gilac, testis ; Tanetmunoc, laicus, testis ; Conin, laicus, testis ; Vuirdoital, laicus, testis ; Catuuolet, laicus, testis ; Talan, laicus, testis ; Gelhibel, filius Hicor, testis ; Blenliuuet, laicus, testis ; Dignum, laicus, testis ; IIII non. august., feria VII, luna VII.

[1] C'est-à-dire *opere*, d'après M. de Courson.

131

Riuualt, archidiacre de Vannes, prenant l'habit monastique, donne à Saint-Sauveur de Redon les parties des villas de Trebaltnou, de Jacob et de Finitger, qui lui appartenaient, situées dans le pays de Vannes.

Num. CCLXXVIII du Cart., fol. 133, v°, p. 225.

30 novembre 909.

Hae littere conservantes indicant quod Riuualt archidiaconus patriae Gueroci, volens mundana pompa exui ac monachico vestimento pro amore Christi indui, veniens ad rothonense monasterium, suis fratribus atque amicis in hoc consencientibus, partem terre que vocatur Trebaltnou et aliam que nominatur pars Jacobi, terciam necnon que vocitatur pars Finitger, cum suis hominibus, pratis, aquis, silvis, pascuis aquarumve decursibus, Sancto Salvatori in rothonensi monasterio Deo ibidem servientibus, secum detulit ac monachio perpetuo grafiavit, pro sua suorumque fratrum ac tocius parentele anima, sine aliquo tributo vel servicio alicui homini terreno preter Sancto Salvatori ac suis monachis. Hoc factum est II kal. decembr., ipsa die missa Sancti Andree apostoli, luna XIIII (*leg. XIII*), Bili episcopio (*sic*) venetica urbe, Rudalt comite post mortem patris sui, coram multis testibus : Riuualt, qui dedit, testis ; Jacob, decanus, testis ; Reithgualatr, testis ; Armail, testis ; Jarnguallon, testis ; Bili, testis ; Kallon, testis ; Jedecael, testis ; Urbian, testis ; Ciprion, testis ; Luiesguallon, testis ; Cunatan, testis ; Marhuili, testis ; Hingant, presbyter, testis ; Heuuoret, testis ; Kenguethen, presbyter, testis ; Tregar, presbyter, testis ; Morman, testis ; Guiscuhiarn, testis ; Leugui, testis ; Gurheten, testis ; Desarui, testis ; Rudguoret, testis.

132

Gurdiern et son frère Glast demandent communion de prières aux moines de Redon et leur donnent une partie de la villa Treffinger, dans la paroisse de Caden.

Num. CCCLVII du Cart., fol. 171 v°, p. 309.

990-992

Huic paginule placuit inserere qualiter Gurdiernus, qui et nobilis appellatus est, et Glast frater illius, ad sanctum rothonensem (*sic*) venerunt coenobium, exorantes abbatem Tetbaldum et fratres cum eo commorantes, ut eos in suis oracionibus susciperent. Illi gratanter eorum poeticionibus adquieverunt, suscipientes eos in suis oracionibus. Illi vero obtimi viri tradiderunt Sancto Salvatori et Tetbaldo abbati et monachis Deo inibi supplicantibus, medietatem ville que vocatur Treffingar, in plebe Cadent, cum omnibus appendiciis sibi pertinentibus, cum decima, sivis, pratis, aquis, cultis et incultis, sicuti ipse a Conano comite habebant. Facta est autem haec donacio coram multis nobilibus viris quorum haec sunt nomina : Gurdiert, qui dedit, et ejus frater Glast ; Juno (*vel* Luno), Reiant, Heloc, *Gurgauel*, Leran, Diles, abbas Tetbaldus, qui donum recepit, et Clemens monachus. Acta sunt haec Conano comite dominante Brittanniam et donum supradictum annuente, Judicale episcopatum venetice civitatis obtinente, Tetbaldus abbatiam strenue gubernante.

133

Juthel, qui avait dévasté les terres de l'abbaye de Redon, voyant sa mort approcher, confesse sa faute, et du consentement de ses parents et de ses amis donne aux moines de Redon la villa Liskelli.

Num. CCCXXIX du Cart., fol. 160 r°, p. 280.

Vers l'an 1000.

[1] .... cerneres ejus, cerneres vindictam cui stulte depopulaverat terras ; non in lecto ut caeteri languore oppressi pausare *valebat*, sed in modum frenetici ubi *ubi* (sic) miserabile corpus flectebat. Voces denique omni horrore plenas ipse miser emittebat, torvoque vultu quaeque aspiciebat. Tandem Dei miseratione respiratus et in se ipsum reversus, voce qua potuit Jhesum est confessus reatumque suum lacrimabiliter protestatus. Dein ejus germanos, Ratfridum scilicet atque Alfridum, caeterosque amicos sibi accersiri mandat. Quibus astantibus amareque ipsius tormenta flentibus, ita exorsus est : Haec michi insperata adversa quae patior evidentissimae scio quia mihi contulit mundi Salvator ; ejus nempe sanctissimo loco semper pro viribus contrarius extiti, ut est notum omnibus vobis. Qua de re, fratres et amici, communi consilio decernite, decernen-

---

[1] Le commencement de la charte manque par suite de la perte d'un feuillet du Cartulaire. (Note du Cart.)

tesque consulite quid sancto loco sit solvendum pro animae salute.
Cujus mox faventes voto, moti verae cognationis vinculo, villam
Liskilli assenserunt ; aequo animo haec enim ideo maxime dari decernitur, haec ejus ditioni conceditur, quod jure paterno ab eo possessa absque ullius calumnia sorteque divisa videbatur. Tercio
igitur die ejus morbi qua et obiit, *adintegrum* ab amicis, ipso Juthele
orante, datur haec villa fossato undique obtime divisa, pars cujus
extrema Avi fluminis rivulo dirimitur, cujus diremptione insule
fiunt perparvae ad *Af* flumen usque tendentes. Actum est hoc
Gauffredi comitis tempore, cujus gubernaculo tota regabur *Brintannia*, Judicale in Venetia episcopo. Hujus donationis testes et
datores Ratfredus atque Alfridus Jutheli fratres fuerunt ; *Telbaldus*,
abbas, qui hanc donationem suscepit, testis : Catuuallonus, monachus postea abbas, testis ; Aldefridus, decanus, testis ; Arscuit,
testis ; Ratfredus de plebe Bruc.

134

Extrait du Cartulaire de l'abbaye de Sainte-Croix de Quimperlé, relatant la donation de Belle-Ile et de Belz faite à cette abbaye par Alain comte de Cornouaille.

Arch. nat. — Arch. ecclés., abbaye de Quimperlé. —
Copie collationnée de 1755. Pap.

1008.

MVIII. Obiit Gaufridus, dux Britannie, filius Conani, filius Juthaelis Berengarii, dum pergeret Romam gratiâ orationis. Succesit
Alanus, filius ejus. Hic (*sic*) Bertam, filiam Odonis comitis Carnotensis, duxit uxorem, consilio et auxilio Alani Cornubie comitis, qui
eam insequentibus Francis ad predictum ducem per vim sui exercitûs adduxit. Deinde, celebratis in civitate Redonensi ex more
nuptiis, cum multis preciosa donaria distribuerentur, ille Cornubiensis nichil horum appretians, solam sibi paternam hereditatem,
quam prius juvenis amiserat, petiit reddi. Quod audiens, dux
Redonensis libenter assensum coràm optimatibus totius Britannie
prebuit, reddens et insulam Guedel, cum pago qui dicitur Bels,
quam noverat ipse dux ex dotalitio ejus matris nomine Guivoedon,
suam esse. Quam insulam prenominatus Cornubiensis concessit et
dedit ecclesie Sancte-Crucis Kempereligiensis in abbatiâ sempiternâ.

135

1008.

Note relatant qu'en 1008 Gauzelin, abbé de Fleury-sur-Loire, envoya le religieux Félix au comte Geffroy, qui lui confia la mission de relever les monastères de Saint-Gildas et de Locminé.

(Extrait de l'Inventaire des Archives de la Loire-Inférieure, E. 79. Trés. des Chartes).

136

Le vicomte Guethenoc, voulant changer l'emplacement de son château de Thro, va consulter les moines de Redon sur le moment et le lieu qu'il doit choisir, et leur donne un rétable d'argent doré avec un cens de cinq sous, qu'il doit leur payer chaque année sur son nouveau château.

Num. CCXCII du Cart., fol. 140, v°. p. 241.

1008-1026.

Florente adhuc mundo et fide vigente, vir quidam multe nobilitatis et sagacitatis, Guethenocus, vicechomes de castello Thro, cogitans ipsum castellum de suo loco mutare, audivit omnem plantacionem quam non plantat pater caelestis esse eradicandam. Divino spiritu instinctus, adiit rothonense Christi cenobium quod regionis hujus obtinet principatum, consulens fratres qua die et qua hora et super quod fundamentum castellum suum edificare deberet. At illi Christum omnium bonorum fundamentum esse dixerunt, et quicquid super hoc fundatum est cadere non posse. Quo audito, venerabilis proconsul honoravit sanctum locum digno honore ; nam, apposita altari Salvatoris tabula argentea eleganter deaurata, *conmendavit* semetipsum et omnia sua orationibus fratrum peciitque ab eis corpus suum, dum vita excederet, et heredum suorum, sicut mos erat Britannie nobilium, in eodem loco sepeliri. Castellum etiam aedificandum Christo Domino et ejus ecclesie rothonensi subjugavit, et censum, id est, quinque solidos unoquoque anno, monachis de eo reddi constituit. Vovit quoque ut, si aliquando castellum ita amplificaretur quod cella monachorum in eo posset construi, nulli alii aecclesie daretur nisi ecclesie Salvatoris. Quod obstinata maledictionis sentencia contestatus est ne quis ex progenie sua scienter violare presumeret. Facta sunt autem in aecclesia Salvatoris, teste Deo et omnibus sanctis; sequenti vero die dominica, hora prima, figens palum in castello edificando, ut mos est, capellam in honore Sancti Salvatoris fundavit, et supradicta omnia coram hominibus suis qui aderant confirmavit.

137

Riuallon, fils de Bernard, ayant été tué par ses ennemis, son frère Simon donne aux moines de Redon, pour le repos de son âme, la villa Camarel, dans la paroisse de Camoël, sur la Vilaine.

Num. CCCVII du Cart., fol. 149 v°, p. 259.

1008-1031.

Item de Rupe.

Haec carta manifestat memoriaeque commendat qualiter Riuallon, filius Bernardi, cum inimicis qui patrem suum peremerant dimicavit, illisque interemptis, ipse pariter interiit. Quo mortuo, Simon, frater ejus, cum consilio amicorum fideliumque suorum, dedit pro redemptione anime fratris sui, in elemosina aeterna Sancto Salvatori et monachis in Rotono monasterio Deo famulantibus, villam vocabulo Camarel, circumcinctam ex parte una rivulo, et ex altera fossatico, cum omnibus apendiciis suis et reditibus, omnia super omnia preter decimam quae jure redditur aecclesiae Sancti Gaudentii ; et haec villula sita est in plebe Gauele, super Visnoniae flumen. Haec firmitatis cartula super predictam constat terram scripta IIII idus septemb., tempore Rotberti Francorum regis, *Alano* duce dominante in Brintanniam, Judicale episcopo in Venetis civitate, quae, ut stabilis inviolataque permaneat, hos nominatim idoneos subintroducimus testes : Simon, qui hanc donationem ab omni calumpnia et repeticione liberam dedit, testis; Ricart, testis; *Herui*, testis ; Tredohen, testis; Tutuual, testis ; Lanbert, testis ; Israel, monachus, testis ; Anau, testis. *Auete*, plaudite, et ego, Odo, testificor, qui recensui.

138

Maenkum demande au comte Alain la permission de donner à l'abbé Catuuallon et à ses moines tout l'héritage qu'il doit recevoir de ce prince. Cette permission ayant été accordée, Alain donne aux moines de Redon la villa Breulis, en Noyal.

Num. CCCXXIII du Cart., fol. 157 v°, p. 275.

1019.

De Broulis in Noyal[1].

Opere *precium* est ad proximorum utilitatem obtima facta vel dicta priscorum virorum reducere ad memoriam, et ea dignis prosequere laudibus; nunc vero interim omittamus ceteros et stilum vertamus ad *Menkum*, quem vocavit divina gratia, et quid pium, quid honestum sancte contulerit aecclesiae perscrutemus. Denominatus etenim vir, divino nutu provocatus, non surdus auditor Euuangelii ubi ait, Date elemosinam et omnia munda sunt vobis, voluit rem suae proprietatis Sancto concedere Salvatori, quod et fecit; adiit nempe Alanum principem Britanniae, petens ut hereditatem quam ab ipso haberet Sancto tribueret Salvatori. Quod audiens serenissimus princeps, devotionem viri nimium laudavit et ejus *peticionibus* libentissime adquievit. Eo die dedit Alanus comes Breulis (in Noyal), Sancto Salvatsri, totam atque integram, cum omnibus apendiciis, monente Maenkvm herede, et glebam ex jussione principis deferente super Salvatoris mundi aram, cum decima, sepultura, gualoir, pratis, silvis, aquis, mobilibus et immobilibus. Dividitur vero ea villa ab uno latere publica via, a secundo et *tercio* maximis fossatis, a quarto fossato veniente iterum ad publicam viam. Acta sunt autem haec, regnante Domino nostro Jhesu Christo, ab incarnatione ipsius anno *millessimo* XVIIII, Roberto rege monarchiam totius Franciae amministrante, Alano comite Britanniam feliciter obtinente, Judicahel episcopatum veneticae civitatis gerente, Catuuallono abbate abbaticiam strenue et oportunae gubernante.

[1] *In Noyal*, addition faite au XV° ou au XVI° siècle. (Note du Cart.)
[2] *In Noyal*, addition faite également au XV° ou au XVI° siècle. (Note du Cart.)

139

L'abbé Catuuallan se plaint à Judicaël, évêque de Vannes, de la perte, lors de l'invasion des Normands, de certains droits que possédait auparavant l'abbaye de Redon, et en demande instamment la restitution.

Num. CCCLVI du Cart., fol. 171 r°, p. 307.

1024.

Haec carta conservat atque indicat, ad informacionem viventium, quomodo abbas Catuuallonus et Sancti Salvatoais conventus adierunt Judicalem eiscopum et universum venetensem clerum, cui conquesti sunt de presulatu tocius abbacie qui quondam fuerat jus Sancte Salvatoris acclesie que condolet nunc se injuste ammisisse; nam quondam presulatum et archidiaconatum antiqui episcopi, videlicet Susannus et *Coranjenus*[1], Sancto tradiderant Salvatori; sed normannica feritas, que totam depopulata est Brittanniam, devastavit venetensem et rothonensem aeclesiam; ab ipsis temporibus patitur aecclesia suam injuriam ; vnde supplicans vestram presenciam, exorat multis precibus ut benigne restituatis jus aecclesiae. Hoc audiens episcopus, erat enim vir strenuus, ad cleri tocius audienciam refert questum ac devocionem fratrum. Cleri ut audierunt, libenter donum fieri decreverunt, diligebant enim nimium abbatem Catuuallonum et ejus gloriosum conventum. Tunc annuunt hoc donum domnus episcopus et Sancti Petri conventus ; hoc comes (tocius Britannie[2]) Alanus et ejus frater Eudonus. Illis aderant Alanus (Caingnart) Cornugallensis[3] comes et Guethenocus vicecomes et Gozolinus ejus filius ; ibi Guihomarcus Leonensis vicecomes et Rodaldus de Reus (Rieux[4]) et ejus Alanus filius et Derianus de Eluen et Evenus ejus filius et Heslonus prepositus et Fredorius Inisani filius ; de clericis vero : Bili archidiaconus et Berthualdus grammaticus et Ritcandus et Daniel puerulus et Budocus et Guedeon et Morvanus decanus et Hugolinus decanus, Catuuallonus abbas,

---

[1] *Courantgen*. (Note du Cart.)

[2] Ces mots sont écrits au-dessus de *Comes Alanus*. (Note du Cart.)

[3] Au dessus du mot *Cornugallensis* on a écrit au XVI° siècle *Caingnart*. (Note du Cart.)

[4] Au XVI° siècle au dessus du mot *Reus* on a écrit *Rieux*. (Note du Cart.)

Hoconnanus prior et Perenesius et Vitalis et Almodus et Evenus et Felixet Alaardus et Rodercus et Alui presbyter[1] et Redocus et Marcherius prepositus et Glueu prepositus. Hi omnes, tam laici quam clerici et monachi, testes hujus donacionis existunt. Et, ut haec donacio rata et inconvulsa in perpetuum permaneat, decreverunt monachi episcopo et canonicis hunc censum reddi : pro unoquoque canonico Sancti Petri venetensis, quando obierit, III officia facimus in conventu generali ; pro domno episcopo, VII officia, ut prelibatum est, et nomen ejus in martillogio (*sic*) describetur et *uoluente* anno, relegetur in capitulo. Facta sunt autem haec, regnante Domino nostro Jhesu Christo, anno ab incarnatione ipsius millesimo XXI, luna X, indictiones IIII, Rotberto monarchiam tocius Francie gubernante, Alano Brittanniam strenue et oportune amministrante, Judicaele episcopatu vedetensis ecclesie fungente, Bili archidiaconatum possidente, Cartuuallono Rothonensis abbaciam obtinente.

140

Le duc de Bretagne Geoffroy, fils de Conan le Tort, donne à Saint-Sauveur de Redon toute l'île de Guedel[2], et rend au monastère tout ce que ses prédécesseurs lui avaient enlevé.

Num. CCXCVI du Cart., fol. 143 r°, p. 246.

22 mars 1026.

Ad utilitatem tam presentium quam futurorum placuit describere, ut facilius ad memoriam reducatur, qualiter Gaufridus, Conani Curvi filius, qui cum Andegavensibus apud Concuruz prelium commisit, in quo et occisus fuit, divina ordinante clementia, totius Britannie dux et princeps, nutu Dei et ammonitione Catualloni monachi, qui ipsius frater esse perhibebatur, pro salute anime sui patris qui, ut superius prelibavimus, occisus fuerat, necnon pro suamet salute et conjugis filiorumque et pro stabilitate sui imperii, dedit et concessit in perpetuum Sancto Salvatori suisque servientibus totam insulam Guedel, integre, sine censu et tributo, sicuti ipse possidebat hereditario jure et habebat. Quod abbas Sancti Salvatoris, Mainardus videlicet, benigne suscipiens, prefatam insulam ilico Catuallono monacho commendavit. Qui

---

[1] Il y a *prb.* : Faut-il *presbyter* ou *presbyteri* ? (Note de M. Rosenzweig).
[2] C'est-à-dire : *Belle-Ile-en-Mer*.

sine dilatione humiliter precepto patris obediens, accepta benedictione, ad insulam letus perrexit, ubi plures monachos ad servicium Dei faciendum congregavit, quos ut secundum sancti Benedicti regulam viverent docuit et instruxit. Hujus rei testes sunt : ipse G. qui donum dedit, testis ; Judicael et *Huruodius* duo fratres ipsius, testes; Garinus, redonensis episcopus, testis ; Guethenocus, vicecomes, testis ; Herveus de Lohuiac, testis ; Mainardus, abbas, testis ; Catuallonus, monachus, testis ; Hogonnanus, monachus ; *Sansoiarnus*, monachus, *testes* (?); Alui, presbyter, testis ; Menki, testis; Haiarnus[1], testis, et alii quam plures testes. Per idem tempus ipse prefatus comes Romam ire disposuit, quod et fecit; sed dum revertebatur, in ipso itinere peregrinus vitam finivit. Quo defuncto, Alanus, filius ejus, vir prudens et in cunctis providus, regnum patris suscipiens, strenue gubernavit ac tenuit, in cujus tempore abbas aecclesie Sancti Salvatoris rothonensis, Mainardus scilicet, magne vite et sanctitatis, defunctus est ; post cujus excessum, fratres aecclesiae Sancti Salvatoris congregati in unum et in primis a Deo, deinde ab episcopo venetensi Judicaelo et a *prefato* comite necnon a ceteris baronibus Britannie, quidnam de pastore facerent consilium humiliter quesiverunt. Qui omnes, tam monachi quam laici, qui *illic* convenerant, quasi uno ore loquti (*sic*) sunt, et prefatum Catuallonum in abbatem aecclesie Dei canonice elegerunt : quod comes audiens, magno repletus gaudio (diligebat enim mimium ipsum prefatum monachum; erat enim vir mire sanctitatis et innocentie, et non solum Deo sed etiam cunctis mortalibus erat carus et acceptus), confestim per legatos suos ipsum ad se venire fecit, cui et suum et omnium fratrum ex integro patefecit consilium. Quod vir sanctus audiens, magnopere tristis efficitur : nullo modo volebat fratres insulanos quos Christo coadunaverat derelinquere, nec hos volebat contristari ; inter utrumque stabat dubius et merens. Tunc venerabilis comes usus sapienti consilio, ut animum viri ad suum flecteret consensum, sub testimonio nonnullorum virorum proborum, nomina quorum subter scribentur, concessit prefatam insulam Sancto Salvatori suisque servientibus in perpetuum, sicuti pater suus antea dederat, et ipse paterno jure possidebat, et non solum hoc, sed etiam, ut sancto viro satisfaceret. Ardon quod antecessores sui Sancto Salvatori abstulerant, in ipsa die reddidit et concessit. Quod venerabilis vir jam factus abbas cum Dei auxilio benigne suscipiens, utrumque quamdiu vixit tenuit, et nobis in perpetuum habere man-

---

[1] Ailleurs il y a *Hoiarnus*. (Note du Cart.)

davit, et proprio ore anathematizavit omnes illos qui ex his donis Sancto Salvatori suisque servientibus aliquid aufferre vel demere presumerent. Factum est hoc in die dominica, in plenario capitulo, in villa Sancti Salvatoris rotonensis, coram multis nobilibus, anno ab incarnatione Domini millesimo vigesimo VI, ciclus lune I, epacta nulla, concurr. V, luna XVII ; data XI kal. april. ; hujus rei testes sunt : Alanus, comes, in primis qui donum dedit, testis ; Heudo, frater ejus, testis ; Garinus, episcopus redonensis, testis ; Junkueneus, archiepiscopus, testis ; Judicael, venetensis episcopus, qui donum annuit, testis ; Herveus de Lohoiac, testis ; *Riualt*, Cham, *tesles* (?) ; Alanus de Rex, testis ; Simon de Rupe, testis ; Riuallonus, vicarius, testis ; Rialtdus, *bultellarius*, testis ; Cauallonus, abbas, qui hoc donum recepit, testis ; Hogouanus, prior, testis ; Sausoiarnus, monachus, testis ; Huuoretdus, monachus, testis ; Alui, presbyter, testis ; de laicis vero : Haiarnus, testis ; Gleu, testis ; Durei de Rex, testis ; Lelan, testis ; Telent, testis ; Marcherius, prepositus, testis, et alii quam plures.

141

1027.

Fondation du prieuré de Locoal par Alain de Bretagne. L'abbaye de Redon possédait un prieuré à Lotivy, en Quiberon, fondé en 1027 par le duc Alain III.

Hist. de l'abbaye de Sainte-Croix de Quimperlé.

142

1028.

Contrat de donation de la terre de Belle-Ile par Alain, comte de Cornouaille, à l'abbaye de Quimperlé.

143

Junkeneus, archevêque de Tours, donne à Saint-Sauveur de Redon, sur la demande de l'abbé Catuuallon, la petite paroisse de Guernuidel.

Num. CCLXXXIX du Cart. de Redon, fol. 138 v°, p. 237.

1029-1037.

Notum sit omnibus nostris successoribus qualiter ego, Junkeneus, archiepiscopus, cum consilio fratrum meorum, postulante Catuuallono venerabili abbate quandam plebiculam *Guernuidell* nomine cum silvis, terris, aquis *aquarumque* decursibus atque exclusis, in aelemosinam perpetuam Sancto Salvatori, hoc est, nostro redemptori, pro redemptione animae meae et patris atque matris fratrum quoque meorum animabus dedi, sed ea conventione ut medietas illius terrae, quae fuerat Karadoci cujusdam mei vassalli, si eam ipse vellet tenere, de abbate recipere et ei ex ipsa deserviret ; medietas vero alia in dominio sancti loci et in usu monachorum qui cotidie Deum deprecantur pro nobis permaneret ; et istud donum per consilium et auctoritatem fratrum meorum feci, Haimoni videlicet vicecomitis et Goszelini atque Riuualloni ; quod etiam in conventu publico Redonis, in presentia *domni* nostri Allani[1] totius Britannie printipis (*sic*), ipso annuente, confirmavi, et his testibus roboravi : ego, Junkeneus, qui hoc donum dedi cum fratribus meis, Haimonio, Goszelino atque Riuuallono, hujus r.i testes sumus. Quam elemosinam si quis nostrorum seu quislibet extraneorum invadere presumpserit, et Salvatoris mundi cui donata est et sanctorum omnium et ex mea auctoritate sit ille excommunicatus. Alanus[2] comes cum *fratre* Eudone[3], testis ; Warinus, redonensis episcopus, testis ; Riuuallonus, vicarius, testis ; Riuualdus, butellarius, testis ; et de nostris hominibus : Hato et Willelmus, butellarius, testes ; Catuuallonus, abbas ; Hogonanus, prior, testis ; Sausoiarnus, monachus, testis.

144

1031.

Saint-Michel des Montagnes, prieuré en Plœmeur, donné par un seigneur d'Hennebont à Sainte-Croix, en 1031, possédé plus tard par l'Oratoire de Nantes.

Histoire de l'abbaye de Sainte-Croix de Quimperlé.

145

Alain duc de Bretagne donne l'Ile-d'Arz à l'abbaye de St-Georges de Rennes.

Archives dép. d'Ille-et-Vilaine ; fonds de l'abbaye de St-Georges. Cartulaire du XVe siècle non signé, parch. publié par M. Paul de la Bigne-Villeneuve.

Vers 1034.

Omnium quidem superni caractere vexilli *insignorum*[4] noticie propaletur quod Britannorum Dei dispositione dux, pro redemptione

---

[1] Au XVIe siècle on a écrit entre les lignes les mots : *Qui et Robre*. (Note du Cart.).

[2] Le mot *Roebré* a été ajouté au XVIe siècle. (Note du Cart.).

[3] Ici encore on a ajouté : *Comte de Porhoet et Penthevrie*. (Note du Cart.).

[4] Lisez *Insignitorum*, dit M. de la Bigne-Villeneuve.

anime patris sui ac matris fratrisque sui, nec non successione felicis prolis, medietatem insule in Britanniâ cui est vocabulum Art, cum omni jure omnibusque consuetudinibus *comiti comita* pertinentibus[1], Sancto Georgio sororibusque ibi Deo famulantibus absolutè imperpetuum Alanus largitur. Huic donationi si quis resistere voluerit, à communione separatus fidelium et à presentibus episcopis excommunicatus, nisi resipuerit, maneat in eternum.

† Signum Alani comitis ; † matris ejus; † Eudonis comitis; signum *Guigoni archiepiscopi;* signum Guirini episcopi; signum Adan episcopi; signum *Judicaelis episcopi;* signum Ruivalloni, vicarii; signum Guarini filii Guillelmi; signum Gaufridi filii Hugonis; signum Rivaldi pincerne, signum Aldroni capellani; signum Fulcherii capellani ; signum Radulphi anglici; signum Rivallonii prepositi; signum Menfimt.

146

Helocus, chevalier, touché de repentir pour sa mauvaise vie, du consentement de son frère Goranton et de son fils Merion, donne aux moines de Redon la villa Trefloc[2] en Treihidic, et la villa Trefuuredoc, en Caden.

Num. CCCLIX du Cart. de Redon, f° 172 r°, p. 310.

Avant l'année 1037.

Haec carta indicat atque conservat quod quidam miles, Helocus nomine, videns seculum labilem et suam nefandissimam vitam secum retractans, convocat amicos et fratres et sorores, et eis ostendit suam nequissimam vitam, et eos commonet ut secum ad Sanctum adirent Salvatorem, et abbatem Catuallonem et locum denominatum simul omnes expetentes ut eos fratres in suis oracionibus susciperent. Quod fratres audientes, libenter eorum poeticionibus adquieverunt, suscipientes illos in suis oracionibus. Illi vero ut donum susceperunt villam Trefloc, in *Trefihidic*, Sancto Salvatori et abbati Catuallo et fratribus. Tradiderunt necnon et partem ville Trefuuredoc, que est in Caden, cum colono nomine Hubaldo, unde usque hodie villam Hubaldi noncupatur, cum omnibus appendiciis sibi pertinentibus, sine censu, sine renda ulli homini

---

[1] Répétition fautive du copiste, à moins qu'il ne faille lire : *Comitaliter* dit M. de la Bigne-Villeneuve.

[2] Aujourd'hui *Trelo*, villa dans la commune de Béganne.

sub celo nisi Sancto Salvatori et suis monachis. Nomina fratrum qui hoc donum dederunt haec sunt : ipsemet Helocus et Goranton, cum Merione filio ; Conglas, Morvanus, frater ejus, Senum, testes sunt. Haec donacio facta est tempore Alani comitis, *Judicaelis* episcopi, Catuualloni abbatis.

147

Huélin, fils de Bérenger, donne à l'abbaye de Sainte-Croix de Quimperlé l'île de Saint-Michel (rade de Lorient) et les églises de Saint-Gunthiern et de Saint-Méloir dans l'île de Groix, avec leurs dépendances.

Arch. nat. ; arch. ecclésiast. ; abbaye de Quimperlé. Copie collationnée en 1755.

1037.

Ego Huelin, Berengarii filius, in nomine sancte et individue Trinitatis, in presentiâ Alani, Cornubie consulis, nec non et Budic, episcopus Venetensis, pro redemptione anime mee et uxoris mee Avan parentumque meorum et filiorum, insulam que dicitur Tanguethen, cum filio meo *Quegon*[1] (Tanki) et uxore meâ concedentibus, ecclesie Sancte-Crucis Kemperelegiensi do et concedo, eo tenore et libertate quâ mea erat, liberam et quietam ab omni redditione ; et, quum parvum visum est nobis hoc attribuere donum, adjicimus insuper ecclesiam Sancti Gurthierni in insulâ Groe et Sancti Melorii, cum suis terris, ob memoriam nostre fraternitatis, ejusdem Sancte Crucis monachis sponte suâ per hoc caritative nobis offerentibus tres equos atque unum tapetum. Quod donum coràm optimatibus prenominatis consulis apud Kemperele tunc curiam tenentis concessimus et in manu gloriosi et servi Dei abbatis Gurloesii dedimus.

Hujus doni testes hi sunt : Alanus consul, Cainard, Budic Venetensis episcopus, Felix Sancti Gildasii abbas, Judith comitissa et alii multi cornubienses.

[Signé] : Huelin, qui hanc donationem fecit ; Quegon (Tanki), filius ejus ; Avan, uxor ejusdem Huelini, et predicti consulis soror ; Bidian ; Even ; Karl-Dungual ; Moisan ; Haiarn ; et plures alii de Kemenet-Heboe.

Anno ab incarnatione Domini millesimo XXXVII.

---

[1] *Guegon*, d'après Baluze.

148

Catuuallon, abbé de Redon, demande au comte Alain l'île de Locoal, où vivait un homme juste du nom de Gurki.

Num. CCCLXXIII du Cart. de Redon, fol. 178 v°. p. 326.

1037.

DE SANCTO GUUTVALO EPISCOPO.

Sapientes viri et maxime doctores aecclesiarum hanc utilem consuetudinem semper observaverunt super his que utilia et necessaria erant, ut ad memoriam in futurum reducerentur litteris describere curabant, usi sapienti consilio, quia quicquid scribitur melius et levius retinetur. Nos vero consuetudines illorum, quia bone sunt, sequentes, quicquid in posterum scire et retinere volumus, litteris describere decrevimus. Ut ergo liquidius clarescat et facilius ad memoriam reducatur, ad utilitatem tam presentium quam futurorum, auxiliante Deo, describere curavimus qualiter vir Deo plenus Catuallonus, abbas aecclesie Sancti Salvatoris rothonensis, cum consilio suorum monachorum, perrexit ad quendam probum virum Gurki nomine, qui in insula que vocatur insula Sancti Gutuali morabatur, quam ipse, post destructionem Britannie, edificaverat, que a Normannis destructa fuerat. Ex jussu et voluntate Alani tocius Britannie ducis, Gaufridi filii, qui etiam rex a nonnullis vocabatur, quem humiliter et cum omni mansuetudine, ut pote vir prudens et in cunctis providus, ammonuit quatinus prefatam insulam pro salute sue anime Sancto Salvatori suisque monachis in elemosina sempiterna concederet. Quod ille audiens, primo quidem exhorruit; erat enim vir ferus, genere normannus, qui et induebatur semper albis vestibus ex pura lana contextis. Sed postea, nutu Dei et ammonitione sancti viri compunctus, quod ipse venerabilis abbas et monachi petebant, scilicet prefatam insulam, cum omnibus terris ad eam pertinentibus, sicuti ipse libere possidebat, sic ex toto corde et cum magna devotione in manu prefati abbatis Sancto-Salvatori suisque servientibus in perpetuum dedit et concessit; et ut hoc libentius concederet, ab ipso abbate et a fratribus qui cum eo erant in beneficium et in fraternitatem supradicte aecclesie, sicuti unus ex monachis, receptus est, nec hoc pretereundum est quod ipse prefatus vir quandam partem insule quam vallo et fossato ab alia parte insule divisit, quamdiu viveret, retinuit; post mortem vero monachis prefatis, sicuti et alia pars, remaneret. Tunc prefatus abbas et sepedictus vir unanimes ad curiam comitis supradicti perrexerunt, in illis namque diebus erat venerabilis comes in insula que vocatur Keberoen, ubi sepissime veniebat et frequentissime venationes exercebat. Qui cum ante comitem venissent, illumque salutassent, comes honorifice eos resalutavit et accuratissime suscepit. Deinde venerabilis abbas et sepefatus vir, erigentes se cum magna mansuetudine, peticionem quam querebant comiti suisque baronibus notificaverunt ; *pecierunt* namque quatinus comes, pro salute sue anime suorumque parentum necnon pro incolumitate et prosperitate tocius regni, prefatam insulam Sancti Guituali, cum omnibus terris ad eam pertinentibus, videlicet totam terram de Minihi et totam terram de Plec et septem villas in Plochidinuc, *scilicet* Kaer en Treth, Kaer Guiscoiarn, Kaer Gleuhirian, Kaer Kerveneac, Kaer en Mostoer, Kaer Euen, Kaer Caradoc, Sancto Salvatori suisque monachis in elemosina sempiterna tribueret et concederet. Quod comes audiens, super hoc consilium cum suis accepit ; quo accepto noluit differre peticionem quam querebant, diligebat enim abbatem Catuallonum nimium, sicuti fratrem suum, et Sancti Salvatoris locum ; sed libentissime, cum consensu etiam Judicalis venetensis episcopi qui, rogatu nobilissimi comitis *quicquid* (sic) sibi et aecclesie Sancti Petri in ipsa insula et in terris que ad ipsam pertinent, episcopalis dignitatis competebat, preter consecrationes aecclesiarum et *ordinationes* clericorum, in perpetuum Sancto Salvatori suisque servientibus tribuit et concessit, cum consensu etiam baronum qui cum ipso erant, libere, sicuti ipse et sui antecessores tenuerant, sine censu et sine tributo nec sibi nec posteris nec alicui mortalium nisi monachis supradictis, sic in manu supradicti abbatis, ad opus et ad utilitatem Sancti Salvatoris rothonensis monachorum, dedit et firmiter usque ad finem seculi concessit. Concessit etiam quod nullus prepositus, nullus villicus, nullus alicujus dignitate preditus unquam homines monachorum aliqua occasione audeat distringere vel ad seculare judicium ante se vocare ; sed abbas Sancti Salvatoris et monachi, si *foris fecerint* ubi locus et tempus fuerit, ante se judicium, secundum quod sibi visum fuerit, faciant. Volumus enim et ommino imperamus, ut semper monachi in quiete sint, suisque hominibus eis in pace servire liceat. Insuper hoc etiam ipsis concessit *quatinus* quicquid lucrari et adquirere poterunt, ab omnibus hominibus qui in confinio et in vicinio prefate insule habitant, concessione et dono ipsius libere habeant, et in perpetuum in summa quiete possideant. Factum est hoc dominica die, in prefata insula Keberoen, coram multis nobilibus nomina quorum subter scribentur, anno ab incarnatione Domini MXXVII[1], circulus lune I[r], indic. XI, pacte XXII, concurr. bi (*sic*), luna VII, Alano tocius Britannie monarchiam strenue gubernante, Henrico regnum Francie obtinente, Judicaelo episcopatum venetico urbis amministrante, Maino in episcopatu redonensis aecclesie existente. Hujus convencionis testes hii sunt : Alanus, comes, qui donum dedit et firmavit, testis ; Eudo, frater ejus, testis ; Euenus Linzoel, frater ejus, testis ; Mainus, redonensis episcopus, testis ; Judicael, venetensis episcopus, testis ; qui hanc donationem corroboravit et quod superius dictum est dedit ; Rotbertus Vitriacensis, testis ; Alanus de Rex, testis ; *Herueus* Lohoiacensis, Guethenocus de Poubels, *testes* (?) ; Rodaldus *Cufatus*, testis ; *Alueus*, Duoredi pater, testis ; Guituallus et Daniel, duo apostoli, testes ; Hugolinus de Henbont, testes ; Glehoiarnus, faber, testis ; Rivodus, qui aecclesiam Sancti Guituali cum prefato Gurki fecit, testis ; Vitalis de Minihi, testis ; *Dauid* de Ploihinoc, testis ; Aldroinus et Milon, duo capellani supradicti comitis, qui ex jussu ipsius hanc cartulam composuerunt, testes ; Bili, archidiaconus aecclesie Sancti Petri venetensis, et Berhaldus, gramaticus, et Morvanus et Hugolinus ejusdem *aecclesie* duo decani, testes ; Catuallonus, abbas, qui donum recepit, testis ; Hogonnanus, prior ; Perenesius, Almodus, Euenus, Sausoiarnus, Rodercus, monachi, testes ; Alui ; *presbiter* ; Corehen, *presbiter* ; Guinemerus, presbiter, testis ; Gurki, qui donum ex parte dedit et concessit, testis ; de laicis : Leran, *Dereus*, Durocus, Maenki, Hoiarnus, Blenliuet, et alii quam plures, testes. Signum Alani ducis ; signum *Judicaelis* episcopi.

149

Le vicomte Guethenoc transférant son château de Thro sur les bords de l'Oust, afin d'attirer la bénédiction de Dieu sur les nouvelles constructions, donne à l'abbaye de Redon le droit d'y construire une chapelle.

Archives dép. d'Ille-et-Vilaine ; fonds de l'abbaye de Redon ; prieuré de Sainte-Croix. Orig. parch., monogramme de notaire.

vers 1040.

Florente adhuc mundo et fide vigente, vir quidam multe nobilytatis et sagacitatis, Guethenocus, vicecomes de Castello Thro, cogitans ipsum castellum de suo loco mutare, audivit omnem plantacionem quam non plantat pater celestis esse eradicandam. Divino

---

[1] Il faut lire 1037 (Note du Cart.).

Spiritu instructus, adiit rothonense Christi cenobium quod regionis hujus obtinet principatum, consulens fratres quâ die et quâ horâ et super quod fundamentum castellum suum edificare deberet. At illi Christum omnium bonorum fundamentum esse dixerunt et quicquid super hoc fundatum est cadere non posse. Quo audito, venerabilis proconsul honoravit sanctum locum digno honore ; nàm appositâ altari Salvatoris tabulâ argenteâ eleganter deauratâ, commendavit semetipsum et omnia sua orationibus fratrum, peciitque ab eis corpus suum, dùm vitâ excederet, et heredum suorum, sicut mos erat Britannie nobilium, in eodem loco sepeliri. Castellum eciàm edificandum Christo Domino et ejus ecclesie rothonensi subjugavit, et censum, id est quinque solidos, unoquoque anno monachis de eo reddi constituit ; vovit quoque ut, si aliquando castellum ita amplifficaretur quod cella monachorum in eo posset construi, nulli alii ecclesie daretur nisi ecclesie Salvatoris. Quod obstinata maledictionis sentencia contestatus est, ne quis ex progenie sua scienter violare presumerat. Facta sunt autem in ecclesiâ Salvatoris, teste Deo et omnibus sanctis. Sequenti vero die dominica, hora prima, figens palum in castello edificando, ut mos est, cappellam in honore Sancti Salvatoris fundavit, et supradicta omnia coram omnibus hominibus suis qui aderant confirmavit.

150

Ratfred, surnommé Mala Manus, se donne à l'abbaye de Redon lui et son héritage, c'est-à-dire la villa Brois[1], dans la commune de Sérent.

Num. CCCXXII du Cart. de Redon, fol. 157 r°, p. 274.

Avant l'année 1041.

DE BROIS QUI EST IN SERENT.

Quicquid humanae congruit menti retinendum litteris est nempe tradendum. Ob utilitatem igitur posterorum, decrevimus huic cartule inserere qualiter Ratfredus, qui et Mala Manus nuncupatur, gratia Dei preventus, Sancto Salvatori sibique famulantibus monachis semetipsum necnon et hereditatem propriam, scilicet Brois nuncupatam, in plebe Serent sitàm, que paterno sibi jure contingebat, semota ab omni sua parentela, obtulit in perpetua donatione ut sit rata et inconvulsa in manu Catuualloni *serenissimi* abbatis, eo pacto ut nullus suorum audeat supradictam villam quoquo modo

[1] Aujourd'hui : *la Brousse.*

repetere, sed quicquid inde facere voluisset, liberam habeat potestatem, cum tota decima, sepultura, gualoir, sicut ipse eo die ab Alano comite videbatur possidere, cum pratis, silvis, aquis aquarumve decursibus, mobilibus et immobilibus. Eadem ergo villa ab oriente cingitur *riuulo* Botguasuc, a meridie flumine Cles, ab occidente metis petrinis maximis per mediam landam usque ad Sanctum Marcellum, a septemtrione fossatum magnum cum petrinis metis tansiens *riuulum* ante aecclesiam sancti Marcelli ad publicam viam usque ad vadum Bihan. Haec autem donatio acta est in aecclesia Sancti Salvatoris, astantibus multis nobilibus viris et annuentibus ex genere ipsius prelibati Ratfredi, nomina quorum huic pagine placuit inserere : Mainfinit, testis ; *Riuualdus*, Cham, testes ; Gureden, testis ; Herui, testis ; Eudon, avunculus ipsius Ratfredi, testis ; Daniel, Anauhiart ; Archenalt, colonus ipsius ville ; abbas Catuallonus, testis ; Hocconnanus, prior ; Perenesius, Marguehenus, *monachus* (?) ; *Herueu Declut* ; Halogon ; *Herui, presbiter*.

151

Lettre du Pape Léon à l'abbé de Redon Catuallon au sujet des privilèges accordés ou confirmés par le Souverain Pontife au monastère de Saint-Sauveur, et au sujet de la donation de l'île de Guedel[1].

Num. CCCLXXVIII du Cart. de Redon, fol. 182 r°, p. 333.

13 avril 1050 environ.

Leo episcopus, servus servorum Dei, dilecto in Christo Catuallono abbati monasterii sancti salvatoris, constructi in loco qui dicitur rothonensis, videlicet in Brittannia constituti, suisque successoribus ibidem regulariter promovendis in perpetuum. Suscepti nos officii cura compellit omnium aecclesiarum sollicitudinem genere et libramine equitatis omnibus in necessitate positis, quantum Deo donante possumus, subvenire. Precipue tamen illis venerabilibus locis, que juris sancte romane ecclesie esse dinoscuntur et singulis annis sibi censum persolvunt pro debito honore summe et apostolice sedis, cujus membra sunt, attentius subvenire et consulere debemus. Proinde juxta peticionem tuam prefato monasterio cui tu preesse dinosceris, et quod juris sancte romane eclesie esse dinoscitur, unde per singulos annos census trium denariorum aureorum sibi redditur, hujusmodi privilegia *presenti* auc-

[1] C'est-à-dire *Belle-île-en-mer*.

toritatis nostre decreto indulgemus, concedimus atque firmamus, statuentes nullum regum aut imperatorum, antistitum, nullum quacumque dignitate preditum de his que eidem venerabili loco a quibuslibet hominibus de proprio jure jam donata sunt, sicuti constat de Bella Insula, quam Gaufridus, dux Britannorum, de proprio jure prefato monasterio contulit, quod Alanus, filius ejus, postea concessit, et imperpetuum, ut tu asseris, et auctoritate beatorum apostolorum Petri et Pauli et nostra, confirmamus. ut in perpetuum ipsam insulam tibi et successoribus tuis sine inquietudine habere concedimus, vel in futurum, Deo miserante, collata fuerint sub cujuslibet cause ocasionisve, spem minuere vel auferre audeat. Sed cuncta que ibi oblata sunt vel offerri contigerit, tam a te quam a tuis successoribus perhenni tempore sine inquietudine volumus possideri, eorum quidem usibus pro quorum sustentatione concessa sunt, modis omnibus profutura. Si quis vero regum, sacerdotum, clericorum, judicum ac secularium personarum hanc constitutionis nostre paginam agnoscens, contra eam venire temptaverit, potestatis honorisque sui dignitate careat, reumque se divino judicio existere de perpetrata cognoscat iniquitate. Et nisi resipuerit, et ad emendationem congruam venerit, a corpore et sanguine Domini nostri Jhesu Christi alienus fiat. Cunctis autem hanc constitutionis nostre paginam servantibus sit pax Domini nostri Jhesu Christi, quatenus et hic fructum bone actionis percipiant, et apud districtum judicem premia eterne pacis inveniant.

Data Laterani, idibus aprilis.

152

Contrat passé entre Bernard, fils de Simon, et les moines de Redon. Bernard donne le dixième de ses biens pour la construction de l'église qui allait se bâtir près de son château et pour l'entretien de ses prêtres.

Num. CCCVI du Cart. de Redon, fol. 149 r°, p. 258.

27 mars 1063.

OBEDIENTIA DE RUPE.

Haec cartula presens indicat pactum quod Bernardus, Simonis filius, com monachis Sancti Salvatoris hujusmodi habuit : decimas videlicet tocius sue possessionis, quicquid sibi proprie specialiterve pertinet, frumenti scilicet, vini, salis, piscis, telonei et navigii, et unius navis censum et stagnum piscationis, deinde aecclesiam construendam cui quoque conveniant, et de burgo et de castello quaeque debita ubi presbyter Sancti Salvatoris, et pro ipsius animae conjugisque suae parentumque suorum redemptione, in perpetuo Deo sacrificaverit. Hoc facto VI kal. april., anni ab incarnatione Domini mille LX tres. Hujus rei testes : Bernardus, miles, qui hoc beneficium dedit ; Tresloenus, Guarnerius, Sancti Salvatoris monachi, qui istam dacionem acceperunt ; *presbiteri* duo (*leg.* tres) : Aluret, Judelis atque Walterius ; laici : Jestinus Boz, Gronuhel, Normannus, Gradelonus, Gureden, Alui, Daniel, Helgomarcus, Helmarcus atque boni complures. Haec facta sunt ante aecclesiam Sancti Petri in Nuilac.

153

Presel Guennedat prend l'habit monastique et donne à l'abbaye de Redon les villas Johannis et Fundra, dans la commune de la Roche-Bernard.

Num. CCCXXVIII du Cart. de Redon, fol. 159 v°, p. 279.

1063-1076.

Item de Roca.

Haec carta indicat atque conservat omnibus ea legentibus qualiter quidam miles nomine Presel Guennedat habitum sancti Benedicti quesivit, et a domno abbate Almodo accepit, deditque, pro redemptione animae suae et pro redemptione animarum parentum suorum, duas villas quarum una vocatur villa Johannis et altera Fundra, annuentibus dominis de quibus ipse tenebat terram suprascriptam, et nichil sibi retinentibus, exceptis duobus solidis semel in anno. Quae donatio facta est in Rupe, coram Bernardo domino ejusdem Rupis, regnante Hoelo comite Nampnetensium, et Quiriaco gubernante episcopatum nampnetense. De hoc dono teste sunt : Guennedat, Guorreden, Bastart, Eneor, Goheden, abbas Almodus, Gleuhel, Johannes, Gestin.

154

Daniel, fils du mactiern Eudon, prend l'habit monastique et donne à l'abbaye de Redon sa part de l'héritage paternel, c'est-à-dire la villa Lainkelkel en Trefhidic, paroisse de Béganne.

Num. CCCLX du Cart. de Redon, fol. 172, r°. p. 311.

1066.

Tempore quo hec geræbantur, miles quidam nomine Daniel, filius Eudoni matthiern, ex maximis obtimatibus predicte prosapie extitit, qui ad finem vite veniens, societatem et locum sepulture requirens ab abbate Almodo et a fratribus rotonensibus, tradidit eis partem sibi divisam atque semotam, quæ sibi jure hereditario congruebat a patribus et fratribus, ex eadem Trefhidic nomine Lainkelkel, pro spe salutis et anime redemtionis. Peticioni vero ejus fratres annuentes, filii donum susceperunt, his nominibus : Eudon et Jarnogon, patremque sepulture in cimiterio sancti tradiderunt, terramque annuerunt cum omnibus appendiciis sibi pertinentibus, silvis, pratis, aquis, sine censu, sine ulla renda alicui homini nisi Sancto Salvatori, et sine alicujus viventis calumpnia. Actum est hoc tempore Hoelli comitis, Almodo abbati, Mangiso episcopo Venediam protegente.

155

Morvan quitte le monde et donne à l'abbaye de Redon ce qu'il possédait en propre de l'alleu de Trefhidic.

Num. CCCLXI du Cart. de Redon, fol. 172 v°, p. 312.

1066.

Mandandum est litteris quicquid humane mentis retinendum congruit : ad hutilitatem igitur posterorum huic pagine libuit inserere qualiter quidam miles ortus nobilis parentibus (vel natalibus), nomine Morvanus, mortis timore perterritus, divino spiramine illustratus, mundanam pompam deserens, Dominumque sequi studens, adiit sanctum coenobium, abbatemque Almodum, necnon et Jarnogonem monachum ab infancia sibi privatum, eisque suum aperit consilium. Desiderium illi ut audiunt, libenter viri verba suscipiunt fratribusque in communi capitulo referunt ; fratresque, ut audiunt, libenter ejus desiderium implere satagunt, moxque cum gaudio sanctum monachilem habitum induendum offerunt. Tunc ille audiens devocionem fratrum, armatus accessit ad altare sanctum ibique arma milicie reliquid, deponens veterem hominem novumque induens. Tunc tradidit equum valentem X libras, cum proprio alodo de Trefhidic, scilicet octavam partem sibi congruentem inter parentes, sine censu ulli homini sub celo nisi Sancto Salvatori et suis monachis. Et ut hoc donum ratum et inconvulsum permaneat, ipse firmavit fratribusque suis firmare fecit, scilicet Gurdiern et Aluuret ; et hi sunt testes qui hoc viderunt et audierunt : Guethenoc de Reus, Rio Fredori filius, Rio filius Bernart, Jostin filius Daniel, Heloc, Heden, *Gurgauel*, Juthel,

Bernart frater ejus. Acta sunt hacc, regnante Domino nostro Jhesu Christo, anno incarnacionis ejus MLXVI, Hoello Brittanniam protegente, Mangiso episcopatum Venedie amministrante, Almodo abbaciam gubernante.

156

Le vicomte Guethenoc étant mort, son fils Jocelin donne à l'abbaye de Redon le monastère de Sainte-Croix et des Saints Corneille et Cyprien et plusieurs villas comprises dans son territoire.

Num. CCXCIII du Cart. de Redon, fol. 141 r°, p. 242.

1066-1082.

Defuncto nobili et sapiente proconsule Guethenoco et in capitulo rothonensi sepulto, successit ei nobilior sapientiorque filius ejus Goscelinus, qui, videns ob donum quod pater suus Salvatori Deo dederat regnum ejus fuisse multiplicatum, disposuit donum multiplicando et suum multiplicare. Jussit igitur venire ad se Perenesium venerabilem rothonensem abbatem, vota patris sui, que quondam pro ampliatione castelli voverat, Deo auctore, solvere volens. Videbat quidem non solum castellum sed etiam omne regnum suum ut ipse fideliter credebat, pro ipsis undique esse amplificatum; et ideo dedit sancte ecclesie rothonensi, justa (*sic*) castellum, cellam monachorum habitatione dignam, id est, monasterium Sancte Crucis et sanctorum martirum Cornelii et Cipriani, cum veteri suburbio usque ad medietatem Ulti fluminis, cum omnibus redditibus et cum omni dominatione sua libere, sicuti ipse castelum (*sic*) suum possidebat. Sed ut semper consilium monachorum secum haberet, dedit eadem auctoritate, sparsim per parrochias suas, has villas : Crannam et Tinsedio, in quibus acclesia Sancte Crucis sedet ; Plucgaduc in Keminet ; quartam partem festivitatis Sancti Michaelis, Fossat, Criat, in Lannois ; Kerkernam, in Gillac ; Treublen, in Loiat ; Corrinbuhucan, in Quilir ; Kerloern, in Muthon ; Keridloen, in Miniac ; Kermoil, in Plumiuc ; Kermelannan, in Locduiac ; Tresmes, in Nuiat ; Cordan, in Pluhuduc ; Chortmesun, in Nuiliac. Abbas vero et monachi, devocionem venerabilis proconsulis cernentes, dederunt predicte aecclesie Sancte Crucis licensiam et dignitatem corpora sepeliendi, sicut habet a domino Papa sancta aecclesia rothonensis. Dederunt etiam terras omnes quas sub dominio predicti castelli habebant et quas, ut in cartis suis scriptum est, habere debebant. eo videlicet tenore ut vicecomites eas haberi facerent. Horum testes sunt ipse proconsul, pater benificii, filius ejus, Maenguis episcopus, et Rogerius et Eudo et alii filii ejus; Donuallonus; Judicalis, gramaticus, testis; Herveus, presbyter; Robertus, filius Guencalon, *testes* (?); Theholus; Guarnerius, testis; Stephanus, filius Kaledani, testis; Willelmus et alii plures de gente Sancti Salvatoris: Perenesius, abbas; Almodus, prior; Johannes, monachus; Hervi, presbyter; Helorius, presbyter; Helogonus, Declu, Hugolinus de Ploiarmel, *Moruethenus*.

157

1069.

Prieuré de Lotivy, en Quiberon, donné en 1069 par le duc Hoel et appartenant à Sainte-Croix.

Bibl. nat.; mss. armoires de Baluze, t. 41, f° 9. Extr. du Cart. de Quimperlé.

158

1070.

D'après Ogée, en 1070, Méen de Porhoët, évêque de Vannes, donna au chapitre de son église cathédrale la moitié de la paroisse de Saint-Patern, et l'autre moitié lui fut donnée, en 1180, par Guihenoc, autre évêque de la même ville.

159

Grégoire VII accepte la demande de l'abbé de Sainte-Croix de Quimperlé qui met sous le patronage du Saint-Siège son monastère ainsi que Belle-Ile.

Extrait du Cart. de Quimperlé, publié par M. Le Men.
(Copie du XVII° siècle).

1078.

Gregorius episcopus, servus servorum Dei, dilecto in Christo filio Benedicto abbati monasterii Sanctæ-Crucis in Britanniâ sitî, in villâ quæ dicitur Anaurut, suisque successoribus ibidem regulariter promovendis in perpetuum.....

Secundum tenorem postulationis tuæ, monasterium cui tu, Deo authore, præesse dignosceris, sub tutelâ et defensione apostolicæ sedis, cum totâ insulâ quæ vocatur Guedel vel alio nomine Bella

Insula, cum aliis possessionibus quæ juste sibi pertinere videntur, suscipientes, hujusmodi sibi privilegia præsenti autoritatis nostræ decreto indulgemus, concedimus atque firmamus ....

Datum Laterani VIII Kal. aprilis, per manus Petri S. Rom. ecclesiæ presbyteri cardinalis ac bibiotecarii, anno V° pontificatûs domini Gregorii VII papæ, indictione primâ.

160

1082.

Prieuré de Locmariaker donné en 1082 par plusieurs gentilshommes. Il appartenait à Sainte-Croix.

Hist. de l'abbaye de Sainte-Croix.

161

Arscouet et son fils Guiomarch donnent au monastère de Sainte-Croix de Quimperlé toutes les dîmes et redevances qu'ils percevaient dans la paroisse de Caer, près Auray.

Bibl. nat. ; mss. f. franç., 22329. Cop. pap.

1082.

In nomine sancte et individue Trinitatis, etc... Ego, Harscuet, filius Roderch, et filius meus Guiomarch, Teuthael quoque, cognatus meus, filius Desarnoe, cum duobus fratribus suis, Guegun et Gurserch, Catguallun etiàm, frater meus, Glemarchuc insuper et Catguallun, frater ejus, filii Guegant, damus, etc..., monasterio Sancte Crucis quidquid de altaris oblatione ad nos pertinet de plebe que vocatur Caer, cum tertia parte in decimâ, onnore et reliquis diversarum rerum ex debito que offeruntur ecclesie decimis, etc.., fraternitatis ejusdem monasterii participes effecti, concedentibus duobus presbyteris, etc,,. Et quum eidem abbati et fratribus concessionis hujus majus munimentum esse videbatur, ab ipsis caritative accepimus, etc... Frater vero meus Catguallun, nil ab eis cursus accipiens, filium suum, nomine Guethenuc, apud monachum ipsius loci, nomine Constantinum, sacris imbuendum litteris, reliquit tali pactione ut, cum ad maturiorem pervenerit etatem, ipse filius volens dono monachus efficiatur, etc... Testes hujus doni Guegun prepositus, Uhelven filius ejus, Rivalt et Aethlum filii Gleudanet, Rival an Cruc, Letbran, Trehuarn filius Dungallum,

Even filius Cadoret, Gurheden filius Roenhuarn, Even filius Gleucunnan, Rivalt filius Berthault, Even filius Rudalt, Glemarchucrus (pour *Rusticus*), Tutgual filius Gurguethen ; de monachis autem : Benedictus abbas, Arhael prior, Loescant, Salus et Resou filius ejus, Serensius, Tanki. Factum est hoc apud Castrum Alrae, Hoelo comite ibi curiam tenente cum multis baronibus, confirmante et concedente Maengio, venetensi episcopo, cum clericis sue ecclesie Morvano archidiacono, Tutgualo decano, Kerou grammatico, Abraham, Haelgoret. Anno ab incarnatione Domini 1082.

162

Desarvoe, son fils Teuthaël et Gralon son frère, donnent à l'abbaye de Quimperlé les villages de Kerlud et de Kerpenher en Locmariaquer.

Bibl. nat. ; mss. f. franç., 22 329. Cop. pap.

1082.

Ego, Desarvoe, Teuthaelis filius, et Gradlonus, frater meus, damus et concedimus, cum Orscando fratre, Kempereleglensibus monachis, apud eos monacho facto, habeant Caerluet et habeant Caer-an-Pennhir, in manu Benedicti abbatis. Cujus donationis testes hi fuerunt : Anahuarn monachus et decanus, Trechguoret filius Rivalloni, Jungomarch filius Inisian, Raenher filius Normand.

163

Fredur, fils d'Helocus, offre au monastère de Redon son fils Simon et rend tout ce qui avait été enlevé aux moines de Redon en Trefhidic par ses frères et par son père. Il donne aussi une île pour y bâtir un monastère.

Num. CCXLVIII du Cart. de Redon, fol. 171 v°, p. 309.

1086-1091.

Post multa vero annorum curricula, quidam miles Helocus nomine, filius Leran, ortus nobilibus parentibus, surrexit, homo ferus crudelisque moribus omnique humanitate carens. Prelibatam Sancti Salvatoris invasit terram, sueque subjugavit dicioni. Interea extitit monachus Morvanus quidam nomine, ex ejus prosapia ortus, vir bonus et sapiens modis omnibus, et alius Jarnogonus nomine, qui eo tempore super villulas Brogueret curam gerebat. Ex precepto monachorum cum commonuerunt sepe ut ab invasione tandem resipisceret, quod ille minime verbis eorum adquievit. Sed in sua malicia perduravit usque ad exitum vite. Filii quoque ejus in duricia permanentes, verbis exortatoriis non adquieverunt. Sed unus eorum, Guethenocus nomine, sub excommunicatione defunctus est. Solus vero Fredorius remansit superstes, quem allocutus est Jarnogonus monacus ut terram dimitteret filiumque suum in monasterio mitteret ; quod ille verbis monachi, Dei instinctu cummonitus, assensum dedit, filiumque suum, Simon nomine, Sancto tradidit Salvatori in manu Rotberti abbatis, cum predicta terra et cum tota decima Trefhidic, que constat septem villulis tam ex annona quam ex vitulis, pullis, agnis, porcellis, necnon et galoir supradictis villulis, sine censu et renda ulli homini sub caelo preter Salvatori (sic) servitoribus. Addidit etiam insulam ubi monasterium constat constructum et domum monachorum. Facta sunt hec coram multis nobilibus viris : Fredorius, qui donum dedit cum filiis et fratribus filiumque obtulit, testis ; Guihomarc, testis ; Heden filius Commalkar ; *Gurgauel* ; Bernardus filius Gurdiern ; Aluuret, presbyter ; Leran, presbyter ; Halegonus frater ejus ; Daniel, testis ; Kanevet, Roderc, Heden, Riuallonus, Rotbertus, abbas, qui donum suscepit ; Judicalis, prior ; Riuallonus (monachus) ; Modestus, monachus ; Jarnogonus (monachus).

164

La femme Orenia donne son fils à l'abbaye de Redon, et en même temps tout ce qu'elle possédait en Tréhiguier, et en plus deux autres morceaux de terre.

Num. CCCLXXXVIII du Cart. de Redon, fol. 185 r°, p. 345.

Vers 1089.

Ad indaginem rerum gestarum et noticiam earum posteris conferendam, visum est olim patribus preclara facta suis temporibus contengentia apicibus tradere, ut si forte inter partes contrarias flamma litium emerserit, litterarum auctoritate sopiri possit. Nos igitur eorum sequaces, paci modum inponere cupientes, memorie fidelium commendare libet, quod quedam illustris matrona vocabulo Orenia et una de numero prudentum, volens, instintu *(sic)* divino, juxta Johannis vocem, facere dignos fructus penitentie, hortatu

Heruei abbatis, quondam filium suum in monachum, hostiam vivam, monasterio rothonensi tradidit, una simul com *(sic)* integritate sue possessionnis quam jure hereditario in Treheguer obtinebat, terram videlicet juxta ecclesiam, versus Aquilonem, usque ad viam que prope domui *Herui* consistit et usque ad lapides quosdam ingentes in montis medio positos, juxta semitam *euntibus* Trez. Hoc autem gesta sunt *sollempni* donatione, concessu Rioci Musullacensis domini, favente etiam Morvano episcopo venetensi, teste quoque Rotaldo *presbitero* de *Arsaio*. *Addidit* preterea prefata mulier suo muneri priori duo terræ novalia continentia usque ad fossam aquosam, versus Austrum, secus litus Vicenonie, locum etiam ad exclusam faciendam in eodem gurgite, cum paludibus suis et omni telluris continuatione. Confestim vero, donatione facta, construxit Paganus monacus ibi exclusam ubi pisces caperentur in usibus monachorum necessarii, quam possedit quiete, concedente Rioco, Gledenni filio, de Arsal,

165

Le vicomte Tanguy donne à Sainte-Croix de Quimperlé le prieuré de Saint-Gilles de Pontbrient.

Bibl. nat. ; mss. f. 22329. Cop. pap.

Après 1088.

Tangui vicecomes dedit de terra uxoris sue Hodierne et filii sui Bernardi villam que dicitur Pons Brien, Fravalo monacho, Hacmerico abbate Kemperelegiensis abbatie, etc. — Hoc donum concesserunt predicti Bernardus et Hodiern mater ejus.

166

Alain IV ou Fergent donne à l'abbaye de Sainte-Croix de Quimperlé le prieuré de Saint-Cado en Belz.

Bibl. nat. ; mss. armoires de Baluze, t. 41, f° 13.
Ext. du Cart. de Quimperlé. — Dom Morice, P^r. col. 461.

1089.

In nomine Sancte et individue Trinitatis, ego Alanus Britanorum consul, Hoeli consulis filius, omnibus notum facio quod sancti Catuodi confessoris de Brouerec monasterium cum oblationibus et decimis etc. Sancte Cruci Kemperolog, ac Benedicto abbati ejusdem monasterii. Sancte Crucis concessi in quantum ad meum pertinet consulatum. Verum ne alicujus morsu calumpniatoris hoc datum infringi posset prænominati quidem loci post me dominum et heredem Aldrœnum videlicet Judhæli filium huic mee concessioni, Benedicto abbate cum suis monachis mecum cooperante sua sponte feci esse participem ; ambo enim hoc donum unanimes super altare Sancte Crucis eadem hora obtulimus. Ut vero ad hoc peragendum nos Benedictus abbas fidelius adduceret DCCC redonensis monete solidos de ejusdem abbatie cœnobio attribuit, quorum mee partitioni D detinui solidos, Aldrœnus vero CCC, ne autem hoc ita factum in aliquo vacilaret, testes ad hoc admisi quorum nomina cum eorumdem signis in hac carta subnotari jussi. Alani consulis signum ; signum Aldrœni, signum Benedicti abbatis ; signum David ; signum Zungomari filii Gradloni ; signum Aldrœni monachi. Acta sunt hec in anno ab Incarnatione Domini MLXXXIX Ind. XII. Epacta VI Terminus paschalis III kal Aprilis. Dies pasche Kal. Aprilis.

167

Le comte Eudon, à la mort de son épouse Anne, fait une donation à l'abbaye de Redon, afin que l'office divin soit célébré à perpétuité dans le monastère de Sainte-Croix, où elle repose.

Num. CCC du Cart. de Redon, fol. 145 v°, p. 251.

1092.

Anno ab incarnatione Domini nostri Jhesu Christi millesimo monagesimo secundo, regnante Alano (qui et Fergant[1]), Hoeli filio, totius Britannie consule, Morvano Venetensium presule, contigit ut moreretur conjunx Eudoni proconsulis, Anna nomine, pro cujus anima condonàvit Eudonus vicecomes waloria totius sui honoris, faventibus omnibus filiis ejus, Goscelino primogenito cum reliquis fratribus. Unde pro tanto *benefitio* impetravit a Morvano Venetensium presule predictus Eudonus divinum *offitium* semper interesse in monasterio Sancte Crucis in quo jacet predicta mulier, exceptis excommunicatis et excepto si injuria facta fuerit de loco vel de rebus ad locum pertinentibus, ea tamen conditione ut, si totus episcopatus interdictus fuerit, uno signulo tantummodo populus conveniat. Actum vero fuit hoc, presentibus tribus episcopis : ipso

[1] Cette annotation a été mise au XVI° siècle.

Morvano Venetensium pontifice, donno[1] Benedicto sancti Maclovii episcopo, Guillelmo sancti Briocci episcopo, cum eorum archidiaconis et clericis, abbatibus etiam quinque, Justino Sancti Salvatoris, Gervasio Sancti Melanii, Guinomardo Sancti Jacobi, Briencio Sancti Mevenni, Fraualo Sancti Gildasii, baronibus etiam ipsius Eudoni et finitimis, Conano videlicet de Moncontor, Rio de Lohoiac et aliis quam pluribus. Acta vero sunt haec in die sepulture ipsius supradicte matronae.

168

Convention passée entre l'évêque de Vannes Morvan et les moines de Redon.

Num. CCCLXII du Cart. de Redon, fol. 173 r°, p. 313.

1093.

Hec carta indicat atque ad memoriam reducit qualiter Morvanus, venetensis episcopus, pacem cum abbate Justino et monachis Sancti Salvatoris a quodam contemptu sibi, ut ipse referebat, inlato, pacem et amiciciam fecit, vnde fratres ipsius aecclesiae, ut animum atque auxilium ipsius perfecte haberent, duos optimos equos sibi dederunt, necnon qualiter concessit et diffinivit libere donum quod sui antecessores, priscis et modernis temporibus, Sancto Salvatori suisque servientibus de episcopatu totius abbatie dederant, unde inter se quam plurimum rixari solebant. Modus vero concessionis el diffinitionis talis extitit: Quando episcopus venetensis sinodum congregaverit, abbas prefate aecclesiae vel aliquis monachorum, si ipse venire non poterit, cum clericis abbatie ad sinodum ut bene decet veniat, et precepta que ibi fuerint dicta, audiat. Presbyteros non idcirco ad sinodum diximus convenire, ut alicui aliquam rectitudinem in ipsa sinodo faciant, etiamsi culpabiles fuerint, sed ut episcopalia precepta audiant et parrochianis suis referant. Abbas, congruo tempore, de clericis et de ceteris totius abbatie hominibus justiciam canonice faciat et ne anime pereant prevideat. Quod si justitiam facere neglexerit, et ad episcopi notitiam hoc pervenerit, ammoneatur secrete usque tercio ab ipso episcopo. Si vero neque sic injustitiam correxerit episcopus, ut decet, ex ipsis legum destructoribus canonicam faciat justitiam, ut anime salve fiant; et si episcopus aliquem excommunicaverit, et ad

---

[1] *Donno* pour *domno.*

abbatis et monachorum notitiam venerit, ipsius excommunicatum nullo modo recipiant, nec, eodem modo, episcopus aliquem quem monachi excommunicaverint, recipiat. Si vero aliquis ex episcopatu monachis aliquam injuriam fecerit, episcopo ostendant, et episcopus vocet eum ad emendationem et satisfactionem. Si emendare noluerit, gladio excommunicationis illum usque ad satisfactionem feriat, sit sicut scriptum est inter nos : « Pondera portemus alter ut alterius. » Quod si, pro communi utilitate ecclesiae, abbas et fratres episcopum convocare voluerint, ex expensis aecclesiae accuratissime serpiatur Si vero pro suamet utilitate in Sancti Salvatoris villam venerit, non ex debito sed ex amicicia bis vel ter in anno cibus sibi tribuatur.

Hoc factum est in rothonense villa, coram multis hominibus nomina quorum subter scribentur, anno ab incarnatione Domini MLXXXXIII. Testes hujus rei sunt : ipse *M.* episcopus, qui hoc concessit et scribtum inde fieri jussit ; *Herui,* frater ejus, testis ; ... abbas Justinus, ante cujus presentiam haec concessio facta fuit, testis ; et de monachis : Walterius, prior, testis ; Jarnogonus, testis ; Modestus, testis ; Walterius, Stephanus, Glemarhocus et totus conventus. De presbyteris : Daniel, presbyter, et Jarnogonus, presbyter, et Johannes, presbyter, testes ; de laicis : Daniel, filius Rogerii, qui ex utraque parte fuit fidejussor et obses.

169

Normand et Daniel, fils de Simon de la Roche, donnent à Saint-Sauveur de Redon leur domaine tout entier avec ses vignes et ses prés et avec l'écluse y attenant.

Num. CCCLXIII du Cart. de Redon, fol. 173 v°, p. 314.

1093.

Notum sit tam presentibus quam futuris hominibus qualiter *quidam duo nobilissimi* milites, Normandus videlicet atque Daniel de castello Bernardi, Simonis filii de Rupe, qui et ejusdem castri vicarii esse jure hereditario dinoscuntur, nutu Dei et ammonitione cujusdam nostri monachi Presel, qui et Guennedat cognomine noncupatur, Sancto Salvatori suisque servientibus in perpetuum vendiderunt et dederunt totam terram cum sclusa que ipsi terrae adjacet, cum vineis, pratis, silvis, quam ipse prefatus monachus, inprimis, cum habitum Sancti Benedicti sumpsit, dederat pro remedio suarum animarum filiorumque et conjugum, cum omnibus cunsuetudinibus quas ex ipsa exigere et habere solebant ; unde, et (*leg*. ut) hec venditio et donatio firma et inconvulsa in perpetuum *permaneret*, ab abbate et a monachis Sancti Salvatoris, pro karitate, sexaginta solidos acceperunt, quos jussu totius capituli posuit et ipsis supradictis militibus dedit quidam noster monachus *Dauid* ; ipsam namque terram, quam ab ipsis sepedictis militibus tenebat, ut superius prelibavimus, supradictus monachus Sancto Salvatori, quando comam capitis deposuerat, tribuit ; sed pro *consuedinibus* (sic) terrae quas monachi minime propter ipsos habere poterant, usque ad id loci omnino dimiserant. Hanc conventionem et vendiüonem concessit et ex maxima parte fecit Guredenus bastardus, Riualloni filius, qui horum supradictorum dominus erat, et ab ipsis omnes terrae rendas accipiebat, videlicet multonem et frumentum et hostilia et decimas, que omnia Sancto Salvatori cum quodam filio suo quem monachum fecit, cum consensu suorum omnium aliorum filiorum et parentum, in perpetuum tribuit. Concessit, et hoc et omnino firmavit, et ipsis etiam superius dictis militibus confirmare et corroborare precepit Bernardus, Simonis filius, horum omnium supremus dominus, cum omnibus filiis suis, Simon scilicet atque Conanus qui etiam locum aecclesiae cum tribus jugeribus terrae ad burgum faciendum, cum consensu filiorum, Sancto Salvatori in elemosina sempiterna dedit et concessit. Factum est hoc in castello de Rupe, feria V, coram multis nobilibus, anno ab incarnatione Domini millesimo nonagesimo quinto, luna quinta, Alano totius Britannie principatum obtinente, Benedicto episcopatu Namnetensium fungente, Rotberto Rothonensium abbate existente. Cujus rei testes sunt, videlicet Bernardus Simoni filius, dominus illorum, et Simon filius ejus et fratres ejus omnes, qui hoc donum ex sua parte bene concesserunt ; Fredorius, Danielis filius, Fredorius, Richardi filius, testes; Gondiernus, Modesti filius, testis ; Daniel, filius Lauda, testis ; Letho, venator, testis ; Fredorius, filius Goisberti, testis; Serho filius Tanui. Ex parte monachorum : Roduldus, abbas Sancti Gildasii, et *Vruodius* et Johannes, monachi ejus, testes ; ex nostris monachis : *Dauid*, Harscuidus, Budicus, Golefredus, qui donum receperunt.

170

Grohellus prend l'habit monastique et donne à l'abbaye de Redon une villa située dans le diocèse de Nantes. En même temps Bernard de la Roche vient offrir son fils aux moines de Saint-Sauveur et leur concède tous les droits qu'il possédait sur la villa susdite.

Num. CCCLXXXIV du Cart. de Redon, fol. 183, v°, p. 340.

1095.

Consideratione satis provida et docili stuauerunt peristissima (sic) olim viri ut quotiens aliqua relatu digna gererentur, illico etiam pagini traderentur, ne rerum memoria illorum deleretur ignavia. Ea propter nos etiam, licet inhertiores, tamen eorum vestigiis inherentes, posteritati venture innotescimus quod quidam, hec es (sic) nomine Grohellus, lignea generositatis admodum animo conferens peccaminum se fasce gravatum, atque formidabilem metuens gehennam a propheta comminatam, ubi dicitur : « Quis poterit habitare cum igne devorante aut quis habitabit, ex vobis, cum ardoribus sempiternis? » Domini quoque sententie non surdus auditor, « ibi erit fletus et stridor dentium, » monachorum vitam emulatus, quod nichil vita perfectorum sanctius, eorum assumpsit habitum. Preterea, nolens manu contracta sed munere porrecta ingredi sanctuarium Domini, ex proprio jure, monasterio rothonensi, ut letho (sic) pectore a fratribus cenobii susciperetur, villam quandam in Beati Deloci consitam diocesi, nomine Cambonic, *asensu* prolis nemon tocius consanguinitatis, zelo inflammatus divino, *Benardus*, opidi vocabulo Rupis dominus, vir illustrissimus, sciens in presenti expianda commissa facinora cuique fore, quia juxta sapientis dictum nec ratio nec sciencia est apud inferos, veniens Rothonum, altari Sancti Salvatoris obtulit B. filium suum, hostiam vivam, concedens pariter donum prefati militis et quidquid etiam *propriis* (sic) juris in eadem ipse habebat, talliam scilicet, hostagium et cetera jura que pretaxatus Bernardus in villis patrie obtinet. Testes : Simon et Conen, Bernardi filii; Freorius Danielis filius; Freorius Richardi filius; Gondiern Modesti filius; Goreden bastardus, Serro filius; Tanue; Daniel, presbyter; Rodaldus, abbas Sancti Gildasii[1], et Urnodius monachus ejus.

---

[1] C'est-à-dire *Saint-Gildas-des-Bois* (Note du Cart.).

171

Accord entre le prieur de Filgeriis *et un certain Guillaume au sujet de la terre de Campénéac.*

Bibl. nat. Bl. — Mant ; f. franç. 22319. Copie pap.

XI° siècle

Noverint presentes et posteri quod Maino Filgeriis dedit monachis majoris monasterii unam terram Campaniacum nuncupatum anno autem ab incarnatione Domini millesimo octogesimo nono, tempore Alberti monachi, prioris de Filgeriis, surrexit quidam, Guillelmus nomine, qui se faciebat heredem et calumniatorem suprà dictam terram monachis sancti Martini. Quod audiens Radulfus de Filgeriis fecit utrosque ante se venire, monachos scilicet et calumniatorem. Ubi tandèm ad istam devenerant concordiam : Guillelmus ille calumniator accepit decem solidos de denariis Sancti-Martini et guerpivit totam illam calumniam, promittens se numquàm ulteriùs eam facturum. Testes hujus rei sunt Radulfus de Filgeriis, Haimericus Cordou, Juhellus et Yvo filii Urvon, Troserius, Hamelinus de Cortellis......

172

Alain comte de Cornouaille et son épouse Haviose donnent au monastère de Saint-Cado la villa Dargoth, en Plouhinec.

Arch. nat. ; arch. ecclésiast. ; abb. de Quimperlé. Copie collationnée en 1775.

XI° siècle.

Hoel igitur comes, filius Alani cornubiensis comitis, et *Hadenguis*[1], uxor ejus, filia Alani redonensis comitis, dederunt villam Dargoth in Plebe Ithinuc in abbatiâ sempiternâ sancto Catuodo, ut participes fraternitatis essent, ejusdem sancti et pro salute animarum suarum atque parentum et omnium fidelium defunctorum. Rosguethen testis, qui tellus super altare deduxit, Maengi filius, Guethenu Morvan, Orceant, *Abbalt*, *Fredur*, Harscuet, *Guffred*, Turalt, Guegun, Guriou, Duored, Hedimunuc, *Kentlaman*, Curloes, Daniel, Jacob. Hi annuerunt et testes doni fuerunt.

[1] Havoise.

173

De inventione reliquiarum sancti Guerthierni aliorumque sanctorum tempore Benedicti abbatis et Guigoni filii Huelin de Castro-Henpont in insulâ Groë ab OEdrio monacho revelatarum.

Extrait du Cart. de Quimperlé, publié par M. Le Men.

XIe siècle.

Gurthierni reliquiæ sunt hæ, qui fuit rex Anglorum qui..... dimisit patriam suam et in parvo lenbulo venit ad insulam quæ vocatur Groia, in quâ persistens fecit plura miracula et hic nobilissimi Chemenet-Hebœn dederunt sibi honorem.....

In tempore illo, regnante Guerech comite, orta est pestilentia et fames in Broguerech, scilicet vermes comedebant segetes. Quapropter misit prædictus comes nuntios suos ad sanctum Gurthiernum, videlicet Guedgual et Catuoth et Cadur, ut subveniret patriæ. Vir autem Dei cito advenit et benedixit aquam misitque per illam patriam, fugavitque immensam vermium multitudinem. Propter hoc comes Guerech dedit ei Veneacam plebem supra Blavetum fluvium quæ postea vocata est Chevernac bonitate ipsius. Perseveravit autem vir idem sanctus ibi usque ad obitum suum.

174.

Eudes comte de Bretagne promet à Robert abbé de Marmoutiers de lui donner tous les secours nécessaires pour achever et doter le prieuré de Saint-Martin de Josselin.

Bibl. nat. ; mss. f franç. 22319. Cop. pap.

XIe siècle.

Eudo, Dei gratia, comes Britannie, Roberto, eadem gratia majoris monasterii venerabili abbati, totique conventui salutem et dilectiones plurimum. Quia certum est et pluribus patet quod Jos. vicecomes, patruus meus, ecclesiam sancti Martini de Castro-Josceini edificare cepit et, dum ecclesia edificaretur, predictus vicecomes, ab hac vita decedens, de suo, unde captum opus pleniter consumn ari posset, apud vos deposuit, et, quia ad me spectabat sepe et sepius vos conveni, requisivi ut operi perficiendo commissum fideliter remitteretis ; vos vero juste petitioni meæ usque hodie minime satisfecistis ; sed si, utilitate vestra diligenter inspecta, prefate obedientie consilium et auxilium porrigeretis, ego tam de decimis quam de aliis reditibus eidem obedientie tribuerem, unde conventus deservire inibi sufficienter valeret. Quod si aliter facere volueritis, ego immunis a culpa, vos manebitis in culpa ; super hoc monachos vestros mittere non differam. Providete igitur operi vestro, ex parte vestra, quod debetis transmittendo, et ego et A. vicecomes de Rohan, eidem providebimus, relaxando de jure nostro et de proprio largiendo. Valete et super hoc quod justum fuerit litteris vestris mihi significate.

175.

Even fils de Derien et ses frères donnent à Saint-Martin le lieu dit Trédion situé dans la forêt de Lanvaux.

Bibl. nat. ; mss. f. franç., 22322. Vidimus de 1513. Cop. pap.

XIe siècle.

Evanus quidam, filius Deriani, et fratres ejus Roaldus, Gaufredus, Joscelinus et Rivallonus, dederunt Deo et S. Martino illum locum qui vocatur Tereduihon, in Lanvat saltu situm. Concesserunt etiam hoc donum forestarii, et usque ad sylvam que tendit ad Sanctum-Gravium, et decimam suam in Elven. Factum est hoc donum apud Elven, per quendam cultellum qui apud majus monasterium est in testimonium deportatus. Testis Evanus, filius Artmagilii et Conanus de Ploaudren ; et ad hoc donum confirmandum perrexerunt monachi ad domnum Morvanum episcopum apud Malestrictum, ibi, sicut datum fuerat, concessit, et mater sua confirmavit.

176.

Even fils de Catguallun donne à Sainte-Croix de Quimperlé un quart de la villa de Locmariaquer.

Bibl. nat. ; mss. f. franç., 22329. Cop. pap.

XIe siècle.

Ego, Even, filius Catguallun, do et concedo monasterio Sancte-Crucis, consentientibus filiis meis Catguallono et aliis, et domino meo

Corsult, et parentibus meis, quartam partem ville Sancte Marie de Cær, cum filio meo, nomine Ram, abipsis monacho effecto. Hujus rei testes sunt Aldrœn filius Corsult, Daniel filiusAethun, Even filius Restedlant, Evensrus, Guethenuc, Gerald, Benedictut abbas, etc.

177

Arthuuius donne à son filleul et neveu Freoc, lorsqu'il reçoit la tonsure, la moitié de la villa Rantemaioc. (V. la charte CLVII).

Num. XLV du Cart. de Redon, fol. 58 v°, p. 36.

Année ?

Haec carticula indicat atque conservat quod Arthuuius donavit in sua elemosina, pro anima sua, filio suo nomine Freoc, filio sororis suae nomine Uuiulouuen, quando totundit eum clericum in domo Freoc, in Lisprat, in plebe Alcam, eo quod ipse antea stetit sub illo a fonte baptismatis, firmavit itaque atque tradidit et cedit Arthuuius demedium Rantomaioc IIII modios de brace de terra nebotis *(sic)*, vobis filiolo Freoc, totum et *adintegrum*, cum terris, pratis, pascuis, aquis, et cum omni supraposito suo, et suum villare juxta aecclesiam Ruciac *(sic)* ; his presentibus actum est : Gurgitan, presbyter testis ; Haelhoiarn, presbyter testis ; Iarnoc, clericus testis ; Maelcar, clericus testis ; Bopsin, clericus, testis ; Roianhoian, testis ; Finit, testis; item Finit, testis ; Uuolethaec, testis ; in domo filioli, per cibum et potum ; et postea in aecclesia Ruciac, die Dominico ante missam, tradidit atque firmavit et cedit Arthuuius, ut supra, ipsam terram nepoti suo Freoc et bis filiolo, in sua elemosina et dono filioli, presentibus istis testibus : Anaugenus, presbyter, testis, et ipse hoc scripsit in tabula ; Maenuueten, presbyter, testis ; Noli, testis ; Uuorconiet *(sic)*, testis ; Cathoiant, testis ; *Iarnnetuuid*, testis ; Hiauuid, testis ; Maenuili, testis ; Lui, testis ; Driuuobri, testis ; Maenuuobri, testis ; Rethuualart, testis ; et pro hoc cantavit testis *(sic)* Freoc psalteria LX, pro anima Arthuuius avunculi sui Freoc, sine renda et sine opere nisi ad Freoc clericum et cui voluerit post se usque in finem seculi.

178

Cunmail et son cousin germain Judhaei vendent à Buduuoret et à Anauuoret les terres de Ranjuduuallon et de Rancomalton, en Carentoir, dans le Compot Bachin, dans la villa Trebarail.

Num. XCI du Cart. de Redon, fol. 70 v°, p. 69.

14 février?

Magnificis viribus (*sic*) nomine Buduuoret, presbytero, vel germano suo, nomine Anauuoreto, emptoribus, nos enim in Dei nomine, Cunmailus, et germanus meus Judhaelus, constat nobis *vobis* vendidisse et ita vendidimus rem proprietatis nostrae, hoc est, de terra modios VI de brace, nuncupantes Ranjuduuallon, et dimidium Rancomalton, sita in pago nuncupante Brouueroch, in condita plebe *Carantoerinse*, in loco compoto Bachin, in villa que vocatur Trebarail, finem habens de uno latere et fronte Rancampbudan et Ranriuuocon, de altero vero latere et fronte Botuuillan et Ranuuorhamoi, unde accepimus a vobis precium in quo nobis bene conplacuit, illis presentibus, subtertenentur inserti, hoc sunt in totum solidos XXXI, habeatis, teneatis, faciatis exinde quicquid volueritis, cum terris cultis et incultis, silvis, pratis, aquis, aquarumve decursibus, pascuis et omni supraposito suo, sicut a nobis, presenti tempore, videtur esse possessum, ita tradidimus de jure nostro in vestra potestate, dominatione, *inluh*, in dicombito, in alode comparato, dicofrito, et sine ulla renda, et sine ulla re ulli homini sub caelo nisi Buduuoreto presbytero vel germano ejus Anauuoreto et cui voluerint post se, ita ut ab hodierna die quicquid exinde facere volueritis, jure proprietario, liberam ac firmissimam) in omnibus habeatis potestatem ad faciendum ; et obligamus (*sic* vobis fidejussores vel dilisidos in securitate ipsius terrae his nominibus : Edelfrit, Rathoiarn et Cabud ; et, quod fieri non credimus, si fuerit ulla quislibet persona aut nos ipsi aut ullus de heredibus meis (*sic*), vel propinquis nostris vel quislibet persona, qui contra hanc vendicionem istam aliqua calomnia vel repeticione generare presumpserit, illud quod repetit insuper et contra cui litem intulerit solidos LXII multa conponat ; et haec vendicio firma et stabilis permaneat, manibus nostris firmavimus et bonis viris adfirmare rogamus. † Cummail, testis ; Judhail, testis ; Loiesuuoret, testis ;

Portitoe, testis; Jarnhitin, testis; Hinuualart, testis; Maenuuoret, testis; Merthinhael, testis; Uuoletec, testis; Haelin, testis; Ninan, testis; Uuobriam, testis; Haellifois, testis; Euhoiarn, testis; Roennuallon, testis; Uuetenuuoret, testis; Rishoiarn, testis; Sulhail, testis; Druunet, testis; Tatel, presbyter, testis; Hirdan, testis ; Ludon, presbyter, testis. Factum est hoc, sub die XVI kalendas marc., VI feria, in loco villa Arhael, die dominico (sic).

179

Vente faite à Frivolecec par Urloies, Uuoretin et Troinhirt.

Num. CLXVII du Cart. de Redon, f° 93 v°, p 129.

Année ?

Magnifico viro Frivolecec, emptori, nos enim, in Dei nomine, Urloies, Uuoretin et Troinhirt[1].....

180

Couuedic vend à Risuueten et à son épouse Uuenuuocon la terre de Unconc qui faisait partie de la villa Trebetuual, dans la paroisse de Ruffiac.

Num CXCVIII du Cart. de Redon, fol. 104 v°, p 154.

Année ?

Magnifico viro nomine Risuueteno, emptori, vel conjugi suae nomine Uuenuuocon, ego enim, in Dei nomine, Couuedhic, constat me vobis vendidisse et ita vendidi, tradidisse et ita tradidi rem proprietatis meae, hoc est, campum nuncupantem Unconc, sitam in plebe Rufiaco, in condita villa nuncupante Trebetuual, unde accepi a vobis precium in quo mihi bene complacuit, illis presentibus qui *subter tenentur* inserti, hoc est, pluminus (sic) solidos in summo VI, denarium unum ; alligo itaque dilisidos vobis vel fidejussores in securitate ipsius terrae, his nominibus : Omnis, Haeluuicon et Tutunal ; habeatis, teneatis, possideatis, faciatis exinde quicquid volueritis, ita ut ab hodierna die quicquid exinde facere volueritis, jure proprietario, liberam et firmissimam in omnibus habeatis potestatem ad faciendum, finem habens a piscatura, a

---

[1] Il manque ici un feuillet (Annotation mise à la marge au XVII° siècle). (Note du Cart.).

fonte ad finem Rannscam ambaith, ad Ranncamphur. ad albam spineam in quadrivium, per viam publicam usque ad piscaturiam, hoc est, de Rannclutuual. His presentibus actum fuit : Maenuueten, presbyter, testis ; Hiauuid, abbas, testis ; Sulmin, abbas, testis ; Catuuotal, testis ; Catloiant, machtiern, Maenuuocon, *testes* (?) ; Carantnou, testis. Factum est hoc die marcii, super ipsum confinium. Et ego, Haelletuuido abbas, scripsi et subscripsi.

181

Enumération des revenus de Saint-Guitual.

Num. CCCI du Cart. de Redon, fol. 146 r°, p. 252.

Année ?

REDDITUS SANCTI GUITUUALI.

In Plohinoc, XXV quarteria rasa frumenti et IIIes solidos et II denarios et II^{os} arietes.

In *Minihi*, XV quarteria et XLVIII ciphos mellis et XII panes et XVI denarios et VI arietes.

In villa Jacob, III quarteria et III arietes, et Gorsel miles I minam.

In villa Benedicti, I quarterium et III arietes.

In villa Couurant, II quarteria.

In Plec, XIII quarteria et I minam et XXII ciphos mellis et IIe partes unius et IX panes et II° manducaria.

In Lodor, V quarteria et I minam.

In Minihi Raunor I *quarterium* in villa Accipitris, II quarteria et III arietes.

In insula, VIII^{te} quarteria et I minam et dimidium mine.

Et de domibus, VII solidos, unum denarium minus, et II panes et lagenam vini et I gallum et I gallinam.

182

Noms des villas situées dans le comté de Vannes, appartenant en propre à Saint-Sauveur de Redon.

Num. CCCXXXIV du Cart. de Redon, fol. 161 v°, p. 284.

Année ?

DE VILLULIS QUE SUNT IN BROGUEREC.

In hoc menbranulo continentur nomina villularum que apud Brouuerec Sancto Salvatori rotonensis jure debentur :

Cran in plebe Bekamne (Beganne).

Senkoko quae continentur VI villulis.

In plebe Nuial (Noial) est Breulis.

In Marsin Rancornuc.

In Ploicaduc Rosgal, cum decima Funton Maen (fontem) et telonco comitis.

Brois in Serent.

In prelibata vero Brouuerec (Broerec) aecclesiae sunt IIII'" Sancto Salvatori et suis monachis : prima earum constat inter Bekamne et Cadent, nomine Treuuthic (I. e. villa), cum terris sibi adjacentibus, sicuti constat in kartulis ; secunda super fluvium Stergavale (Stergaule), in honore sancte Crucis constructa a Riuuallono monacho strenuissimo viro, cum adjacentibus terris ; tercia super fluvium Visnonie, in honore sancte Mariae (Trehegel) aedificata, nomine Trethilkol (Treheguer), cum subjecta sibi terra.

In Malenzahc *abetur* terciam partem villae cum cimiterio quae vocatur Sancti Maxæntic, data *à resuc* viro prudente, nam aliam terciam partem dedit *inrezac* sicut sibi adjacebat *ipse* suprà dictus Resuc jure hereditario inter parentes sine calumpnia ulli homini integre cum omnibus appenditiis sibi pertinentibus. *Hoc donum contulit Sancto Salvatori.*

Inrezac (sic) medietatem Tret Gruuc ex dono Trehantoni.

In Tretfuerethuc VI partem in eodem *Rezac*.

In Halaer aecclesia, Sancti Johannis nuncupata, sita super ripa Hult (Hot) fluminis ;

Deinde terram nuncupatam Duranti ;

Post Coit Cuth et Mustoir, sicut habentur in kartario antiquo Sancti Salvatoris.

183

Traité entre le sénéchal Donguallon et l'abbé de Sainte-Croix de Quimperlé au sujet de plusieurs terres et entre autres de la terre de Saint-Alarin en Guisgriff.

Extrait du Cart. de Quimperlé, publié par M. Le Men.
(Cop. du XVII° siècle).

Vers 1107.

Qui has perspexerint litteras et audierint noscant Dunguallonum œchonomum, qui vulgo senechal appellabatur, falsam intulisse calumniam Benedicto abbati Sanctæ-Crucis et ejus monachis

de quibusdam suis terris quas boni homines eidem conventui pro redemptione animarum suarum dederunt. Quarum terrarum nomina sunt annotata Soultalarun. . . . .
. . . .

Ut illud penitus destruatur calumnia, quæ, quamvis falsa, molestiam Dei servis inferibat, accepto in communi consilio, pecuniam ei dederunt, septem videlicet libras argenti; quibus acceptis, ... fide recepta, ipsam in perpetuum abdicavit calumniam. . . . .

184

Le vicomte Jostho donne à l'abbaye de Marmoutiers l'église de Notre-Dame située près de son château de Josselin.

Arch. dép. Fonds du prieuré de St-Martin de Josselin. Orig. parch.
Arch. nat. ; arch. ecclésiast. ; abb. de Marmoutiers. Copie collationnée en 1755.

Post multa et magna beneficia que Jostho, vicecomes de Castello-Joscelini, contulit, pro anima sua et parentum suorum, Deo et Beato Martino Majoris Monasterii et nobis in eodem monasterio in habitu monachali Deo servientibus, saluberrime cogitans idem vicecomes quia scriptum est : « que seminaverit homo hec et metet, » optansque mensuram coagitatam et superaffluentem in eternam vitam recipere, ad cumulandum beneficium suum dedit nobis in ecclesia Beate-Marie de castello suo jam nominato quartam partem, id est partem illam que antè fuerat Eudonis clerici ; quam partem ipse vicecomes tenebat in manu suâ solutam et quietam, eodem Eudone jàm defuncto ; concessit quoque nobis alias tres partes ejusdem ecclesie, si eas possemus adquirere ; aut promisit etiam se daturum, si ex toto in ejusdem dominium devenirent. Actum in capitulo nostro apud idem castrum, anno dominice Incarnationis MCVIII, agentibus nobis sub domino abbate Willelmo eidem capitulo presidente, presentibus monachis nostris Willelmo priore Majoris-Monasterii, Guarino de Laurigan Radulfo priore Castelli-Joscelini, Milone priore Sancti-Maclovii, Petro bajulo, Evano sacristà, Gilone filio Ansquitilli; ex parte vero vicecomitis : Symone Sororgio ejus filio, Bernardi de Rupe, et Gingomaro capellano vicecomitis.

Au dos est écrit en caractères de l'époque — de hoc quod Jostho vicecomes dedit nobis in ecclesia Sancte-Marie de castello Joscelini.

185

Translation au prieuré de St-Martin de Josselin de reliques provenant de l'abbaye de Marmoutiers de Tours. Commémoration de la fondation dudit prieuré en 1105.

Arch. dép. Fonds du prieuré de Saint-Martin de Josselin.
Orig. parch.
Vers 1110.

Si quis plenius scire voluerit qualiter Joscelinus, vicecomes, filius illustrissimi vicecomitis Eudonis, dederit, pro anima sua et parentum suorum, cellam de Castello Joscelini Deo et Beato Martino et nobis, Majoris-Monasterii monachis, agentibus sub domino abbate Willelmo, ordinationis ejus anno primo, id est anno ab incarnatione Domini M. C. V. si quis, inquam, illud scire plene curaverit, transmittimus eum ad notitiam inde scriptam que sic intitulata est : Cyrographum de Castello-Joscelini, quod inter nos et eum ad notitiam posterorum in archivis nostri monasterii reservatur. Nunc autem illud tantum annotare curavimus : quas reliquias et in quo tempore domnus abbas Willelmus transtulit à monasterio nostro in prefatam cellam, secundum petitionem supradicti vicecomitis Joscelini. Anno siquidem incarnationis dominice M. C. X. indictione III, papâ Pascali moderante pontificium prime sedis, regnante in Galliis Ludovico rege, Alano Britannie comitatum tenente, Benedicto Aletentium pontifice, vicecomite jam sepe memorato Joscelino, presidente etiam nobis domno abbate Willelmo anno V, aperuit ipse domnus abbas Willelmus capsas in quibus relique continentur in monasterio nostro et accepit indè preciosissima, immo inestimabilia pignora sanctarum reliquiarum, videlicet de Cruce Domini, de corpore sanct Chorentini episcopi, de corpore sancti Fulgentii episcopi, de corpore sancti Sansonis episcopi, de corpore Sancti Flaviani Martyris et de corpore sancti Martini abbatis ; videntibus monachis nostris Willelmo priore, Andrea de Gomez, Herveo priore *Camartii*, Petro Bajulo, Gilone filio Anskitilli, Gaufredo aurifabro et Johanne aurifabro, filio Petri aurifabri ; videntibus etiam famulis nostris Sancelino cellerario, Pagano camerario et Rotberto *Torto-Capello*. Has igitur supradictas reliquias diligentissime collocatas transtulit domnus abbas in Britanniam et posuit eas in supradictam cellam.

Au dos est écrit, en caractères de l'époque : De translatione reliquiarum ad Castellum-Joscelini Britannia. 1110. Alethum.

186

Geoffroy, fils de Rio de Lohéac, accorde aux moines de Saint-Martin de Josselin le droit de passage pour eux et leurs vassaux près de son château de Lohéac.

Arch. dép. Fonds du prieuré de Saint-Martin de Josselin.
Orig. parch.

Vers 1111.

Notum sit posteris nostris, scilicet monachis Beati Martini Majoris Monasterii, quod Gaufredus filius Roii de Lohoïac concessit Deo et Sancto Martino Majoris Monasterii, et monachis ejus apud Porehet, castrum videlicet Joscelini, in claustro celle nostre, ibidem site, donum matris sue et patrui sui Gualterii Spine ; Hoc est passagium apud predictum castrum Lohoiac de hominibus dominicis nostris ubicumque maneant, quicquid portent vel ducant, accepitque beneficium de manu domini Willelmi abbatis cum quodam libro. Huic concessioni affuerunt, hi de monachis : Domnus Abbas Willelmus, Gilo Garinus, Maino, Adelelmus, Nicholaus; de laicis : Vicecomes ipse Joscelinus, et fratres ejus, Guihenocus, Gaufredus, Alanus ; homines ejus, Jagu filius Elisani et Robertus frater ejus et multi alii.

Au dos est écrit en caractères de l'époque : Concessio Gaufredi filii Rio de Lohoïac de dono Patrui sui Gualterii Spine, de Passagio ejusdem castri. Castrum Josselini.

187

Benoit, évêque de Saint-Malo, confirme la donation faite par le vicomte Jostho du quart de l'église de N.-D. de Josselin qu'il détenait après la mort du clerc Eudes.

Arch. dép. Fonds du prieuré de Saint-Martin de Josselin.

1111.

In nomine Sancte et Individue Trinitatis, notum fieri volumus, tam presentibus quam futuris, quod ego Benedictus Aletiensium episcopus dedi et auctoritate nostra confirmavi donum, quod Jostho, vicecomes de castello Joscelini, fecit beato Martino Majoris-Monasterii et monachis ejus ; id est, quartam partem in ecclesia beate Marie, sita in eodem castro. Partem inquam illam que ante fuerat Eudonis clerici quam ipse vicecomes in manu sua tunc tenebat ipso Eudone jam defuncto. Hoc autem feci, pro salute anime mee rogante et suggerente domino Girardo apostolice sedis legato ; Feci, inquam, hoc donum per cultellum Radulfi prioris castri Joscelini in manu domini Willemi abbatis Majoris-Monasterii, in locutorio ante introitum camere ejus videntibus et audientibus domino Girardo legato ; ex parte mea, Gradolono capellano meo. Herveo priore de Sancto-Mevenno, et Judicaelo, Guihummaro, fratre meo ; Ex parte monachorum ; Willemo abbate Majoris-Monaterii, Willemo priore, Evano sacrista, Radulfo priore castri Joscelini, Tesbalde de Columbis, Ejingomaro, Trothmundo, Andrea de Gomez, Petro de Loratorio, Guarino de Lanrigant, Laurentio canonico sancti Medardi, Tylone clerico.

Actum anno ab incarnatione domini, M. C. X. Indictione IIII, Regnante Francorum rege Ludovico.

Au dos en écriture du temps : Auctoramentum Benedicti Aletensis episcopi de quarta parte in ecclesia Sancte Marie de Castello Joscelini.

188

Mengui, fils de Marquer, allait mourir ; il prend l'habit monastique et donne à Saint-Sauveur de Redon et à Sainte-Croix toutes les dîmes qu'il percevait sur certaines villas. Ses frères Judicaël et Pierre se consacrent également à la vie monastique et donnent leur part des dîmes sus-dites.

Num. CCCLI du Cart. de Redon, fol. 178 v°, p. 303.

Vers 1110.

DE SERENT.

Ad memoriam posterorum huic pagine inserimus quod quidam miles de Serent, Menguius videlicet, filius Marquerii, in infirmitatem unde mortuus est decidit : Qui cum se ad extrema propinquare sensisset, consilio hibito (sic) cum duobus fratribus suis Judicaelo et Petro, strenuis militibus, et cum aliis amicis suis, omissis curis corporeis, de salute anime cogitare cepit. Tum deinde misit nuncium ad abbatem Her, ad monachos hujus domus, deprecans ut ad eum venire dignarentur. Qui, nuncium remittentes ad Ra (dulfum) Poetam priorem Sancte Crucis de Castello, mandaverunt ei ut ad infirmum illum iret eique de salute anime consilium daret. Quo veniens juxta quod audivit desiderium, dedit consilium. Postulabat siquidem quatinus in unitatem beneficii ecclesie Sancti Salvatoris reciperetur, monachusque efficeretur. Sed et alii duo fratres ejus, Judicael et Petrus, idem de se postulabant ut quandocumque sive in sanitate sive in infirmitate monachatum quererent, cum equis suis et vestimentis reciperentur. Hec quidem postulabant, et ut istud tam sanis quam infirmo concederetur, dederunt Sancto Salvatori et Sancte Cruci, in elemosinam, quicquid decimarum in terris suis, sicut alii milites jure quodam possidebant. Super hoc supradictus prior, cum his qui secum venerant invento consilio, infirmum illum monachum fecit et benedixit, et ad domum Sancte Crucis portari jussit. Fratres vero ejus, tam pro se quam pro illo, decimam illam super altare Sancte Crucis obtulerunt. Novicius autem monacus ibi defunctus est et sepultus. Deinde in proximi *Pentechostesi* diebus, supradicti milites, *Judicael* et Petrus, cum prefato priore Radulfo Poeta ad capitulum hujus domus venerunt ut (et?) totam conventionem suam per ordinem, sicut jam facta fuerat, recitaverunt. Qua concessa, in nostram societatem intraverunt, et decimam quam super altare Sancte Crucis obtulerant, super altare Sancti Salvatoris imposuerunt, coram multis.

189

Morvan, évêque de Vannes, donne au prieuré de Saint-Martin de Josselin l'église de Credin.

Arch. dép. Fonds du prieuré de Saint-Martin de Josselin. Orig. parch.

1116.

Anno ab Incarnatione Domini M^{mo} C^{mo} XVI^{mo} Ludovico regnante in Francia, Conanus vero Britannie imperante, Morvanus Venetensis Episcopus res Beati Martini adaugere desiderans, et firmitatem cum monachis ecclesie ejusdem habere preoptans, ecclesiam Cherdin Deo et Beato Martino, sibique famulantibus et proprie monachis servientibus ecclesie Beati Martini de Castello Joscelini, sola Dei dilectione, concessit. Ita tamen, quod de donata ecclesia suos redditus episcopus non predat, supradicta autem concessio facta est in ecclesia sancti Petri Venetensis, ante altare sancti Hylarii, in manu domini Radulfi prioris de Castello Joscelini et Joscelini monachi, Deriani filii, et Eudonis monachi. De hoc dono sunt testes : Normannus canonicus, et Bernardus sacrista, Guiomarus decanus, Guehenocus decanus, Abraham magister, Iudicaelis clericus, Bonon Fulchoni filius.

190

Guiomar et Jean, prêtres, donnent au prieuré de Saint-Martin de Josselin l'église de Saint-Cyr et de Sainte-Julitte en Molac.

Arch. dép. Fonds du prieuré de Saint-Martin de Josselin.
Orig. parch.

1116.

Antecessorum nostrorum discretio utilitati providens posterorum ea scripto commendare consuevit que in futurum digna esse memoria estimavit. Quam nos adhuc consuetudinem ab eis retinentes presentibus et futuris dignum memoria tradere duximus, quod anno ab Incarnacione Domini M. C. XVI. duo presbiteri cognati de Britannia progeniti, Guihummarus videlicet et Johannes, ut credimus Sancti-Spiritus ductu, venerunt in capitulum nostrum Majoris-Monasterii ibique ab eis devotissime petita et accepta benefactorum nostrorum participatione spontanea et integra voluntate dederunt Domino et ecclesiæ nostræ beati Martini et nobis Deo ibidem famulantibus ecclesiam Sanctæ Julitæ et sancti Cirici sitam in villa que, dicitur Mollach, in episcopatu Venetensi cum pertinentiis suis sine aliquo retinaculo sicut habebant et possidebant Volentes autem constans esse et firmum donum quod fecerant ad majorem evidentiam tradiderunt illud per quendam baculum in manu domini Nicholai tunc prioris et presidentis et eumdem baculum postea super majus altare posuerunt. Alter vero eorum Johannes scilicet jam erat capellanus noster de Parciaco, qui in eodem capitulo condonavit se nobis et omnia que tunc habebat et que deinceps acquireret, insuper gratis spopondit ut infra decem annos noster efficeretur monachus. Alius quidem, Guihummarus nomine, infra paucos dies apud nos religionis habitum suscepit. Huic autem dono cum generali capitulo affuere isti : Gauterius presbiter de Ponte, Sancelinus. . . . . . . Hildegarius bechet, Johannes mariscalis, Bernardus Lucei, Normanus Burgaudus.

191

Accord entre l'abbé de Marmoutiers et Geoffroy vicomte de Porhoët, Alain et Bernard ses frères, au sujet de la donation de tous ses meubles que son frère le vicomte Jostho avait faite aux moines de Marmoutiers.

Arch. dép. Fonds du prieuré de Saint-Martin de Josselin
Orig. parch.

Vers 1116.

Noverint universi, quod Gauffredus, vicecomes de Porrehodio castro et fratres ejus Alanus et Bernardus, calumniati sunt nobis elemosinam, quam fratrer suus Jostho vicecomes, ante mortem suam, fecerat nobis de toto suo mobili in argento et auro et denariis et insuper distributionem de reliqua sua elemosina, quam ipse, dum peregre moreretur, in manu nostra faciendam dereliquit. De qua re placitaturi, cum ego frater Wuillelmus fratrum Majoris-Monasterii abbatis et minimus, et quidam alii fratres nostri, qui nominabantur inferius, contra eos ad castrum Lohodiacum venissemus, atque nobiscum episcopos Sancti Maclovii et Redonensem, sed et abbates Redonensem et Rothonensem et sancti Mevennii in comitatu nostro cum aliis proceribus haberemus, obtulimus calumnie ipsorum in presentia positorum, sicut de elemosina debet agi respondere, et quod rectum esset facere. Ipsi autem videntes quod per placitum nichil a nobis adquirerent, tandem quesierunt concordiam et ex toto dimiserunt ipsam calumniam. Hos autem, accepto consilio cum amicis nostris dedimus eis duos sciphos aureos quos, prefatus ipsorum frater Jotho, ad ecclesiam nostram de ipsorum castro faciendam dederat nobis, tali tamen pacto, ut nos de ipsa ecclesia facienda ultra non cogerent, sicut ceteras nostras ecclesias eam oportuno tempore et posse faceremus et universa que frater ipsorum Jotho nobis dederat, prout in cyrographo scriptum est, soluta et quieta in perpetuum haberemus ; Bernardo autem, eidem tunc puero, propter memoriam ejusdem concessionis, in ibi x solidos dari precepimus. Cui rei interfuerunt omnes isti : Rivalonius Aletensis episcopus, Marbodus Redonensis episcopus, Willelmus abbas Majoris Monasterii, Donoalus abbas Sancti Melanii, Herveus abbas Sancti Salvatoris Rothonis, Willelmus abbas Sancti Mevenni, Gaufredus vicecomes, Alanus Bernardus infans, frater eorum, Gauterius de Lohoac, Tudualus de Sanrigan, Gaffridus filius Rio, Macharius Conanus de Sérent, Donoalus filius Guihomari, Morvanus filius Guihenoci, Evanus filius Redoreti, Gleen filius Guorionis, Radulfus canonicus, Gauterius clericus de Noial, Bernardus filius Danielis, Gradilonus capellanus ; de monachis : Evanus sacrista, Rivalonius, Petrus bajulus, Gilo, Geldiomus, Guarinus de Lanrigan, Radulfus prior ejusdem castri, Gaufredus de Langan, Givardus de Laval, Bernardus de Lambalio, Maino et alii : de famulis : Arraldus camerarius, Petrus Bordon, Paganus de Camiliaco, Rivalonus de Guahart, et alii plures.

192

Restitution de Belle-Ile à l'abbaye de Sainte-Croix de Quimperlé par le duc Conan

Extrait du Cartulaire de Quimperlé, publié par M. Le Men.
(Copie du xvii° siècle).

1118

In nomine sanctæ et individuæ Trinitatis ego Conanus, humilis Britaniæ dux, cum sorore meâ Hidevis et matre meâ Ermeniart dono et concedo, pro salute animæ meæ et parentum meorum monasterio quod Kemperelegii in honore sanctæ Crucis constructum est, terram quæ Bella-Insula vocatur, cun omnibus redditibus suis ut pater meus Alanus fecit et avus Hoël et attavus Alanus. Calumniam namque Rotonensium, quæ in nostro tempore per cupiditatem et invidiam super hac terrâ orta est, et pro quâ dominus Robertus, Corisopitensis episcopus, cum clero Cornubiæ, et Gurchandus, kemperelegiensis abbas, cum monachis suis, per annum et fere dimidium steterunt, finitam esse atque omninô sopitam apostolicâ auctoritate atque interdicto novimus, ad quam Herveum, Rotonensem abbatem, et Gurchandum, Kemperelegiensem abbatem, pro controversiâ quam super terram habebant misimus. Nunc igitur prædictam insulam cum omnibus sibi pertinentibus, quæ Herveus, Rotonensis abbas, pro nomine meæ potestatis invaserat, pro quâ invasione cum totâ abbatiâ suâ justè interdictus atque excommunicatus fuerat, kemperelegiensi monasterio et omnibus monachis ibidem manentibus in manibus Gurchandi, ejusdem ecclesiæ abbatis, sine aliquâ per me vel per meos posteros ulteriùs inquietudine in perpetuum reddo. Monachum et quæ Rotonensis abbas de sæpedicta insulâ secum advectaverat de Rotonensis claustro ad suum locum reddi feci. Quicumque autem Kemperelegiense monasterium pro hâc re amplius

inquietaverit auctoritate apostolicâ percutietur et nostra consular;
serenitate (sic) quassabitur. Actum est hoc Rotoni anno MCXVIII
Incarnati Verbi, in presentiâ domini Roberti Corisopitensis episcopi,
et Marbodi Redonensis episcopi et Bricii Nannetensis episcopi, et
Morvani Venetensis episcopi. Testes verò hujus reit sunt[1], etc., etc.

193

Le vicomte Geoffroy prend l'habit monastique et donne aux moines de Saint-Martin de Josselin sa part des dimes de la paroisse de Guillac.

Arch. dép. Fonds du prieuré de Saint-Martin de Josselin. Orig. parch. Bibl. nat. ; mss. f. franc. 22319 f. Cop. pap.

1118.

Rerum gestarum edax solet oblivio consumere et temporibus futuris preteritorum obnuhilare facta vel dicta, proinde ne apud posteros priorum penitus dicta vel acta et vetustate noticio obsolescat fugax rerum memoria litterarum est vinculis religanda. Notum igitur sit universis tam presentibus quam futuris quod piissimus Gaufredus vicecomes filius Eudonis dum nutu Dei quadam infirmitate aliquantisper tangeretur, dumque etiam adhuc in aula sua, in lectulo suo decubaret egrotus sibi ipsi bene-conscius ipse convocavit ad se Rivalonum Aletensem episcopum et Alanum vicecomitem fratrem suum cum maxima parte baronum et burgtunum suorum sumpto prius concilio de salute anime sue cum jam dicto episcopo suisque clericis et ab eodem absolutus, sanctique Viatico salutari munitus, inter cetera que pro anime sue redemptione facienda... cavit donavit se ipsum Deo sanctoque Martino et monachis ejus ad faciendum monachum in elemosina sua in eodem castro; si tamen infirmitas ipsa, qua nunc detenebatur, mori eum tandem cogeret. Preterea id dedit monachis ibidem Deo proposse suo servientibus, sive viveret, seu moreretur, totam suam partem decime sue annone scilicet de Guillac hoc est medietatem... partium tocius ipsius plage ubicumque ipse et Adulfus canonicus decimam capiebant. Ita videlicet tutam et quietam dedit eandem decimam sicut eo die ipse tenebat et diu eam ipse et antecessores sui tenuerant. Hoc inquam donum fecit ipse per manum domni Rivallonii Aletensis episcopi, ipse qui-

[1] Tout ce qui a rapport au procès entre les abbayes de Redon et de Quimperlé par rapport à Belle-Ile se trouve dans dom Morice. *Preuves de l'Histoire de Bretagne*, tome I, col. 532 et suiv.

dem et frater ejus Allanus vicecomes, et hii tres insimul dederunt sepedictam decimam absque ulla calumpnia in manum domini Radulfi prioris cum quodam baculo de quo ab eo muscarii infestario propellebatur. Testes qui hoc viderunt et audierunt infra continentur ; Rivallonius Aletensis episcopus, Marchenus abbas Sancti Jacuti, Radulfus prior, Andreas monacus, Dalamus monacus, Radulfus prior Sancte Crucis, Gaufredus prior Sancte Trinitatis, Enisanus prior Sancti Leviani, Gradilonus et Rotbertus capellani, Radulfus, Idennus, Marquerius, David, Gauterius, Ansgeus, item Gaufredus canonicus Sancti Salvatoris, Stephanus et Morvanus presbiteri Sancte Marie ; de laicis : Gauterius Spina de Lohoac Bernardus infans frater vicecomitis, Rotbertus et frater ejus Jacutus filii Enisani, Morvannus, *Jacuti* Joscellinus de Languorino, Phili dapifer, Donoalus *Guihomari*, Rotbertus de *Medrinniaco*, Paganus et Donoalus *filii Gleen*, Eudo *Pagani*, Rotbertus et Guillelmus vicarii, Eonanus et Judicaelus filius ejus *de diren*, Bodardus *armagili*, Herveus *Freslœn*, Willelmus filius Gurionis, Bernardus *Daniel*, Moro de Ploasmel, Herveus et Rogerius *filii santoi*', Andreas filius Caradoc, Judicaelus Planzon, Rafredus et Stephanus filii Hildeardis et multi alii.

Anni domini M. C. XVIII. Indictio XI, epacta XXVI, concurrentibus I.

Au-dos en écriture du temps : Qualiter Gaufredus vicecomes dedit medietatem trium partium decime annone de Guillac. Que tres partes dividebantur per medium inter eum et Radulfum canonicum, Sancto Martino et monachis ejus. Aletensi : De Castro Joscellini.

194

Riocus d'Arzal prend l'habit monastique et donne au monastère de Redon le moulin de Bonester avec douze journées de terre sur les bords de la Vilaine. Riocus de Portu et son fils Jarnogonus donnent également un tiers de la dîme perçue sur les terres de Bonester avec deux journées de terre.

Num. CCCXLII du Cart. de Redon, fol. 164, p. v° 293.

Vers 1120.

DE TREHEGUER.

Ut patrum nostrorum facta in memoriam redeant, karte presenti tradimus quod Riocus Arsal, vir strenuus, etatis sue deficere vi-

' Tous les mots en italique sont écrits dans la charte au-dessus des mots qui les précèdent,

gorem comperiens, Rothonum venit ibique cum fratribus ecclesie conversatus, habitum monachalem accepit, et ne vacuis manibus appareret in conspectu Domini, ecclesie Sancti Salvatoris molendinum Bonester absque *inpedimento* tribuit, necnon et duodecim jugera terre super Ester, justa molendinum, VIII ab oriente et IIII^{or} ab occidente, ex altera parte Ester. Hoc donum concessit Risio filius Aldefredi et Catuallonus filius ejus et Gorus filius Eveni. Dedit quoque terciam partem decime tocius terre Bonester et domus H. Riocus de Portu et Jarnogonus filius ejus dederunt duo jugera terre, amore Dei et Domini sui, predicti Rioci molendine contermina. Hujus rei testes sunt : Willelmus, abbas, qui donum accepit ; Guillelmus Pobanic, Rivalonus carpentarius, monachi ; de laicis : Guehenocus atque Oliverius Musuliaci domini et Rotaldus filius Finit ; Jestinus filius Hogar ; Rotaldus filius Risio et frater ejus Rio ; Grad filius Bili et frater ejus Daniel et Jarnogonus Rivalloni filius.

195

Blessé par un coup de lance et effrayé à l'approche de la mort, Conan de Serent prend l'habit monastique et donne à Saint-Sauveur toute sa dîme de Kemenet, à l'exception de la part qu'il réservait aux prêtres ; il donne aussi la terre dont jouissait Guenno Bolomer.

Num. CCCLXXXII du Cart. de Redon, fol. 183 v°, p. 338.

Vers 1120.

Memorie sequentium tradere curavimus quod Conanus de Serent, timore mortis perterritus, utpote lancea perforatus, habitum relligionis in aecclesia Salvatoris *Rothonensi* sumpsit, eidem aecclesie totam decimam suam de Kemenet, decimam scilicet septem villarum et dimidie *totam*, excepta parte *presbiteratus*, ab omni redditu immunem, pro morum parentumque delictorum venia, sollempniter, cum tota possessione terre quam Guenno Bolomer tenuit, que est una ex septem villis, in elemosina tribuit, necnon et terram totam quam *Fulchre et* Baldri Morinusque de Mengui, filio *Gueguanti*, et de eodem Conano tenuerunt, sicut jam data fuerat in fine Menki, liberam ab omni redditu, cum tota decima preter partem presbiteratus et cum tercia parte decime duarum villarum, Brennuanau scilicet et *Treuuort* et medietatis Rogoretel, sicut ipse Conanus et Menki libere tenebant, benigne concessit.

196

Sur la fin de sa vie Riocus de Muzillac prend l'habit monastique et donne à l'abbaye de Redon les villas Querglei et Branquasset avec tous leurs revenus.

Num. CCCXLVI du Cart. de Redon, fol. 166 r°, p. 297.

2 juin 1123.

De Musullac.

Anno millesimo centesimo vicesimo III^{tio} ab incarnatione Domini, IIII^{to} non. junii, luna V^{a}, indictione prima, in sancto sabbato Pentecostes, regnum in *Frantia* Ludovico rege tenente, Conano[1] in Britannia consulatum, et Morvano venetensem episcopatum, evenit quod Riocus de Musullac, corporis infirmitate coautus[2], in manus domni Hervei Rotonensis abbatis, assumens habitum religionis, se tradiderit, et quod ecclesie Salvatoris, pro ejusdem Salvatoris amore, duos villas cum omnibus redditibus earum qui in talionibus, in frumento, in arietibus vel pastionibus et in aliis serviciis jure humano requiruntur, quarum una Quergiei vocatur et altera *Branquassec*, vel villa Freoli pertus in elemosinam dederit; et quod calumpniam quinque solidorum, qvos de quadam villa Salvatoris que Broolis dicitur, requirebat, omnino dimiserit. hoc totum concedentibus et quantum ad ipsos pertinebat, velud sui juris nonquam fuisset liberum, in perpetuum habendum, sine alicujus obsequii calumpnia, predicte ecclesie omnino tradentibus filii (*sic*) Guethenoco et Oliverio et generis suis Matheo filio Freori et Petro filio Alani et Freolo filio Riualloni, et etiam filiabus suis horum uxoribus. Hujus rei sunt testes predicti filii et generi Riochi et uxor ejus Clara et filie et maxima pars baronum ; de monachis vero : ipse abbas *Herueus* et Daniel (de Guesrandia) et Moyses (de Roza) Conanus (de Selent) et Lausoiarnus (de Treheguel) et Laurentius, sacerdos.

[1] Au XVIe siècle un mot a été ajouté, le mot *Grosso* (Note du Cart).
[2] Pour *coactus* (Note du Cart).

197

Alain, vicomte de La Nouée, frère de Gaufrid, vicomte de Josselin, donne aux moines de Redon un emplacement pour y construire un monastère et un bourg. Il leur fait plusieurs autres donations et concède certaines immunités aux moines qui habitaient ce monastère.

Num. CCCXCI du Cart. de Redon, p. 349.

1224 ou 1225.

Propter illos qui temporibus et negociis insidiantur, ad memoriam posteritatis presenti scripto mandavimus quod illustris vicecomes castri Noici, Alanus, frater Gaufridi vicecomitis castri Joscelini, dedit cenobio rothonensi et fratribus ibidem in perpetuum degentibus terram in predicto castro Noioci, ubi aecclesiam et domos monachis necessarias et burgum construerent, quod et fecerunt. Dedit etiam atque precepit ut quicumque in illo burgo habitarent, non alibi, nisi ad furnum monachorum coquerent, et ad molendinum eorum molerent. Concessit preterea et statuit ut omnes habitantes a veteri fossato castri usque ad quadruvium in quo sita est arbor ivus, et lazari in eadem terra manentes, parrochiani essent jam dicte ecclesie monachorum. Dedit et terram, quam ambit fluvius Blaued, que dicitur Coarda,[1] et totam decimam ipsius Coarde et duaspartes decimarum totius ville in qua sedet castrum Noicum, et acmidem piscationis de salmonibus in ea parte fluminis que adjacet predicte Coarde, et duas partes molendini quod est situm sub turri castri, a parte Sancti Gildasii, et duas partes piscationis in exclusa ipsius molendini. In villa quoque que dicitur Sanctus Bilci,[2] dedit illam medietatem ville in qua ecclesia posita est, et duas partes molendini in ipsa medietate juxta Oiam flumen positi, et pratum juxta fontem Sancti Bilci; et in altera medietate ipsius ville terram Graalendi presbyteri, et in tota ipsa villa Sancti Bilci duas partes decime. In eadem etiam parrochia Sancti Bilci dedit villam que dicitur villa Auri et villam Cadoret, et duas decime partes in unaquaque villa. In parrochia vero que dicitur Melran, dedit medietatem ville Guileric et medietatem ville Botbenalec et in unaquaque medietate utriusque ville duas partes decime. Dedit preterea ante ecclesiam Sancti Petri de Guern plateam ad edificandam domum et ortum; et omnium ad eandem ecclesiam

---

[1] *La Couarde*, commune de Bieuzy.
[2] C'est-à-dire *Bieuzy*.

pertinentum (sic) tam in decimis quam oblationibus et primitiis et sepulturis et in aliis quibuslibet redditibus quartam partem, exactionem etiam quam gardam appellant, quam accipiebat in hominibus Sancti Salvatoris apud Penret, omnino condonavit. Hec omnia jam dictus princeps Alanus, prece et consilio venerabilis viri Morvani Venetensis episcopi, pro salute sua parentumque suorum, quipta et libera et sine *omni* retinaculo exactionis vel cosdume alicujus, in presentia predicti episcopi multorumque obtimatum honestorumque virorum, dedit atque concessit abbatie Sancti Salvatoris rothonensis et fratribus illic manentibus et in posterum mansuris, reverendumque *Herueum* abbatem ejusdem rothonensis cenobii de his omnibus investivit. Hanc largitionem bono principe dignam Morvanus episcopus jam dictus amplificans et approbans omnia supradicta dona auctoritate sua firmavit, dedit atque concessit predictis loco et fratribus rothonensibus. Dedi insuper, assensu et consilio Radulfi archidiaconi sui, et clericorum venetensis ecclesie, eisdem fratribus omnium reddituum et beneficiorum tam in vivis quam in defunctis ad ecclesiam Sancti Bilci pertinentium duas partes, et in ecclesia de Guern quartam partem quam, ut premissum est, jam dederat prefatus vicecomes Alanus. In utraque preterea ecclesia, donum ipsius ecclesie et presentationem sacerdotis abbati et monachis rothonensibus dedit atque concessit. Testes sunt in donatione principis : Villana, uxor ejus ; *Herueus* (filius Jagu), Morvanus (filius Jagu), Eudo (filius Aldran), et Guiho (frater ejus), Cadoret (filius Inisan), Eudo Rivallonus (Gallis), Fraal, Lapercha, multique alii ; testes sunt in dono episcopi : Radulfus, archidiaconus ; Moralt (canonicus), Cornanus (Coquelin)[1], magister ; Abraham, Estephan, Mauricius, Asculfus, et alii multi.

198

Le comte Conan donne aux moines de Redon les vignes que Paganus, fils de Roald, avait reçues de ces mêmes moines pour servir de caution.

Num. CCCLV du Cart. de Redon, fol. 170 v° p. 307.

26 septembre 1126.

NANNETIS.

Notum sit tam presentibus quam futuris, quatinus comes Conanus, pro redemptione anime sue et patris sui, vineas cum omnibus

[1] Les mots entre parenthèses sont écrits au-dessus des mots auxquels ils se rapportent (Note du Cart.).

apenticiis suis, quas Paganus, filius Roaldi, de monachis Sancti Salvatoris in vadimonio habuerat, ipsis monachis apud Venetum concessit. *Istis* videntibus et audientibus et intelligentibus : Bricio episcopo nannetense; Simone Sancti Guilde de nemore abbate ; Vitali sacerdote de Rothono ; Hugone de Eboraco, decano et nannetense archidiacono ; Herveo capellano ; Menguido, Boisello, Ermengardi comitissa ipsius comitis genitrice. Facta est hec concessio in perpetuum possidenda, in manu *Heruei* abbatis, in sexto[1] kal. octobris.

199

Donald, évêque de Saint-Malo, donne la chapellenie du château de Josselin à un prêtre nommé Brient que lui présentent les moines du Prieuré de Saint-Martin de Josselin.

Arch. dép. Fonds du prieuré de Saint-Martin de Josselin. Orig. parch.

Entre 1124 et 1131.

Noscant tam posteri quam presentes quum ego Donoaldus Dei gracia Aletensium humilis episcopus, Brientio cuidam sacerdoti quem monachi Sancti Martini mihi presentaverunt capellaniam eorumdem monachorum de castello Joscelini in elemosinam quiete et libere habere concessi, hoc etiam ut ratum et firmum existeret auctoritate sigilli mei confirmavi. Ad factum plurimi testes asseverant : ex monachis : Radulffus prior, Andreas monachus, Milo monachus ; de clericis, David archidiaconus. Gradalonus capellanus et alii quoque plures.

200

Le vicomte Geoffroy donne au prieuré de Saint-Martin de Josselin les revenus qu'il percevait sur l'église de Lanouée.

Arch. dép. Fonds du prieuré de Saint-Martin de Josselin. Orig. parch.

Entre 1124 et 1131.

Presentibus omnibus et futuris, notum fieri volumus quod Gaufridus castelli Joscelini vicecomes, instinctu graciæ divine admonitus, dedit et omni intimo affectu concessit duas partes sexti de-

---

[1] Sous-entendu *die* (Note du Cart.).

narii tocius reditus ecclesie de Lanniou, cum duabus partibus sexte partis primitiarum et decimarum eidem ecclesie pertinentibus, monachis Majoris Monasterii in ecclesia beati Martini apud castrum Joscelini Deo servientibus, in manu Domini Odonis abbatis Majoris Monasterii, hoc donum ego Donoaldus, Dei gracia Aletensium episcopus, in manu mea recepi et superdictis monachis dedi et sigilli mei auctoritate munivi coram testibus his. Odone abbate, Laurentio bajulo, Hugone, Andrea, Fuano, Lelduino, Bermundo, monachis ; clericis vero, David, Gradilono, Richardo.

201

Donald, évêque de Saint-Malo, donne au prieuré de Saint-Martin de Josselin la chapelle de Saint-Nicolas de Guer.

Arch. dép. Fonds du prieuré de Saint-Martin de Josselin.
Orig. parch.

Entre 1124 et 1131.

Literarii memoriam, tam presentibus quam futuris hominibus notum fieri volo quia ego Donoaldus Dei gracia Aletensis episcopus dedi in elemosinam monachis Majoris Monasterii de castro Goscelini capellam Sancti Nicolaii cum omnibus adquisitis sive adquirendis, hoc donum capellanus de Gern... et Simone cocedentibus, et militibus, qui locum constituerunt, exigentibus, huic dono cui contradicere voluerit... justiciam ecclesie donec resipiscat acriter arceatum. Predicti doni sunt testes, David archidiaconus, Gradalonus capellanus, Ricardus nepos episcopi, Aufredus capus maliei, Guillelmus filius Ivonis, Judiæl filius Hues, Februarius filius Grinon, Roercus filius Hues, Mengui filius Chavaladri.

202

Donald, évêque de Saint-Malo, donne à Saint-Martin de Josselin du consentement des chapelains Reginald et Syméon le tiers de l'église de Guer.

Arch. dép. Fonds du prieuré de Saint-Martin de Josselin.
Orig. parch.

Entre 1124 et 1131.

Quum actiones hominum cum tempore transeunt iccirco ego Donaldus Dei gracia episcopus Aletensis ad religionis augmentum et ad sancti Martini ecclesie provectus, consilio et admonicione Reginaldi et Symeonis capellanorum ecclesie de Guern, salvo jure episcopali, litterarum memorie commendavi et auctoritate sigilli mei confirmavi, quod post obitum ipsorum nisi interim monachi efficiantur dedi terciam partem ecclesie cum omnibus ejus appenditiis videlicet cum vineis et quatuor jornalibus terræ juxta Querbigec, cum domibus, cum ortis earum, cum sex plateis cimiterii quas habebant, monachis Majoris Monasterii de castro Joscelini. Predictum vero donum dedi predictis clericis hoc requirentibus et concedentibus. De recognicione hujus domini capellani monachis singulis annis XII denarii sunt reddituri ad festum Sancti Martini. Si quis autem de parentibus eorum huic dono voluerit resistere aut contradicere jurga anathematis episcopaliter feriatur, quippe predicta omnia absolute et absque parentum participatione possidebant. Hujus doni testes sunt, David archidiaconus, Gradalonus capellanus, Ricardus nepos episcopi, Henricus prior, Moyses de Ploermel.

203

Donald, évêque de Saint-Malo, confirme la donation faite par le clerc Guillaume du tiers de l'église de Saint-Gurval de Guer au monastère de Marmoutiers près Tours.

Arch. départ. Fonds du prieuré de Guer. Orig. parch.

Entre 1124 et 1131.

In nomine Sancte et Individue Trinitatis ego Donoaldus, Aletensis episcopus, presentibus futurisque notum fieri volo quia erat in diocesi nostra quidam clericus nomine Guillemus qui terciam partem ecclesie Sancti Grualdi de Guer jure hereditario usurpabat, qui divina ut credimus inspiratione edoctus quod jam dictam ecclesie partem contra auctoritatem et instituta sinodorum tam diu tenuisset, penituit et in manu nostra, devocionis intuitu, reddidit et reliquit. Ego autem ad salutem anime tam sue quam mee de illa disponere gestiens simulque considerans quod nusquam posset melius collocari religiosis et karissimis fratribus et amicis meis Majoris Monasterii monachis quidquid idem Guillemus in sepefata ecclesia habebat, salvo tantum jure pontificali rogatu ipsius et concessione donavi et ipsorum abbate Guarnerium qui forte tunc temporis obedientias Britannie pastoralis sollicitudinis gratia circuibat apud sanctum Meventium investivi. Ut autem hæc nostra donatio firma et quieta in perpetuum maneat nec successorum nostrorum quispiam vel quilibet alius illi contraire aut in aliquo inquietare presumat cartam exinde factam percepi, sigilli nostri munimine confirmavi et tam de nostra quam de parte abbatis aliquos eorum qui aderant subnotavi. David archidiaconus, Gradalonus capellanus, Richardus nepos meus, Rainaldus de Guer ; de monachis : Hugo hospitalarius, Gislebertus, Turgisus, Bermundus bajulus, Jostho abbas sancti Meventii cum pluribus de monachis suis et plures alii. Dedit præterea supradictus Guillemus Deo et Sancto Martino et nos concessimus et sub sigillo nostro voluit contineri decimam tocius terre que est inter Guer et ecclesiam sancti Michælis de monasteriis, omnesque decimas quas ubicunque habebat et tres domos quas habet in cimeterio cum ortibus et pratis et appenditiis earum.

204.

Alain, comte de Porhoët, donne aux moines de Saint-Martin de Josselin tout l'emplacement situé à la porte du nouveau château de Rohan pour y construire une église et un cimetière.

Bibl. nat. Bl. Mant. f. franç. 22319. Cop. pap.

1127 ou 1128.

Anno ab incarnatione Domini MC XXVII, Lugdovico Rege regnante, Conano Britannorum comite, Alanus vicecomes Porrohouetensis donavit Deo et monachis Majoris Monasterii apud castrum Joscelini Deo servientibus, totum burgum ad portam castri sui novi quod vocatur Rohan ad construendam ecclesiam et cimiterium, (*cetera omnia deleta sunt, nec ullo modo possunt legi usque ad ea quæ sequuntur*) : Actum apud claustrum Sancti Martini castri Joscelini V. Kal. aprilis. Testes Alanus ipse vicecomes, Jostho filius ejus, qui simul cum... patre don... super altare... Daniel, Leo, Morvanus atque Aldronius fili... Daniel de Ferrariâ et alii multi.

205.

Alain, comte de Rohan, donne aux moines de Saint-Martin de Josselin l'emplacement situé devant son nouveau château de Rohan, plus un moulin, la moitié de la ville, les dîmes et droits dans la paroisse de Credin, etc.

Arch. dép. Fonds du prieuré de Saint-Martin de Josselin. Orig. parch.

1128.

Anno ab Incarnatione Domini millesimo centesimo vigesimo octavo, Ludovico rege regnante, Conano Britannie comite, Ego Allanus, vicecomes dono et donavi Sancto Martino, nec non monachis monasterii apud castrum Joscelin, totum burgum ante portam castri mei novi, quod vocatur Rohan, et unum molundinum et dimidiam villam, id est terram ad unam carucam sufficientem, prope meum castrum, et totum jus percipiendi decimas in parrochia Sancti Petri de Querdin, usque ad meum castrum, retentis palleis, et dimidiam juridictionem curie communi de Querdin, ad deprecationem anime et animarum deffunctorum meorum. Actum in nostro dicto castro de Rohan, anno supradicto, sub paragrapho et sigillo nostro in rei testimonium.

A. DE ROHAN.

206

1128.

Alain de Porhoet, troisième fils d'Eudon Ier comte de Porhoet, fut le premier seigneur de Rohan; il mourut en 1128. La première résidence d'Alain Ier fut Castennec; vers la fin de sa vie, il fit construire le château de Rohan.

Archives de M. de la Borderie.

207

Confirmation par Jacques, évêque de Vannes, de la donation faite à Saint-Martin de Josselin par les prêtres Guihomar et Rival et le laïque Even frère de Guihomar, de l'église de Sainte-Julite de Molac. L'évêque de Vannes leur donne aussi la chapelle de Sainte-Marie-de-Lermenio.

Arch. dép. Fonds du prieuré de Saint-Martin de Josselin.
Orig. parch.

Vers 1128.

Ego Jacobus Dei gracia Venetensis ecclesie humilis minister notum facio omnibus quod Guihomarus sacerdos et Rivaldus sacerdos et Evenus laïcus frater Guihomari, pro remedio animarum suarum atque antecessorum suorum dederunt Deo et Sancto Martino Majoris Monasterii, aput Castrum Jocelini demorantibus, ecclesiam sancte Julite de Molac cum omnibus que ad altare pertinent, dimidium etiam cimiterium quod a progenitoribus jure hereditario tenebant et medietatem decimarum annone totius parrochie, nec non etiam omnem terram suam quam tenebant de alodio. Hoc, inquam, donum tali pacto fecerunt ut, monachilem habitum apud Majus Monasterii, quando vellent, haberent; et si prefatus Evanus, qui laicus erat, uxorem magis vellet ducere quam Domino sub hanc professionem servire dimidium terre alodii sui, excepto cimiterio, in vita sua haberet: cetera omnia, id est, ecclesia, cimiterium et decime, Guihomaro jam facto monacho aliisque monachis sine ulla calumpnia remanerent; et Constantinus et frater ejus Gradilonus concesserunt hoc donum, sive elemosinam, pro salute animarum suarum de quorum casamento procedebat cimiterium et quicquid juris habebant in ipso et in ecclesia; sine quolibet retentu hoc totum in elemosinam dederunt. Dederunt etiam Deo et monachis in puram et perpetuam elemosinam domum suam cum cortilo quam habebant in predicto cimiterio prope ecclesiam. Actum est hoc in ecclesia sancte Julite quadam die Dominica coram parochia, que tunc presens erat. Ego vero Jacobus qui, Deo volente, Domino Morvano in episcopatu successi hoc donum, cum mihi constaret ita esse factum sigilli mei auctoritate, ad posterorum memoriam, confirmavi, sub his testibus : Constantino, Gradilono fratre ejus, Pagano Ocreato qui erat de eorum tribu, et hi idem ipse voluit et concessit, sed et ipse Dominus meus Morvanus predecessor meus sic vidimus et audivimus et in Domino testificamus, sigilli sui karitate munivit. Postea precedente tempore cum ad arcem Venetensis ecclesie, per voluntatem Dei vocatus, senissem, dedi et concessi sepedictis monachis Majoris Monasterii Capellam Sancte Marie de Lermenio, qua capella membrum est ecclesie Sancte Julite de Mollac cum tota dignitate tocius cimiterii et hujus sigilli mei auctoritate munivi et confirmavi. Capellam autem illam longe ante Gruadilonius cum cimiterio tenuerat et postea in diebus meis quicquid in ea redamabat injuste et contra domini preceptum dimisit et de injusta invasione de manibus nostri penitentiam accepit et accipiendo penitentiam satisfecit.

208

Conan, duc de Bretagne, donne au prieuré de Saint-Martin de Josselin les droits qu'il perçoit à Ploërmel.

Arch. dép. Fonds du prieuré de Saint-Martin de Josselin.
Orig. parch.

Vers 1129.

Ego Conanus dux Britannie notum fieri volo omnibus tam militibus quam burgensibus de castello Plormel quatenus concessi monachis Beati Martini Majoris Monastarii in eodem castro propossi Deo servientibus ut homines sui a quicquid parte in certam suam advenerint exceptis burgensibus castelli sepe nominati; de Pallu meo que burgenses mei me adveniente reddunt omnino nichil reddant. Hoc domi dedi, pro redentionem anime mee et antecessorum meorum, in manu Moysy prioris ejusdem loci in claustro Beati Martine castri Goscelini, his audientibus Gaufrido vicecomite, Alano capellano, Herveo deb rel, Danielo filio David ; de monachis affuit Andreas prior, Fulcherius, et alii plures, Judicael filius Caphin, Faganus filius Ruaut, Moyses monachus, Herveus monachus, Rotbertus monacus et alii, Jacutus Enisani filius et frater ejus Rotbertus, alii plures.

209

Jacques, évêque de Vannes, confirme la donation de l'église de Credin faite par Moisan, évêque de Vannes, et la donation de la chapelle de Rohan faite par le vicomte Alain aux moines de Saint-Martin de Josselin.

Arch. dép. Fonds. du prieuré de Saint-Martin de Josselin.

1129.

Ego Jacobus, Dei graçia Venetensis episcopus, concedo et auctoritate sigilli mei confirmo, donum de ecclesia sancti Petri de Querdin, quod predecessor meus bone memorie Morvanus, Venetensis epispus, fecit monachis Sancti Martini de castello Joscelini, donum etiam, quod Alanus vicecomes eisdem monachis de capella Rohan fecerat, benigne concedo et confirmo ; quod si quis istis contradixerit vel obviare voluerit anathema, sit, fiat, fiat ; amen.
Data Venetiis anno domini MCXXIX.

210

Jean, évêque de Saint-Brieuc, confirme toutes les donations faites pendant son épiscopat au prieuré de Saint-Martin de Josselin.

Arch. dép. Fonds. du prieuré de Saint-Martin de Josselin.
Orig. parch.

1129.

Sacrorum canonum auctoritas hoc ordinando disposuit ut unusquisque episcopus ecclesiastica beneficia sui episcopatu secundum statuta Apostolorum servitoribus ceterisque oratoribus sancte

Ecclesie fideliter prout unicuique opus erit dividat, et dispartita sancte Ecclesie beneficia possessionesque a fidelibus, servitoribus Sancte Ecclesie oblatas, armis justicie defendat. Unde sit quod ego Johannes, Dei gratia sancti Briocii episcopus, communi assensu nostri capituli concedimus monachis beati Martini Majoris Monasterii, salva tamen obedientia et redditibus nostre Ecclesie in Porrihocensi pago ecclesiam de Ferreria et ecclesiam de Lantingnac ita ut per manum monachorum Majoris Monasterii qui manent in monasterio beati Martini juxta castrum Guoscelini sit introitus vel exitus sacerdotum istarum ecclesiarum. Beneficia vero earum inter monachos et sacerdotes juxta voluntatem monachorum in pace dividatur ne inter servos Dei scandalum inde oriatur. Insuper quicunque dono fidelium data sunt in nostro tempore monachis Majoris Monasterii per totum episcopatum Sancti Briocii concedendo confirmamus ecclesiam quoque beate Marie semper Virginis ante castrum quod vulgo Vigum vocatur fundatam et cimiterium ejusdem quod ad honorem Dei pro utilitate populi illius castri consecravimus et parrochiam quam predicte ecclesie ego et clerus noster mecum et Oliverium dominus prefati castri, concedentibus filiis suis, certa divisione deputavimus, concedendo monachis Beati Martini Majoris Monasterii confirmamus, corpora quidem defunctorum illius castri ad Cruces in quadruviis et in terris ad cimiterium non consecratis ex auctoritate sanctorum canonum inhumari et sepeliri prohibemus quia ad hoc predictum cimiterium faciendo sanctificavimus ut corpora fidelium illius castri in eodem cimiterio sepulture traderentur. Ad capellam sancte Marie prope Vigum ante hospitalitatem factam et monachis beati Martini cum ipsa hospitalitate datum sine consensu monachorum et sine sacerdote eorum nullo modo corpora defunctorum sepeliri permittimus. Quicumque ea que in hac nostra confirmatione ad utilitatem religionis Majoris Monasterii continentur servaverint vinculis peccatorum suorum absolvantibus contra facientes perpetuo anathemate puniantur.

Actum anno ab Incarnatione domini M. C. XXVIIII Indictione septima.

☨ Signum : Johannis Sancti.
Briocii episcopi.

Testes sunt Johannes episcopus, Judicalis decanus, Hamo archidiaconus, Alexander preceptor, Roallenus canonicus, Herveus canonicus, Goffridus canonicus, Fulcherius sacrista, Mauricius nepos episcopi, Hamo presbyter de Treguehuc, Gosbertus prior de Lambaula, Garinus et Aldebertus monachi Majoris Monasterii, David presbyter, Urvodus clericus et multi alii.

211

Jacques, évêque de Vannes, fait un accord entre Geoffroy fils de Raoul et les moines de Saint-Martin de Josselin au sujet du tiers de l'église de Credin et des dîmes de cette église.

Ach. dép. Fonds du prieuré de Saint-Martin de Josselin.
Orig. parch.

22 juillet 1129.

Anno ab Incarnatione Domini MCXXVIIII videlicet XI kalendas Augusti orta est dissensio inter monachos Majoris Monasterii et magistrum Gaufredum Radulfi filium de tercia parte ecclesie Querdin et de tercia parte decime ejusdem parrochie, illa scilicet parte quam magister Radulfus tenuit. Cui dissensioni finem imponere volens ego Jacobus Dei gracia Venetensis episcopus statui ut predictus Gaufredus medietatem pretate elemosine in vita sua haberet, post obitum vero ipsius, monachi Sancti Martini totam elemosinam illam integre et quiete possident, salvo jure Venetensis ecclesie. Hujus rei testes sunt : Jacob episcopus Venetensis, Guihomarus archidiaconus, magister Abraham, Rainaldus presbyter, Morvanus decanus, Elfredus presbyter, Evenus, Elios, Roaldus, He. n. siton et Albaltus, Reinerius, Judicael, hi omnes sacerdotes ; de monachis : Andreas prior, Herveus monacus, Johannes monacus, Rotbertus monacus, Fulcherius monachus, Gleus monachus, Judicælus monacus, Hamon monacus. De laicis : Macos, Guihomarus, Rotbertus filius Ermeline, Rotbertus filius Rafredi, Herveus homo Dei, Johannes, Roscherius frater Gaufredi, Mainguidus filius Gueht, Morvanus filius Rainaldi, Tengui filius Joscelini, Rafredus filius Ilu-Daniel filius Gleboardi, Herveus Fantoi, Herveus famulus et alti multi.

212

Donald, évêque de Saint-Malo, donne aux moines de Saint-Martin de Josselin le droit de nommer un chapelain pour desservir la chapelle du château de Josselin.

Arch. dép. Fonds du prieuré de Saint-Martin de Josselin.
Orig. parch.

1129.

Ego Donbaldus Aletensis episcopus propter pacis quietisque custodiam promissi atque concessi fratribus meis monachis santi Martini prope castello Joscellini ut in sua parte de capella sancte Marie ejusdem castri capellanum suum de annno in annum haberint, si ita fieri oportere viderint episcopo autem Aletensi illum prius. carente preferre laicum. Multo... nanque evenire solet ut per longam. noram... presbiteris mutex scandalorum contrietates injuste contra ecclesiarum possessores oriantur hanc itaque promissionis mee licentiam sigilli mei auctoritate firmavi. Actum anno ab Incarnacione Domini MCXXVIIII in ecclesia sancti Martini de Castello Joscellini coram his testibus : Grodilono capellano, Roberto nepote episcopi, Andrea priore, Herveo monaco, Fulcherio monaco, Gaufredo vicecomite, Jacuto filio Enisani, Eudone puero cum aliis multis.

† David archidiacono.

213

Jacques, évêque de Vannes, confirme la donation faite à l'abbé de Marmoutiers près de Tours, par Payen, seigneur de Malestroit, de la chapelle de Sainte-Marie-Madeleine en Missiriac.

Arch. dép. Fonds du prieuré de Malestroit. Orig. parch.

Vers 1130.

Jacobus Dei gracia Venetensis episcopus Domino venerabili Abbati Majoris Monasterii omnique conventui imperpetuum vetustissimo tempore antiquissimorum patrum, Ludovico regnante in Gallia, Conano vero presidente in Britannia, predictus Jacobus episcopus donum sive elemosinam Pagani domini Malestrici et aliorum baronum seu clericorum benigne concessit et in sua parte, concedente suo archidiacono Radulfo, ecclesiam sancte Marie Magdelene que sita est in parrochia Miciriacum suo cimiterio et cum beneficiis parochianorum quibus Paganus cum sua progenie presidet salvo jure sancti Gilde et Moyse sacerdotis et salvo introitu sacerdotis Deo volente annuit. His testibus Moyse sacerdote : cum suo fratre Judicaele de sancto Marcello, Bonello de Plosmel; de baronibus : Pagano cum suo fratre Gaufrido, Grignono filio Mohoiarn, Judicaele filio Solun; de burgensibus : Judicaele filio Esau, Rovallono vicario, cum multis aliis clericis baronibus seu burgensibus valete.

214

Donald, évêque de Saint-Malo, confirme la donation faite par le clerc Aldroin de l'église de Ménéac en Porhoet aux moines de Saint-Martin de Josselin.

Arch. dép. Fonds du prieuré de Saint-Martin de Josselin.
Orig. parch.

15 juin 1130.

In nomine Sancte et Individue Trinitatis Patris et Filii et Spiritus Sancti, Ego Donoaldus Dei gracia Aletensis episcopus quum generatio advenit et generatio preterit notum fieri volo omnibus catholice fidei cultoribus tam presentibus quam futuris quia quicquid Aldronius clericus in ecclesia de Miniaco de Porrehoit tenuerat et quicquid in eadem parrochia pertinens ad sanctuarium habuerat, unde tam olim Sancto Martino donum fecerat ex affectu bone et pure voluntatis dono et concedo Deo et Sancto Martino Majoris Monasterii monachisque ejusdem in elemosinam et auctoritate sigilli mei in perpetuum habendum confirmo, salvo jure episcopali, capellanam quoque dimidie partis ejusdem ecclesie, quam idem Aidronius tenuerat, similiter eis dono concedo et confirmo. Rogaverant etiam me Gaufredus vicecomes filiusque ejus Eudo ut quicquid prefatus Aldronius ab eisdem in cimiterio et in decimis et in terris tenuerat et monachis dederant, sigilli mei munitione confirmarem edidi et benigne feci. Actum est hoc in domo Morvani decani apud Castellum Joscelini anno ab incarnacione domini MCXXX videlicet XVII kalendas Julii, Indictione VIII. Epacta VIIII. Hujus rei testes sunt : ipse episcopus Donoaldus, David archidiaconus, Gradilonus capellanus, Morvanus decanus, Alfredus, Brientius, Sanson, Mainguidus de Guillac, Hervenus de Lannois, hii omnes presbiteri, Gauterius canonicus ; de monachis : Andreas prior, Algomarus, Herveus Fulcherius, Rotbertus ; de laicis : Gaufredus vicecomes, Eudo filius ejus, Phili dapifer, Alfredus caput mallei, Aldronius filius Jacuti, Judicael, Carbonellus filii Cossani, Eudo filius Pagani, Rio filius Donoali, Brientius nepos episcopi, Rafredus filius Huberti, Guihomarus, Gronnardus, Enisanus filius Prigenti, Eudo filius Guethenoc Fantou filius Bernardi multique alii.

215

Le prêtre Guillaume donne au prieuré de la Madeleine à Malestroit tout ce qu'il possède dans l'église de Caro.

Arch. dép. Fonds du prieuré de Malestroit. — Orig. parch.

1131.

Sicut per negligentiam res collecte dilabuntur, sic collecte et noticiis comendate stabiles permanent et conservantur ; et quia ni hil est ratum quod non fuerit litteris comendatum, ad posteros certum scribere curavimus quod quidam Willelmus, presbyter de monasterio Gurhel, dedit Deo et Sancto Martino Majoris Monasterii et monachis ejus, necnon et Beate Marie Magdalene de Malestricto, in elemosinam, pro salute anime sue, quicquid in ecclesia de Caroth a Donoaldo, episcopo Aletensi, in elemosina tenebat et temporibus duorum antecessorum suorum prius tenuerat ; scilicet medietatem tocius ecclesie, et de altera parte ecclesie XII denarios de mangerio a presbyteris ; qui videlicet Guillelmus de dimidio oblationum duas partes in manu sua tenebat, et tenentes ab eo reliquam terciam habebant, de tota decima vini duas, de ligno et canuo¹ totam, de tercia parte decime annone duas partes, et IIII^{or} plateas domorum in minihio ; quod donum cum longe ante in sanitate fuisset, in infirmitate jacens, in confessione sua confirmavit, et se ipsum et filium suum Johannem ad monachum dedit coram his testibus : Henrico priore, Mathia monaco, Moise monaco, Treslono, Boneilo, Johanne presbiteris, Gaufrido magistro et Quento de Monstor Jurhel, Hanc elemosinam ego Donoaldus, Dei gracia Aletensis episcopus, dono et concedo monachis Majoris Monasterii et sigilli nostri munimine perpetuo ratam esse confirmo in omnibus, ut sic, predictus Willelmus tenebat, in oblationibus, in decimis, in primitiis, in confessionibus, in baptisterio, in demissis, in frumentatibus, salvo jure Aletensis ecclesie. Hujus rei testes sunt ; David archidiaconus, Gradilonus capellanus, Morvannus decanus, Ricardus nepos episcopi, Alfredus presbiter ; de monachis : Henricus prior, Andreas prior, Mathias monachus, Aldronius monachus, Fulcherius monachus, Rotbertus ; de laicis : Gau-

---

¹ Probablement pour Canabi.

fredus vicecomes, Johannes Rufus, Eudo filius Gueht, Donel, Guillelmus Bornus et alii. Actum anno ab incarnacione Domini M. Ci XXXI.

216

Donoald, évêque de Saint-Malo, confirme la donation faite par le sous-diacre Raoul, fils de Tual le Roux, au prieuré de Saint-Martin de Josselin de tout ce qu'il possédait dans l'église de Lanouée.

Arch. dép. Fonds du prieuré de Saint-Martin de Josselin.
Orig. parch.

1131.

Noverint omnes quod Radulfus, subdiaconus, filius Tualeni Rufi, dedit Deo et sancto Martino Majoris Monasterii et monachis ejus in elemosinam, pro salute scilicet anime sue, quicquid juris habebat in ecclesiam Sancti Petri de Lannou idest in oblationibus, in decimis, in terris; hanc elemosinam ego Donoaldus, Dei gracia Aletensis episcopus, pro salute anime mee, dono et concedo et sigilli nostri munimine perpetuo ratam esse confirmo coram testibus istis : Gradilonio capellano, Morvano decano, Eveno de Guinni, Ricardo nepote nostro ; de monachis : Andrea priore de castro Goscelini, Turgisio priore Sancti Maclovini, Guillemo priore Sancti Melanii, Tehello monaco et multis aliis. Hoc concedo, salvo tamen jure nostro episcopali. Hoc donum feci in manu domini Odonis abbatis, anno ab incarnacione Domini MCXXXI.

217.

Donoald, évêque de Saint-Malo, accorde les moines de Saint-Martin de Josselin et Rosell, fils de Girard de Lanouée, au sujet de la donation de la terre de Garniguel en Lanouée faite par son père au prieuré de Josselin.

Arch. dép. Fonds du prieuré de Saint-Martin de Josselin.
Orig. parch.

1132.

Ego Donoalus, Dei gracia Aletensis episcopus, noticie fidelium trado venturam fuisse in presentia nostra calumniam Roselli filii Giroardi de Lannoix quam contra monachos Sancti Martini habuit de his que pater suus tenuerat in Huerniguel. Dicebat enim Rosellus quod monachi a patre suo acceperant in vadimonio quod ibi habebant et idem volebat illud disguagiare ; monachi e contra protulerunt cartam in qua continebatur quod Giroardus et frater ejus Herveus concesserant eis quicquid in vadimonio vel in emptione seu etiam in elemosina retinebant, hanc donationem seu concessionem eis fecerant quando Robertum Tortum in monachum susceperant, fratrem videlicet ipsorum. Carta vero multis testibus roborata erat de quibus octo tantum superstites inventi sunt. Cum igitur Rosellus et qui cum ei erant falsitatem mee carte manifeste reclamarent, monachi obtulerunt quod eam testimonio credibilium personarum veram esse confirmarent. Rosello itaque probationem recipere nolente, nisi omnes illi octo testes qui in carta continebantur ad probandum ipsam cartam ponerentur, unanimiter et in concilio videamus non esse necessarium ut omnes illi testes ad probationem cogerentur, sed potius de ipsis testibus quatuor producerentur per quos monachi cartam suam confirmarent, et sic ea que tenerant de cetero jure perpetuo possiderent. Monachi, sicut constitutum et judicatum fuerat, probationem suam facere parati fuerunt nec qui eam recipere invenerunt. Interfuerunt autem huic judicio nostro David archidiaconus, Gradalonus capellanus, Richardus nepos meus, Radulfus archidiaconus venetensis, Abraham canonicus venetensis, Gaufridus vicecomes, Donoalus filius Guihomari et alii quos numerare longum est nec inultum refert. Data per manum Petri Dinanensis. Actum apud sanctum Martinum de castro Joscellini, anno ab incarnacione domini $\overline{M}$ $\overline{C}$ XXXII. Indictio X. Epacta I. concurrentibus V. in minus pascale. II nona aprilis, ipsius pascali diei IIII idus, luna ipsius diei XX.

218

Yves, évêque de Vannes, confirme les donations faites par ses prédécesseurs, Morvan et Jacques, au prieuré de Saint-Martin de Josselin.

Arch. dép. Fonds. du prieuré de Saint-Martin de Josselin.
Orig. parch.

1132 et 1143.

Ego Yvo, Venetensis ecclesie humilis minister, considerans munimenta antecessorum nostrorum Morvani videlicet et Jacobi que ab eisdem episcopis monachi Majoris Monasterii de ecclesia de Querdin habebant, et munimentis ipsis percepi quod, tempore predecessoris nostri Jacobi, Venetensis episcopi, orta est dicensio inter monachos et Gaufredum, Radulfi filium, de tercia parte ecclesie Querdin et decime, unde ad hujusmodi concordiam ante episcopum venerant, ut scilicet predictus Gaufredus dimidium elemosinæ illius tantum in vita sua haberet, accidit, et rogatu et consilio nostro Gaufredus elemosinam illam in manu nostra dimisit, quam elemosinam dimissam monachis dedi, et salvo jure et, obedientia Venetensis episcopi, in perpetuum possidendam concessi.

219

Le prêtre Hervé remet entre les mains de Donoald, évêque de Saint-Malo, l'église de Ploarmos qu'il possédait depuis plusieurs années. L'évêque donne cette église au monastère de Marmoutiers.

Arch. dép. Fonds du prieuré de Saint-Martin de Josselin.
Orig. parch.

31 décembre 1137.

Ad pacis et quietis custodiam, ad dirimendam aut penitus sopiendam calumniarum et controversie occasionem, operemptium esse experimento probavimus memorie successorum prescripti vivacitatem transmittere facta priorum, ut quod non valet homini fugaci memoria retineri litteris obligatum non pereat, non possit oblivione deleri. Cujus rei gratia, ego, Donoaldus, Aletensis episcopus, per presentem paginam notifico presentibus pariter et futuris quod Herveus presbiter ecclesiam de Ploarmos, quam que de cetera canonum et instituta sacerdotum hereditario jure pluribus annis possideat, divina compunctus miseratione, in manu mea propria dimisit et pro voluntate mea tradendam et disponendam et cui mihi placeat conferendam, exclusa omni in posterum reclamatione, concessit. Quam ecclesiam sic libere et absolute mihi reddidit. Ego, interventu et petitione Domini Gaufredi, Carnotensis episcopi et Sancte Romane ecclesie legati, Majoris Monasterii monachis fratribus et amicis meis in Christi caritate..... illius contradictione donavi et, salvo tamen jure episcopali, sigilli mei auctoritate, sine ulla retentione, firmavi. Quod donum si aliquis episcopus, clericus aut laïcus frustrari aut in aliquo minuere temptaverit, diaboli malignitate deceptus, Beati Petri cujus vices gero in presenti vita incurrat et in futura dampnatorum supplicia, nisi respicierit, sortiatur. Actum anno ab incarnacione Domini M° C° XXXVII°, pridie kalendas Januarii, capitulo Majoris Monasterii, presentibus eidem capitulo me Donoaldo, episcopo Aletensi, Evano, Venetensi episcopo, et Garnerio abbate ejusdem loci, presentibus concedentibus David Archidiacono, Herveo predicto presbitero et quondam nepote meo Ricardo.

220

Donoald, évêque de Saint-Malo, donne au monastère de Marmoutiers la chapellenie de Guer et tout ce que les prêtres Rainald et Simon possédaient dans cette église.

Arch. dép. Fonds du prieuré de Guer. — Orig. parch.

1137.

Omnia que in tempore sunt cum tempore transeunt et, sicut ipsi ita etiam dilabuntur et excidunt memoria dicta mortalium, nisi quod provida sollicitudo monumentis assignaverit litterarium. Iccirco ego Donoaldus Dei gracia Aletensis episcopus, hoc precepi litteris annotari, ut notum sit presentibus pariter et futuris, quod capellaniam de Guer et quicquid in ipsa ecclesia duo presbyteri Raynaldus et Simon tenuerant et in appendiciis ejus habuerant, karissimis fratribus et amicis meis Majoris Monasterii monachis, salvo jure episcopali, in possessionem sempiternam habere concessi; et, ut ipsa concessio firma et inviolabilis perpetuo maneat, impressione sigilli mei et munimine roboravi. Actum in quadam camera Majoris Monasterii anno Incarnationis Christi M° C° XXX.° VII, presente et concedente David archidiacono, Gradalono capellano, Richardo, monachis : Giraldo, priore, Hugone hospitalerio, Guillemo de Monte Johannis.

221

Plusieurs habitants de Breulis attestent que l'abbaye de Redon possède à bon droit la moitié de la villa Breulis.[1]

Num. CCCLXXV du Cart. de Redon, fol. 180 v°, p. 330.

16 août 1145.

Presentium ac futurorum memorie tradere curavimus quod homines Broolienses, Arscoit, Bestenc, Gorsel, Lemarsq, *Herui* filius Goro, *Herui* filius Rio, Tual, Daniel filius Gerbert, venientes ante vonem abbatem, jurare parati fuerunt coram Deo, testificantes quod in dimidia villa Broolis septem minas et dimidiam frumenti et septem arietes et dimidium, juxta divisas antiquitus particulas, haberemus, et quod ad singulam particulam terre, ad minam scilicet frumenti, pertineret in cimiterio singula platea, sine censu, exceptis de singulis plateis singulis denariis. Facta est hec testificatio anno ab incarnatione Domini MCXLV, mense augusto, luna XXIV, feria V, Rothonis, in presentia Ivonis abbatis. Affuerunt *Guehonocus* dominus Musullacensis, *Herui* Corno, Freol filius Guihomarci, Daniel (filius Hellen), Danes (de Caden), Bodelegan ; de monachis : Budicus, Guehenocus, *Herueus*, Guillelmus (Paubenic)[2], et de hac villa multi.

222

Confirmation du duc Conan III à l'abbaye de Sainte-Croix de Quimperlé de toutes les fondations faites par ses prédécesseurs.

Titres du château de Nantes. — Copie du XVII° siècle publiée par M. Le Men.

8 septembre 1146.

Notum sit omnibus, tam presentibus quam futuris, quod ego Conanus, dux Britanniæ, Alani Fergant filius, confirmo ac in perpetuum concedo abbatiæ Sanctæ Crucis de Kemperelle et monachis ejusdem loci, omnes possessiones quæ ab antecessoribus suis, Alano

---

[1] Breulis, village commune de Noyal-Muzillac.
[2] Les mots entre parenthèses sont écrits au-dessus des noms auxquels ils se rapportent. (Note du Cart.).

videlicet Cainard et Orscando, Corisopitensi episcopo, fratre ejus, qui primo præfatam abbatiam fundaverunt,.... eis concessæ fuerunt, videlicet..... insulam quæ dicitur Guezel..... locum Sancti-Beuvi apud Keberoen, insulam Sancti-Caduodi cum suis appenditiis.....

Actum est Venetis, sexto idus septembris, millesimo centesimo quadragesimo sexto anno ab incarnatione Domini[1].

223

Bulle de confirmation du pape Eugène III des biens de l'abbaye de Saint-Sulpice de Rennes.

Arch. dép. d'Ille-et-Vilaine. Fonds de l'abbaye de Saint-Sulpice. Copies de 1599 et du XVIIIe siècle.

1146.

On y trouve mentionné : « In episcopatu Venetensi ecclesiam Sancte Marie que vocatur Locus-Marie cum pertinentiis suis. »

Dans une bulle analogue de 1161 d'Alexandre III on trouve : « In episcopatu Venetensi ecclesiam Sancte Marie que vocatur Locus-Marie et ecclesiam que vocatur Prisciack et ecclesiam sancti Leonardi cum appenditiis earum... Datum Turonis, anno 1161. »

Le pape Clément VIII confirme ces mêmes donations en 1600.

224

Le comte Eudes confirme la donation faite par Marie, fille d'Isaac, de la terre de Lesveren au prieuré de Saint-Martin de Josselin. Il donne en même temps tout ce qu'il possédait de cette terre et confirme les donations précédentes de son père Geoffroy.

Arch. dép. Fonds du prieuré de Saint-Martin de Josselin. Orig. parch.

1153.

Notum sit omnibus presentibus et futuris quod ego Eudo comes, pro redemptione anime mee et antecessorum meorum, assensu et consilio fratrum meorum, videlicet Joscii vicecomitis et Alani Ceoche,

---

[1] Même confirmation du duc Conan IV en 1162. *(Ibid).* Id. de la duchesse Constance en 1184 *(Ibid.).* Id. du duc Guy de Thouars en 1206 *(Ibid.).*

concessi domum et elemosinam de Lesveren quam Maria filia Ysaac et sui dederunt Deo et monachis Beati Martini de castro meo : cupiens igitur habere partem in orationibus supradictorum monachorum dedi eis quicquid juris in predicta terra habebam. Preterea rogaverunt me supradicti monachi ut eis quasdam consuetudines quarumdam terrarum quas eis Dominus Gaufredus pater meus prius dederat scilicet has : Censum, Ostagium, Comitis esum, Maritationem, Terre emptionem, Corporis sui redemptionem, eis confirmarem ; quod et ego libenter feci. Et hec nomina terrarum : Penret, Guerniguel, Bruhurunt, quarterium Penguilli, et de quadam terra que prius fuerat Tuali Rufi, et tenamentum sacerdotis de Miniacho et terra Audroni Abbatis. Actum est hoc anno ab incarnacione Domini millesimo centesimo quinquagesimo tercio. Testes qui interfuerunt huic confimationi sunt hii : ex parte comitis, Philenus dapifer et Eudo et Donoalus filii ejus, Riolchus filius Donoali, Joscius filius Prugencii, Petrus filius Giraldi, Herveus filius Tresloeni, Alanus filius Gaufridi, Boscherius capellanus, magister Gaufredus, Melochus, Johannes, Jobardus, Amauricus et alii plures ; ex parte monachorum sunt hii : Herveus prior, Guillermus, Turpinus, Judicalis, Brientius decanus, Donoalus, Rivallonius, Galterius, Rainaudus, Herveus de Pennet, Tualus, Herveus Passelande et alii plures...

225

Le duc Conan confirme toutes les donations faites dans son duché à l'ordre de Saint-Jean de Jérusalem.

Arch. dép. de la Loire-Inférieure. Fonds des Ordres religieux militaires. Copie de 1473, signée du duc François. — Parch.

1160-1184.

Conanus, dux Britanie et comes Richemondie, universis ecclesie filiis per totum ducatum suum, salutem. Notum sit vobis omnibus me dedisse et concessisse et hac mea carta confirmasse domui Iherosolimitane hospitalitatis omnes elemosinas et terras et tenuras, que in ducatu meo predicte domui date sunt, liberas et quietas ab omnibus consuetudinibus, in omnibus locis et in omnibus partibus quorum omnium hæc sunt nomina. . . . . an Rodoed-Gallec, ...

et elemosine de Guasgury ; in Kemenet-Guegant, elemosine de Prisiac, hospitale de Loco-Sancti-Maclovii, hospitale de Pontivy elemosine Alani vicecomitis, scilicet unus burgensis in unoquoque castello suo, elemosina domini Conani ducis, scilicet unus burgensis in unaquaque civitate sua et in unoquoque castello suo ; in Kemenet-Hebgoen, elemosine de Cleker et de *Tremmatos* ; in Broguerec, elemosine de Lannkintic et de Laustenc, et Corvellou, et hospitale in Suluniac, et elemosine de Kistinit-Blagueht et de Mollac et de Malechac et de Kestenberth et de Guernou......, et elemosine de Ploe-Arhtmael (*sic*)..... Ego Conanus, Britannie dux et comes Richemondie, libere et quiete concessi hec omnia domui supradicte pro amore ejusdem domus et fratris....., familiaris nostri ; anno ab incarnacione Domini millesimo centesimo sexagesimo, regnante Ludovico Francorum rege, et Henrico Anglorum rege, Corisopitensem episcopatum Gauffredo tenente. Testes Haemo Leonensis episcopus, Gauffredus Corisopitensis episcopus, Rigvallonus abbas Kemperelegii, Eradlonus (pour *Gradlonus*) abbas Sancti-Guingaloei, prior de Monte Sancti Michaelis, Willelmus Ferron frater de Templo, Robertus cancellarius Ducis, Alanus clericus, Margarita ducissa, Martinus ejus cappellanus, Richardus et Alanus, Gemelli, Regnaldus Botorel, Henricus Bertran, Henricus filius Harvei, Alanus Rufus, Alanus de Mota, et clerus Corisopitensis ecclesie. Apud Kemper-Corentin[1].

---

[1] La charte de Conan (de 1160) a été lue et peut l'être de différentes façons, suivant le placement des virgules. Il résulte pour moi de la lecture attentive de cette pièce faite avec une carte sous les yeux, que les divers noms de lieux qu'elle renferme ont été écrits les uns à la suite des autres au fur et à mesure qu'ils venaient à l'esprit, sans aucun souci de leur position géographique, en allant cependant du nord au sud, puis de l'ouest à l'est, et de l'est au nord, tantôt isolément, tantôt groupés sous une rubrique se rattachant soit aux divisions ecclésiastiques, soit aux divisions seigneuriales, soit à des divisions vagues de territoires. Quel que soit celui de ces modes qui ait été adopté, dans la première partie de l'acte de 1160, il m'est impossible de comprendre sous la rubrique *In Treker* (Tréguier), Roudouallec et Guiscriff, éloignés l'un et l'autre de la ville de ce nom d'une trentaine de lieues environ ; je les ai donc isolés. J'ai réuni sous la rubrique *Quémenet-Guégant*, les localités de Priziac, Locmalo, Pontivy. J'ai laissé en *Kemenet-Hebgoen* Cléguer et le nom inconnu de Tremmatos. En Brouërec peuvent être rangés tous les noms suivants : Languidic, Nostang, Le Gorvello, Sulniac, Quistinic-sur-Blavet, Molac, Malansac, Questembert et Le Guerno. Ploërmel serait à isoler (Note de M. Rosenzweig).

226

La cour des vénérables évêques, Rotald, évêque de Vannes, et B., évêque de Nantes, statue sur le démêlé survenu entre le comte Eudon de la Roche et les moines de Redon, au sujet des captures faites parmi les hommes et les vaisseaux de ces derniers.

Num. CCCLX du Cart. de Redon, fol. de garde r°. p. 348.

Vers 1160.

Ego B , Dei gratia, namnetensis ecclesie humilis episcopus, atque veneranter nominandus R., eadem gratia, venerabilis venetensis episcopus, universitati fidelium, modernis futurisque temporibus, notum facere curavimus quod de vulgata et *lamentabili* rothonensium monachorum querimonia, quam habebant adversus Eudonem de Roca super captis eorum hominibus et tribus navibus copiosis rebus honeratis injuste et violenter ablatis, de quo Eudo cum tota terra sua domini Adriani summi pontificis atque Josc. venerabilis Turonensis archiepiscopi auctoritate et mandato, nostra quoque vigilancia pariter et instancia, *anathematezatus* et Sathane in interitum carnis traditus, severe excommunicationis penas luebat, favente divina gratia..... qui subsequenter scribentur eos in pacem et concordiam revocavimus Statuta igitur die, coram nobis facta est computacio de redemptione hominum et de vendicione duarum navium cum plenitudine earum et de vino navis tercie cum tribus anchoris ei plurima parte suppellectilis ejus, navem si quidem illam uualde quassatam et debilitatam, cum vasis vinariis et reliquis ejus apparatis et quicquid penes suos servientes suosque ubicumque homines de armamentis et de omni suppellectile vel utensilibus rothonensium invenire potuit, reddidit et preconis voce reddi precepit. Ad recompensationem autem grandis et *dampnose* jacture per quam predictos Rothonenses graviter affecerat, sub jurejurando et nostra custodia promisit se eis redditurum centum libras de rectis et legitimis redditibus consuetudinibus suis, qui sibi jure *exeunt* de navibus atque mercimoniis ipsorum Rothonensium, ita ut dimidiam ipsorum reddituum partem integre habeant, donec libre centum compleantur. *Quare*[1] vero propter hunc nimium

---

[1] Il y a *gr.* dans le manuscrit, qu'il faut sans doute traduire par *quare*. (Note du Cart.).

excessum justi judicii meritam ultionem et illius diei malam auditionem vehementer formidabat, ut divine severitatis indignationem placare mereretur, ad augmentum et utilitatem ecclesie rothonensis donavit in perpetuum elemosinam et in jus interminabile unius navis que propria et dominica fuerit monachorum, in portu suo et in omni loco dominationis sue de omnibus que vehentur in illa liberam et integram immunitatem. Non exigetur vel capietur nec quacumque occasione de aliquo redditu vel exactione alicui obnoxia erit. Hujus rei custos *et* testis : Ber., episcopus namnetensis ; *Ro.*, episcopus venetensis ; Eudo ipse, qui donum concessit ; Ivo, abbas rothonensis, testis ; Tual, abbas Sancti Gilde, testis ; Guehenocus, monachus, testis ; *Gurdiernus*, presbyter, testis.

227

Eudes, comte de Bretagne, donne au prieuré de Saint-Martin de Josselin cent mesures de blé, la dîme du passage de..... et le tiers du droit de vinage du port de Vannes.

Bibl. nat. : mss. Fonds franç., 22319. — Cop. pap.

1164.

Ego Eudo, Britannie comes, notitie futurorum significare duxi quod, dum quadam vice Majus Monasterium venirem et in beneficio totius ecclesie illius à domno Roberto abbate, favente toto capitulo, susceptus essem, recordatusque antecessorum meorum.... ad ecclesiam Beati-Martini de Castro-Goscellini.... habue... votionem,..... tandem britannicis inquietudinibus que tempore meo plus solito in... ruerant sopitis, anime mee et parentum meorum saluti operam dare studerem, de hiis que divina mihi contulit gratia dedi Deo et Beato-Martino ejusque monachis ecclesie Castri-Goscellini servientibus in eodem Majoris Monasterii capitulo... etc... centum quarteria bladi ; dedi etiam decimam partem passagii.... excepta que canonicorum Sancti Salvatoris erat in decimis meis, quos a progenitoribus meis jure hereditario possidebam, cum tertia parte vinagii venetensis. Et, quia pars illa vinagii Joscii, fratris mei, fuerat, hanc definitionem cum eis habui ut, si cum nepotibus meis, filiis videlicet ipsius Joscii, facere possem quomodo donatio ipsa saluta esset et quieta remaneret, eam pacifice haberent.... etc... Hec in capitulo Majoris Monasterii eis dedi coram testibus istis quos tunc itineris socios habebam, Roaldo Dongie vicecomite, Henrico de

Arun delle,.... dio de Leon, Gaufredo de Monteforti, Radulfo etc...
filio de Merdrenniaco, Jos 'o ejus filio, Guillelmo de Claris-Vallibus,
Simone Margot, Gilone preposito, Rainaldo de Placceit, Rainaldo de
Luthaio cappa-asini, Alano de Tintiniaco, Guillelmo de Magna-
Villa, Hugone de Pozia. Sed et quia domnus abbas Majoris Monasterii Robertus, qualis esset obedientia sua apud predictum Castrum-
Goscelini nesciebat, ut pote qui ad partes illas necdum venerat,
exoratum eum habui ut ad prefatum locum veniret, et si tam ex
donatione Joscii, patrui mei, qui ecclesiam ipsam fundaverat, quam
ex ista mea conventus ibi secundum Majoris Monasterii institutum de-
gere posset audiret atque loci venustatem videret. Qui tandem ad
eundem locum venit et de eis que dixi, coram domno corisopitensi
episcopo Bernardo et abbatibus Silvestro rotonensi et Hervo Ville-
lupensi atque Guehenoco de Sancto-Gilda, sed et Guidone Sancti-
Salvatoris et aliis illustribus viris, in capitulo Beati-Martini de
Castro-Goscelini iteratam a me solempne donationem accepit de
predictis, ita quod monachi pro centum quarteriis illis que promisi
omnem decimam de Guiler, preter decimam que est canonicorum
S. Salvatoris, solutam deinceps possideant... etc... Auctorizante
et favente Alano de Rohan, cognato meo, qui ipsa die, consilio et prece
mea, tertiam aliam partem vinagii Veneti eis in elemosinam, me concedente, dedit, in manu Gaufredi, tunc temporis patrie illius archidiaconi, posui (p. *posuit?*), qui abbatem et fratres prenominatos de predictis pro me investivi (p. *investivit?*) ac deinde super altare, pro salute et
cum texto Euvangelii donum posui (p. *posuit?*) ..etc. Et, quia predictus
abbas...ad predicti conventus sustamentum redditus... sufficere non
posse dicebant, nisi secundum tenorem prime donationis omnia eis
in pristinam cederem libertatem, omnia que Joscius vicecomes, patruus meus, loci illius fundator, eis donaverat, sicut in literis sub
cirografo scriptis continetur, eis soluta... habere concessi. Actum
est hoc anno incarnationis dominice millesimo C° LX° IV. Testes qui
interfuerunt hi sunt: Johannes Arturus, Judicael de Querdiu, Alanus de Rohan, Roaldus Dongie vicecomes, Stephanus frater meus,
Judicael de Malestricto, Bartholomeus de Questembert, Guihomarus
alterius filius de Leon, Guillielmus de Coidro, Gaufredus filius
Gleen, etc.; ex parte monachorum... etc; David notarius... etc.;
Radulfus vicecomes, magister Boscherius et alii multi.

Le sceau est perdu[1].

[1] Copie très raturée et douteuse ; aussi dom Morice ne l'a-t-il pas publiée, quoiqu'elle fasse partie de la collection des Blancs-Manteaux, (note de M. Rosenzweig).

228

Bulle du pape Alexandre III datée du 8 des ides de janvier, indiction XIII, année 1164, 6ᵉ de son pontificat, confirmant les possessions de l'abbaye de Saint-Georges de Rennes.

Arch. dép. d'Ille-et-Vilaine ; Fonds de l'abbaye de Saint-Georges.

6 janvier 1164.

Cette bulle mentionne la donation suivante : « Medietatem insule de Arto et medietatem parrochie ejusdem insule. »

Cette fondation est confirmée par une autre bulle d'Innocent III de 1208 et par plusieurs autres bulles des Papes suivants.

229

Albert, évêque de Saint-Malo, règle le différend survenu entre l'évêché de Saint-Malo et l'abbé de Marmoutiers, au sujet des oblations faites dans l'église de Lanouée et dont le prieuré de Saint-Martin de Josselin percevait une partie.

Arch. dép. Fonds du prieuré de Saint-Martin de Josselin.
Orig. parch.

1174-1184.

Ego Albertus, Dei gracia Maclovensis episcopus, memorie comendare curavi quod cum esset contentio inter nos et venerabilem fratrem nostrum Herveum Abbatem Majoris Monasterii et ipsum monasterium super ecclesia de Lannois, in qua ipsi petebant sextum et nonum denarium oblationum, ita inter nos et eos statutum est et concessum quod ipsi, in diebus nostris, decem solidos annuatim de jam dicta ecclesia percipient, V solidos in nativitate, et V solidos in pascha ; post dies nostros, ipsi, si voluerint, contenti erunt predicta summa vel, pro jure suo, si quod habent, reclamabunt. Testes hujus rei sunt hii : Gaufridus archidiaconus, Radulfus archidiaconus, Silvester decanus de Podrohoit, Petrus decanus de Carentor, Herveus presbyter de Trinitate, Herveus presbiter de Mohon, Guiardus presbiter de Infintic, Johannes capellanus de Talenceac et alii multi.

230

Albert, évêque de Saint-Malo, règle le différend survenu entre l'évêché de Saint-Malo et l'abbé de Marmoutiers, au sujet de l'église de Ménéac.

Arch. dép. Fonds du prieuré de Saint-Martin de Josselin.
Orig. parch.

18 octobre 1179.

Ego Albertus. Dei gracia Maclovensis episcopus, memorie commendare curavi quod cum esset contentio inter nos et venerabilem fratrem nostrum Herveum, abbatem Majoris Monasterii, et ipsum monasterium, super ecclesiam de Miniaco in hunc modum auctore divino convenimus, prefata ecclesia, salvo jure episcopali, sua erit monachorum hoc modo quod ea, vacante, ipsi eligent capellanum et presentabunt nobis et successoribus nostris, sic mos est. Redditus vero ecclesie, tam in decunationibus quam omnibus aliis obventionibus per medium, bona fide, inter monachos et presbyterum partientur. Actum est hoc anno ab incarnacione Domini M° C° LXX° VIIII°. Turonis, intra octavum Sancti Dionisii coram his testibus : ex parte nostra, Gaufrido archidiacono, Radulfo archidiacono, Johanne abbate Sancti Jacobi de Montefortis, Silvestro decano de Podrohoit, Petro decano de Carentor, Stephano, Herveo, canonicis nostris, Herveo capellano de Trinitate, Herveo capellano de Mohum, Petro de Miniaco ; ex parte abbatis : Girardo abbate Cormariacis, Petro de Algan canonico Beati Mauricii Turonis, Otberto subdecano Beati Martini, Gaufrido camerario, Frairaldo canonico Beati Martini, Johanne Lemorine, Hamone sacrista Majoris Monasterii, Gervasio banilo, Hugo elemosinario, Stephano priore Castri Joscelini, Stephano de Petrefonte, David monaco, Moyse notario et aliis multis.

231

Règlement de la duchesse Constance relatif au droit de bris contesté à l'abbé de Quimperlé par Geoffroy, comte du Mans, au sujet d'un naufrage arrivé à Belle-Ile.

Arch. dép. de la Loire-Inférieure ; fonds du Trésor des Chartes. — Reg. en papier contenant plusieurs chartes relatives aux privilèges de l'abbaye de Sainte-Croix de Quimperlé, sans signature ni date ; écriture du XV⁰ s.

Vers 1182.

Constancia, comitis Conani filia, ducissa Britannie, comitissa Richemondie, Petro Bertrando, senescallo pictavensi et omnibus ad quos presens scriptum pervenerit, salutem. Noveritis quod, cum controversia inter abbatem de Kemperele et Gauffridum de Cenomano et socios ejus super quodam naufragio facto et applicato apud Bellam-Insulam verteretur, et idem in presencia nostra super hoc contenderent invicem altercanter, ego, propositionibus suis coram senescallo nostro de Broherec auditis, contencionem suam jussi judicio diffiniri ; postea, ut a senescallo meo prefato mihi relatum et attestatum fuit, dum predictus abbas in presencia senescalli venisset, judicium accepturus, et Gauffridus de Cenomano et socii sui presentes essent, ipsi judicium curie mee sibi oblatum accipere contempserunt. Igitur, cum prefatus abbas, de more principis, naufragium suum in terra sua jure hereditario semper habuerit et habere deberet, vobis signiffico quod prefatum abbatem vobis et omnibus de eo conquerentibus de jure responssurum et satisfacturum habebo ; super hoc vobis inhibeo ne hominibus meis vel homnibus abbatis forifacere vel molestiam inferre fatigatis, quod proinde me nimium gravari tenerem, et, ut in ultimus veritas excludatur nullatenus, pacienter, (ou *pacientem?*) deportarem *tunc* me ipsam. Apud Ploarmell.

Et estoit sellé.

232

Guethenoc, évêque de Vannes, termine le différend survenu entre l'abbaye de Lanvaux et un certain Inisan, au sujet d'une écluse et des moulins qui se trouvaient sur leurs terres res- respectives.

Arch. dép. Fonds de l'abbaye de Lanvaux. — Orig. parch.
Etait scellé de deux sceaux sur double queue.

Entre 1182 et 1202.

CYROGRAPHVM

Guedhenocus, Dei gracia Venetensis episcopus, universis sancte matris Ecclesie filiis ad quos presentes littere pervenerint, salutem in auctore salutis. Approbate enim consuetudinis et eidem omnis consentit ratio ut ea que debent irrefragabilia permanere scripti memorie commendentur, ne quorumlibet temeritate et attemptatione in recidive contentionis scrupulum elabantur. Cum itaque inter R. abbatem et monachos beate Marie de Lanvaus ex una parte et Inisianum filii Danielis, filii Ga..., et coheredes suos ex aliâ, contentio coram nobis diutius fuisset ventilata super quadam ruptura ex aque impetu facta in confinio eorumdem scluse monachorum et terre dicti Inisani, quam idem Inisanus infra terram suam esse dicebat, monachis econtra dicentibus et asserentibus quod infra sclusam suam ruptura erat memorata, utramque partem litigantium ad bonum pacis omni contradicione et malignitate hinc inde remota in perpetuum et sopita ex consilio bonorum virorum reduximus statuentes ex assensu ejusdem Inisani et voluntate ut ruptura illa obstrueretur et sclusa usque ad motam per terram ejusdem Inisani protenderetur. Statuimus enim ut idem Inisanus semper daret terram et motas de terra sua propria juxta........ parte scluse faciendam q........ usque ad metam........ Inisani benigno concess........ modo et tali loco ut aqua liberum habeat transitum ne ex ipsius redundatione prata et terra sep........ submergantur, ita tamen quod molendinum aquam habeat, tam in estate quam in hieme ad molendum. Monachi enim, ex consilio nostro, Inisano supradicto pro bono pacis et in recompensationem terre sue quam dedit ad sclusam, ut dictum est, protendendam, sexaginta et X solidos dederunt coram nobis tali inter eos posita pactione et firmata, ex parte Inisani per interpositum juramentum quod, nec ipse, nec heredes sui, nec etiam coheredes, super hac compositione aliquam de cetero adversus monachos movebunt conquestionem. Nos autem super observatione hujus pacis custodes et defensores, et etiam Silvester filius alterius, filiis suis concedentibus, in cujus dominio terra ipsius Inisani consistit ab utraque parte constituti commune scriptum utrique patrum fecimus, utramque partem ejusdem scripti sigillorum nostrorum munimine roborantes, insuper licebit memoratis monachis infra stagnum ligna et harundines colligere, et illud idem stagnum, cum voluerint curare, prout linea extenditur a mota que est in capite scluse usque ad alveum aque. Testes sunt hujus rei, T. thesaurarius, magister Yvo, magister scolarum Venetensis, C. Capellanus episcopi, R. clericus et alii multi.

233

Guethenoc, évêque de Vannes, termine les différends survenus entre l'abbaye de Lanvaux et Even, fils de Gedegou, au sujet de l'écluse de Guibe, et Guillaume, fils d'Evenou, au sujet de dîmes en Moustoirac.

Arch. dép. Fonds de l'abbaye de Lanvaux. — Orig. parch.

Etait scellé sur cordelette.

Entre 1182-1202.

In nomine sancte et individue Trinitatis, Ego Guenochus, Dei gracia Venetensis ecclesie minister humilis, notum facio omnibus fidelibus presentem scripturam inspecturis, quod dissensio que orta fuerat inter monachos de Lanvaus et Evenum filium Gedegou, videlicet de terrula quadam que sita est juxta exclusam Guibae, in nostra presencia finem accepit, legitimo scilicet quinque sacerdotum et quatuor laicorum testimonio, qui ita testificati sunt, quod predictus homo nil in ea juris habebat quod monachi non emissent, nisi tantum modo exclusam et terram ad eam refarciendam de tali tamen loco sumptam quod non noceat monachis, nec exclusa similiter. Illud etiam posteris notificare curavimus quod controversia que inter predictos monachos et canonichos de Sanctis emerserat, videlicet de decima que fuerat Petri Leborne, quam utrique ab eo sibi in elemosinam datam fuisse asserebant, hoc modo ante nos terminata est, quod quelibet pars illorum monachorum scilicet et canonichorum, suum sibi jus jurejurando posset comprobare, ipsum libere et pacificice obtineret, verum, canonicis hoc juramento probare nolentibus, monachi predictam pac...... em diligentius exequentes, propriis manibus juraverunt, et ita prenominatam d[ecim]em de jure optinuerunt. Item alia contempcio inter prefatos monachos et Villelmum filium Evenou jamdudum extiterat de quadam decima apud monster en Radenec, quam supradictus Petrus Lebornei prefatis monachis in elemosinam, ut ipsi asserebant, contulerat. Sed ipso Guillelmo filio scilicet Evenou e contra referente, et predictam decimam sibi ex jure allegante, hoc modo ipso concedente, et monachis concedentibus, sopita est ; quod tam ipse Guillelmus scilicet filius Evenou, quam ejus heres post eum, vel quicumque illam decimam possederit, duodecim nummos nostre monete videlicet, ad vincula Sancti Petri reddendos ad abbatiam de Lanvaus deferat, et eos manu propria super majus altare ponat, annuatim. Ut autem hec omnia perpetuam atque inviolabilem optineant firmitatem sigilli nostri robur huic carte apponimus et munimen.

234

Le duc Geoffroy confirme toutes les donations faites dans son duché aux Templiers.

Arch. dép de la Loire-Inférieure ; fonds des Ordres religieux militaires. — Copie de 1473 signée du duc François. — Parch.

Entre 1182-1183.

Si nuperrime et noviter acta vix ad memoriam revocare valemus, diu preterita, nisi scripto firmentur, in thesauro memorie tenere non possumus, ideoque previdit antiqua morum sollercia et instituit annotari quitquid *imposterum* vellet reservari[1], ego, C[2]., dux Britanie et comes Richemondie, sequens, tam presentibus quam futuris notum fieri volo quatenus quitquid domni Templarii in omni ducatu meo possidunt liberum et quietum me concessisse ab omnibus coustumis et redditibus ad me et ad meos successores pertinentibus. Hec sunt que subscribuntur libera et quieta, ut cartula presens demonstrat :....... elemosine de...... Karantoe, Landiern[3],......[4] Hec omnia in protectione mea recipio, et, si quis alicui horum molestiam inferre presumpserit, inferre *michimet* me dubitet. Huic dono et concessioni legitimi testes interfuerunt : egomet qui dedi et

[1] Il y a dans le texte donné par M. de Barthélemy, à la sixième ligne, après reservari : *quorum mores et vestigia ego*, etc. (Ces 4 mots manquent dans le texte suivi par M. Rosenzweig.)

[2] Le *C.* qui résulte sans doute d'une mauvaise lecture du copiste, doit être remplacé par *G.* (Gaufridus) ; cette correction rend à la pièce une partie de son authenticité.(Note de M. Rosenzweig.)

[3] Nous ne mentionnons que Carentoir et Lantiern, les attributions proposées jusqu'ici ne nous paraissant pas suffisamment établies pour d'autres noms de cette charte. (Note de M. Rosenzweig.)

[4] S'il y avait encore un peu d'ordre dans la nomenclature des lieux de la charte de 1160, il est évident qu'ici il n'y en a plus du tout. Ce serait un argument contre M. de Barthélemy qui regarde ces deux chartes comme apocryphes et rédigées toutes deux à la fin du XIIIe siècle. Ici il n'y a pas le moindre essai de groupement, les noms sont à peine reconnaissables, et comme écrits par une main étrangère. Si ces deux chartes avaient été rédigées au même moment, elles l'auraient été sans doute par la même main ; en ce cas, on aurait évidemment suivi à peu près la même marche pour la nomenclature, ce qui n'est pas. (Note de M. Rosenzweig.)

concessi. Haimo Leonensis episcopus, *Gauffridus* Corisopitensis episcopus, *Rigvallonus* Kemperiensis abbas capitulum Sancti Corentini, Iven magister Hospita*lariorum* in Britania, Regnault Botorel, *Guihumars* junior vicecomes, Gemelli, Henry Bertran. Factum est hoc in KemperCorentin, anno dominice incarnacionis millesimo centesimo octuagesimo secundo. Et, ut hoc breve ratum per *succendia* tempora permaneat, mei sigilli munimine corroborare curavi. Datum est autem Guillelmo fratri Ferran . . . . . .

235

Alain, vicomte de Rohan, fonde et dote l'abbaye de Bon-Repos.

Arch. dép. des Côtes-du-Nord. — Orig. parch. — Etait scellé sur double queue.

23 juin 1184.

Presentibus atque futuris fidelibus Alanus, vicecomes de Rohan, salutem. Sciatis quod ego, cum uxore mea Constantia, pro salute anime mee et anime ejus et pro salute omnium liberorum meorum et antecessorum et successorum meorum, constitui et fundavi abbatiam de Bona-Requie et me ipsum dedi ut ibi habeam sepulturam et Alanus filius meus similiter. Ut autem ipsa abbatia et monachi et conversi habitantes in ea omnes possessiones quas ego eis contuli vel homines mei dederunt pacifici in perpetuum possideant et quiete, eas propriis nominibus exprimi et presenti pagina volui annotari. Habet itaque eadem abbatia sex villas terre sicut isti dividunt termini : a prato juxta ecclesiam Sancti Junani[1] ascendendo usque ad cruces Troguenanti et ab inde descendendo per divisam terre de Sic usque ad aquam que dicitur Blavez; quarum villarum tres ego in perpetuam elemosiam dedi ; reliquas tres, me concedente, dederunt Saliou et Juikel et Gaufridus, filii Morvani. Dedi etiam predicte abbatie et monachis duas villas terre apud Kenestevoi in qua sita est ecclesia Sancti-Michaelis. Dedi etiam predicte abbatie et monachis in foresta mea Kenescam ligna viridia ad edificandum et reparandum domos et molendina et omnia abbatie necessaria, et boscum mortuum et siccum ad focum et ad necessarios usus et herbam ad falcandum. Dedi etiam et concessi predictis monachis habere suos proprios porcos in eadem foresta sine pasnagio, quando mei porci in ea erunt; quando

[1] Lisez Sancti Inuani, Saint-Aignan.

vero ibi porcos non habebo, in illa parte foreste que est a via de Perret sursum per totum libere suos porcos mittere poterunt. Dedi etiam prefatis monachis aquam Blavez et utrunque rivagium per totum dominicum meum a Guouarec usque ad Troguenantum, ut ibi possint facere piscarias et exclusas et molendina. Dedi etiam eisdem monachis in Anglia, in episcopatu Eliensi, ecclesiam de Foleborne cum omnibus pertinentiis suis. Dedi etiam predictis monachis totum quod habebam in decima de Pusselian, videlicet duas partes, et totum quod habebam in decima de Mereliac, scilicet duas partes, et decimam de Sancto-Jairo. Dedi etiam ad luminare ecclesie ejusdem abbatie, ut ibi ante altare die et nocte *jugiter* ardeat, duos quartarios frumenti annuatim reddendos in molendinis meis de Pontivi. Dedi etiam predictis monachis montem de Corle cum omnibus pertinentiis suis. Hec omnia que hic enumerata sunt omnino libera et quieta dedi et concessi predicte abbatie et monachis, concedentibus Alano et Guillelmo filiis meis, ita quod nichil juris secularis mihi vel heredibus meis retinui. Volo igitur et precipio et firmiter constituo ut predicti monachi et conversi et homines eorum et famuli et omnes res ad ipsos pertinentes per totam terram meam habeant firmam pacem et omnem quietantiam et perfectam libertatem ab omni consuetudine et theloneo et passagio et pontagio et omni costuma. Facta est hec mea donatio, concessio, confirmatio atque constitutio anno ab incarnatione Domini M° C° LXXX° IIII°, vigilia sancti Johannis-Baptiste, in presentia domni Petri Clarevallis abbatis, et domni Symonis abbatis Savigneii, et Radulphi Filgeriarum domni, testibus his Hamelino de Meduana, Olivero de Rocha, Luca de Ponchardun, Daniele *sineschallo*, Orrico capellano, Guillelmo de Chasteler, Herveo de Vitreio, Roberto de Apilleio, Mahe Juikel, Guillelmo de Guircha, Matheo serviente domni Radulphi de Filgeriis, Cadoret filio Eudonis, Gaufrido de Tregreuc et aliis multis.

236

Jarnogon de Rochefort donne au prieuré de Rochefort la métairie du nouveau bourg et la villa de Tret, à l'occasion de la prise d'habit de son fils Guethenoc.

Arch. dép. Fonds du prieuré de Rochefort. — Orig. parch.

Entre 1184 et 1217.

Notum sit omnibus tam presentibus quam futuris quod Jarnogonus de Rupeforti, volens monachare Guehenoc filium suum, dedit

Deo et Beate Marie et Sancto Martino meditariam novi burgensis et aliam villam, que vocatur villa de Tret, imperpetuum pro amore predicti Guehenoc et salute anime sue et amicorum suorum tam vivorum quam mortuorum, liberam ab omni servici nisi soli Deo. Hoc concessit Jarnogonus juvenis et ejus parvulus filius coram his testibus, apud Moisam filium Coifau ; Radulfo de Malestret, Guihomaro filio Petri, et Guidomaro ejus filio, et Guehenec milite, et Rivallono Caradec, et filiis Jarno ; ex parte monachorum, Tomas, qui tunc prior erat de Malestret, et Willelmus hospitaler, et Eudo presbiter, Tengui capellanus, Willelmus clericus, Guihomarus clericus domini qui hoc scripsit, sertote me vobis pro amore filii mei electionem de reliqui se prioris.

237

Jarnogon de Rochefort accorde aux moines du prieuré de Rochefort le droit de pêche dans l'étang et leur fait plusieurs autres donations.

Arch. dép. Fonds du prieuré de Rochefort — Orig. parch.

Entre 1184 et 1217.

Sciant presentes et futuri qui has meas litteras viderint aut audierint quod ego Jarnogonius, dominus de Rochaforti, reminiscens peccatorum meorum et malorum omnium que injuste intuleram domui monachorum Majoris Monasterii in castro meo posite ; tandem divino, ut credo, Spiritu compunctus, domum ipsam ab omni mala consuetudine et prava exactione liberavi et quietavi, et, cum assensu Jarnogonii primogineti filii mei, liberam in perpetuum et omnes omnino homines monachorum et omnes res eorum ubilibet positas, liberas fore decrevi. Ita sane qui nec ego nec successores mei aliquid de rebus monachorum, vel de rebus hominum eorum, vel etiam de his qui sub eorum custodia posita fuerint, ullo unquam modo capiens vel capi faciemus, sed omnia eorum et hominum ipsorum bona intacta et illibata a mea et meorum exactione et salva permanebunt, ut juxta sententiam Salomonis unusquisque hominum monachorum securus dormiat quasi sub vite et ficu sua. Concessi igitur monachis ibidem commorantibus ut in stagno quod domui eorum adjacet, omni tempore, quarta et sexta feria et sabbato et omni tempore adventus et quadragesime et quociens ad eos hospites religionis declinaverint, absque omni calumpnia cum ingeniis quibus voluerint, et qui ibi ad piscandum necessaria fuerint, libere et absque contradictione alicujus mei vel meorum, piscari possint. Huic igitur mee concessioni et liberationi addidi etiam terram illam que dicitur terra cementarii imperpetuam helemosinam eidem domui possidendam, quam videlicet terram ipsi monachi mihi imponebant dedisse eis quando Guihenochum dubium filium meum monachari feci, quod ego negabam, et monachis concessi. Dedi etiam eis et concessi quamdam aliam terram, huic terre cementarii contiguam, quam jam predicte feliscis recordationis Guiomaro quandam priori predicte domus ad tempus ad excolendum comodaveram quam nunc concedo et confirmo imperpetuam elemosinam. Hanc meam donationem et concessionem et liberationem et liberalitatem imperpetuum libertatem cum auctoritate primogeniti filii mei Garnogonii feci et sigilli mei auctoritate confirmavi, statuens et decernens ut si quis, successorum meorum hanc mee et concessionis et donationis paginam, quam manu propria, in remissione omnium peccatorum meorum, juravi me servaturum, anathema sit et a consortio omnium electorum Dei segregeret. Hanc etiam quartam meam sigillo venerabili tunc temporis Guienoci Venetensis episcopi cum meo sigillo comuniri feci, precavens in futurum indempnitati quedem domus, ut si quis quem abssit successorum meorum imprejudicium quarte et confirmacionis mee et dampnum ejusdem domus aliquid vellet machinari et si non pro meum salutem pro domini Episcopi privilegium et testimonium et sigilli auctoritate a monachorum ipsorum infestacione et conturbatione et omni omnino in peticione prohiberet et compesceretur.

238

Guethenoc, évêque de Vannes, règle le différend survenu entre Jocelin, évêque de Saint-Brieuc, et Etienne, prieur de Saint-Martin de Josselin, au sujet des chapelles de Ferrière et de Lantenac.

Arch. dép. Fonds du prieuré de Saint-Martin de Josselin.
Orig. parch.

1199.

CYROGRAPHUM.

Universis sancte matris Ecclesie prelatis ceterisque fidelibus ad quos presentes litteræ pervenerint Guehenocus, Dei gracia episcopus, Petrus archidiaconus et T. thesaurarius Venetenses, salutem in auctoritate salutis. Cum Jocelinus venerabilis Dei gracia Briocensis episcopus et Stephanus prior Sancti Martini de castro Joscelini super donatione capellarum de Ferraria et de Lantenac, auctoritate apostolica nobis super hoc delegata, coram nobis diucius litigassent, tandem post longam litigacionem in hunc modum coram nobis pacifice convenerunt: Jus donationis predictarum capellarum concessum est ad presentacionem magistri scolarum pacifice et sine calumpnia et cedit de cetero episcopo Briocensi ; in eisdem autem capellis prior sancti Martini VIII^{lo} solidos et VI denarios accipiet annuatim, capellanus autem cuicunque episcopo Briocensis predictas capellas assignabit, jurabit bona fide in altera dictarum capellarum coram dictis episcopis et priore vel eorum procuratoribus ex priori Sancti Martini dictam pensionem annuatim fideliter redditurum. Adnexum est huic compositioni quod idem episcopus habebit magistrum scolarum et capitulum Briocensis ecclesie ad ipsam compositionem inviolabiliter observandam dicti episcopus et prior coram nobis, fide interposita, firmaverunt, decimas etiam et cetera beneficia que prior et monachi Sancti Martini habent et possidere dinoscuntur in episcopatu Briocensi, idem episcopus sigilli sui munimine confirmavit, et, ut hoc ratum et firmum haberent posteri, presentes paginas duximus sigillorum nostrorum munimine roborare. Hoc autem actum est coram nobis anno ab incarnacione Domini M° C° nonagesimo nono.

239

Henri, fils de Soliman, donne à l'abbaye de Saint-Mélaine de Rennes la terre de Sainte-Marie d'Hennebont et tout ce qu'il possédait dans cette ville.

Arch. dép. d'Ille-et-Vilaine; abb. de Saint-Melaine, prieuré de Notre-Dame de Kerguélen. — Orig. parch. — Était scellé sur double queue.

1200.

Ego, Henricus Solimani filius, notum volo fieri universis tam presentibus quam futuris me concesse et aquitasse et hac mea carta confirmasse Deo et monachis Sancti-Melani redonensis in perpetuam elemosinam totam terram Sancte-Marie de Henbont cum toto dominio ab omni censu et consuetudine et exactione et a jure domini comitis Britannie quietam de cetero pacifice possidendam, et quicquid habent in burgo de Henbont et in terris et hominibus de Villa-Elardi et de Villa-Andre et de Villa-Costet, cum molendino ejusdem ville, et villa in qua leprosi habitant, et cetera que monachi possidebant mea et parentum meorum donatione, que me contingebant similiter concessi, ita quod nec pro milicia, nec pro maritagio, nec pro redemptione, nec pro exercitu, nec pro aliqua emergente querela ego nec heredes mei aliquid a monachis et hominibus suis non requiremus ; prepositus autem homagium priori de Henbont faciet et eidem serviet de hiis que mihi facere consueverat. Insuper partem meam integre de molendino Tangy cum piscatura eisdem monachis Sancti-Melani dedi in perpetuum quiete et pacifice posidendam, et omnia dona mea et antecessorum meorum eisdem concessi habenda et confirmavi. Duo vero presbyteri monachi qui in capella Beate-Marie de Henbont pro me et meis antecessoribus et successoribus deserviant ibidem mansionarii existant, nisi necessitate urgente eos oporteat amoveri, cessante necessitate ad domum redeant Actum est hoc apud *hinbet*, anno gratie M° CC° die Pasche. Hec concesserunt H. filius meus et A. filia mea. Testes huic *Souder*, Gaufridus et H. filii Deriani, et Tangy alterius, A. filius Harvei, Alanus filius Conani, et H. et W., M. capellanus, Tangui clericus meus qui scripsit hanc cartam et sigillum meum apposuit, et multi alii.

240

Dans le fonds de Saint-Florent-le-Vieil (Arch. dép. de Maine-et-Loire) est cette pièce : Donation de l'évêque de Vannes en 1203, au prieuré de Saint-Nicolas-de-Castennec (Saint-Nicolas-des-Eaux). Duos partes medietatis ecclesie de Plomeliau. — *De plus un assez gros cahier in-4°, de 1340, enquête au sujet d'une discussion entre le prieur de Castennec et le recteur de Pluméliau.*

241

Alain de Rohan fait plusieurs fondations en faveur de l'abbaye de Bon-Repos.

Arch. dép des Côtes-du-Nord. Orig. parch. scellé de cire jaune peinte en vert par-dessus sur double queue de parch ; au *droit* à un lion rampant, *debout*, avec fragment de la devise ; au *revers* (contresel) à un poisson, avec la devise : *Sigillum Alani de Rohan*.

1204.

Omnibus ad quos presentes littere pervenerint Alanus de Rohan salutem. Ad universitatis vestre noticiam volumus pervenire quod ego, pro salute anime mee et antecessorum et successorum meorum, dedi et hac presenti carta mea confirmavi, concedente Jocelino fratre meo, et concedentibus filiis et heredibus meis Gaufrido, Conano et Alano, in puram et perpetuam elemosinam Deo et ecclesie beate Marie de Bona-Requie et monachis ibidem Deo servientibus, in decimis meis de Noal, decem quartaria frumenti annuatim persolvenda, per manum balivorum meorum et heredum meorum ejusdem provincie, ad festum Sancti-Michaelis, preterea dedi eisdem monachis, eadem inspirante gratia, totam illam terram que mihi contingit in Kaurel de pactione et transactione que perpetrata est inter me et Eudonem filium Aufloc apud Korle coram balivis et hominibus meis post longam discertationem, anno ab incarnatione Domini milesimo centissimo IIII°, existentibus pactioni illi Morvano Tremel, Kadoret filio Aufridi, Hamone Ruffo, Guillelmo filio Deodati et multis aliis qui mihi testes existunt. Ut autem hec donatio et concessio rata et inconvulsa permaneat, eam sigilli mei appositione roboravi. Hiis testibus magistro Guillelmo et Alano capellanis, Jocelino fratre meo, Gaufrido et Guillelmo filiis Oliverii, Fraval senescallo, Selvestro de Kamor, Guillelmo Tremel, Selvestro filio alterius, Boschero et Johanne filio ejus, et multis aliis.

242

Payen, seigneur de Malestroit, confirme les donations faites par ses prédécesseurs au prieuré de Malestroit et accorde de nouvelles faveurs à ce monastère.

Arch. dép. Fonds du prieuré de Malestroit. — Orig. parch.

1204.

Ego Paganus, dominus Malestricti, notum fieri volo universis presens scriptum inspecturis, quod cum dominus Gaufredus abbas Majoris Monasterii venisset Malestrictum et esset ibi cum honore receptus, ad peticionem ejus et eorum qui cum eo erant, cum consilio et quorundam amicorum meorum quos mecum habebam, confirmavi monachis Majoris Monasterii apud Malestrictum commorantibus donationes quas fecerant eis antecessores Malestricti sicut plene continentur in autentico domini Jacobi bone memorie olim Venetensis Espiscopi ; adjeci etiam pro salute anime mee et antecessorum meorum et fratris mei Gaufridi, ut homines eorum in burgo ipsorum de Malestricto commorantes et alibi, ubicumque sint, omni gaudeant libertate et immunitate a tallia, et questu, et omni exactione et consuetudine et violentia in perpetuum, et habeant forisfacturas et omnem justiciam hominum suorum dicti monachi et omnes alias consuetudines ; adjeci etiam ut in duabus nundinis monachorum in quibus percipiebam medietatem et insuper duodecim denarios pro custodia nichil a modo habeam, nec heredes mei, sed totum habeant monachi et etiam justicias earumdem nundinarum. Dedi etiam eis et concessi decimam veteris furni et piscariarum mearum apud Malestrictum, hoc concessit Gaufredus frater meus, hoc etiam concessit Constancia uxor mea et Eudo filius meus. Ego etiam et frater meus Gaufredus juravimus hec omnia bona fide nos servaturos et promisimus nos monachos et res ad eos pertinentes pro posse nostro defensuros. Dictus et abbas qui arguebat me de morte cujusdam monachi sui nomine Willelmi absolvit me et predictum fratrem meum quantum poterat facere et ad eum pertinebat. Quod si potero querere redditum centum solidarum et dictis monachis assignare ex tunc tres monachi erunt in domo Malestricto quorum unus pro me et fratre meo et antecessoribus meis missam cotidie celebrabit. Hujus rei testes sunt qui presentes affuerunt : Almaricus de Monteforti et Radulfus frater ejus, Gaufredus et frater meus, Gaufredus de Bodel senescallus, Rollandus prepositus Majoris Monasterii, Stephanus prior castri Joscelini, Simon monachus, Galterius notarius, Daniel monachus, alii plures : ad cujus rei robur et memoriam presentem cartam feci scribi et sigilli mei munimine roboravi. Actum anno gracie M° CC° quarto.

243

Donation par Alain de Rohan à l'abbaye de Bon-Repos des dîmes de Noyal et autres.

(Arch. des Salles).

244

Accord entre l'abbé et les moines de Lanvaux et Inisan de Rostevel.

Arch. dép. Fonds de l'abbaye de Lanvaux. — Orig. parch. — Était scellé de deux sceaux sur double queue.

1205

Quum humaneriis actibus cito solet oblivio novercari, dignum est et omni consentaneum racioni ut ea, que debent irrefragabilia permanere, litterarum memorie commendentur. Ad noticiam itaque omnium qui presentem paginam sunt inspecturi veniat, videlicet talem paccionem esse factam inter abbatem et monachos Sancte Marie de Lanvaus ex una parte, et Inisanum de villa que dicitur Rostevel, filium Danielis ex alia, quod abbas et monachi de Lanvaus dederunt et concesserunt prefato Inisano, et heredibus suis, in perpetuum possidendam quamdam terram quam habebant prope domum filii Perzres, concedente domino G. filio Oliveri, et fratribus suis, ad quorum dominium illa terra pertinet; dederunt, inquam, pro illa terra, quam habebat predictus Inisanus ultra Herracum castrum, justa litus maris et molendinum E. filii Hemeri, ubi domus anachorea sedet, quam silicet terram sepeditus Inisanus dedit et concessit, concedente uxore sua Ouregen, concedentibus eciam filio ejus Daniel et filia Juliana, abbacie de Lanvaus et monachis in perpetuum possidendam, concedente domino Morvano de Ploimargat, ad cujus dominium illa terra pertinet, concedentibus eciam........ ejus Tephani et filiis Eudone, Guehenoco, Herveuo; ita tamen quod [in ter] ra illa habebit Inisanus, videlicet et sui heredes, tres solidos annuatim ad nathale Domini persolvendos. Preterea habebit, predictus homo, locum in illa terra cujusdam domus faciende, de qua tamen censum dabit IIII solidos monachis annuatim. Istam ergo paccionem, factam et concessam ab abbate et monachis de Lanvaus et Inisano et suis, viderunt, audierunt et concesserunt dominus Gaufridus, Oliveri filius, et fratres sui S. G. R. O. P. et R. et dominus Morvanus de Ploimargat, Rivalonus filius Letenos, et Deranus filius suus, Adenor, Innogenc et ipse bonus vir inclusus S. Robertus; ex parte abbacie ipse abbas, Derianus, DD, Urbanus, Helouarnus et totus conventus; ex parte Inisani, ipse Inisanus et uxor ejus Ouregen, filius et filie scilicet: D. J. H. S. et Jestin, Calvus filius alterius, Jacobus filius alterius; et multi alii. Ut ergo hoc esset firmum et stabile, dominus G., Oliveri filius, sigilli sui huic karte robur aposuit; nos quoque scilicet ego Eudo dictus abbas de Lanvaus et monachi ejusdem loci sigilli nostri firmamentum aposuimus et munimen. Anno de ihcarnacione Domini M° CC° quinto.

245

En l'an 1206, dans un diplôme daté de Chantocé et imprimé par Ménage dans son Histoire de Sablé, p. 348, Philippe-Auguste donnait Ploërmel à son amé et féal Maurice de

Craon, pour le tenir à jamais, lui et ses hoirs, du roi et de ses héritiers, à fief et hommage lige. Amaury de Craon, ayant été fait prisonnier par Pierre de Dreux en 1222, restitua Ploërmel au duc, mais les seigneurs de Craon gardèrent sur ce domaine des prétentions qui ne prirent fin qu'en 1289, ainsi que le constate un titre du Trésor des chartes de Bretagne (2 décembre 1289).

Orig. parch. I. H. inv. XVII copié par Ropartz. *Notice sur Ploërmel.*

1206.

246.

Lettre de Jocelin, vicomte de Rohan, qui confirme les donations de son père à l'abbaye de Bon-Repos et y ajoute. Il y est question des droits des religieux de l'abbaye, de prendre en la forêt de Quénécan tous le bois nécessaire pour leurs constructions, chauffage, et d'y pacager.

Arch. des Salles. — Publiée aussi dans le *Bulletin de la Soc. archéol. d'Ille-et-Vilaine*, t, IV.

1213.

Cette confirmation est faite presque mot par mot comme l'acte de fondation de 1184 et les deux autres confirmations de 1204 et 1221.

Cette confirmation de 1213 porte cet article qui ne se trouve pas dans l'acte de fondation : après cette phrase :... montem de Korle cum omnibus pertinentis suis. Dedi etiam et confirmavi predictis monachis, in dedicatione sue ecclesie, decem quartaria frumenti in redditibus de Noyal, concedentibus nepotibus suis prenominatis, in presentia domini Guihenoci venetensis episcopi et abbatis Ricardi qui tunc temporis predictam gubernabat ecclesiam. Hec omnia etc[1].

[1] M Pijon écrit à ce sujet : Cette clause relative à la dédicace de Bon-Repos ne se trouve dans aucun des textes donnés par D. Morice ; on doit en conclure que la dédicace de cette église eut lieu après la mort d'Alain IV, c'est-à-dire de 1205 à 1213 ; même nous croirions volontiers qu'elle est de cette dernière date et que la charte solennelle de confirmation de Josselin de Rohan fut donnée précisément à cette occasion. Sur les dix quartiers etc., voir encore deux chartes de 1213, dans D. Morice. *Pr.* I, 843.

D. Mor. dans l'extrait qu'il a donné de la charte précédente, I, 821, imprime : *His testibus, Herveo capellano; vicecomite Gaufrido et Conano fratre suo*, etc.

M Pijon lit : *His testibus, Herveo Capelano vicecomitis; Gaufrido et Conano fratre suo*, etc.

247

Guethenoc, évêque de Vannes, accorde aux chanoines de sa cathédrale le droit de jouir des revenus de leur prébende un an après leur mort.

Arch. dép. Fonds du chapitre de Vannes. — Orig. parch.

1218.

Universis Christi fidelibus presentem paginam inspecturis Guedhenocus, miseratione divina Venetensis ecclesie minister humilis, salutem in Domino. Noverit universitas vestra quod nos videntes et considerantes nimiam tenuitatem reddituum canonicorum Venetensis ecclesie ex communi assensu et ad postulationem ipsorum statuimus quod unusquisque eorum tam presentium quam futurorum fructus prebende sue post mortem suam integre per annum percipiet ad elemosinas suas faciendas et ad delicta persolvenda. Et ut hoc ratum et firmum in perpetuum permaneat presentem paginam sigilli nostri munimine et predicti capituli fecimus roborari. Actum apud Venetiam in communi capitulo, anno ab incarnatione Domini M° CC° XVIII°.

248

Accord entre l'abbé de Bon-Repos et le vicomte de Rohan au sujet des dîmes de Noyal.

Bibl. nat. ; mss., f. lat. n° 17723 ; extr. des titres orig. de l'abbaye de Marmoutier-lès-Tours. — Cop. pap.

1219.

Universis Christi fidelibus presentes litteras inspecturis magister I. archidiaconus, O. cantor, P. magister scolarum venetensium, judices a domino papa delegati, in causa que vertebatur inter abbatem et conventum de Bona-Requie ex una parte, et J. de Rohan ex altera, salutem. Noverit universitas vestra quod J. de Rohan omnem *calunniam* quam habebat in decem quartariis frumenti que dedit abbatie de Bona-Requie in decimis de Noal, in dedicatione ecclesie ejusdem abbatie, coram nobis constitutus, penitus dimisit et de cetero in bona fide rediturum promisit ; et ideo a vinculo excommunicationis, quo propter hoc erat innodatus, eum absolvimus. Et ita habebunt monachi in decimis de Noal XXti quartaria frumenti. Et ut hoc firmum et stabile permaneat, ad peticionem utriusque partis, sigillorum nostrorum appositione presens scriptum roboravimus ; anno Domini M° CC° XIX°.

249

Lettre de R., évêque nommé de Quimper, à l'abbé de Saint-Gildas de Rhuis, touchant les prétentions de cette abbaye sur l'île de Groix.

Bibl. nat. ; mss. f. lat. 9890. Cartul. de Quimper. — Orig. Parch.

1220-1224.

R., Dei gracia corisopitensi electo, Sancti Gildasii Ruiensis humilis conventu, salutem in Domino. Mittimus ad vos venerabilum virum Herveum, abbatem et priorem, procuratorem nostrum, ei dantes speciale mandatum de componendo vobiscum super *ecclesia* Sancti Tudii et omnibus pertinenciis suis, pacem qua nobis super dicta ecclesia et ejus pertinenciis egerit gratam habituri et acceptam. Preterea eidem dedimus speciale mandatum quod in animam suam et in animas nostras posset jurare obedienciam quam vobis debet et *sucessoribus* vestris et fidelitatem ecclesie Sancti-Tudii.

250

Accord entre R., évêque nommé de Quimper, et l'abbaye de Saint-Gildas-de-Rhuis, au sujet des trois prébendes de l'église de Saint-Tudy. Une de ces prébendes appartiendra à l'abbaye, les deux autres à l'Évêque.

Bibl. nat.; mss. f. lat., 9891 ; Cart. de Quimper. — Cop. parch.

1220 ou 1221.

Universis Christi fidelibus presentes litteras inspecturis (*humilis*?) abbas et conventus Sancti Gildasii ruiensis, salutem in Domino. Noveritis quod, post diutinam contencionem que inter nos et venerabilem virum electum corisopitensem super ecclesia Sancti Tudii in..... dignoscitur agitata, tandem composuimus in hunc modum quod nos, *ex* donatione predicti electi et consensu capituli, *unam* canonicatum habemus in ecclesia Sancti Tudy in perpetuo possidendum ; magister vero Gauffridus secundam et magister Tadiocus terciam, quamdiu vixerint, possidebunt. *Quos* cum pro tempore vacaverint, dictus electus et successores sui *illos* conferent quibus viderint conferendos. Q. (*Quare?*) de communi assensu dicti electi et tocius sui capituli est statutum quod tria beneficia seu canonicatus in dicta ecclesia de cetero habebuntur. Nos vero omni contentioni et calumpnie quos contra predictum electum et corisopitensem ecclesiam habebamus super dicta ecclesia renunciavimus expresse ; omnibus vero instrumentis et litteris quas super dicta ecclesia habemus utemur secundum consilium dictorum magistrorum et in loco securo cum eorum consilio ponemus reservanda ; et alienata secundum consilium eorum studebimus revocare. Nos vero electo corisopitensi et successoribus suis obedientiam quam debemus, fidelitatem vero ecclesie Sancti Tudii, pro nobis et conventu nostro, cum eorum speciali mandato juravimus. Dicti vero magistri dictas fidelitatem et obedientiam juraverunt, et hec omnia bona fide duximus pro nobis et conventu nostro concedenda. Dicti vero magistri, in acquirendo et revocando jura ecclesie antedicte, debent nobiscum communiter laborare et expensas pro suis portionibus ponere. alioquin de *aquirendis* nichil percipient donec nobis super expensis fuerit satisfactum, et similiter erit de nobis. Ut hoc autem robur optineat firmitatis, presentes litteras sigillo nostro et sigillo capituli nostri fecimus sigillari. Datum apud Kemper cor....., anno gratie M° CC° vicesimo, mense *aprili.*

251

Extrait d'un titre de l'abbaye de Bon-Repos relatant une fondation de cinq mesures de froment faite par Constance du Pont.

Bibl. nat. ; mss. coll. Gaignières ; f. lat., 17 092. —Cop. pap.

1220.

Universis...... Constancia, domina de Ponte, salutem. Notum... ego, concedentibus filiis meis Oliverio et *Willelmo*, dedi abbatie de Bona-Requie quinque busella frumenti apud Melrant, per manum senescalli nostri annuatim tempore cadragesimali recipienda, etc.... Anno gratie 1220.

252

Ruaud, évêque de Vannes, confirme une donation faite à l'abbaye de Lanvaux par Henri, fils de Richard.

Arch. dép. Fonds de l'abbaye de Lanvaux. — Orig. parch.

1220.

Universis Christi fidelibus tam presentibus quam futuris presentes litteras inspecturis, R., divina miseratione Venetensis ecclesie minister humilis, salutem in Domino. Noverit universitas vestra quod Henricus filius Richardi homo.... in presencia nostra constitutus, concedente Agatha [uxore sua, dedit et concessit] in puram elemosinam pro redemptione anime sue et parentum suorum abbatie beate Marie de Lanvaus....... quamdam terram quam tenebat a nobis juxta terram.... incipit a Botlan ex ....
.... habuit Richardus pater ejus et....... ..
.... hominibus suis in perpetuum...................
possidendum. Hujus donacionis testes sunt magister J archidiaconus, magister Palmarius, Willelmus Roberti canonicus....... Bartholomeus persona ecclesie de Surzur, Daniel presbiter, Gaufridus Deriani, Willelmus de Seene, Willelmus de.... mac, Judicael filii Alani militis, et plures alii clerici et laici. Et ut istud inconcussum et irrefragabile in posterum permaneat et in hujus rei testimonium presentes litteras ad peticionem utriusque partis sigilli nostri munimine duximus roborandas. Actum Veneti, anno ab incarnacione Domini millesimo ducentesimo vicesimo.

253

Accord entre Payen, seigneur de Malestroit, et le prieur de la Magdeleine, au sujet des moulins du comte et de ceux du prieuré.

Arch. dép. Fonds du prieuré de Malestroit. — Orig. parch.

1220.

Reverendo patri ac domino H., Dei gracia Abbati Majoris Monasterii, sanctissimoque ejusdem loci conventui fratri Ra. dictus prior Sancti Martini de Castro Joscelini et fratri Willelmo, dictus prior de Malestricto, salutem et obedientiam tam debitam quam devotam Securitati vestre notum fieri volumus quod cum contentio verteretur inter nos ex una parte super prioratum de Malestricto, et Dominum P. virum nobilem ex altera, consilio R. venerabilis Abbatis Sancti Mevenii et Willelmi prioris de Lehan et aliorum providentium virorum composuimus in hac forma : Universis Christi fidelibus presentem paginam inspecturis, Paganus de Malestricto vir nobilis, salutem in auctore salutis. Noverit universitas vestra quod cum contentio verteretur inter H. venerabilem Abbatem et conventum Majoris Monasterii ex una parte, et me ex altera, super dampnis quae molendina mea de Malestricto inferebant molendinis prioratus de Marie Magdalene de Malestricto, que nova molendina vocantur, et super decimis piscariarum mearum de Malestricto quas sibi de jure competente dicebant, tandem sopita est in hunc modum : Quod ego Paganus de Malestricto dedi et concessi in molendinis meis de Malestricto, pro injuriis sibi et molendinis suis de Malestricto illatis, X quarteria frumenti et quindecim quoque siliginis annuatim in perpetuum persolvenda per manu illius comproventus molendinorum meorum, reciperet quique sit, qui quis reciperet infra octo dies per recepcionem predictorum molendinorum manebit firmiter per bonos fidejussores se priori Beate Marie de Malestricto fideliter soluturum, V quarteria siliginis in medio quadragesime et aliae VI quarteria siliginis in festo Sancti Johannis Baptiste et X quarteria frumenti in mense Augusti et quinque quarteria siliginis in nativitate Domini. Insuper ego debeo servare molendina mea in tali statu quod possint molere et fullere ad arbitratu bonorum virorum qui de statu molendinorum sciant cognoscere, ita quod per asisiam molendinorum meorum predictorum et detentum aquarum molendina monachorum Beate Marie Magdalene de Malestricto et submergata, nisi maxima inundacio agrorum supervenerit. Si autem contigerit pro elevationem et reparationem molendinorum predictorum monachorum terra aliqua pro refullacione aque de meo feodo superius occupari, eis teneor liberare nisi sit de terra Gaufridi de Turre. Item omnes homines de meo feodo debent molere et fullere in molendinis meis, exceptis hominibus monachorum qui debent molere et fullere in molendinis suis. Homines vero qui non sunt de meo feodo nec aliqua condicione possint, prout sibi placuerit, in molendinis predictorum monachorum molere et fullere. Quod ut ratum imperpetuum habeatur, presens scriptum feci sigilli mei munimine roborari. Actum anno gracie M° CC° XX° coram Domino Roberto episcopo Venetensi tunc temporis, qui ad peticionem partium, ut pote meus ordinarius, sigillum suum apposuit ad majorem confirmationem et testimonium huic scripto. Ut securitatem nostram in quantum possumus exoramus attencius quatinus si ita nobis vederitis expedire firmam super predictum P. diu promulgatam benigne et amicabile relaxatis et eum pro absoluto habeatis. Et ut firmius nobis credatis presentem paginam sigillo R. venerabili abbatis Sancti Mevennii fecimus roborari qui cartam superius inscriptam cum sigillo Pagani nobilis viri de Malestricto et domini Ricardi venerabili, episcopi propriis oculis vidit et approbavit. Valeat diu securitas vestra.

254

Donation faite par Eudes, fils du comte de Porhoët, à Alain (V), vicomte de Rohan, en récompense de ses bons services, de la paroisse de Mohon, de l'usage du bois vert et du bois mort dans la forêt de Lanouée pour le manoir de Bodieuc, et du paccage pour cent porcs et pour cent bœufs dans la même forêt.

Arch. du chât. de Kerguehennec. — Orig. parch. — Était scellé de 2 sceaux pendants.

1221.

Universis presentes litteras inspecturis vel audituris Eudo filius comitis salutem in Domino. Noverint universi quod nos damus et concedimus in puram hereditatem et perpetuam Alano vicecomiti de Rohan et suis heredibus post ipsum, pro bono servicio ab ipso Alano nobis impenso, parrochiam de Mohon cum omnibus suis pertinenciis, et usagium suum in foresta nostra de Lannoie, de viridi bosco et sico, ad manerium suum de Bodiec, et insuper pascuum ad centum porcos et ad centum boves in dicta foresta in perpetuum. Et de premissis omnibus tenendis et non veniendo contra, ponimus pro nobis et nostris heredibus erga dictum vicecomitem et suos heredes curiam domini comitis Britannie in custodem ; et juramus pro nobis et heredibus nostris quod contra premissa vel aliquid premissorum per nos vel per alium non veniemus in futurum. In cujus rei testimonium presentibus litteris sigillum nostrum, una cum sigillo Petri filii Judicaëlis senescalli Britanne, fecimus apponi. Datum anno Domini M° CC° XX° primo.

255

Concordat entre l'évêque de Quimper et Hervé du Pont touchant Loctudy. Discussion des prétentions de l'abbé de Saint-Gildas de Rhuis sur cette île.

Bibl. nat. ; mss., f. lat. 9890. Cart. de Quimper — Orig. parch.

1224.

Universis presentes litteras inspecturis R. Dei gratia corisopipitensis episcopus, et Herveus de Ponte salutem in Domino. Noveritis quod in presencia venerabilis patris J. turonensis archiepiscopi, super ecclesia (*sic*) Sancti-Tudii et alias ecclesias ad ipsam pertinentes, cum omnibus possessionibus et saesinis quas habebant in tempore resignationis, juris patronatus quem ego et M. mater mea, jamdudum resignavimus, inter que specialiter restitui vinagium de Ponte et terras et homines juxta ecclesiam Sancti-Tudii et alibi, et locum et stagnum molendinorum et omnia alia que ante dictam resignationem Ivo de Ponte et alii capellani qui in ecclesia Sancti-Tudii erant nomine ecclesie possidebant. Ego, episcopus, autem bona fide teneor facere quod abbas et conventus ruiensis nullo umquam tempore aliquid habebit in ecclesia Sancti-Tudii vel in pertinenciis quas modo possidet, dum illud possim facere, per reconpensacionem tanti beneficii quantum abbas ruiensis per donacionem meam in illa ecclesia possidebat, et debeo illam reconpensacionem offerre supradicto abbati, ad dictum corisopitensis capituli ; et, si abbas illam reconpensacionem recipere noluerit, ego, episcopus, dabo fructus illius reconpensacionis illi clerico qui defendet causam contra ipsum abbatem, et hoc quamdiu durabit causa. Canonici autem Sancti-Tudii recognoscent quod illas terras et homines habent de elemosina H. de Ponte et predecessorum suorum, et alia bona temporalia que ipsa ecclesia possidet et de ipsa terra habebunt ipsum H. sicut et predecessores sui, habuerunt, et de aliis temporalibus. Ego eciam, episcopus, ipsum H. de Ponte et homines suos de fructibus ecclesiarum a tempore spoliacionis perceptis penitus liberavi. Preterea ego, episcopus, et capitulum meum et canonici Sancti-Tudii dimittemus ipsum H. de Ponte et heredes suos n pace, dummodo ipse H. et heredes sui ecclesiam Sancti-Tudii cum omnibus supradictis, cum ecclesia Sancti-Chorentini, dimittant in pace. Ego autem, episcopus, bona fide in verbo episcopi promisi quod istam pacem fideliter observabo. Ego vero, H. de Ponte, super sacrosanctis evangeliis juravi quod istam pacem, ego et heredes mei, in perpetuum observabimus. Ut autem pax ista robur obtineat firmitatis, venerabilis pater J., turonensis archiepiscopus, qui istam pacem approbavit et confirmavit, ad peticionem nostram insimul factam, litteris presentibus suum sigillum apposuit ; nos duo eciam nostra sigilla eisdem litteris duximus apponenda. Datum aput Kemper cor..., anno gracie M°CC° XX° tercio, die martis proxima post Epiphaniam Domini.

256

Pierre de Grandchamp confirme les donations et ventes faites à l'abbaye de Lanvaux par Inisan et Daniel Gec, touchant la villa de Caergorguen. Sylvestre Even, ayant donné l'étang qui avoisine cette villa et un différend étant survenu entre les héritiers et l'abbaye, Pierre de Grandchamp accorde les parties.

Arch. dép. Fonds de l'abbaye de Lanvaux. — Orig. parch.

1224.

Universis Christi fidelibus presentes litteras inspecturis Petrus Silvestri de Grandicampo salutem. Noveritis quod nos, ad memoriam bone memorie Rotaudi et Guetenochi Venetensis episcoporum et capitulorum eorumdem episcoporum, concedimus et confirmamus donacionem generis nostri de villa que dicitur Caergorguen et donaciones et vendiciones Inisani Danielis Gec et suorum prout in cartis predictorum episcoporum continentur, quarum cartarum scripta in parte in presenti carta dignum duximus rescribenda : Silvester Eveni in abbacia de Lanvaus viam universe carnis ingrediens pro anime sue redempcione, concedentibus filiis suis, ipsi abbatie donavit stagnum quoque quod contigit villam que dicitur Caiergorguen, dominus quoque Riochus frater ejus cum filiis suis et fratre suo Willelmo idem donum concessit et confirmavit. Postea vero filie Gorguen hereditarie cum conjugibus suis reclamantes ab abbate et monachis LX solidos, tribus demptis, acceperunt et illud donum in perpetuum tali condicione acquitaverunt ut ullum edificum inferius vel superius quod edificio monachorum obesse aliquatenus constituerent. De prato quoque suo, quod inferius est illo stagno, inter abbatiam et Caiergorguen quantum opus est ad illud stagnum mo-

nachorum reedificandum in perpetuum concesserunt. Hoc actum totum fuit coram.......... .... Item de alia carta Inisanus concessit dare terram et motas..... ....
monachos de Lanvaus ex altera sepu....... monachorum usque ad alveum aque prout linea superius se extendit per confinium.......
sopiretur. Idem Inisanus cum assensu matris sue et .... fratris sui qui tunc vivebat et sororum suarum....... eciam filii sui et filie sue vendidit memora....... abbati et monachis quiete et pacifice omni tempore possidendum, et per interpositum juramentum super sacrosanctum evangelium coram nobis manu propria firmavit se....... factum de cetero nec in capite scluse nec in prato memoratis. Hec autem fuere coram Guetenocho episcopo. Item positum fuit coram meo Inisano et Willelmo, genere suo, et suis coheredibus suis concedentibus, quod illud Goret quod erat inter terram Caiergorguen et clutoeu cotguloni super quo erat contencio inter monachos et Inisanum et Willelmum generum suum nunquam fieret de cetero. Ut autem nos huic carte sigillum nostrum apponeremus deuit J. abbas et capitulum nobis palafredum abbatis et Inisano et suis xv solidos. Hec autem fuit apud Lanvaus coram Eudone capello de Grandicampo, Rolando Oliveri, Alano de Lanvaus, Rotaudo Galli, Gaufrido Hervei, et J. abbate et capitulo, anno Domini M° CC° XX° quarto.

257

Eudes, vicomte de Rohan, accorde le prieur de Saint-Martin et Guillaume, fils de Fréol, au sujet de la terre de Garniguel en Lanouée.

Arch. dép. Fonds du prieuré de St-Martin de Josselin.—Orig. parch.

1225.

Quum labilis est mortalium vita et cum ipsis eorum memoria moritur ea que in presenti geruntur vivacis littere testimonio commendanur. Sciant igitur omnes tam presentes quam futuri quod cum conventa esset controversia inter Ranulfum priorem et monachos Sancti Martini de castro Joscellini ex una parte et Willelmus filium Freoli nomine, Haias uxoris sue et Oliverum et Johannem et Eudonem filios suos et Hodiernam et Thame et Agnetem dictorum Willelmi et Hasiis filias ex altera parte, super has que dicti prior et monachi in Guerniguel possidebant, quia dicebant idem Willemus et memorati eorum heredes hoc ad se successionis jure pertinere et predecessoribus prioris et monachorum a Giroardo quondam antecessori suo fuisse, nomine pignoris obligata, tandem post multas altercationes ego Eudo filius comitis, de consensu et voluptate partium, ad totius tandem de compositione inter eos facienda, interposui partes meas et inspecta quadam carta prioris et monachorum in qua continebatur quod memorata contentio sopita fuerat, elapsis... et amplius in hunc modum..... hoc quod prenominati Willelmus et eorum heredes in Guerniguel reclamabant, Rosellus filius Geraldi predecessor eorumdem. . . . querelam suscitaverat et quod hoc idem eisdem in perpetuum possidendum remanserat, mediante bone memorie Donoal quondam Aletensis episcopi judicio, ac predecessore meo Gaufrido vicecomite et aliis et qui cum se presentes aderant, aprobataque et carta erat memorati Gaufridi vicecomitis sigilli munimine roborata, tenorem dicte carte sequitur de proborum virorum consilio composui taliter inter eos quod quisque supradicti Willemus et ejus heredes in Guerniguel reclamabant idem prior et monachi tanquam jus suum conditione qualibet in perpetuum possidebant, quam compositionem prefati Willelmus et uxor ejus et eorum heredes in nostra presentia juraverunt se modis omnibus servaturos, de servanda vero compositione prefata erga jam dictos priorem et monachos prememoratis Willelmo et uxore sua et eorum heredibus, custos fidejussor extiti ad instantiam eorumdem, idem tamen prior et monachi ob hanc querelam pro bono pacis. Ex predicti alteri contulerunt et ut hoc ratum et stabile permaneat presenti cartule sigillum meum apposui in majus hujus rei testimonium et munimen. Actum apud castrum Joscellini anno gracie M° CC° XX° quinto.

258

Donation à l'abbaye de Bon-Repos, par Olivier de Rohan, des droits de pâturage dans la forêt de Quénécan.

Arch. de Saint-Brieuc, mss. des Arch. de l'abbaye.

22 mai 1225.

L'acte de 1225 de D. Morice, Pâturage dans la forêt de Quénécan, pour l'abbaye de Bon-Repos, se termine ainsi dans la copie contenue au Mss. f. lat. 177 23, p. 161 :

... in eadem foresta conversari. Actum anno gratie M° ducentesimo vicesimo quinto, quarto Kl. Junii, apud abbatiam Bone Quietis;

259

Accord entre Geoffroy d'Hennebont et Alain, vicomte de Rohan, relativement à diverses possessions et particulièrement au sujet d'un droit de manger dû au dit vicomte au manoir de Borgeel.

Bibl. de la ville de Nantes, arch de M. Bizeul. — Orig. parch. — Était scellé sur double queue.

1226.

Universis presentes litteras inspecturis vel audituris, Gaufridus filius Oliverii, miles, salutem in Domino. Notum facimus quod pax est facta inter me ex una parte et dominum Alanum vicecomitem de Rohan, militem, ex altera, super *quodem* mangerio quod idem vicecomes de jure anno quolibet habere debebat apud Borgeel a me et meis heredibus et super omnibus aliis contencionibus motis et que moveri poterant inter me et ipsum, sub hac forma : quod sesina de Kemorz[1] remanet michi et meis heredibus a dicto vicecomite tenenda, ita quod Gaufridus de Kemorz est homo dicti vicecomitis ligius de suis aliis feodis. Et, si aliqua contencio vertatur inter me et dictum vicecomitem, sive inter heredes meos et heredes dicti vicecomitis, idem Gaufridus vel heredes sui erunt vel erit contra me et heredes meos cum dicto vicecomite et cum suis; et contradictum quod exibit de Kemorz ad curiam dicti vicecomitis deportatibur ad declarandum. Terra vero de capite pontis de Pontivi remanet dicto vicecomiti et ejus heredibus in perpetuum per dictam pacem, et etiam Brengilli[2]; pro quibus idem vicecomes tradidit michi viginti (*sic*) libras annui redditus cum LX^a libris annui redditus quas ante habebam apud Melgennac[3]. Insuper nos nec nostri heredes nec causam a nobis sive ab heredibus nostris habentes, vel racione nostra vel nomine nostro, non possumus nec poterimus in futurum apud dictum Borgeel nec alibi in toto feodo nostro, dominico vel gentili, quem tenemus vel tenere poterimus in futurum in vicecomitatu de Rohan, castrum, domum, edificium firmatum muro nec muris nec fossatis nec barris nec palliciis, nec stagnum nec stagna nec nundinas

[1] Camors.
[2] Branguily.
[3] Malguenac.

nec mercata facere, edificare nec construere nec facere fieri, edificari vel construi. Nec possumus nec poterimus in futurum nos nec heredes nostri sive successores nostri recipere in hominem in aliquo feodo nostro in dicto vicecomitatu aliquem hominem dicti vicecomitis vel suorum heredum sive successorum vel causam habencium ab eodem. Insuper nos et heredes nostri sive successores sumus et debemus esse in futurum ligii homines dicti vicecomitis et suorum, racione feodorum nostrorum quos tenemus et tenere poterimus in futurum in dicto vicecomitatu a dicto vicecomite et a suis heredibus vel causam habentibus ab eisdem. Et sic per dictam pacem sive composicionem remanebunt dicto vicecomiti et suis heredibus sive successoribus in pace in perpetuum omnes sesine sue sive possessiones, contradicione nostra vel nostrorum non obstante. Si vero contingat quod nos vel heredes nostri sive successores vel causam a nobis vel nomine nostro vel racione nostra habentes contra dictam pacem in aliquo processerimus vel rebelles fuerimus, volumus quod dominus noster dux Britannie totam contrarietatem nostram sive rebellitatem sine placito vel contra placito fuga vel dilacione faciat penitus amoveri. Obligamus nos insuper et heredes nostros sive successores necnon et omnia bona nostra, mobilia et imobilia (*sic*), presencia et futura dicto vicecomiti et heredibus suis ad dictam pacem in perpetuum inviolabiliter observandam ; et juramus tactis sacrosanctis Evangeliis, pro nobis et heredibus nostris, quod contra dictam composicionem sive pacem per nos vel per alium non veniemus in futurum. In testimonium premissorum dicto vicecomiti pro se et suis dedimus istas litteras sigillo nostro proprio sigillatas. Actum anno gracie millesimo CC° XX° octavo.

260

Henri d'Avaugour donne à l'abbaye de Bon-Repos le passage de Ménéac, à charge d'établir deux chapellenies dans l'église du monastère.

Bibl. nat. ; mss. coll. Gaignières ; f. lat. 17092. — Cop. parch.

1229.

Universis..... Henricus de Avalgor, filius Alani comitis, salutem in Domino. Noverit universitas vestra quod ego audivi quandam donationem quam Gervasia, domina Dinani, pro salute anime sue et pro salute anime bone memorie Gaufridi, vicecomitis de Rohan, quondam mariti sui, et pro salute antecessorum et predecessorum meorum dedi et concessi in perpetuam elemosinam, cum assensu heredum meorum abbatie de Bona-Requie totum passagium meum de Myniac[1], ad duas capellanias in eadem abbatia statuendas et pro aniversario predicti Gaufridi vicecomitis et mei annuatim faciendo... Ego vero et Margarita, uxor mea, cum assensu heredum meorum, consentientes hanc laudabilem donationem concedimus. Abbas vero et conventus loci me et uxorem meam et heredes meos *infratres* et participes omnium bonorum que fiunt et flent in illa domo in perpetuum receperunt..... sigilli mei munimine roboravi. Actum anno gratie 1229.

Suit le dessin à la plume du sceau d'Henri d'Avaugour représentant un guerrier à cheval tenant de la main droite l'épée levée et du bras gauche un bouclier ; en exergue : ✝ S. HENRICI. DE AVAVGOR. Comme contresceau un écu et tout autour cette légende : ✝ SVB. MEO. SCVTO. EST. MEVM SECRETVM.

261

Catherine, veuve d'Alain, vicomte de Rohan, donne à l'abbaye de Bon-Repos trois mesures de froment à prendre à son moulin du Rocderou, pour payer le pain et le vin nécessaire pour les messes qu'elle fonde dans cette abbaye.

Arch. dép. des Côtes-du-Nord. — Orig. parch.
Était scellé sur double queue.

1230

Notum sit omnibus tam presentibus quam futuris quod ego Catarina nobilis *vidua* Alani vicecomitis de Rohan, pro salute anime mee et pro salute anime.... (en blanc) filie mee et antecessorum [et successorum] meorum dedi et concessi, cum consensu filie mee, abbacie de Bona-Requie tria quarteria frumenti in puram elemosinam pro pane et vino ad missas ibi in perpetuum celebrandas. Predicta autem quarteria frumenti recipient monachi de Bona-Requie

[1] Ménéac, canton de la Trinité-Porhoët.

annuatim in perpetuum in molendino meo apud Rocderou. Si vero contigerit jam dictum molendinum decidere pro predictis tribus quarteriis frumenti, recipient predicti monachi de Bona-Requie in reditibus meis apud Rocderou triginta solidos ad Natale Domini annuatim. Et, ut ista donatio firma permaneat, presentem paginam sigilli mei munimine roboravi. Actum anno gratie M° CC° XXX°, in vigilia Sancti-Mathei apostoli.

262

Jean I, duc de Bretagne, s'oblige à défendre contre tous ses ennemis Alain, vicomte de Rohan.

Bibl. de la ville de Nantes; arch. Bizeul. — Vidimus délivré le 9 avril 1395 par la sénéchaussée de Ploërmel d'un autre vidimus du duc Jean I, du *mois d'avril* 1254 (ou 1255). — Parch. — Etait scellé sur double queue.

1231.

Universis presentes literas (*sic*) inspecturis vel audituris Johannes de Britania, filius Domini Petri, ducis Britannie et comitis Richemondie, salutem in Domino. Noverit universitas vestra quod ego, tactis sacrosantis (*sic*) Euvangeliis, juravi quod diletum (*sic*) ac fidelem meum Alanum vicecomitem de Rohan et heredes suos sive sucessores (*sic*) juvabo contra omnem creturam (*sic*) que potest vivere et mori, bona fide et sine fraude, ad deffendendum omnes posessiones suas et sesinas, et eos dimittam omnes posessiones suas et sesinas pacifice in perpetuum detinere, et ad hoc obligo me et heredes meos dicto vicecomiti et suis heredibus, et omnia bona nostra, presencia et futura. Insuper nos vel heredes nostri non poterimus aliquo modo acrescere (*sic*) nos in aliquo feodo dicti vicecomitis vel heredum suorum, dominico vel gentilli, vel in retro feodo, nec poterimus ipsum vicecomitem vel heredes suos nec eorum homines cumpellere ad obediendum, racione feodorum suorum de vicecomitatu de Rohan, de Porhoet et de Kemene Guegant, in aliquo loco in duscicatu Britannie nisi apud Ploarmel solum. Et juravi quod faciam sigillari presencium literarum tenorem sigillo meo proprio, quum sigillum proprium habebo, dummodo a dicto vicecomite vel a suis heredibus fuero requisitus, et quod contra earum tenorem, per me vel per alium, non veniam in futurum. Et in fidem et testimonium premissorum presentes literas feci sigillari sigillo dicti domini Petri ducis Britannie, patris mei, quia sigillum proprium non habebam. Datum apud Nanetas, die veneris proxima post octavas nativitatis Beate Marie Virginis, anno Domini millesimo CC° XXX° primo[1].

263

Eudes, vicomte de Rohan, rend au prieur de Saint-Martin de Josselin la terre appelée la Vigne au vicomte Geoffroy.

Arch. dép. Fonds du prieuré de Saint-Martin de Josselin. — Orig. parch.

1131.

Omnibus presentes litteras inspecturis Eudo, filius comitis, salutem in domino. Noverit universitas vestra quod ego reddidi priori et monachis sancti Martini de castro Joscellini terram illam que vocatur vinea Gaufridi vicecomitis, quam etenim terram dicti prior et monachi comodaverant predicto vicecomiti et sue uxori ad vineam plantandam, et quitaverunt me eidem prior et monachi de censu quatuor platearum quas cum fossatis meis abstuleram; et hoc ut ratum et stabile in posterum habeatur presentes litteras sigilli mei munimine roboravi. Actum anno..... M° CC° XXX° primo.

264

Eudes, vicomte de Rohan, donne au prieuré de Saint-Martin de Josselin son moulin à tan situé sur l'Oust, à charge de célébrer chaque année l'office le jour anniversaire de sa mort.

Arch. dép. Fonds du prieuré de Saint-Martin de Josselin. Orig. parch.

1231.

Quum labilis est mortalium vita et cum ipsis eorum memoria moritur, ea que in presentia geruntur vivacis littere testimonio comendantur. Quapropter ego Eudo, filius comitis, universis notum facio quod ego in puram et perpetuam elemosinam contuli et concessi conventui Majoris Monasterii ad faciendum annuatim anniversa-

[1] Dans son vidimus, Jean I confirme en faveur d'Alain vicomte de Rohan les lettres qu'il avait accordées à son père *Alain,* lorsqu'il n'était lui-même que fils aîné du duc Pierre régnant.

rium meum, molendinum meum ad tanum de sub castro Joscellini super Out flumen situm, cum corpore meo quod in monasterio beati Martini de castro Joscellini disposui sepeliri. Et ut hoc ratum et stabile permaneat presentem cartulam sigilli mei feci munimine roborari. Actum anno graçie M° C° XXX° primo.

265

Thomas, fils de Derien Mehenen, donne à l'abbaye de Lanvaux plusieurs redevances sur la villa Rungant. Les moines lui donnent treize livres de la monnaie de Bretagne pour le délivrer des Juifs.

Arch. dép. Fonds de l'abbaye de Lanvaux. — Orig. parch.
Était scellé d'un sceau sur double queue.

29 avril 1233.

Universis Christi fidelibus presentes litteras inspecturis, Thomas, filius Derani Mehenen, in Domino salutem. Noverint universi quod ego dedi et concessi in perpetuam elemosinam monachis abbacie beate Marie de Lanvaus duas partes decimarum duarum parcium unius pellem cujusdam ville que dicitur villa Rungant et unam minam frumenti cursalis mensure de Elraio et sedem venditionis, et assignavi illam minam frumenti in terra mea in dicta villa Rungant quam terram teneo jure hereditario ab Eveno filio Evenou militis. Et ille Evenus tenet a Thoma filio Silvestri filii Jestin prefatis monachis apud villam Periou in parrochia de Crac a me et successoribus meis in perpetuum ad exultacionem Sancte Crucis sine aliqua contradictione annuatim reddendam, sed tamen ut libentius hoc darem prefati monachi dederunt mihi tresdecim libras britanie *ad me liberandum a Judeis.* Hoc autem donum feci coram..... Eveno filio Evenou et Thoma filio Silvestri presentibus et assen....... Preterea ego Thomas filius Derani........ concessi terram dictis dominis dicte terre, quod si ego et mei successores [non red[d]eremus predictam minam frumenti in dicto loco ad prefatum terminum ante dicta terra mea in mani[bus predictorum] monachorum remaneret, [ut in i]lla perciperent frumentum suum donec aquitaretur s[eu patre] suo dicto Eveno et dicto Thome filio Silvestri et suis heredibus, et ut ista donatio stabilis et firma in perpetuum permaneret, ad peticionem meam et ad peticionem monachorum supradictorum Thomas filius Silvestri filii Jestin, cum assensu Eveni filii Evenou militis domini dicte terre, utpote custos et dominus, sigillo suo presentes litterras sigillatas concessit monachis, et quocumque voluerint ipse et sui presentem kartulam sigillo suo facere renovare. Actum tercio kalendas maii, anno ab incarnacione Domini M° CC° tricesimo tercio.

266

1234.

Titre primordial de donation à l'abbaye de Bon-Repos des dîmes de Silfiac.

Arch. des Côtes-du-Nord — Inv. des arch. de l'abbaye.

267

Mahaut, dame de Montfort et de Noial, donne à l'abbaye de Bon-Repos la dîme de la terre de Kervan-Hubert.

Arch. dép. des Côtes-du-Nord. — Orig. parch. — Etait scellé sur double queue.

1235.

Omnibus Christi fidelibus presentes literas *(sic)* inspecturis Matill, domina Montis-Fortis et de Noial, salutem et omne bonum. Universitati vestre notum facio quod ego, pro salute anime mee et antecessorum meorum, cum assensu et voluntate nobilis viri domini Jocelini de Rohan mariti mei, dedi et in perpetuam elemosinam concessi abbatie de Bona-Requie decimam cujusdam terre que vocatur Kareven-Hubert, quam dictus maritus meus mihi contulerat. Dicta vero decima, dabitur ad pitantiam monachis predicte domus in festo Conceptionis beate Marie Virginis annuatim. Quod ut ratum sit et stabile, presentes literas sigilli mei munimine roboravi. Datum anno Domini millesimo ducentesimo tricesimo quinto.

268

1235.

Edit du duc Jean changeant le bail ancien en rachat. (Inventaire de Turnus Brutus, Chambre des Comptes).

269

Accord entre Cadioc, évêque de Vannes, et le chapitre de la cathédrale d'une part, et le prieur de Saint-Martin de Josselin, au sujet de droits perçus sur l'avoine et la volaille vendues à Vannes.

Arch. dép. Fonds du prieuré de Saint-Martin de Josselin. — Orig. Parch.

21 juin 1240.

Universis Christi fidelibus presentes litteras inspecturis Cadiocus, Dei gracia episcopus, et humile capitulum Venetense salutem in Domino. Noveritis quod venit pater Turoni Archiepiscopus, pacem fecit inter nos et religiosos viros abbatem et conventum Majoris Monasterii sub hac forma : super contentione que vertebatur inter venerabilem patrem Cadiocum, Dei gracia episcopum Venetensem, ex una parte, et Abbatem et conventum Majoriis Monasterii et priorem Sancti Martini de Castro Joscellini ex altera, super gallinagio et avenagio quod dictus episcopus petebat ab hominibus eorum et comorantibus in suburbio Venetense, pro bono pacis fuit compositum, in hunc modum : Quod predictus episcopus et successores ejusdem pro predictis avenagio et gallinagio percipient pro quolibet mansionario t....uro duodecim denarios annuatim tali apposita conditione, quod serviens dicti prioris dictos denarios colliget et ipsos in crastino Circonsisionis Domini dicto episcopo vel cujus allocato reddere procurabit, Quod si ipsos denarios in dicto termino reddiderit elapso termino, predictus episcopus nanna capere poterit hominum predictorum et si voluerit accipiet pro defectu ab illo qui difficerit a solucione predictam pecuniam duplicatam. Actum de consensu ipsius episcopi et capituli venetensis, anno gracie M° CC° XXX. VI. Nos autem dictam pacem tenore presentium confirmamus. Datum die Jovis post festum Beatorum Martyrum Gervasii et Protasii, anno gracie Mᵃ C° Quadragesimo.

270

Eudes de Malestroit confirme l'accord passé entre son père et le prieur de la Madeleine, au sujet des moulins du prieuré. Il règle également les droits du four accordé aux moines de la Magdeleine.

Arch. dép. Fonds du prieuré de Malestroit. — Orig. parch.

22 octobre 1237.

Universis Christi fidelibus presentes litteras inspecturis, Eudo de Malestricto Dominus, salutem in Domino. Noverint universi quod cum contentio verteretur inter religiosos viros abbatem et conventum Majoris Monasterii ex una parte et nobilem virum Paganum dominum de Malestricto patrem nostrum defunctum ex altera, super dampnis que molendina nostra de Malestricto inferebant molendinis prioratus beate Marie Magdalene de Malestricto, quæ nova molendina vocantur, et super decimis piscariarum nostrarum de Malestricto, quas sibi de jure competente dicebant, tandem sopita est eadem contencio in hunc modum. Quod Dominus Paganus, pater noster defunctus, dedit et concessit in molendinis nostris jam dictis predicto prioratui, pro injuriis suis sibi illatis, decem quarteria frumenti et quindecim quarteria silliginis annuatim in perpetuum persolvenda per manum illius qui proventus molendinorum nostrorum percipiet, quisque sit qui quum recipiet infra octo dies post receptionem molendinorum cavebit firmiter per bonos fidejussores se priori beate Marie de Malestricto quinque quarteria silliginis in medio quadragesime, et alia quinque quarteria siliginis in festo beati Johannis Baptiste, et decem quarteria frumenti in mense Augusto sequenti, et alia quinque quarteria siliginis in nativitate Domini subsequenti soluturum. Insuper idem Paganus, defunctus pater noster, permisit bona fide servare pro se et pro heredibus suis molendina nostra in tali statu quod poterunt molere et fullere ad arbitrium bonorum virorum qui de statu molendinorum cognoscere noverint fideliter et scrutari. Ita quod per assisiam molendinorum nostrorum, per detentum aquarum molendina monachorum predictorum non submergentur nisi maxima inundacio aquarum superveniret ; si autem ita contigeret quod pro elevacionem et reparacionem molendinorum monachorum predictorum terram aliquam propter refultacionem aque de feodo nostro superius occupari eis tenemur continuo liberare, non esset de terra Gaufridi de Turre. Item omnes homines de nostro feodo debent molere et fullere in molendinis nostris exceptis hominibus dictorum monachorum qui debent molere et fullere in molendinis suis ; homines vero qui non sunt de nostro feodo prout eis placuit sine aliqua contradictione possunt in molendinis predictorum monachorum molere et fullere. Hanc autem composicionem inter dictos religiosos et dominum Paganum patrem nostrum defunctum prout supradictum est diserere et fideliter bonam ratam et firmam. Nos vero Eudo dominus de Malestrictus pro nobis et heredibus nostris dictam composicionem ratam habemus et firmam in perpetuum, volentes nichilominus et concedentes quod omnia predicta pacifice possideant et quiete et quod furnus quem pater noster dedit eisdem pro tercio monacho ibidem commorando, pro dampnis a nobis eisdem illatis, pro blado et arreragiis dicto prioratui, in perpetuum remaneat; et provemus ipsi et tenemur garantizare venientes ad illud furnum quonquerere, ne propter hoc poterunt monachi per nos neque per successores nostros compelli aliquatenus quod in dicto prioratu tutius monachus instituatur moraturus ibidem. Ceterum volumus et concedimus quod si nos vel heredes nostri vel aliquis loco nostri aliquam prisiam vel sesinam prioratu fecerit, vel in pertenenciis suis, moniti a venerabili patre Episcopo Venetensi, nisi remisimus poterit nos ecclesiastico supponere interdicto. In hujus rei testimonium et munimen presentes litteras dictis Abbati et conventui sigillo nostro dedimus sigillatas ; ad majus robur sigillum venerabilis patris nostri Cad. Episcopi Venetensis fecimus apponi. Actum Veneti die jovis post festum beati Luce. Anno Domini M° CC° XXX° septimo.

271

Guillaume, seigneur de Derval, et son épouse Alienor donnent au prieuré de Saint-Martin de Josselin cinq minots de seigle, mesure de Ploërmel, pour réparation de dommages causés au prieuré.

Arch. dép. Fonds du prieuré de Saint-Martin de Josselin.
Orig. parch.

1239.

Universis presentes litteras inspecturis vel audituris vir nobilis Willelmus dominus Derval, salutem in domino sempiternam. Cum contentio moveretur in curia Macloviensi inter nos et Alienor uxorem nostram ex una parte, et priorem et monachos Sancti Martini de castello Joscellini ex altera, super duobus quarteriis silliginis et uno quarterio frumenti que dominus Niel et Cadiocus ejus filius milites dederant ecclesie beati Martini de castello Joscellini prout discebant, pro combustione et dampnis que fecerant in vico sancti Martini ejusdem castelli, tandem amicabilis compositio intercessit inter nos in hunc modum super predictam contemtionem quod nos dedimus et concessimus pro bono pacis dictis priori et monachis quinque minas silliginis ad mensuram de Plormel annui redditus in nostris decimis de Plormel, infra festum omnium Sanctorum in perpetuum percipiendas, quiete et pacifice possidendas ; et in hujus rei testimonium et munimen presentes litteras dictis priori et monachis dedimus sigilli nostri munimine roboratas ; anno domini M° CC° XXX° nono.

272

1239.

Paix entre Jehan, comte de Bretagne, et Raoul, seigneur de Fougères, touchant l'exemption du rachat de la terre seigneuriale de Porhouët.

Arch. des Forges de Lanouée, inventaire de Porhoët.

1239.

Acte de partage du fief de Porhoët fait par le duc Jehan entre Raoul, seigneur de Fougères, et Pierre de Chemillé, par lequel le duc ordonna audit sieur de Fougères Josselin, la paroisse et la forêt de Lanouée, et audit seigneur de Chemillé, la Chèze, la Trinité et la forêt de Loudéac.

Arch. des Forges de Lanouée, inventaire de Porhoët.

273

Accord entre Thibaud de Rochefort, vicomte de Donges, et l'abbé de Lanvaux, au sujet de l'entretien de deux moines dans l'abbaye.

Arch. dép. Fonds de l'abbaye de Lanvaux. — Orig. parch. était scellé sur double queue.

2 août 1240.

Universis presentes litteras inspecturis Cadiocus, Dei gracia Venetensis episcopus, licet indignus, salutem in Domino. Noveritis quod Theobaldus de Ruppeforti, vicecomes de Dongia, in nostra presencia constitutus, fecit pacem et sigillavit cum abbate et conventu beate Marie de Lanvaus, cisterciensis ordinis, cujus tenorem presentibus litteris duximus ad notandum. Universis Christi fidelibus presentes litteras inspecturis Teobaldus de Ruppeforti vicecomes de Dongia salutem in Domino. Noveritis quod post multas contenciones quas movebant contra nos abbas et conventus de Lanvaus, cisterciensis ordinis, super provisione duorum monachorum quam olim eis concesserat Jarnogonus, quondam avunculus noster, tandem coram venerabili patre Cadioco, Venetensi episcopo, in hanc formam pacis convenimus quod eis perpetuo damus redditum septem librarum in terra nostra et Theophania avia nostra redditum decem solidorum ubi commodius dare abbacie poterit, et illa debet procurare quod Alanus de Lanvaus nepos suus id gratabit ; ordinatum autem fuit quod usque ad duos annos dicti redditus in pura peccunia persolventur, et interim, antequam dicti duo anni fuerint consumati nos eligemus unum bonum hominem et dicti abbas et conventus alium qui jurabunt quod bona fide assignabunt dictos redditus in terra vel molendinis, vel decimis, vel pedagiis prout secundum..... abbacie magis viderint expedire. Et si non potuerint concordare, Episcopus Venetensis, qui fuerit pro tempore, dabit tercium et assignacio quam duo fecerint obtinebit si tres in eandem formam non potuerint convenire, si vero per nos vel per servientes nostros steterit quin redditus statutis terminis persolventur Episcopus Venetensis taxabit sumptus qui debebuntur pro mora. Prima autem solucio horum reddituum debet fieri apud Rupemfortem ad Decollacionem beati Johannis Baptiste, et secunda solucio infra Pascha. Redditus autem secundi anni integri persolventur ad subsequantem Decallocionem beati Johannis Baptiste. Ad majorem autem firmitatem nos et predicta avia nostra sigillis presentes litteras sigillamus. Datum Veneti, die jovis in crastino Sancti Petri ad vincula, anno Domini M° CC° quadragesimo. Paci vero superius expresse adjectum fuit, et ex parte dicti Theobaldi gratatum, quod si ipse forma dicte pacis presumeret resilire, nos et successores nostri ipsum et successores suos excommunicaremus et terras eorum dende districto supponeremus interdicto. Nos itaque, ad peticionem dicti Theobaldi, presentes litteras sigillamus. Datum Veneti, in crastino Sancti Petri ad vincula, anno Domini M° CC° quadragesimo.

274

Accord entre l'abbé de Lanvaux et Chenenor fils d'Hemmeric au sujet d'une rente due à l'abbaye.

Arch. dép. Fonds de l'abbaye de Lanvaux. — Orig. parch.
était scellé sur simple queue.

18 juin, 1241.

[Universis Christi fidelibus] presentes litteras inspecturis Johannes Bastandus miles, senescalus..... salutem..... Chenenor, filius Hemmerici filii abbatis de Elraii, debere abbati et conventui de Lanvaus,

cisterciensis ordinis, duodecim..... coram nobis multociens reco-
gnoverit eisdem obligavit coram nobis tria frustra terre..... de
Lanvaus apud Elraium de sub lapidicina versus Rostovel de dictis
duodecim libris, et cum ad terminos..... ad acquitandum dictos
denarios non solvisset predictis abbati et conventui per judicium
curie domini Alani..... judicatum quod possent vendere dicta tria
frustra terre et factis legitime bannis in fore et in ecclesia..... dicti
Hemmerici vellet aquitare et sibi retinere dictas terras, Henricus
clericus de Elraio gener dicti..... ejusdem licet sepe fuisset..... noluit acquitare nec aliquis alius de monaquis..... judicio curie domini Alani de Lanvaus et consilio proborum..... nobiscum qui
curia exercent et idonei..... terre predictis abbati et conventui de
Lanvaus remanere in perpetuam hereditatem licet hujusmodi.....
per acquitacionem libre ad solidum oporteret eis dare XX solidos
pro duodecim denarios reddenti redditus..... quidam dicebant illud
tanti malum non valerent censu annuo ne satisfacerent predictis
aliis..... venditionem. Cujus rei testimonium dedimus presentes
litteras predictis abbati et conventui sigillo nostro..... Die martis
proxima ante festum beati Johannis Baptiste, anno Domini M° CC°
quadragesimo primo.

275

Accord entre Raoul, seigneur de Fougères, Pierre de Chemillé et Olivier de Montauban, délimitant les possessions et les droits de chacun d'eux dans le fief de Porhoët.

Arch. dép. Fonds de Rohan-Chabot. — Orig. parch. était scelié
de 5 sceaux sur double queue.

7 Novembre 1248.

A toz ceos qui verront ces letres Raol, seignor de Fougères,
Pierres de Chemillé, seignor de Brachesac, et Aliénor, sa fame, et
Olivier de Montauban et Joenne, sa fame, saluz en Nostre Seignor.
Sachez que, comme contenz fust entre nous par-devant diz sus le
fieu de Porrehoit de l'escheeite monseignor Eun, le filz le Conte, pez
fut fete entre nous en tel manière qu'à celui Raol de Fougières remeignent en pez tote la parroisse de Lannoys et la forest en
totes choses, sanz ce que en cele parroisse de Lannoys et en la
forest de Lannoys ne poent les devant diz P. de Chemillé n'Aliennor,

sa fame, ne Olivier de Montauban, ne Joenne, sa fame, ne lor eirs, rien demander par nule dreiture dès-ore-en-avant. E quant il avendra que le doaire Margarite, qui fut fame monseignor Eun, le filz le Conte, escherra après la mort de cele, le herbergement de la Vile-Jagu et le Plesseiz, si comme il porsiet, remendra à celui Raol de Fougières et à ses eirs ; et tote l'autre terre qu'il tient par doaire sera partie en trais parz, à dit de chevaliers que is metront, si que cil Raol de Fougières en aura les dous parz au mielz séant de lui, et cis P. de Chemillé et sa fame, et Olivier de Montauban et sa fame, en auront le tierz. Et c'est à savoir que la parroisse de Mohon en totes choses demore à icil R. de Fougières et à ses eirs, hors ce qu'il en let audiz Pierres de Chemillé et à sa fame et à lor eirs, si comme les bones vint et cinc librées il a asises à cil Karou en la paroisse de Mohon. Et cil P. de Chemillé et sa fame ont eschangié à celui Karou, au presage que monseignor Robert de Médreignac et monseignor Guillaume de Monborcher et monseignor Thomas de Chemillé ont fet, le sorplus de la value de sa terre que cil P. de Chemillé retient, outre les vint et cinc livres de rente que li a asises monseignor R. de Fougières en la paroisse de Mohon. Et, outre icelui presage, icis P. et Aliénor, sa fame, ont doné et asis à celui Karou et à ses eirs cent soldées de rente, si comme les devant diz chevaliers devisèrent. Et quanque icel Karou tient de par lui et de par ses effanz dou feu de Porrehoit, tendront, lui et ses eirs, dou seignor de Fougières et de ses eirs par cete pez, et en seront ses omes, sau l'enznaage à l'eir monseignor Henri de Coillogon, quand il le vodreit demander ne porreit, à tenir dou seignor de Fougières. Et sont tenuz icil P. de Chemillé et Aliénor, sa fame, por os et por lor eirs, à fere otreier à l'eir de Coillogon à tenir dou seignor de Fougières et de ses eirs icel enznaage qu'il a sus Karou et sus ses eirs, quand il vendra en aage de l'aveir, et en doner ses letres audit seignor de Fougières et à ses eirs. Et icil Raol de Fougières est tenu à fere otreier cete covenance aus eirs à cil Karou, s'is volaient aler encontre, quant is seront en aage. Et cil P. de Chemillé, ne Olivier de Montauban, ne lor fames devant dites, ne lor eirs, ne poent demander porcors de nule devisent qui sont mises, c'est à savoir le feu Karou qui est de son héritage de par lui et de par ses effanz en la Trinité, et ce que les borzeis monseignor P. de Chemillé et les omes monseignor Karou tenaient par-devant dedenz les bones. Et c'est à savoir que la méteirrie de Causat et cele terre que la mère Karou teneit, et le bié de ses molins de Causat, si comme il s'estent, o la prise de l'ève, demore à tenir de cil R. de Fougières et de ses eirs.

Rerendreit les homes qui tenaient de cil R. de Fougières en la vile de la Trinité remeignent à tenir de cil P. de Chemillé et de Aliénor, sa fame, et de lor eirs, si comme les bones sont mises. Et est tenu icil R. de Fougières à li fere atorner ceos qui estaient homes monseignor P. de Chemillé de feu de Porrehoit par-devant de celui fieu qui est en la Trinité. Et s'il i aveit aucun des omes qui ne fussent pas omes à cil P. de Chemillé par-devant de feu de Porrehoit, icil R. de Fougières deit fere son poeir des fere tenir de cil P. de Chemillé et de Aliénor, sa fame, et de lor eirs, de ce qu'apartient dedens les bones devant diz de la Trinité, lor tenant toz jorz le jugement de sa cort, s'is se volaient aplégier de mostrer qu'is non deussent pas fere. Et si les omes qui tenaient de cil P. de Chemillé par-devant, ne les omes qu'il prent de l'eschange de Carou, tenaient aucune chose de celui Carou dehors les bones qui sont mises, il le tendront encore, s'is volent, en la manière qu'is le tenaient par-devant de Carou. Et celui Raol, seignor de Fougières, a eschangié à celui Carou vint et cinc livrées de rente par l'eschange qu'il fet à cil P. de Chemillé ; lesquex beste en la forest de Lannoys, ne cil Raol de Fougières ne ses eirs ne poent demander porcors de nule beste en la forest de Lodéac. Et de trestotes les autres choses dou feu de Porrehoit qui ci ne sont nommées icil R. de Fougières et cil P. de Chemillé et Olivier de Montauban et lor fames devant dites demorent en autretex sésinés, comme monseignor Eun, le filz le Conte, lor devisa. Et de cete covenance tenir en bone fei is s'entredonent lor letres et en sont par fei ; et cete chose est, sauve la dreiture à cil R. de Fougières qu'il a par enznaage, en l'ore et ou tens qu'il le porra réclamer ne devra. Et de cetes covenances et de totes les autres devant dites entériner icel dit R. de Fougières, P. de Chemillé et Aliénor, sa fame, et icel dit Olivier de Montauban et Joenne, sa fame, deivent doner en piége et en garde le conte de Breteigne, come seignor, de ce fere tenir aus parties en bone fei por os et por lor eirs, et en deivent aveir les parties les letres le conte de Breteigne ; et ce ont juré les parties devant dites à tenir en bone fei por os et por lor eirs. Ce fut fet et otreié, o l'otrei des parties, au meneir de la Vile-Jagu, en l'an de l'Incarnation mil et dous cenz et quarante et oit, ou jor de semadi après la feste de Tozsainz, ou meis de novembre.

Au dos est écrit :

Carta de pace inter dominum Filgerii et Petrum de Chemille.

276

Accord entre Pierre de Chemillé, sieur de Mortagne, et Aliénor, vicomtesse de Rohan, sa femme, d'une part, et Mathieu, abbé de Saint-Jacut-des-Iles, au nom de l'abbaye et particulièrement du prieuré de la Trinité en dépendant, d'autre part, au sujet de la « cohue » que les premiers voulaient construire sur un terrain de la paroisse de Mohon contigu au bourg de la Trinité.

Arch. du château de Kerguehennec. — Orig. parch. était scellé de 4 sceaux sur double queue.

24 juin 1251.

Universis presentes litteras inspecturis frater Matheus, humilis abbas Sancti Jacuti de Insulis, totusque ejusdem loci conventus, et prior de Trinitate eorumdem monachus, salutem in autore salutis. Noveritis quod, de contentione que erat inter nobiles viros Petrum de Chemillie dominum Mauritanii, et Alienor vicecomitissam de Rohan, ejus uxorem, ex unâ parte, et nos ex alterâ, super cohuâ videlicet quam ipsi de novo edificare volebant in terrâ suâ sitâ in parochiâ de Mehon, contiguâ ville de Trinitate, deventum est ad concordiam in hunc modum quod predicti Petrus et ejus uxor predictam cohuam facient in plateâ corâm ecclesiâ ubi stallagia erant, in cujus cohue redditu nos percipiemus et (prior?) pro nobis, singulis annis, in recompensationem jurium et reddituum que ibidem anteâ habebamus, decem libras currentis monete in his terminis, videlicet in nundinis hyemalibus centum solidos, et in nundinis Sancte Trinitatis alios centum solidos, per manum illius qui affirmabit redditus dicte cohue sive tenebit, tâm nomine predictorum Petri et ejus uxoris quâm etiâm heredum ipsorum post ipsos, vel quocumque modo alio expletabit, qui juratus erit de solvendo nobis dicto redditu terminis prenotatis. Remanent autem salva nobis infrâ scriptâ, videlicet salagium, prout illud percipere consuevimus, ubicumque sal vendatur, sive in cohuâ sive extrâ. Item remanent nobis salve nundine nostre nativitatis beate Marie que stant ultrâ pontem, cum omni redditu nostro, ubicumque proveniat ; et illâ die nullus intrabit cohuam, causâ emendi vel vendendi. Item in conventione predictâ deductum est quod de blado priorum de Trinitate de Bodiuc de sancto Lemano cohuagium non solvetur, dum tamen serviens eorumdem, si requiratur, fidem prestet quod sit proprium eorumdem. Item omnes alii redditus et omnia alia jura que consueveramus percipere et habere in prepositos et alios, ubicumque et de quibuscumque rebus, sive in villa Trinitatis sive extrâ villam, et libertates tam nostre quam hominum nostrorum, salva et integra nobis remanent, salvâ penitùs compositione presenti. Item predicti Petrus et ejus uxor finare tenentur cum prepositis et aliis omnibus hominibus quijus reclamant vel reclamare possunt in plateâ et stallagiis supradictis, ita quod nos predictas decem libras quitas recipiemus singulis annis, ut dictum est, sine reclamatione cujusquàm ; et sic predicta cohua plenario jure remanet predicto Petro et ejus uxori eorumdemque heredibus, ità quod nos in eâ nichil ampliùs poterimus reclamare, ultrâ decem libras predictas ; imô quod predicti prepositi et alii homines habere consueverant in plateâ et stallagiis memoratis, infrà cohuam tenebunt à dicto Petro et ejus uxore eorumdemque heredibus, sicut à nobis tenere consueverant ante compositionem predictam. Hec autem concordia facta est de volontate Radulphi Brientis et Petri Alani, prepositorum Trinitatis, qui tenentur singulis annis priori de Trinitate solvere duodecim libras antiquas, terminis consuetis ; quibus prepositis remanent salva jura et redditus que consueverant percipere et habere extrâ cohuagium, de quiqus remanent in homagio et obedientia nostra sicut priùs. Actum est autem et concordatum inter memoratum Petrum et ejus uxorem et nos quod omnia jura nostra et sua ipsis et nobis illibata remaneant sicut ante, salvâ tamen compositione presenti. Concessum est etiam à prenominatis Petro et ejus uxore quod, si contingat predictos priores aliquid emere infra cohuam predictam ad usus proprios eorumdem, quod de hujusmodi solvere nec cohuagium nec costumam teneantur. Hanc autem compositionem in omnibus observare et in nullo contravenire super sacrosancta Dei juravimus. In cujus rei testimonium perpetuum et munimem venerabilis Pater a Dei gratia Briocensis episcopus, ad petitionem nostram, et nos presentibus litteris sigilla nostra duximus apponenda. Datum anno Domini M° CC° quinquagesimo primo, in festo Nativitatis beati Johannis Baptiste.

277

Cadioc, évêque de Vannes, approuve la fondation de l'abbaye de Prières, et règle tout ce qui pourrait être sujet de contestation entre ce monastère et la paroisse de Billiers, ainsi que les droits des évêques de Vannes.

Arch. du couvent de la Trappe de Bellefontaine.

6 janvier 1251.

Venerabilibus in Christo ac dilectis abbati Cistercii ac aliis abbatibus in generali capitulo constitutis, Cadiocus, Dei gratiâ venetensis episcopus, licet indignus, salutem in Domino sempiternam. Cum domina Blancha, illustris ducissa Britannie et comitissa Richemundie, magistrum Danielem, capellanum suum, ad nos duxerit destinandum, nobis intimans per eumdem quod in parrochiâ de Beler, juxtâ Musillac, venetensis diocesis, abbatiam cisterciensis ordinis edificare proponit, abbatie de Buseio ejusdem ordinis tanquâm filiam annectendam, nos tenore presentium vobis significamus quod edificatio dicte ecclesie nobis placet et incrementa justis modis et legitimis acquirenda. Volumus etiâm et concedimus quod fratres vestri ordinis ibidem Deo servituri gaudeant et utantur libertatibus et privilegiis, immunitatibus et indulgentiis ordini vestro concessis et consuetudinibus approbatis. Sub hâc autem formâ nostrum adhibemus consensum quod ecclesia de Beler, in cujus parrochiâ est fundanda[1], in terris de novo acquisitis et etiâm acquirendis decimas accipiat, secundûm statuta concilii generalis, secundûm portionem quam prius percipere solita erat in eisdem, nisi aliud per privilegium à vestro ordine sit obtentum. Addimus etiâm quod, pro oblationibus et proventibus qui de eisdem terris eidem ecclesie pertinere debebant, recompensatio competens tribuatur, ne ecclesia sacerdotis proprii servitio defraudetur ; et quod omnes earumdem terrarum coloni seculares, et omnes laïci et clerici seculares, qui in eâdem domo fuerint moraturi et etiâm servientes, nobis et successoribus nostris et ecclesie venetensi lege diocesanâ et jurisdictionis tanquâm subditi ordinario teneantur ; itâ tamen quod in nullo privilegiis et libertatibus cisterciensis ordinis derogetur. Datum apud Conleu, in die Epiphanie, anno gratie millesimo CC° quinquagesimo. Pendetque in authentico sigillum dicti domini episcopi.

[1] Sous-entendu : *abbatia*.

278

Jocelin de Rohan, seigneur de Montfort, reconnaît ne tenir la paroisse de Noyal qu'à titre de bénéficier ; cette paroisse retournera à sa mort à Alain, vicomte de Rohan.

Bibl. de la ville de Nantes ; arch. Bizeul. — Orig. parch.

16 octobre 1251.

Omnibus presentes litteras inspecturis Jocellinus de Rohan, dominus Montis-Fortis, salutem in *actore* salutis. Noverit universitas vestra quod, cùm esset contencio in curiâ domini comitis Britannie inter me, ex unâ parte, et Alanum vicecomitem de Rohan et Robertum de Bello-Mari, ex alterâ, super hoc quod ipsi *in* ponebant mihi quod ego juraveram vicecomiti de Rohan quòd nullam *paucionem* de parrochiâ de Noeal contrâ vicecomitem seu ejus heredes facerem, cùm dictam parrochiam non haberem nisi in benefactum, nec etiàm vicecomiti aliquod homagium facerem, ego Jocellinus recognovi in curiâ domini comitis et adhùc recognosco quòd ego juramentum predictum feceram et quod parrochiam dictam non nisi in benefactum habebam nec etiàm homagium aliquod dicto vicecomiti feceram de parrochiâ supradictâ ; et propter hoc volo et precipio in testamento meo, quod super hoc *modò* facio, quod parrochia supradicta, post decessum meum, liberè et integrè remaneat Alano vicecomiti de Rohan et suisque (*sic*) heredibus in perpetuum possidenda, non obstante paucione aliquâ, si quam fecissem alicui de parrochiâ supradictâ. Quod ut ratum et stabile permaneat, presentes litteras Alano vicecomiti dedi, sigilli mei munimine roboratas. Datum die lune, in festo beati Michaelis in Monte-Tumbâ, anno Domini M° CC° quinquagesimo primo.

279

Acte par lequel Jocelin de Rohan reconnaît avoir reçu des vicomtes de Rohan la terre dont il jouissait dans la paroisse de Noyal, et s'engage par testament à la rendre à sa mort aux héritiers desdits seigneurs.

Arch. du chât. de Kerguehennec. — Orig. parch.
était scellé sur simple queue.

17 octobre 1251.

Omnibus presentes litteras inspecturis vel audituris Petrus Prior senescaullus de Broerec et de Ploërmel salutem in domino.

Noveritis quod Jocellinus de Rohan miles corâm nobis, in curiâ domini comitis apud Castrum Jocellini, die martis proximâ post festum beati Michaëlis in monte Tumbâ, recognovit se habuisse à Gaufrido quondâm vice comite de Rohan, in benefactum suum, homagio ad usus et consuetudines Britanie, hoc quod habebat in parrochiâ de Noeal. Recognovit etiâm dictus Jocellinus quod juraverat eidem Gaufrido vicecomiti et Alano fratri suo quod nichil de dictâ terrâ minoraret, et quod aliquam convencionem ergà alium de illâ terrâ non faceret in prejudicium dicti Alani et heredum suorum. Recognovit etiâm quod juraverat dicto Alano quod illam terram post mortem suam dimitteret cum heredibus dicti Alani. Idem autem Jocellinus testamentum fecit corâm nobis, dictis die et loco, et per illud testamentum dimittit post mortem suam dictam terram cum heredibus dicti Alani vicecomitis. Et quod istud ratum et stabile permaneat, nos heredibus dicti Alani vicecomitis de Rohan presentes litteras sigilli nostri dedimus munimine roboratas, cum assensu et voluntate dicti Jocellini. Datum die martis predictâ, anno Domini M° CC° quinquagesimo primo.

280

1251.

Donation à l'abbaye de Bon-Repos par un seigneur de Guémené de 10 deniers de chefrente et héritages à Saint-Felon en Silfiac.

Arch. dép. des Côtes-du-Nord. — Fonds de l'abbaye de Bon-Repos.

281

1251.

Transaction de 1251 entre Pierre de Chemillé, mari d'Aliénor de Rohan, (à qui était échue la Trinité après le partage du comté de Porhoët entre les enfants d'Eudon III), relativement à l'établissement d'une cohue sur la place publique de la Trinité, en face de l'église, en la paroisse de Mohon, près de la ville de la Trinité. (M. Piédderrière).

Arch. dép. des Côtes-du-Nord.

282

Jean I, duc de Bretagne, donne à l'abbaye de Prières les villages de Bagan, de Duen, de Brehondec et du Locq.

Arch. de la Loire-Inférieure ; fonds du Trésor des Chartes. — Extrait d'un vidimus de 1406. — Parch.

1252.

Universis presentes licteras inspecturis Johannes, dux Britannie, comes Richemundie, salutem in Domino. Noveritis quod, cum nos dedissemus in puram et perpetuam elemosinam Deo et Beate-Marie abbacie nostre de Precibus villas que vocantur Bagan[1], Duen[2], Brebaudun[3], cum omnibus pertinenciis suis, et villam que dicitur *Lacus*[4], cum omnibus pertinenciis suis, prout in licteris nostris plenius continetur, dedimus nihilominus eidem nostro monasterio omnes decimas in dictis villis, cum pertinenciis suis, ad nos pertinentes, cum racione *emcionis*, tum racione commutacionis, seu quocumque alio modo. In cujus rei testimonium presentes licteras sigillo nostro duximus sijillandas. Datum anno Domini M° CC° L° secundo.

283

Pierre de Rieux, sénéchal du comté de Broerec, reconnaît qu'il intervient dans un différend survenu entre des habitants de l'Ile-d'Arz et le prêtre d'Illur, uniquement pour donner un conseil, à la prière de l'abbesse de Saint-Georges de Rennes, et non pour exercer des fonctions qui sont en dehors de sa juridiction.

Arch. dép. d'Ille-et-Vilaine. Fonds de l'abbaye de Saint-Georges, prieuré de l'Ile-d'Arz. — Orig. parch.
était scellé sur simple queue. — Publié par M. Paul de la Bigne-Villeneuve.

Février 1252.

Universis Christi fidelibus presentes litteras inspecturis vel audituris, Petrus, dictus Prior, senescallus domini Comitis apud Broarec,

---

[1] Bagan village où fut établi l'abbaye de Prières. (Dom Morice I, 953).
[2] Duen : Villa paroisse de Billiers.
[3] Brebaudun, aujourd'hui Bréhondec, commune de Billiers.
[4] Dans la charte de novembre 1252 ce village est appelé le Louc.

salutem in Domino. Noverint universi quod ego, predictus Prior, senescallus, domini Comitis Britannie tunc temporis, ad preces Agnetis[1], venerabilis abbatisse Sancti-Georgii redonensis, et priorisse sue de Arz, accessi apud insulam de Arz, in terra predicte abbatisse, pro consilio apponando super quodam negocio moto inter Raginaldum et Johannem, homines suos, et presbyterum d'illur, judicio curie dicte abbatisse sive priorisse mediante. Nec accessi ad dictum locum occasione alicujus juriditionis Domini Comitis, neque senescallie mee, quamtum ad hoc, immo pro bono consilio apponondo super predicto negocio, ad suam justiciam plenarie faciendam, judicio sue curie mediante ; et hoc omnibus quibus est significandum significo per presentes litteras sigillo meo sigillatas. Datum mense februarii, anno Domini. M° CC° quinquagesimo primo.

284

Procès-verbal de la visite des bâtiments de l'abbaye de Prières par des commissaires du chapitre général de l'ordre de Citeaux.

Mss. de Bellefontaine, etc.

En l'octave des saints Apôtres, 1252.

Universis presentes litteras inspecturis C., Dei gratia venetensis episcopus, salutem in Domino. Noveritis nos litteras virorum religiosorum Th. de Castellariis et R. de Morellis, abbatum, vidisse et diligenter inspexisse non cancellatas, non abolitas nec in aliqua sui parte viciatas in hœc verba :

Universis presentes litteras inspecturis fratres Th. de Castellariis et R. de Morellis, dicti abbatis, in Domino salutem. Noveritis quod, cum ex parte capituli nostri generalis abbatie nove viri illustri Joanis, comitis Britannie, quam idem comes ordini incorporari petiit, fuissemus inspectores deputati, nos certa die prefixa videlicet octavis sancti-Joannis-Baptiste, ad dictam inspectionem facien-

[1] Agnès d'Erbrée, abbesse de St-Georges, 1250-1270 (de la Bigne-Villeneuve). La moitié de l'Ile-d'Arz, dans le golfe du Morbihan, avait été donnée, en 1034, par le duc Alain III à l'abbaye de Saint-Georges qui y possédait un prieuré sous le titre de Notre-Dame en l'Ile-d'Arz. L'autre moitié de l'Ile appartenait à l'abbaye de Saint-Gildas de Rhuys (P. de la Bigne-Villeneuve).

dam personaliter venientes, invenimus locum idoneum et convienienter edificatum libris et possessionibus adjunctis eisque dictus comes se donaturum promittit sufficienter dotatum. Undè nos abbati de Buseio, quem memoratus comes patrum dicte abbatie a capitulo generali postulaverat et obtinuerat, injunximus quatenus, confirmatis et bene sigillatis a dicto comite possessionibus et rebus supradictis, abbatem et conventum, secundum formam ordinis, ad dictam abbatiam mittere non postponat, cum filiationem dicte abbatie, ad petitionem dicti comitis, domui de Buseio concessit capitulum generale. In cujus rei testimonium dicto abbati de Buseio presetes litteras nostras contulimus, sigillorum nostrorum et sigilli domini Guillelmi, abbatis Valencie, qui inspectioni nostre nobiscum interfuit, appositione munitas. Datum in octavis beatorum apostolorum Petri et Pauli, anno Domini millesimo quinquasimo secundo.

285

Procès-verbal de l'introduction de Geoffroy, abbé de Prières, dans le monastère par Cadioc, évêque de Vannes, la vigile de la Fête de la Toussaint.

Mss. de Bellefontaine.

31 octobre 1252.

Universis Christi fidelibus presentes litteras inspecturis C., Dei gratia venetensis episcopus, salutem in Domino sempiternam. Noveritis quod in vigilia Omnium-Sanctorum, anno gratie millesimo ducentesimo quinquagesimo secundo, nos, tanquam loci ordinarius et authoritate domini Pape, cujus super hoc mandatum recepimus speciale, introduximus virum religiosum Gaufridum, abbatem de Precibus, et conventum ejusdem loci, cisterciensis ordinis, nostre diocesis, in eamdem abbatiam, salvis privilegiis et libertatibus ordinis cisterciensis, ita quod in nullo per hoc factum nostrum dicte abbatie de Precibus vel ordini cisterciensi prejudicium generetur; salvo etiam jure ecclesie venetensis. Datum anno gratie millesimo ducentesimo quinquagesimo secundo.

286

Jean I, duc de Bretagne, donne à l'abbaye de Prières les villages de Bagan, de Duen, de Brehondec, du Locq, des vignes et pressoirs en Anjou et des salines près Guérande.

Arch. dép. de la Loire-Inférieure. Fonds du Trésor des Chartes. — Extrait d'un vidimus de 1406. — Parch. et Mss. de Bellefontaine.

Novembre 1252.

Omnibus presentes literas inspecturis Johannes, dux Britannie, comes Richemundie, salutem in Domino sempiternam. Universitati vestre notum facimus quod, cum in honorem Dei omnipotentis et gloriose Virginis Marie atque omnium sanctorum abbaciam cisterciensis ordinis, que vocatur de Precibus, in dyocesi venetensi, prope villam de Beler, juxtâ mare, construxissemus, nos in dotem ecclesie dicte abbacie necnon in sustentacionem fratrum ibidem Deo et Beate Virgini deserviencium assignavimus et contulimus terras, possessiones et illa que inferius sunt exarata, videlicet villagium de Bagan, cum terris et pertinenciis suis, ubi sita est dicta abbacia, quod per excambium acquisivimus a Petro de Musuillac, milite, et de Eudone domino de Malestret et de Agatha uxore ejus ; villam etiam de Duen, cum terris et pertinenciis suis, quam per excambium acquisivimus ab Eudone et Agathâ uxore ejus predictis ; villam etiam de Brebaudun, cum terris et pertinenciis suis, quam emimus à Guillelmo de Bygnan, milite ; villam etiam de Louc, cum terris et pertinenciis suis, que emimus à Jocelino de Penmur, salvis nobis piscibus stagni, in vitâ nostrâ tantummodo ; et quod possimus *excuirere* et obstruere ad voluntatem nostram ; dedimus etiam passagium de Rupe Bernardi, quod acquisivimus per excambium a Guillelmo de Rocha, milite, cum omnibus pertinenciis suis, vineas etiam et torcular, cum pertinenciis suis, juxta portum Theobaldi in Adegavia, que emimus a Stephano le Normant ; omnes etiam salinas nostras quas fecimus in maresia de Guerrandia, excepta salina juxta domum nostram de Ryniac ; molendina insuper subtus villam de Beler. Predicta autem omnia cum omni integritate et libertate, absque retencione aliqua, dicte abbacie de Precibus et fratribus ibidem Deo servientibus contulimus in puram elemosinam pacifice et in perpetuum possidenda et habenda. In cujus rei testimonium presentes licteras nostras dictis fratribus contulimus sigilli nostri munimine roboratas. Datum anno Domini millesimo CC° quinquagesimo secundo, mense novembri.

287

Cadioc, évêque de Vannes publie la bulle d'Innocent IV, du 18 avril 1452, confirmant la fondation de l'abbaye de Prières, et introduit les moines de Cîteaux dans ce monastère.

Mss. de Bellefontaine

8 Janvier 1253.

Universis presentes litteras inspecturis C., Dei gratia venetensis episcopus, salutem in Domino. Noveritis nos litteras domini Pape sanas et integras, non abolitas, non concellatas nec in aliqua parte sui viciatas recepisse in hœc verba :

Innocentius episcopus, servus servorum Dei, venerabili fratri episcopo venetensi salutem et apostolicam benedictionem. Cum, sicut ex parte nobilis viri comitis Britannie fuit propositum coram nobis, ipse monasterium de Precibus, tue dyocesis, ut in eo habeatur cisterciensis ordo, de bonis propriis fundaverit et dotaverit, nos, ejus supplicationibus inclinati, fraternitati tue per apostolica scripta mandamus quatinus ibidem, authoritate nostra, ordinem predictum instituas et in ipsum monasterium abbatem et conventum inducere non postponas, contradictoris per censuram ecclesiasticam, appellatione postposita, compescendo ; dum modo idem comes, juxta provisionem tuam, eidem monasterio de bonis propriis dotem assignaverit competentem. Datum Lugduni, kalendis aprilis, pontificatus nostri annno octavo.

Cum igitur dicte littere nobis fuissent oblate, intimatum fuit nobis quod ipsis litteris in curia domini pape fuit contradictum et objectum de excommunicatione comitis. Sed per dominum papam specialiter fuerunt absolute non obstante exceptione de excommunicatione comitis proposita et cum super his nobis facta fides plenissima[1],requisiti a viro religioso fratre Egidio, abbate de Buzeio, qui pater dicte abbatie esse debebat, abbatem et conventum ab ipso

---

[1] Sous-entendu : *fuisset.*

nobis presentatum, secundum mandatum apostolicum, in dicta abbatia introduximus, salvis privilegiis, immunitatibus et libertatibus ordinis cisterciensis. Datum die mercurii post Epiphaniam, anno millesimo ducentesimo quinquagesimo secundo.

288

Pierre, cardinal de Saint-Marcel, légat du Pape, règle le différend survenu entre l'évêque de Quimper et l'abbé de Sainte-Croix de Quimperlé, au sujet de l'île de Groix.

Bibl. nat. ; mss., f. lat. n° 9890 ; cart. de Quimper. — Orig. parch.

13 mai 1253.

In Dei nomine, Amen. Nos, Petrus, miseracione divina *tituli* Sancti-Marcelli presbiter cardinalis, notum facimus universis quod, in causa que inter episcopum corisopitensem, ex parte una, et abbatem et conventum monasterii Sancte-Crucis de Kemperele, ex altera, mota fuit, dominus Papa nos dedit partibus auditorem, et ex parte ipsius episcopi libellus coram nobis oblatus extitit in hunc modum : « Coram vobis, venerabilis pater domine....... proponit episcopus corisopitensis contra abbatem et conventum monasterii Sancte-Crucis de Kemperele, corisopitensis dyocesis, quod, cum dictum monasterium et omnes prioratus de insula de Guezel.... et prioratus de Ponte-Briencii,... ad dictum monasterium pertinentes, sita sint in corisopitensi dyocesi et sint et esse debeant de jure communi eidem episcopo subjecta et ad ordinacionem et potestatem illius debeant pertinere, et predecessores ipsius episcopi qui per tempora fuerunt, fuissent in possessione vel *quasi omnium* jurium episcopalium in predictis usque ad tempora Guillelmi predecessoris sui, dicti abbas et conventus spoliaverunt eumdem predecessorem suum possessione vel *quasi omnium* predictorum, denegando ei et non admittendo ipsum ad jura predicta, nec permittunt eumdem episcopum visitacionem, correctionem et alia jura episcopalia exercere in dicto monasterio et in locis predictis ; quare petit idem episcopus se restitui et reduci ad statum et in possessionem vel *quasi omnium* predictorum et adjudicari sibi per vos sentencialiter obedienciam, visitacionem, correctionem et omnia jura episcopalia in dicto monasterio et in locis predictis et in omnibus aliis ecclesiis et cappellis ad dictum monasterium pertinentibus et in dyocesi corisopitensi constitutis, et super hiis petit dictos abbatum et conventum sibi per vos sentencialiter condempnari.... » Super quo libello,............. ...... instrumentis et racionibus hinc indè exhibitis, super omnibus et singulis supradictis, corâm domino Papâ et fratribus suis, relacione plenarie factâ et discussione diligenti habitâ, de ipsius domini Pape speciali mandato, communicato fratrum consilio, corisopitensi episcopo subjectionem, obedienciam, reverenciam, visitationem, correctionem et omnia jura episcopalia que episcopis competunt in monasteriis sibi subjectis secundum canonicas sanctiones, in dicto monasterio et in omnibus prioratibus, necnon ecclesiis et capellis supradictis, in corisopitensi dyocesi constitutis, ad monasterium supradictum pertinentibus, per diffinitivam sentenciam adjudicamus..... Super insulâ vero de Guezel, quantum ad jura episcopalia que episcopus in eadum insulâ vendicabat,... procuratorem monasterii memorati, nomine ipsius monasterii, et ipsum monasterium sentencialiter reddimus absolutum, corisopitensi episcopo super hiis perpetuum silencium imponentes..... Anno Domini M° CC° quinquagesimo III°, idus[1] maii, indictione octavâ pontificatus domini Innocencii pape quarti anno VII°..... ......[2]

289

Confirmation par Cadioc évêque de Vannes de la donation de la dîme de Naizin faite à l'abbaye de Lanvaux par Guehénoc évêque de Vannes.

Arch. dép. Fonds de l'abbaye de Lanvaux. — Orig. parch. était sur scellé de deux sceaux double queue.

Mars 1253.

Universis Christi fidelibus presentes litteras inspecturis, Cadiocus, divina permissione Venetensis ecclesie minister humilis, et capitulum ejusdem loci salutem in auctore salutis. Notum facimus nos

[1] Ou le 3e des ides de mai ?

[2] Cette sentence est incluse dans une bulle d'Innocent adressée à l'évêque de Quimper et qui la confirme, datée de Lyon, le 13 des calendes de juin de la même année. La bulle est insérée elle-même dans un accord entre les parties qui modifie la dite sentence. (V. 1262).

litteras, bone memorie, G¹. quondam Venetensis episcopi non abolitas, non cancellatas, nec in aliqua parte sui vitiatas et tam sigillo ipsius quam sigillo capituli Sancti Petri Venetensis sigillatas, vidisse et diligenter inspexisse in hec verba : G. Dei graciâ Venetensis episcopus, universis presentem paginam inspecturis salutem in auctore salutis. Noverit universitas vestra nos, intime caritatis intuitu, decimas ecclesie de Neidin, in perpetuum, dilectis in Christo fratribus abbati et capitulo de f.anvaus concessisse et dedisse, eorundem maxime compacientes paupertati. Ut autem donatio ista ratior in posterum haberetur, ipsum sigilli nostri munimine duximus roborandum. Huic autem donationi assensum prebuit P. archidiaconus noster et capitulum nostrum universum, ipsumque sigilli sui munimine roboravit. Nos vero ea que in predictis litteris continentur rata et grata habentes, ipsa etiam confirmamus, volentes ea a nobis et a nostris inviolabiliter observari. In cujus rei testimonium, ad majorem certitudinem, presentibus litteris sigilla nostra duximus apponenda. Datum, anno gracie millesimo ducentesimo quinquagesimo tertio, mense martii.

290

Barthélemy de Questembert fonde une chapellenie dans l'église de Prières et donne à ce monastère les dîmes qu'il percevait dans la paroisse d'Elven.

Mss. de Belle-fontaine, etc.

26 mai 1253.

Universis Christi fidelibus presentes litteras inspecturis Bartholomeus de Kestembert salutem in Domino. Noveritis quod ego, pro salute anime mee et uxoris et parentum meorum, reddidi et resignavi, spontanea voluntate mea, in suam venerabilis patris Cadioci episcopi venetensis, omnes decimas quas habebam et percipiebam, vel habere et percipere debebam, quocumque modo, in tota parochia de Eleven, ad opus unius capellanie in ecclesia de Precibus, cisterciensis ordinis, pro me et parentibus meis construende ; jurans coram dicto episcopo quod contra hanc resignationem meam, per me vel per alium, nunquam veniam in futurum, renuncians in hoc facto meo omni juri tam canonico quam civili, et etiam consuetudini, quæ me possent juvare ad dictum factum meum infirmandum. Si

¹ Guéthenoc, évêque de Vannes.

autem contigerit, quod absit, dictam ecclesiam de Precibus aliquo modo impediri ne dictas decimas pacifice habeat et possideat, obligavi me et hæredes meos, et tenemur valorem et estimationem dictarum [decimarum] in terra mea propria dicte ecclesie et de Precibus assignare et in pacifica possessione conservare. Super his autem omnibus implendis et conservandis teneor dicte ecclesie conferre litteras domini comitis Britannie, qui me et heredes meos compellere possit ad predicta omnia implenda et conservanda. Datum die lune ante Ascensionem Domini, [anno Domini] millesimo ducentesimo quinquagesimo tertio.

Et le moine ajoute :

Porro litteras suas in predictis memoratas concessit illustris dux Britannie eodem anno, mense julio, in quibus *ejusdem donationis* se fatetur a predicto Bartholomeo constitutum, cujus litteras ipsarumque litterarum contentum probat et confirmat.

291

Innocent IV confime les privilèges de l'abbaye de Prières.

Mss. de Bellefontaine.

4 août 1254.

Innocentius episcopus, servus servorum Dei, dilectis filiis abbati et conventui monasterii Beatæ Mariæ de Precibus, ordinis cisterciensis, venetensis diœcesis, salutem et apostolicam benedictionem. Meritis vestræ devotionis inducimur ut, quâm digne possumus, vobis libenter gratiam faciamus. Hinc est quod Nos, vestris supplicationibus inclinati ut de blado, vino, lana, lignis, lapidibus seu aliis bonis quæ ad usum monasterii vestri emere vos contingit, nulla pedagia, *roagia* aut *ruinagia* solvere minime teneamini, authoritate vobis præsentium indulgemus. Nulli ergo hominum liceat hanc paginam nostræ concessionis infringere vel ei ausu temerario contra ire. Si quis hoc atemptare præsumpserit, indignationem omnipotentis Dei et beatorum Petri et Pauli se noverit incursurum. Datum *Assisii secondâ* nonas augusti, nostri pontificatus anno undecimo[1].

[1] Cette bulle est confirmée par une autre bulle du pape Martin..... datée de Constance, le 17 des calendes de janvier, 1re année de son pontificat. (Analysée dans le Mss. de Bellefontaine).

292

Cession à l'abbaye de Lanvaux par l'abbaye de Saint-Gildas-des-Bois de tous les biens que cette abbaye possédait dans les paroisses de ... et de Naizin moyennant 70 livres.

Arch. dép. Fonds de l'abbaye de Lanvaux. — Orig. parch. était scellé de deux sceaux sur simple queue.

25 avril 1254.

Universis presentes litteras inspecturis et audituris frater Johannes humilis abbas sancti Gildasii de Nemore et conventus ejusdem loci salutem in omnium salvatore. Notum facimus universis nos percepisse LXX^{ta} libras currentis monete de religiosis viris, abbate et monachis de Lanvaus Cisterciensis ordinis in recompensacione omnium bonorum que habebamus in parochiis de Plom. et de Naizin. In cujus rei testimonium presentibus litteris sigilla nostra apposuimus in testimonium veritatis. Datum in festo beati Marci evangeliste, anno Domini M° CC° L° quarto.

293

Vidimus du prévôt de Paris, d'une lettre de Jean I, duc de Bretagne, reconnaissant les droits d'Alain d'Avaugour sur les châteaux de Léon, de Rieux et la terre de Dinan.

Arch. départ. de la Loire-Inférieure. Fonds du trésor de Chartes. — Parch. scellé sur double queue. Titre détérioré.

21 août 1255.

A touz ceuls qui ces lectres verront, Jehan seigneur de Foleville, chevalier, conseillur du roy nostre seigneur, garde............ savoir faisons que nous, l'an de grâce mil CCC IIIJ^{xx} et XIIJ, le mercredi XIIIJ^e jour de janvier............ si comme il apparoit du scel de feu bonne mémoire monseigneur Jehan, jadis duc de Bretaigne et....... la fourme qui s'ensuit : Nos, Jehan, dux de Bretaigne, conte de Richesmont, *femes* à saver à [touz ceulx qui ces] lectres verront ou orront que nous octréon en bonne fei à Alen de Avalgor que jamais en nulle [manière......] ne ne feron convenance dou chastel de Lehon ne de Rieu ne de la terre de Dinan, ne nul de nos hers, [ne hom]me ne femme, par nos ne par nostre Conseil ; et parsomet nos ne nos hers ne nos *poon* creistre en nulle manière ou feu à cel Alen senz son grè, sauve nostre seigneurie et la dreture de nostre seigneurie ; et de ce tenir en bonne fei, par *é* par nos hers, en donosmes nostre sèrement *en* cèl Alen *é* à ses hers, *é* li en avo*n* doné cestes lectres pendantes scellées en nostre scel en testemoine *é* en garde. Ce fut donné en l'an de grâce mil *é dus* cens *é* cinquante *et* cinq, o meis de aost, le samedi après la Assumpcion Nostre-Dame.

Et nous à cest présent transcript avons mis le scel de la prévosté de Paris, l'an et ie jour dessusdiz.

[Signé :] BOYLEAVE
[Et sur le repli :] Collacion faicte.

294

Barthélemy de Questembert donne à l'abbaye de Prières sa terre de Talenhuet, en Elven.

Extrait du Mss. de Bellefontaine.

Anno M° CC° L° quinto, Bartholomœus de Kestembert, pro redemptione animæ suæ et Hadeguis, uxoris suæ, et ad augmentationem capellaniæ suæ (v. à 1253), dedit tenementum suum, de Talenhuet dictum, situm in parochia de Elven, juxta herbergamentum seu domicilium de Guaru[1].

295

1255.

Pierre, abbé de Saint-Gildas de Rhuis, cède à l'abbaye de Prières la terre de Guédas située dans la paroisse de Marzan près du port de la Rochebernard, et les dîmes qu'il percevait sur la terre du Loch en Muzillac, contre quatre livres et dix sous de rentes que le duc Jean I l'autorise à recueillir sur la perception d'Auray.

[1] Ou plutôt *Guarn*.

Arch. départ. de la Loire-Inférieure. Fonds du Trésor des Chartes. — Extrait d'un vidimus de 1406. — Parch.

Avril 1257.

Universis presentes licteras inspecturis Petrus, humilis abbas Sancti-Gildasii ruiensis, et ejusdem loci conventus, salutem in Domino sempiternam. Noveritis quod nos, considerata utilitate domus nostre, tradidimus, quietavimus et concessimus abbati et conventui de Precibus, cisterciensis ordinis quamdam terram nostram cum omnibus pertinenciis suis, sitam in parrochia de Marsen, supra portum de Rocha-Bernardi, que *vulgaliter* Geltas appellatur, et quidquid perciepiebamus (sic) in decimis cujusdam terre dictorum abbatis et conventus site in parrochia de Musuillac, que vulgariter Loch nuncupatur, ipsis et successoribus suis in perpetuum pacifice habenda, tenenda et possidenda, pro quatuor libris e decem solidis annui redditus currentis monete ; quas quatuor libras cum decem solidis assignavit nobis, pro dictis abbate et conventu, nobilis vir Johannes, dux Britannie, comes Richemundie, percipiendas annis singulis in costuma sua de Elraio in Decollacione beati Johannis-Baptiste, prout in licteris ipsius comitis de hac assignacione confectis plenius continetur. In cujus rei testimonium et munimen presentes licteras eisdem predictis abbati et conventui sigillo nostro tradidimus sigillatas. Datum anno Domini millesimo ducentesimo quinquagesimo septimo, mense aprilis.

296

22 juillet 1257.

Le 10 des calendes de juillet, 3ᵉ année de son pontificat, année 1257, bulle d'Alexandre IV, par laquelle il prend l'abbaye de Prières sous sa protection et confirme tous ses privilèges.

Analysée dans le Mss. de Bellefontaine.

297

Vidimus confirmatif, donné par Alain de Lanvaux, des lettres de Geoffroy (d'Hennebont) son père (1228), et de Geoffroy de Lanvaux son fils (1258), portant accord avec les vicomtes de Rohan, *relativement à diverses possessions, et particulièrement au sujet d'un droit de* manger *dû auxdits vicomtes par les seigneurs de Lanvaux au manoir de Borgeil.*

Arch. du château de Kerguéhennec. — Orig. parch. détérioré était scellé sur double queue.

Octobre 1258.

Universis presentes litteras inspecturis vel audituris Alanus dominus de Lanvaux miles salutem in Domino. Notum facimus nos vidisse litteras quasdam sigillatas sigillo domini Gaufridi Oliverii, quondam dilecti patris nostri, non rasas, non cancellatas nec aliqua parte sui viciosas ; vidimus etiam quasdam alias litteras nulla parte sui viciosas, sigillo Gaufridi de Lanvaux progeniti filii nostri sigillatas ; et utramque ipsarum legi et exprimi audivimus coram nobis in hec verba : Tenor litterarum patris nostri hic est : Universis presentes litteras inspecturis vel audituris Gaufridus filius Oliverii miles salutem in Domino. Notum facimus quod pax est facta inter me, ex una parte, et dominum Alanum vicecomitem de Rohan militem, ex altera, super quodam mangerio quod idem vicecomes de jure, anno quolibet, habere debebat apud Borgeel a me et a meis heredibus, et super omnibus aliis contencionibus motis et que moveri poterant inter me et ipsum, sub hac forma quod sesina de Kemorz remanet michi et meis heredibus a dicto vicecomite tenenda, ita quod Gaufridus de Kemorz est homo ligius dicti vicecomitis de suis aliis feodis, et, si aliqua contencio vertatur inter me et dictum vicecomitem, sive inter heredes meos et heredes dicti vicecomitis, idem Gaufridus vel heredes sui erunt vel erit contra me et heredes meos cum dicto vicecomite et cum suis, et contradictum quod exhibit de Kemorz ad curiam dicti vicecomitis deportabitur ad declarandum. Terra vero de capite pontis de Pontivi remanet dicto vicecomiti et suis heredibus in perpetuum per dictam pacem, et etiam Brengili ; pro quibus idem vicecomes tradidit michi viginti libras annui redditus, cum sexsaginta libris annui redditus quas ante habebam apud Melgennac. Insuper nos nec nostri heredes, nec causam à nobis sive ab heredibus nostris habentes, vel racione nostra vel nomine nostro, non possumus nec poterimus in futurum apud dictum Borgeel, nec alibi in toto feodo nostro, dominico vel gentili, quem tenemus vel tenere poterimus in futurum in vicecomitatu de Rohan, castrum, domum, edificium firmatum muro nec muris, nec fossatis, nec barris, nec palliciis, nec stagnum, nec stagna, nec nundinas, nec mercata facere, edificare nec construere, nec facere edificari, fieri vel construi ; nec possumus nec poterimus in futurum, nos nec heredes nostri sive successores, recipere in hominem, in aliquo feodo nostro in dicto vicecomitatu, aliquem hominem dicti vicecomitis vel suorum heredum, sive successorum, vel causam habencium ab eodem. Insuper nos et heredes nostri sumus et debemus esse in futurum ligii homines dicti vicecomitis et suorum, racione feodorum nostrorum quos tenemus et tenere poterimus in futurum, in dicto vicecomitatu, à dicto vicecomite et à suis heredibus vel causam habentibus ab eisdem. Et sic, per dictam pacem vel composicionem, remanebunt dicto vicecomiti et suis heredibus sive successoribus, in pace in perpetuum omnes sesine sue sive possessiones, contradicione nostrâ vel nostrorum non obstante. Si vero contingat quod nos vel heredes nostri sive successores, vel causam à nobis vel nomine nostro vel racione nostrâ habentes, contra dictam pacem in aliquo processerimus vel rebelles fuerimus, volumus quod dominus noster dux Britannie totam contrarietatem nostram sive rebellitatem, sine placito vel contraplacito, fuga vel dilacione faciat penitus amoveri. Obligamus nos insuper et heredes nostros sive successores, necnon et omnia bona nostra, mobilia et immobilia, presencia et futura, dicto vicecomiti et heredibus suis, ad dictam pacem in perpetuum inviolabiliter observandam ; et juramus, tactis sacrosanctis evangeliis, pro nobis et heredibus nostris, quod contrâ dictam composicionem sive pacem, per nos vel per alium non veniemus in futurum. In testimonium premissorum dicto vicecomiti, pro se et suis, dedimus istas litteras sigillo nostro proprio sigillatas. Actum anno gracie M° CC° XX° octavo.

Tenor vero litterarum filii nostri progeniti est talis : Universis (etc)..... Gaufridus de Lanvaux miles salutem in Domino sempiternam. Notum facimus quod, cum inter nobilem virum Alanum vicecomitem de Rohan militem, dominum nostrum, ex unâ parte, et nos, ex altera, contencio verteretur super quodam pastu sive mangerio quod prefatus vicecomes de jure, anno quolibet, de jure (sic) habere debebat, cum sequacibus suis, in manerio de Borgeel, tandem, ut omnis contencio que racione dicti mangorii sive supse ipso oriri posset peenitus anullaretur, ad composicionem devenimus in hunc modum quod nos nec heredes... possumus nec poterimus in futurum apud dictum Borgeel castrum, domum, (etc. comme plus haut)... nec recipere in hominem (etc.).... sumur infrâ.... ligii homines dicti vicecomitis (etc).... Si vero contingat (etc) ... volumus et concedimus quod dominus noster dux Britannie, vel illustris dominus noster rex Francie, si dictus dux de hoc intromittere se noluerit,.... fugâ vel dilacione (etc).... Obligamus nos in super (etc) .. in testimonium..... dedimus istas litteras sigillo nostro proprio sigillatas. Datum anno Domini millesimo CC° L° octavo.

[Nos] vero [predictas litteras et] eorum tenorem omnino spontane (sic) voluntate ratificantes et confirmantes juramus, tactis sacro [sanctis evangeliis, quod], contra eas vel earum [tenorem non] veniemus per nos vel per alium in futurum, ad hoc, obligantes (etc) ..... volentes et concedentes quod dominus noster illustris rex Francie, si dominus noster dux Britannie nolit se intromittere.... .... nos et heredes nostros sive successores ad dictam composicionem in predictis litteris patris nostris (sic) et filii expressam in perpetuum observandam. In cujus rei testimonium [domino nostro] Alano vicecomiti de Rohan militi dedimus istas litteras sigillo nostro proprio sigillatas. Datum anno Domini millesimo CC° LX° sexto, mense octobris, [apud] Pontivi.

298

Donation d'un boisseau de seigle par Pierre de Grazor à l'abbaye de Lanvaux.

Arch. dép. Fonds de l'abbaye de Lanvaux. — Orig. parch. était scellé sur simple queue.

21 juin 1258.

Universis presentes litteras inspecturis officialis curie venetensis salutem in Domino sempiternam. Notum facimus quod, in nostra presentia constitutus, Petrus de Grazor scutarius dedit et benigne concessit Deo et Beate Marie et abbacie de Lanvaux et fratribus [in] eadem abbacia deservientibus in puram et perpetuam elemosinam quemdem bussellum [silli] ginis ad mensuram de Castro Josceleni percipiendum in perpetuum annuatim super teneam [entum predicti] P. de Grazor sito in parrochia Kreugel venetensis dyocesis, qui Petrus........... juravit quod contra predictam vendicionem per se vel per alium sive pro se vel..... non venerit in futurum. In cujus rei testimonium et munimen presentes litteras ad peticionem dicti Petri sigillo nostro duximus sigillandas. Datum die veneris ante Nativitatem beati Johannis Baptiste, anno Domini M° CC° Lmo octavo.

299

L'alloué de Porhoët règle le différend survenu entre l'abbé de Lanvaux et Guillaume Billou de Bensevet au sujet d'un boisseau de blé que ce dernier retenait injustement.

Arch. départ. Fonds de l'abbaye de Lanvaux. — Orig. parch. était scellé sur simple queue.

8 avril 1258.

Universis Christi fidelibus presentes litteras inspecturis G. clericus allocatus domini Deranni de Porhoet, salutem in Domino. Noveritis quod, in nostra presencia constitutus, Guillelmus Billou de Bensevet recognovit se dedisse abbatie beate Marie de Lanvaus in puram et perpetuam elemosinam quoddam busellum siliginis.... .... quod predictus Guillelmus injuste predictum bussellum detinuit per quinque annos......... Unde monachi ejusdem abbacie fecerunt eum excommunicari. Tandem, omnibus contencionibus sopitis, inter ipsos predictos G. juravit tactis sacrosanctis evangeliis quod nunquam per se nec per quemquem successorum suorum aliquam contencionem mitteret super predicto busello, quod si aliqua contencio evenerit predictus G. vel sui tenerentur ad penam viginti quinque solidorum pro expensis et quinque busellorum siliginis pro arreragiis et hoc juravit sepedictus G. coram nobis se fideliter observare. Datum die post misericordie Domini, anno Domini M° CC° L° octavo.

300

Différentes donations faites à l'abbaye de Prières dans la paroisse d'Ambon.

Extraits du Mss. de Bellefontaine.

18 juin 1258.

Anno Domini millesimo ducentesimo quinquagesimo octavo, die martis ante Nativitatem Sancti-Joannis-Baptistæ, litteris Veneti datis, Guillelmus Mathœi et Agatha, ejus uxor, dederunt huic monasterio (Prières) tertiam partem terrarum et jurium suorum in quocumque feodo sitorum in parochia de Ambon, per manus officialis venetensis.

1259.

Sequenti autem anno, Petrus de Rossel, scutarius, similiter dedit totum jus ac dominium suum in terris quas monachos hujus monasterii in dicta parochia de Ambon *emisse* ait à predictis, reservatis sibi sex dumtaxat denariis pensionis annuæ.

301

Guillaume, prévot de Cruguel, échange avec les moines de Lanvaux une place pour bâtir une maison en Pluvigner, contre deux arpents de terre situés en Pluneret, que son aïeul avait donnés au couvent de Lanvaux.

Arch. dép. Fonds de l'abbaye de Lanvaux. — Orig. parch. était scellé sur double queue.

6 mai 1259.

Noverint universi presentes litteras inspecturi quod ego Guillelmus........, prepositus de Greuskel, scutarius, dedi et concessi monachis beate Marie de Lanveau, cisterciensis ordinis, quandam plateam domus cum pertinenciis suis, que vocatur platea Engall, in feodo meo apud Plegvinner sitam, qui tam et liberam ab omni jure meo et meorum, in perpetuum possidendam pariter et habendam in excambium videlicet pro duobus jugeribus terre in parochia de Ploneret, prope hospitale sitis, que Oliverius filius Peupot avus meus quondam legaverat eisdem monachis in puram et perpetuam hereditatem et elemosinam, pro redemptione anime sue et parentum suorum, in suo ultimo testa[mento]. Dicti vero monachi remiserunt michi et heredibus meis dicta duo jugera terre..... dicti escambii facti in perpetuum possidenda, nec possunt nec debent aliquod [ultra] illis duobus jugeribus terre in perpetuum reclamare. Ego vero et heredes [mei tene]mur dictos monachos ubique defendere ac garantizare super dicta platea, cum suis pertinenciis, in perpetuum contra omnes. In cujus rei testimonium et munimen feci presentes litteras sigillo Oliverii de Plomargat, scutarii, sigillari quum sigillum proprium non habebam. Datum apud Plegvinner, die martis proxima post festum beatorum apostolorum Phylippi et Jacobi, anno Domini M° CC° L° nono.

302

Guillaume de Baud, chevalier, échange avec l'abbaye de Lanvaux tout ce qu'il possédait à Pluvigner contre toutes les terres que l'abbaye de Lanvaux avait dans la villa des moines *près de Quoitforestou dans la paroisse de Baud.*

Arch. départ. Fonds de l'abbaye de Lanvaux. — Orig. parch. était scellé sur simple queue.

29 juin 1259.

Universis Christi fidelibus presentes litteras inspecturis, Guillelmus de Baut miles.. salutem in Domino. Noverint universi quod ego dedi et concessi, in puram et perpetuam hereditatem, abbati et conventui abbacie beate Marie de Lanvaus, cisterciensis ordinis, omnes terras quas habebam et possidebam in monte sant...... cleuxere putei in parrochia de Pleigvinner in excambium pro omnibus terras quas ipsi monachi habebant et possidebant in villa monachorum apud Quoitforestou in parrochia de Baut tam in nemore quam in plano. Et ego concessi dictis monachis dictas terras liberas et quitas ab omni jure meo et meorum, excepto hoc solummodo quod si dicti monachi vel eorum homines de dictis terris oxadi fuerint ad.............. per me vel per meos heredes utabuntur.......... .... ciam nostram et pemus.... et reddemus...... de omnibus causis. Et ego et mei heredes volumus garantizare dictos monachos super dictis terris contra omnes.......... ne aliquis accipiat avenagium vel pallinagium in dictis juris, salvo jure domini Alani de Lanvaus domini.... dicti feodi vel suorum heredum quando ipsum et quotiens eum dicti monachi voluerint et fecerint ego vel mei heredes tenemur cartulam presentem renovare. In cujus rei testimonium dictas presentes litteras dictis monachis sigillo meresigillatas dare in festo beati Petri apostoli, anno millesimo ducentesimo quaquagesimo nono.

303

Payen, seigneur de Malestroit, confirme toutes les donations faites par ses ancêtres au prieuré de Malestroit.

Arch. départ. Fonds du prieuré de Malestroit. — Orig. parch.

1259.

Universis Christi fidelibus presentes litteras inspecturis Paganus dominus Malestricti salutem in Domino. Noveritis quod ego cum consilio amicorum meorum confirmavi et confirmo monachis Majoris Monasterii apud Malestrictum commorantibus donationes, decimas sive elemosinas quas donaverant sive fecerant eisdem monachis antecessores mei Domini Malestricti videlicet omnes decimas suas de omnibus terris suis castello Malestricti adjacentibus et totam terram suam de Landa et terram suam de Grossa-Quercu et omnem partem suam de pratis villam. Insuper graavi et concedo sponianeus quod tenebo bona fide dictum cantarum patris mei et antecessorum meorum eisdem monachis concessarum et datarum et contra tenorem predictarum cartarum non ibo de cetero quoque modo, et sciendum est quod dicti monachi et sua sunt et remanent in custodia et defensione et securitate mea. In cujus rei testimonium et confirmacionem dedi predictis monachis presentes litteras sigilli mei et sigilli Reverendi Patris Alani Dei gracia Venetensis episcopi et Petri Corteres senescali tunc temporis Domini comitis Britannie munimine apud Ploarmel sigillatas. Datum anno Domini M° CC° L° nono.

304

Avril 1259.

Acte par lequel Henri de Quénécan reconnaît à Alain vicomte de Rohan l'entière jouissance et possession de certaines terres et saisines[1] qu'il lui avait d'abord réclamées (publ. par dom Morice I, 974).

Arch. de Kerguehennec.

[1] On ne dit pas où sont situées ces terres.

305

L'évêque de Vannes et le duc de Bretagne confirment à l'abbaye de Prières la possession des dîmes de Sarzeau, si le chapitre de Vannes y consent.

Mss. de Bellefontaine.

17 décembre 1260.

Nobili et excellenti viro domino J., duci Britannie, A., divina provisione venetensis episcopus, salutem et dilectionem. Nos, vestro sancto et honesto proposito congaudentes, super hoc videlicet quod decimas quas a nobis et a quibuscumque aliis obtinuistis et possidetis in parrochia de Sarzeau, per permutationem seu escambium, seu quacumque alia ratione, intenditis conferre ecclesie Dei, et, nobis presentibus, promisistis Vos daturum dictas decimas abbatie vestre de Precibus, dummodo fratres dicti loci possent habere consensum capituli nostri venetensis de dictis decimis habendis et tenendis ; etiam supradicti fratres assensum et consensum memorati capituli obtinuerunt, prout in litteris ipsius capituli, ut vidimus, plenius continetur ; rogamus vos, cum omni supplicatione qua possimus et consulimus, quatenus dictas decimas supradicto monasterio de Precibus et fratribus dicti loci, cum omni integritate et pertinenciis, conferatis. Et nos dictam collationem de dictis decimis et quibuscumque aliis bonis ipsis a vobis factam acceptamus, et ratam et gratam habemus et ea eis authoritate ordinariâ confirmamus. Datum die veneris ante festum beati Thomæ apostoli, anno millessimo ducentesimo sexagesimo.

306

Guillaume Guidomar et sa mère Catherine donnent à l'abbaye de Lanvaux plusieurs terres qu'ils possédaient dans la paroisse de Guéhenno.

Arch. départ. Fonds de l'abbaye de Lanvaux. — Orig. parch.

Avril 1260.

Universis presentes litteras inspecturis Officialis curie Venetensis salutem in Domino. Notum fecimus quod in nostra presencia constitutus Guillelmus Guidomari Audrem de Karnbout, cum assensu et voluntate Catharine matris sue, dedit, concessit in puram et perpetuam elemosinam possidendam in perpetuum et habendam monasterio beate Marie de Lanvaus et fratribus ibi Deo deservientibus, intuitu caritatis, terram, jura et reditus quos et que habebat et etiam quidquid juris possessionis et proprietatis habebat et ad ipsum pertinebat et pertinere poterat et debebat quacumque ratione in villa Gorreden[1] villa Chevet in Bothenerech[2] et villa que vocatur Brignec cum pertinenciis earumdemque ubicumque in parrochia de Mousterguezenov[3] et transtulerunt predicti Guillelmus et mater sua coram nobis in dictos religiosos possessionem et dominium premissorum. Juraverunt etiam dicti Guillelmus et Catharina quod contra istam donacionem et elemosinam per se vel per alium non venient infuturum. In cujus rei testimonium et munimen ad petitionem sepedictorum Guillelmi et Catharine presentes litteras sigillo nostro duximus sigillandas, salvo tamen jure domini in premissis. Actum mense aprili, anno Domini millesimo ducentesimo sexagesimo.

307

Guillaume Joti et Agathe Daniel vendent à l'abbaye de Lanvaux une redevance de trois boisseaux de seigle, mesure de Josselin, à prendre sur leur terre d'Arubant en Guéhenno.

Arch. départ. Fonds de l'abbaye de Lanvaux. — Orig. parch. était scellé sur double queue.

Avril 1260.

Universis presentes litteras inspecturis Officialis curie Venetensis salutem in Domino sempiternam. Notum facimus quod, in nostra presentia constitutus, Guillelmus Jotii Audreni et Agatha Daniel filii Lagadec recognovit inter unanimes et concordes se vendidisse et concessisse nomine vendicionis in perpetuum ecclesie beate Marie de Lanvaux et fratribns ibi Deo deservientibus tres busellos siliginnis ad mensuram de Castro Jocilini annui reddetus solvendos et reddendos annsi singulis ad nundinas Guezenov super decimis possessionibus et aliis juribus ipsorum Guillelmi et Agathe apud villam que vocatur Arubant in parochia de Mouster Guezenov de quibus

---

[1] La Villegourden, commune de Guéhenno.
[2] Kerchevet, commune de Guéhenno.
[3] Guéhenno, canton de Saint-Jean-Brévelay.

tribus busellis prefatus Guillelmus Jotii et sui tenentur reddere unum busellum annis singulis et prefata Agatha et sui post ipsam duos busellos et juraverunt coram nobis, tactis sacrosanctis evangeliis dicti Guillelmus et Agatha quod contra ipsam venditionem per se vel per alium non veniant in futurum et quod de predictis reddítibus juribus et possessionibus nichil alienaverunt nec aliquid alienabunt, quominus prælicti religiosi ex inde possent habere et percipere et..... dictos tres busellos annis singulis in futurum, et ad majorem hujus rei firmitatem predicti Guillelmi et Agathe dederunt sepedictis religiosis Guillelmum Cadoredi fratrem primogenitum et dominum super ipsorum in premissis custodem quem Guillelmus Kadoredi comparens in jure coram nobis ratificavit. ... supradictam. In quorum testimonium et munimen ad peticionem presentium presentes litteras sigillo nostro duximus sigillandas. Datum mense aprili anno Domini millesimo CC° LX°.

308

Tanguy, fils de Rivallon, et Adhenor sa fille, veuve de Hervé, maréchal d'Auray, donnent à l'abbaye de Lanvaux tout ce qu'ils possédaient dans le fief de Colver, paroisse de Brech.

Arch. départ. Fonds de l'abbaye de Lanvaux. Orig. parch.

1260.

Universis Christi fidelibus presentes litteras inspecturis Yvo archidiaconus Vénetensis salutem in Domino. Cum Tanguidus filius Rivalloni de assensu et voluntate Adhenorie filie sue relicte quondam Hervei marescalli de Elraio....... est dederit et concesserit in puram et perpetuam elemosinam religiosis viris abbati et conventui beate Marie de Lanvaux, cisterciensis ordinis, omnes terras quas habebat et habere poterat....... quacunque ratione, sitas in parrochia de Brec in feodo que vocatur vulgariter feodus Colyer, et quicquid juris proprietatis et possessionis et dominii habebat in dictis terris et habere debebat. In nostra presentia constituti Gauffridus de Roshov et Ludovica ejus uxor filia Petri Colver spontanea voluntate et unanimi consensu predictam donacionem et concessionem factam a dicto Tanguido prout supra est expressum dictis religiosis tanquam domino feodi ratam....... habuerunt et eidem donacionem concessioni suum expressum prebuerunt assensum salvo tamen in omnibus jure suo et domini secundum quod consueverunt jura dictarum terrarum reddi a dicto Tanguido et ejus antecessoribus dictis Gauffrido et Ludovico et illis a quibus causam habuerunt. Tenentur autem dicti religiosi ponere et assignare dictis Gauffrido et ejus uxori et eorum heredibus certum mansionarium in dictis terris qui eisdem et suis obediat et respondeat de jure dictarum terrarum secundum quod debebuntur et quando dicti religiosi amovebunt mensionarium existentem in dictis terris, tenentur alium in dictis terris ponere obedientem et respondentem dictis Gauffrido et ejus uxori et eorum heredibus et jure dictarum terrarum ad que omnia et singula tenenda, perficienda, dictos abbatem et presentem Yvonem procuratorem dicti conventus ex una parte, et dictos Gauffridum et ejus uxorem ex altera, presentes et consentientes, duximus condepnandos. In cujus rei testimonium sigillum nostrum una cum sigillo dicti Gauffridi presentibus litteris duximus apponendum. Datum anno Domini millesimo ducentesimo LX°.

309

Vente à l'abbaye de Lanvaux par Guillaume Joti d'un prébendier de seigle à percevoir sur la terre de Kalmor en Guéhenno.

Arch. départ. Fonds de l'abbaye de Lanvaux. — Orig. parch. était scellé sur double queue.

20 avril 1260

Universis presentes litteras inspecturis officialis curie Venetensis salutem in Domino sempiternam. Notum facimus quod, in nostra presencia constitutus, Guillelmus Joti, Audreni filius, recognovit se vendidisse religiosis viris abbati et conventui beate Marie de Lanvaus in perpetuum unum prevendarum silliginis, ad mensuram castri Jocelini, annis singulis percipiendum et habendum super totam hereditatem quam habet apud Kalmor, in parrochia de Mosta [ir guez] chenor, et juravit quod contra istam venditionem per se, vel per alium, non veniet in futurum, nec aliquid alienabit de dicta hereditate quominus dicti religiosi possent percipere et habere idem prevendarium silliginis super dictum. In cujus rei testimonium, ad petitionem presentium et Guillelmi Cudzdored fratris primogeniti domini dicti loci, dictam venditionem ratam habentis presentes litteras sigillo nostro duximus sigillandas, salvo jure alieno. Datum die martis post Misericordia Domini anno M° CC° LX°.

310

Extrait du registre de la Chambre des comptes de Bretagne pour l'abbaye Nostre-Dame de la Joye, ordre de Cysteaux prez Hennebont, touchant la fondation d'icelle, adveus et prestations de sermans par les Dames abbesses.

1260.

L'abbaye Nostre-Dame de la Joye ordre de Cysteaux fondée par défunte d'heureuse mémoire dame Blanche de Navarre duchesse de Bretagne en l'an *mil deux cent soixante*, laquelle dame Blanche estoit fille de Jean conte de Richemond filz aisné de Bretagne et de dame Béatrice d'Angleterre et sœur d'Artur et de Jean, lesquels morts, icelle héritière et duchesse absolue de Bretagne, laquelle estant décédée en l'an *mil deux cent quatre-vingt-quatre*, fut inhumée en l'église des Nonnains de Henneboud (alias la Joye), ordre de Cysteaux, et son mary Jean, premier du nom, duc de Bretagne, fondateur de Prières, fut enterré en la ditte abbaye de Prières en l'année *mil deux cent soixante-six*.

Le dit mémoire de tout ce que dessus fidellement tiré et extraict du dit registre de la Chambre des comptes par moy soussigné ce premier jour de l'an mil six cent trente-neuf.

(Signé) F. Guillaume Le Hancois (ou Trancois).

311

Guillaume de Caden donne au monastère de Prières ses biens excepté ce qu'il possédait dans le fief de Rochefort.

Extrait du Mss. Bellefontaine.

1260.

Anno millesimo ducentisimo sexagesimo, Guillelmus de Kaden, miles, dedit in puram et perpetuam eleemosinam monasterio de Precibus, pro redemptione animæ suæ et suorum, tertiam partem bonorum suorum immobilium in terris, pratis, nemoribus, molendinis, aquis, pascuis, redditibus, juribus et in omnibus aliis rebus, hoc excepto quod habebat in feodo de Rupe-Forti ; hujusque donationis tutores ac deffensores statuit Joannem, illustrissimum ducem Britanniæ, et venerabilem patrem episcopum venetensem, ad eamque obligavit Joannem, primogenitum suum, per manus officialis venetensis, decani de Kemeneteboen, magistri Hervœi de Sancta-Oportuna, gerentis vices archidiaconi venetensis.

312

Barthélemy de Questembert, chevalier, vend à l'abbaye de Prières un revenu annuel de vingt livres pris sur sa terre de Pénerf, paroisse d'Ambon.

Extrait du Mss. de Bellefontaine.

Décembre 1261.

Anno M° CC°LXI°, mense decembri, Bartholomæus de Kestemberts, miles, assentiente Petro, filio ejus primogenito, dicto monasterio (de Precibus) vendidit viginti libras annui redditus in terrâ suâ de Pennerz, in parrochiâ de Ambon et in terris contiguis, usus in hoc negotio operâ Alani de Noyalou et Rollandi de Mellac, militum, necnon Alani de Liniac, armigeri.

313

Payen, seigneur de Malestroit, confirme les donations faites par ses prédécesseurs au prieuré de Malestroit.

Arch. dép. Fonds du prieuré de Malestroit.
Orig. parch.

1261.

Universis Christi fidelibus presentes litteras inspecturis Paganus, dominus Malestricti, salutem in Domino. Noveritis quod ego de consilio amicorum meorum confirmavi et confirmo monachis Majoris-Monasterii apud Malestrictum commorantibus donationes, decimas sive elemosinas quas donaverant sive fecerant eisdem monachis antecessores mei Domini Malestricti ; videlicet omnes decimas suas de omnibus terris suis castello Malestricti adjacentibus et totam terram suam de Landa, et terram suam de Grossa-Quercu et omnem partem suam de pratis ; villam insuper graavi et concedo spontaneus, quod tenebo bona fide, dictum cartarum patris mei et antecessorum meorum eisdem monachis concessarum et datarum et contra tenorem predictarum cartarum non ibo ; de cetero quoque modo et sciendum est quod dicti monachi et sua sunt et remanent in custodia et defensione et securitate mea. In cujus rei testimonium et confirmacionem dedi predictis monachis presentes litteras sigilli mei, et sigilli Reverendi patris Alani Dei gracia Venetensis episcopi, et Gaufridi dicti Le Bart, militis, tunc temporis senescalli domini Comitis Britannie apud Ploarmel, munimine sigillitas. Latum anno Domini M° CC° LX° primo.

314

Donation faite à l'abbaye de Lanvaux par Le Blanc et Julienne, son épouse, du cens qu'ils percevaient chaque année sur la terre de Philippe Audren, située près Grandchamp.

Arch. départ. Fonds de l'abbaye de Lanvaux.
Orig. parch. était scellé d'un sceau
sur double queue.

1er avril 1262.

Universis presentes litteras inspecturis Archidiaconus Venetensis pro se et capitulo Venetensi, sede vacante, salutem in Domino sempiternam. Notum facimus quod, in nostra presencia constituti, Tanguidus Albus et Juliana ejus uxor, cum assensu et voluntate dicti Falos eorumdem filii primogeniti, dederunt et concesserunt in puram et perpetuam elemosinam religiosis viris abbati et conventui abbatie beate Marie de Lanvaux, cisterciensis ordinis, quatuor solidos currentis monete annui census quos ipsi percipiebant et percipere consueverant, ab antiquo, de terra Philippi Audreni sita apud Grandicampum in feodo domini Alani de Lanvaux; juraverunt etiam coram nobis, tactis sacrosanctis evangeliis, dicti Tanguidus et Juliana ejus uxor quod contra donacionem et concessionem ab ipsis factas per se vel per alium aliqua racione non venient in futurum, renunciantes omni juris auxilio tam canonici quam civilis, exceptioni dotis, de talicii conquesto, nec non et omnibus aliis exceptionibus quibuscumque per quam vel per quas dicta donacio seu concessio posset aliquomodo revocari seu etiam irritari; transtulerunt etiam coram nobis in dictos religiosos dicti Tanguidus et Juliana possessionem premissorum per tradicionem presentis instrumenti. In cujus rei testimonium et fidem presentes litteras, ad peticionem dictorum Tanguidi et Juliane, sigillo curie Venetensis dictis religiosis dedimus sigillatas. Datum die sabbati ante Ramos Palmarum, anno Domini M° CC° LX° primo. Ista autem donacio facta fuit salvo jure alieno in omnibus datum ut supra.

315

Théophanie, fille de Guillaume Graz, du consentement de son mari Moysan, dit Bocer, donne à l'abbaye de Prières trois champs situés près Damgan.

Extrait du Mss. de Bellefontaine.

8 mai 1262.

Anno millesimo ducentesimo sexagesimo tertio, in festo Sancti Michaelis in Monte-Gargano, Theophania, filia Guillelmi Graz, cum assensu et voluntate Moysan dicti Bocer, mariti sui, huic de Precibus monasterio dedit in puram et perpetuam elemosinam agrum quemdam juxtam hortum Gauffridi de Andresach duosque contiguos campos agro predicto, sitos in Andresach, juxtâ Damgan, in parochiâ de Ambon, in feodo domini Pagani de Malestricto, itemque domicilum suum ibidem situm.

316

Olivier de Crach, écuyer, vend à Gaston de Kergadiou ce qu'il possédait dans la ville de Kercadio en Plouharnel.

Arch. dép. Fonds de l'abbaye de Lanvaux.
Orig. parch. était scellé d'un sceau
sur double queue de parchemin.

27 juin 1262.

Universis presentis litteras inspecturis..... allocatus..... Domini Gaufridi Leobart, senescalis Broherec et de Ploarmel, salutem in Domino. Noveritis quod Oliverius..... dicti Gallie, scutarius, de Craca, vendidit coram nobis quicquid juris possessionis, proprietatis et dominii habebat et habere poterat et debebat in quodam pellemo terre sito in villa que vocatur Kercadonnes in parochia de Ploarnael Jestino de Kaergadiou, scutarius, in puram et perpetuam hereditatem sibi et suis heredibus possidendam pariter et habendam pacifice et quiete, bannis super hec per curiam domini comitis rite et solempniter factis, vantis nobis ad opus domini comitis persolutis et omnibus aliis actis que ad venditionem terre pertinent secundum usus et consuetudines patrie modo debito adimpletis et omnino concessis, nemine proximiore ad retinendum..... ad contradicendum interim veniente. Et recognovit dictus Oliverius coram nobis..... esse bene et legaliter pagatum per manum dicti Jestini de omni eo quod debebat..... premissis renuncians expresse omni exceptioni tam juris quam facti que posset sibi valere et dictis Jestino et suis nocere in eisdem, et jurans, tactis sacrosanctis evangeliis coram nobis, et contra venditionem istam per se vel per alium in aliqua ratione veniet in futurum nec venire procurabit. In cujus rei testimonium et munimen presentes litteras dicto Jestino et suis heredibus inperpetuum dedimus ad petitionem dicti Olverii sigillo nostro sigillatas, salvo jure domini comitis et cujuslibet alterius domini ejusdem feodi in omnibus. Datum die martis post nativitatem beati Johannis Baptiste, anno Domini M° CC° sexagesimo secundo.

317

Accord entre Guy, évêque de Quimper et son chapitre, et l'abbé de Sainte-Croix de Quimperlé, relativement aux droits de l'évêque sur les possessions de l'abbaye.

Bibl. nat.; mss. f. lat., 9890; Cart. de Quimper.
Orig. parch.

Octobre 1262.

Universis Christi fidelibus presentes litteras inspecturis Guido, miseracione divinâ episcopus, et humile capitulum corisopitense, et frater Evenus humilis abbas et conventus monasterii Sancte-Crucis de Kemperele, ordinis Sancti-Benedicti, Corisopitensis dyocesis, salutem in Domino. Noveritis quod super causâ que orta et ventilata fuit inter episcopum et capitulum corisopitense ex unâ parte, et nos, abbatem et conventum ex alterâ, super subjectione, obedienciâ, reverenciâ, visitacione, correctione et aliis juribus episcopalibus que in eodem monasterio ac prioratibus et ecclesiis in dyocese corisopitensi constitutis, ad dictum monasterium spectantibus, episcopo corisopitensi de jure communi vos, episcopus et capitulum, deberi dicebamus, diffinitiva sentencia lat.. .ait cujus tenor talis est :[1] ....

Tandem nos, Guido episcopus et capitulum corisopitense ex unâ

[1] Suit la charte du 13 Mai 1253, n° 288.

parte, et nos, Evenus abbas et conventus monasterii Sancte-Crucis de Kemperele ex alterâ, ad hanc amicabilem composicionem seu ordinacionem, moderando dictam sentenciam, unanimiter devenimus : ..... prioratus de Landujan et de Ponte-Briencii solvent ambo triginta solidos annuatim, *tantum* nomine procuracionis..... Item episcopus corisopitensis et successores sui visitabunt et corrigent in omnibus locis predictis .... Nos autem.......... predictas composicionem, ordinacionem et sentencie moderacionem et omnia et singula contenta in eis et eciam ipsam sentenciam, salvâ dictâ moderacione, rata et firma habentes, promittimus et, tactis sacrosanctis euvangeliis, juramus nos, pro nobis et successoribus nostris, hinc et inde inperpetuum inviolabiliter observaturos, volentes et gratantes quod religiosus vir abbas de Langonio, cisterciensis ordinis, corisopitensis dyocesis, judex à domino Papâ inter partes deputatus, habeat auctoritate apostolicâ potestatem, si aliqua parcium contra predicta vel aliqua predictorum venerit vel venire voluerit, quod absit, coercendi eamdem ; et, quamtum ad hoc, nos hinc et inde supponimus juridictioni ejusdem, volentes et concedentes quod dictus abbas de Langonio sigillum suum presentibus apponat. Et, ut hec omnia et singula rata et stabilia permaneant in futurum, presentes litteras sigillorum nostrorum munimine duximus roborandas, in certitudinem et in testimonium veritatis. Datum anno ab Incarnacione Domini Mº CCº sexagesimo secundo, mense octobris. Alanus dictus Pennharz.

318

Barthélemy de Questembert vend au monastère de Prières tous les droits dont il jouissait sur les terres de Bazvalan et de Branguérin, paroisse d'Ambon.

Extraits du Mss de Bellefontaine :

1263.

Anno Mº CCº LXº IIIº, Bartholomæus, vendidit monasterio de Precibus, bannis factis et aliis omnibus rite observatis quæ debent et solent observari in venditionibus, pro consuetudine Britanniæ, quidquid juris et proprietatis, possessionis et dominii habebat in villâ vulgariter appellatâ Bazvallen, excepto hoc quod ab eo tenebat Guillelmus Yeps et Bonabius dictus Bazvallen ; item quidquid juris habebat in villâ dictâ Brenguezrin ; ac denique quidquid habebat in teneuris quas tenebant ab eo Guillelmus Audren et consortes, Urvoez filius Manhet et sui et Rosaldus Pollonhe, quæ teneuræ sitæ sunt apud Pennerph, in parochiâ de Ambon, vendebanturque tanquâm terra ligia et taillibilis dicti Bartholomæi.

319

Pierre de Muzillac échange avec l'abbaye de Prières tous les droits qu'il percevait sur les villes de Trérivaut et du Burgo en Billiers contre des dîmes et cinq sous de rente.

Extrait du Mss. de Bellefontaine.

Février 1264.

Anno M° CC° LX° tercio mense februario. Petrus de Musuillac, loco cujusdam decimæ et attributæ ac quinque solidorum annui redditus, eidem abbatiæ (de Precibus) concessit totum jus suum in villis de Trerivaut et de Burgo in parochiâ de Beler.

320

Exemption de rachat pour les juveigneurs de la maison de Tregaranteur, tige des seigneurs de la maison de Pengréal, accordée par Alain, vicomte de Rohan à Raoul de Tregaranteur et Alain, son frère.

Arch. du château de Penhoët, près Josselin.

Extrait d'un arrêt du Parlement de Bretagne en date du 20 mars 1585. — Copie sur papier. Etait d'après l'arrêt, scellée « d'ung grand sceau de cire verte auquel y avoit d'une part, l'empreinture et figure d'un homme d'armes à cheval tenant en une main une espée et en l'autre main ung petit escusson semé de macles, et de l'autre part y avoit : ung grand escusson avec sept macles. »

(*Communiqué par M. le M¹ˢ de L'Estourbeillon*)[1].

---

[1] Voir : Inventaire des Archives du château de Penhoët près Josselin, par le même. — Vannes, imp. Latolye 1894.

19 Juillet 1264.

« A tous ceux que ces présentes verront ou orront, Alen, viconte de Rohan, chevalier, salut en Nostre Seigneur. Sachez que je quite et octrée à Raoul de Tregarantec et à Alen, son frère, et à lours aers pour moy et pour mes aers, loyaument et féaument à jamès et perpetuellement les *baez* de toutte leur terre que ilz tiennent de moy et attendent a tenir en la viconté de Rohan et en Porhouays, eux et lors aers de moy et de mes aers, pour ce ne puis moy ne mes aires de eux riens demander ne de ler aers en icelles terres par la raeson des baes, ne desturbier lor testamens, ne lor devises queuz que ilz les facent eux ne lors aires, ne moy, ne mes aires, sauve ma dreture en touttes aultres choses hor les baes ; Et sy il avenoit que iceulx Alen ou Raoul mourussent ou aucun de eus ou aucun de lors aires, sans faire son testament ou sa devise, par le Conseil de lor hommes doet estre esleu un de lor amys qui garge la terre et les journées d'elle au prou de lor aeres ; Et sy celluy qui esleu mourroit, ilz povent aultre eslire de ses amys au leu au mort ; ou sy ilz esploitoit malement de la terre et des issues d'elle, pour ce ne puis moy ne mes aeres destorbier que les aeres de iceus Raoul et Alen nen saent en saesine de icelles terres et yssues d'elle en queue quel aage que il saent, ne le reffuser que je ne les prensge a hommes en queu quel aage que ils saent, pour ce ne puis moy ne mes aeres forcer les aires de iceus Raoul et Alen, de mariage queulx que ilz soint en aucune manière. Et prie à Monsiour le conte de Bretaine et ly octree que sy moy et mes aeres alyon contre ces choses devant dites ou fesion en aucune manière, que il le face enteriner sans contenir que moy ou mes aeres y puissions fere ou metre. Et sachez que sieur Raoul et Alen hont quite en tote leur terre que ilz tiennent de moy ou atendent a tenir por euz et por lor aers, les baez en teu poent ; comme je et quite à tiens et à lor aeres. Et en tesmoings de icelles choses devant dites et au force, nos avons donné por noes et por noz aers audict Raoul et Alen et à lor aeres, cestes presantes letres, scellées en nostre propre scel. Ce fut fet et donné à Noyal, le sabmedy prochen avant la feste de la Madelaine, l'an de grace, mil et dous cens sexante quatre au moys de Juynet. »

321

Accord entre Hervé de Léon, seigneur de Châteauneuf et Pierre de Bretagne, au sujet des droits dont ils jouissaient en commun sur les terres d'Hennebont, Saint-Caradec, Cau-

dan, Languidic et particulièrement des droits à percevoir sur les navires entrant dans le Blavet, enfin touchant la construction du pont et des moulins d'Hennebont.

Arch. dép. de la Loire-Inférieure. Fonds du Trésor des Chartes.
Orig. parch. était scellé de deux sceaux
sur double queue de parchemin.

Août 1264.

A toz ceus qui cestes présentes lètres verront é orront Hervé de Léon, chevalier, seingnor de Chasteu-Nuef, saluz en Nostre Seingnor. Sachez que pès é acort est fet entre nos d'une partie é monsor Pierres de Bretaingne d'autre partie, en tèle manère que la mote de Henbont é totes les autres choses qui comunes sont entre nos jusque au jor de la date de cestes letres, à Henbont é à Saeint-Karadec, é en tote la parroesse de Caudan, en terres é en èves é en mer, demorront communes entre nos à tozjorzmès, sanz estre parties, ausi come èles ont esté anciènement, é en tèle manère, que nos ne noz aiers, ne iceli Pierres ne ses aiers, ne porons jamès fère chastel ne forterèce à Henbont ne à Saeint-Karadec ne en tote la parroesse de Caudan ; la costume des nès demorra sanz partir entre nos, ou poeint é en la manère où ele a esté anciènement, en queuque terre où les nès arrivent, dedanz les bonnes¹ où nos é ledit Pierres devons prendre costume, c'est à savoer dedanz lez bonnes de la Roche-de-Henren ; é les amandes dou port seront communes entre nos, ausi come èles ont tozjorz esté anciènement ; é les nès porront arriver là où les marcheanz vodront, jusque au pont tant solement, sanz ce que nul de nos le puisse destreindre à arriver fors là où les marcheanz vodront. E si les nès arrivent en la terre de Landgendic, si seront les costumes des nès é les amandes dou port, de ce que au port apartient, é la seingnorie é la justise communes entre nos, ou poeint é en la manère que èles estoient à Heinbont, en tant come au port apartient, c'est à savoer en tant come la mer coverra tant solement ; é, si auchun meffet est fet ou port, é cil qui le meffet feroet s'enfuioet en nostre vile ou en nostre terre de Langedic, les veiers *(sic)* comuns entre nos é icelui Pierres, où nostre aloué ou l'aloué de celi Pierres le porront sevre, é arester é amener à droet, le jor ou la nuit que il feroet le meffet ; é sera l'amande comune, ausi come èle fust à Hembont. En après

¹ Pour bornes.

nos avons gréié é otroié par ceste pès que le conte fera le pont ceste
premère foez, là où le veil passage de Henbont soloet estre, é aura
tot le maerrein de l'autre pont à le fère ; é dès-lores en avant nos e
ledit Pierres, é nos aiers enprès nos, feront le pont, é maen tendrons
en bon poeint. D'endroet nos homes de Kémenétéboen, cheschun de
nos aura la justice é les amandes de ses homes, ausi come nos avons
eu anciènement. E des autres homes de hors qui mefferont en Kè-
menétéboen, ou en la comunauté dou port, seront les amandes
communes, ausi come èles ont esté anciènement. E est à savoer
que icelui Pierres puet fère ses molins ou pié de soz[1] Menez-an-Garu,
sanz contenz que nos i puissons mètre, en tèle manère que le dit
Pierres ne puet fère excluse de pierre ne de terre ne de fust en
Blavez, par quoi les saumons ne puissent passer ; outre ne ne puet
le dit Pierres destreindre nus de homes de nostre terre ne de noz
flez à moudre ne à foler à ses molins devant-diz. E, por ce que
totes ces choses desusdites soient fermes é estables, nos saelâmes
cestes présentes letres de nostre sael, é nostre cher seingnor
Jahan, duc de Bretaingne, en tesmoingnage de ce, à nostre requeste, i mist son sael, o le nostre. Ce fu doné ou moes d'aoust l'an
de grâce mil é deus cens é sexante é quatre.

322

*Alain de Lanvaux donne à l'abbaye de Lanvaux tous ses
droits sur la ville de Kernaléguen en Remungol.*

Arch. dép. Fonds de l'abbaye de Lanvaux.
Orig. parch.

12 Novembre 1264.

Universis Christi fidelibus presentes litteras inspecturis vel audituris Alanus de Lanvax, miles, salutem et sincere constanciam
caritatis. Noverit universitas vestra quod ego dedi et concessi
abbatie beate Marie de Lanvax, in elemosinam, omne jus meum quod
habebam, et habere debebam quacunque racione, in villa que
vocatur Kaeranhalegen, juxta Remungol, cum pertinenciis suis
videlicet pradis, landis, miricis et in his terris quas Guined, filia
Tordorou, et Alanus filius ejus, dederunt monachis de Lanvax, et

[1] Dessous.

in omnibus aliis terris supradicte ville, quas terras, dictus Antos et dictus Angallic et dictus Eudoriou, tenuerunt de alio feodo meo de Reguincol, reservato michi solo modo si homines fuerint mansoniarii in supradictis terris bello, plegiato de furto multro et tradicione et horum similibus, quibus per justiciam judicatur homo ad mortem, quod dicti monachi debent michi tradere per manum prepositi mei de Remungol; si ego, vel locatus meus, supervenero super talibus michi reservatis possunt capere malefactorem. Omnia vero alia jura dicte abbatie quiete et pacifice remanent possidenda. Et ut hoc ratum et stabile in posterum permaneat, sigilli mei munimine roboravi. Actum apud Forestam in crastino beati Martini hyemalis, anno Domini M° CC° sexagesimo quarto.

323

Décembre 1264.

Geoffroy d'Hennebont, écuyer, donne à Eon Picaut écuyer, son gendre, et à ses héritiers, toute la terre et les droits que Alain, chevalier, bâtard d'Olivier de Lanvaux (père de Geoffroy) avait eu à Saint-Gonnery, à Guellas et ailleurs en la paroisse de Noyal, par donation dudit Olivier. Il donne en outre audit Picaut 60 sous de revenu annuel dans la même paroisse, à tenir de lui et de ses héritiers à titre d'homme-lige.

Arch. de Kerguehennec.

324

1264.

Bulle très détériorée du pape Urbain IV pour la visite des prieurés : Prioratus Sancti-Goyali Venetensis diœcesis. *A cause de la visite que voulait faire l'évêque du prieuré de Saint-Goal, il y avait eu querelle entre l'abbé de Redon et Cadioc, évêque de Vannes.*

Arch. d'Ille-et-Vilaine. Fonds Saint-Sauveur de Redon.

325

13 mars 1265.

Acte par lequel Geoffroy de Hennebont engage à Eon Picaut et à sa femme Adelide, fille dudit Geoffroy et de Catherine de Rohan, tout le village (tote la villa) *et dépendances de Coëtpras-sur-Oust*[1] *en la paroisse de Noyal, pour 20 ans, pour la somme de 200 livres et 100 sous. Cet acte passé devant l'avoué de la vicomté de Rohan.*

Arch. de Kerguchennec.

326

Extrait du martyrologe du couvent des Franciscains de Vannes.
Bibl. nat. Mss. arm. de Baluze, t. 41.

31 mai 1265.

Eodem die in civitate Venetensi dedicatio basilice beati Francisci. Cette dédicace est faite par Guy, évêque de Vannes.

327

Pierre, fils de Jean, duc de Bretagne, donne à son père toutes les terres qu'il possédait à Hennebont et dans le duché.

Bibl. nat. Blancs-Manteaux. F. franç. n° 22337. —
Orig. parch. trace de 3 sceaux pendants.

19 novembre 1265.

Universis presentes litteras inspecturis Petrus, filius ducis Britannie salutem in Domino. Noveritis quod nos damus et dimittimus karissimo patri nostro domino Johanni, duci Britannie, totam terram..... de Henbont... et omnes alias terras quas habemus in ducatu Britannie... cum omnibus juribus suis et pertinentiis quibuscumque..... In cujus rei testimonium et munimen presentibus litteris sigilla reverendorum patrum Redonensis et Macloviensis episcoporum, ad preces nostras, una cum sigillo nostro fecimus apponi. Datum in crastino octabb. beati Martini hyemalis partis, anno Domini M° CC° LX° quinto.

[1] Aujourd'hui Coëtprat en Gueltas.

328

En 1265 (aliàs 1275), l'abbaye de Saint-Sauveur de Redon compte déjà dans ses dépendances : Villam Sancti-Guiduali (*Locoal*), villam Sancti-Cogoti (*St-Gorgon ?*), Ruffiac, burgum Sancti-Crucis de Castro-Jocelini.

Par une bulle du 5 avril 1275, la 4ᵉ année de son pontificat, le pape Grégoire X confirme les privilèges et possessions de l'abbaye.

Copie non signée, d'une bulle du pape Sixte IV du 13 novembre 1476, confirmant celle du pape Paul II du 13 novembre 1466, qui confirment celle du pape Grégoire X.

Arch. dép. d'Ille-et-Vilaine. Fonds de l'abbaye de Redon.

329

Confirmation le 29 décembre 1280 de la donation faite à l'abbaye de Lanvaux par Béatrix, épouse de Olivier de la Marche, de ses droits et revenus sur sa terre de Frocego.

Arch. départ. Fonds de l'abbaye de Lanvaux. — Orig. parch. était scellé sur simple queue.

14 janvier 1266.

Universis presentes litteras inspecturis et audituris Officialis, archidiaconus Nannetensis salutem in Domino. Noveritis nos vidisse, legisse et diligenter inspesisse litteras sigillatas quarum f...... litteris, non cancellatas, non abollitas, nec in aliqua parte earumdem viciatas verbo ad verbum incipientes in h[is verbis que sequ]untur : Karissimo amico suo domino Oliverio de Marche, milite, Gillebertus de Moreac, miles, et Margarita [uxor ejus et] Oliverius de Roge, valletus, salutem in Domino. Noveritis quod in nostra presentia, et presentia Beatricis quon[dam uxoris] dicti Oliverii, fuit lectum et recitatum [capitulum donationis] in quo continebatur quod ipsa donabat et legabat Abbatie sancte Marie de Lanvaux in p[erpetuum quidquid] juris et redditus percipiendum et habendum super fromentagio suo de Frocego pro redemptione anime sue..... anniversario suo faciendo. Inde est quod vos rogamus si placet quatinus abbati predicti monasterii predictum l..... deliberare faciatis et hoc vobis significavimus per presentes litteras sigillis nostris sigillatas. Actum die jovis, in festo beati Hylarii, anno Domini M° CC° LX° sexto. In cujus rei testimonium dedimus abbati et conventui dicti monasterii presentes litteras sigillo nostre curie sigillatas. Datum die dominica ante Circoncisionem Domini anno ejusdem M° CC° octuagesimo.

330

Orven, veuve de Tortorou, du consentement de Guillaume Peisson, donne à l'abbaye de Prières sa villa en Sulniac. Un clerc nommé Guillaume du Mené, ayant contesté cette donation une convention est passée entre ce dernier et Geoffroi, abbé du monastère.

Extrait du Mss. de Bellefontaine.

Septembre 1266 et 5 janvier 1267.

Anno M° CC° LX° VI°, mense septembri, Orven, relicta Tortorou, assensu Guillelmi Peisson, huic monasterio, cujus condonata dicitur, contulit quidquid juris et proprietatis habebat in terra vulgariter dicta Terra Uxoris Tortorou, sita juxta nemus de Ferrères, in parochia de Suluiniach, in feodo domini de Mollac. Idem eodemque anno præstitit Alanus, filius Gauffridi de Salarun, scutarius, per manus magistri Hervei de Sancta-Oportuna, canonici venetensis et officialis. At, cum aliquandiu esset litigatum hac de causa cum Guillelmo de Monte¹, clerico, pax tandem facta est his litteris contenta :

Universis presentes litteras inspecturis vel audituris frater Gauffridus, abbas Beate Marie de Precibus, cisterciensis ordinis, ejusque loci conventus, salutem in Domino. Noveritis universi quod, cum contentio verteretur, coram venerabili viro officiali venetensi, inter nos ex una parte et Guillelmum de Monte, clericum, ex altera, super tenementum Orvene, relicte Tortorou, condonate

¹ Guillaume du Mené.

nostre, cum suis pertinentiis sitis apud Kaermorovarn, in parochiâ de Suluniac.

Et quod tenementum cum suis pertinentiis petebamus ab eodem Guillelmo nobis reddi corâm predicto officiali, ratione dicte condonate nostre, et quod teneamentum pertinebat dicte Orvene ex parte patris sui, tandem inter nos et predictum Guillelmum super premissis amicabilis compositio intervenit in hunc modum, quod dictus Guillelmus dictum teneamentum cum suis pertinentiis, vitâ sibi comite, à nobis *tenundum* ad censum tresdecim solidorum quolibet anno nobis ab eodem Guillelmo solvendorum, videlicet quatuor solidorum solvendorum quolibet anno ad Decollationem Beati Joannis-Baptiste, et trium solidorum infrâ festum Beati Luce evangeliste subsequens, et trium solidorum ad Pascha posteâ subsequens, et aliorum trium solidorum scilicet infrâ festum apostolorum Petri et Pauli posteâ subsequens ; post verô decessum ipsius Guillelmi, heredes ipsius debent habere et habebunt dictum teneamentum cum suis pertinentiis, solvendo nobis viginti solidos quolibet anno...... Hoc universis significamus per presentes litteras sigillo unico nostro quo utimur sigillatas. Datum die mercurii, in vigiliâ Epiphanie Domini, anno Domini millesimo ducentesimo sexagesimo sexto.

331

Jocelin de Quoitroch, écuyer, échange avec l'abbaye de Prières la terre de Menhir dans le fief de Penmur, contre la terre de Pratfole.

Extrait du Mss. de Bellefontaine :

1266.

Anno M° CC° LX° sexto, Jocelinus de Quoitroch, scutarius, dedit abbatiæ de Precibus terram Menhir in feodo Rollandi de Penmur, scutarii, titulo permutationis, pro terrâ quam habuerant monachi ab Eudone de Querderiau, milite, sitam in parochiâ de Ambon ; ultrà caput[1] ecclesiæ de Musuillac in feodo prædicti Rollandi de Penmur; et proptereâ quam, eleemosinæ nomine, obtinuerant à Fredore de Granzelen, scutario, et quæ appellabatur Pratfole.

[1] Chef-rente ?

332

1267.

A'ain, vicomte de Rohan, avait prêté à Geoffroy d'Hennebont, écuyer, une somme de *300* livres, et il avait retenu pour gage les trois brenz ou breuz[1] de Pembezu, de Stefior et de Quoitcastel, en la paroisse de Noyal, et la terre sur laquelle ils étaient assis, consistant en bois, terres, landes, eau et plaine ; le dit Geffroy ne pouvant payer consent qu'ils soient mis en vente ; personne n'étant venu à la bannie devant la cour ducale de Ploërmel, ils sont adjugés à Alain de Rohan, par sentence de la sénéchaussée ducale de Ploërmel.

Arch. de Kerguchennec.

333

1267.

Donations par des particuliers à l'abbaye de Bon-Repos de biens dans la paroisse de Cléguerec.

Arch. des Côtes-du-Nord. Inventaire des archives de l'abbaye.

334

1267.

Autre donation de terres situées à Saint-Felan, faite par un particulier à l'abbaye de Bon-Repos.

Arch. des Côtes-du-Nord. Inventaire des archives de Bon-Repos.

[1] Breuils ?

335

Février 1268.

Henri de Quénécan devait à Jean, duc de Bretagne, 180 livres et avait pour cette somme engagé tous ses biens. Le vicomte de Rohan tenait entre ses mains la terre dudit Henri pour ce qui lui était dû à lui-même, et disait qu'il payerait la dite somme de 180 l. ; intervient un jugement de la cour de Ploërmel par lequel le vicomte devait payer au duc les 180 l. sur les biens d'Henri de Quénécan et recevait en échange 15 livres de revenu annuel sur la terre d'Henri. Elles lui sont garanties par les lettres présentes.

Publ. par dom Mor. I, 1011. — Arch. de Kerguehennec.

336

1268 et 1275.

Titres portant : Fondation faite à l'abbaye de Bon-Repos de Brambily[1] le Merzer en la paroise de Langoëlan.

Arch. des Côtes-du-Nord. — Inv. des titres de l'abbaye.

337

1269.

Suivant plusieurs auteurs, la fondation de la chapellenie du Saint-Esprit d'Auray remonterait à 1269 ; il y aurait eu erreur de copie ; alors elle n'aurait pas été fondée par Jean de Montfort en 1369.

Arch. nat. Arch. ecclés.
Ordre de Saint-Lazare ; commanderie d'Auray.

---

[1] Brymbily po ar *Branguilly* ?

338

Donation faite à l'abbaye de Prières de la terre de Pellemain en Marzan par Philippe de l'Isle, et de terres situées en Billiers, par Eveno gendre de Riqueval.

Extrait du Mss. de Bellefontaine

Mars 1270.

Anno millesimo ducentesimo sexagesimo nono, mense Martio, Philippus de Insulâ, e parrochiâ de Marzen, abbatiæ huic de Precibus possessionem quandâm dictam Pellemain, in dictâ parochiâ sitam, concessit. Eodemque anno, mense decembri, Evenus gener Riqueval, e Musuiliaco, eidem monasterio contulit quidquid in feodo Petri de Musuillac emerat, in parochiâ de Beler.

339

Charte d'accord par laquelle Geoffroy de Lanvaux libère Alain VI, vicomte de Rohan, d'une rente annuelle de 20 livres qu'il lui devait, et lui abandonne les droits seigneuriaux qui lui appartenaient dans la paroisse de Noyal.....

Arch. du chât. de Kerguehennec.
Orig. parch. Traces de trois sceaux pendants sur double queue.

20 mai 1270.

Universis presentes litteras inspecturis et audituris Gaufridus de Lanvax, miles, salutem in Domino. Noverint universi quod, cum contentio mota esset inter nos ex una parte, et nobilem virum Alanum vicecomitem de Rohan, militem, dominum nostrum, ex altera super hoc quod nos petebamus ab eodem vicecomite domino nostro viginti libratas annui redditus nobis et heredibus nostris in vicecomitatu de Rohan assignati, ratione cujusdem pacis seu compositionis quondam facte et habite inter Gaufridum filium Oliverii, militem, antecessorem nostrum ex una parte, et Alanum vicecomitem patrem dicti Alani vicecomitis, ex altera, quando Branguili cum pertinentiis suis eidem vicecomiti vel suis heredibus accideret, et super aliis pluribus injuriis et forefactis, prout dicebamus, nobis et nostris ab eodem Alano illatis, nos vero, pro dicti vicecomitis concordia acquirenda penitus et habenda et discordia removenda, dictas viginti libratas annui redditus predicto vicecomiti et suis heredibus penitus remittimus pro nobis et heredibus nostris in perpetuum et quitamus ; et de injuriis et forefactis nobis et nostris, ut dicebamus, a dicto vicecomite et suis illatis, dictum vicecomitem nec heredes suos de cetero nos et heredes nostri non possumus sequi, nec eciam super predictis forefactis et injuriis in perpetuum molestare. Volumus eciam et concedimus quod dictus vicecomes miles et heredes sui post ipsum habeant et possideant omnes sesinas possessiones quas idem vicecomes habebat et possidebat occasione seu ratione nostri vel antecessorum nostrorum tempore hujusmodi littere impetrate dicto vicecomiti et suis heredibus in perpetuum habendum et eciam possidendum pacifice et quiete, nec aliquid in dictis sesinis possessionibus amodo per nos seu per alios possumus in perpetuum reclamare. Item volumus et eciam concedimus quod omne juris possessionis et proprietatis quod predictus vicecomes dominus noster emit a Gaufrido dicto de Henbont, scutario, in parrochia de Noial, venetensis dyocesis, videlicet tam plano quam aquis, pratis, landis, nemoribus, forestis, lapidibus et rebus aliis, totum pro toto, quod idem vicecomes et heredes sui teneant omnia predicta a domino Johanne duce Britannie et suis heredibus post ipsum, tanquam a domino feodali ; nec aliquid in omnibus predictis nos nec heredes nostri possumus de cetero petere nec super predictis dictum vicecomitem dominum nostrum nec heredes suos molestare, nec in predictis omnibus per nos seu per alios amodo aliquid possumus in perpetuum reclamare. Quitamus eciam pro nobis et heredibus nostris Gaufridum de Brehant scutarium et heredes suos de homagio, si quod nobis fecit vel nostris antecessoribus ratione predictorum, ita quod erga ipsum seu erga heredes suos nos nec heredes nostri amodo aliquid in predictis non possumus petere seu eciam reclamare. Et hec omnia juravimus, tactis sacrosanctis evangeliis, pro nobis et heredibus nostris, una cum Johanne de Lanvax fratre nostro et Thomasia sorore nostra, tenere erga dictum vicecomitem et sucs heredes et fideliter in perpetuum observare ; abrenuntiantes specialiter et expresse, una cum dictis Johanne et Thomasia, omni privilegio crucis sumpte et eciam assumende, et omnibus exceptionibus juris canonici et civilis, et omnibus litteris impetratis et eciam impetrandis, et omnibus aliis exceptionibus que contra istam litteram possent obici vel opponi. In cujus rei testimonium et munimem, ad petitionem dictorum Johannis et Thomasie, quia sigilla propria non habebant, presentes litteras predicto vicecomiti de Rohan sigillo nostro dedimus sigillatas. Datum die martis ante Ascensionem Domini, anno Domini M° CC° septuagesimo.

340

Alain de Rohan acquiert de Geoffroy de Lanvaux plusieurs terres de la paroisse de Noyal, jusqu'à concurrence de cent livres de rente, en compensation d'une somme de 1165 livres qu'il lui avait prêtée.

Arch. du château de Kerguehennec. — Orig.
Bons exemplaires sur parchemin, scellés sur double queue.

Septembre 1270.

Universis presentes litteras inspecturis et audituris Herveus de Bouteville senescallus Domini ducis Britannie in Ploermel et in Broërec tunc temporis salutem in Domino. Noveritis quod, cum Gaufridus dictus de Henbont, scutarius, titulo pignoris obligaverit cum nobili viro Alano vice-comite de Rohan, milite, omnes terras et quidquid juris, possessionis et proprietatis ac dominii idem Gaufridus habebat et habere poterat et debebat, quâcumque ratione et quocumque modo, in parrochiis de Noyal et sancto Goneri, tam in terris harabilibus quam non harabilibus, pratis, landis, aquis, silvis et lapidibus, et cum omnibus pertinentiis premissorum, totum pro toto, pro mille et centum et sexaginta et quinque libris currentis monete, prout in actis seu in litteris domini Gaufridi de Bistin militis, quondam senescalli de Ploermel, vidimus contineri, et in litteris dicti Gaufridi de Henbont, et pro dampnis, deperditis ac misiis que dictus vicecomes sustineret et faceret circa predictas terras, que dampna, deperdita et misias idem Gaufridus debebat reddere eidem vice comiti, ad planum dictum ipsius vicecomitis sine aliquâ aliâ probatione, prout in dictis litteris vidimus contineri, que dampna, deperdita et misias dictus vicecomes coram nobis estimavit ducentum et sexaginta et sex libras usuales, et prenominatus vicecomes dictas terras cum pertinentiis antedictis venditioni exposuerit pro dictis summis peccunie et banniri fecerit, prout ordo juris postulat, et coram nobis humiliter pecierit valorem summarum peccunie predictarum sibi avanantizari in terris supradictis.

Nos vero, auditis et intellectis rationibus dicti vicecomitis, mediante juditio curie domini ducis Britannie, et per proborum virorum consilium et prudentum, et specialiter ad hoc juratorum, avanantizavimus dicto vicecomiti, pro summis peccunie antedictis et pro earumdem vendis, villam que vocatur Quoetbras[1], et villam que vocatur Sant-Gueltas[2], et villam Ulfer[3], et villam que vocatur Bojust[4], et villam que vocatur Karmelin[5], et villam que vocatur Karpaen[6], et nemus vocatum Bezbot[7], et villam que vocatur Sant-Druman[8], et villam Pezrou[9], et quarterium siliginis de estagio molendini de Tremuson[10], et nemus vocatum Dervoedou[11], et nemus vocatum Rosquoet[12], et villam que vocatur Villa Roberti[13], sitas in dictis parrochiis de Noyal et de Sancto-Goneri, cum omnibus dictarum villarum et nemorum et dicti quarterii siliginis pertinentiis, tam in terris harabilibus quam non harabilibus, pratis, aquis, landis, silvis et lapidibus, eidem vicecomiti et suis heredibus post ipsum, seu ab ipso causam habentibus, in puram et perpetuam hereditatem quiete, libere et pacifice possidendum pariter et habendum, bannis super hiis factis et vendis solutis, et omnibus aliis que ad venditionem et emptionem terre pertinent, secundum usum et consuetudinem patrie, rite et juste peractis, nemine contradicente nec aliquo alio coram nobis comparente qui dictas terras cum suis pertinentiis retineret seu retraheret ratione proximitatis vel aliquâ aliâ ratione. Premissa vero avanantizata, ad opus et nomine dicti vicecomitis, estimavimus ad centum libras anui redditus[14]. In cujus rei

[1] Coetprat en Gueltas.
[2] Gueltas.
[3] Hilvern en Gueltas.
[4] Bojus en Gueltas.
[5] Kermelin en Gueltas.
[6] La Villepain en Saint-Gonnery.
[7] Bezbet, près Noyal-Pontivy.
[8] Saint-Urbain (?) en Saint-Gonnery.
[9] Ville-Perot en Gueltas.
[10] Tremuzan en Saint-Gonnery.
[11] En Noyal-Pontivy.
[12] Rongoet, village, lande et bois, commune de Pontivy.
[13] Bois-Robert en Saint-Gonnery.
[14] Ici l'un des trois exemplaires de cet acte, malheureusement détérioré, renferme cette phrase : « Preterea de supradicto debito, prout idem vicecomes nobis asseruit, et secundum tenorem predictarum litterarum,..... vingincti sol. minus dicto vicecomiti non solute nec in quibus eidem exstitit satisfactum. In cujus rei... (etc).

testimonium et robur presentes litteras eidem vicecomiti tradidimus sigillo nostro sigillatas ; salvo jure domini ducis Britannie in premissis. Actum et datum mense septembri, anno Domini M° CC° septuagesimo.

341

1270.

Donation de biens au bourg de Saint-Félan en Silfiac, faite par un particulier à l'abbaye de Bon-Repos.

Arch. dép. des Côtes-du-Nord. Inv. des Arch. de l'abbaye.

342

Payen de Malestroit confirme la donation faite par Agathe sa mère à l'abbaye de Prières de deux fontaines, l'une au village de Maenhir, l'autre au village de Trevimer.

Extrait du Mss. de Bellefontaine.

1270.

Anno millesimo ducentisimo septuagesimo, Paganus de Malestricto, miles, confirmavit donationem ab Agathâ, matre suâ, factam duorum fontium monasterio de Precibus, alterius in villâ dictâ Maenhir, alterius verô siti in villâ Trevimer : litteris suo sigillo sigillatis, itemque Hervœi de Bouteville, senescalli domini ducis Britanniæ apud Broérec et Ploermel.

343

Faits rappelés à l'occasion d'un procès du XVIIIe siècle touchant la donation faite à l'abbaye de Lanvaux de tenues situées au village de la Haye en Pluvigner, à condition que l'abbé de Lanvaux viendra chanter la messe de minuit et célébrer l'office dans la chapelle que lui désignera le seigneur de Ker.

Arch. d'Ille-et-Vilaine. Famille de Robien.

Par acte du 26 mai 1541, relatifs à plusieurs autres actes de fondation des années 1271, 1417, 1418, 1441, 1451 et 1452, Claude de

Malestroit, seigneur de Ker, de Kerambourg, du Plessis et autres lieux, donna, céda, aumôna et délaissa aux abbés et religieux du couvent de Lanvaux certains héritages vulgairement et suivant le langage du pays appelés teneur et tenement d'héritages situés au village de la Haye, paroisse de Pluvigner, à condition de les tenir de lui à devoir de foi qu'ils seraient tenus de lui rendre, et à la charge et condition expresse que les dits abbé et religieux et leurs successeurs seraient tenus, obligés et sujets de se trouver et rendre la nuit et vigile de Noël au lieu du Plessis-Ker ou à celui de Kerambourg ou ailleurs, quoi que ce fût, cependant sous la juridiction d'Auray ou celle de Vannes, où pour lors le dit seigneur de Ker, ses successeurs ou héritiers feraient leurs demeurances, le faisant savoir à la dite abbaye et couvent huit jours auparavant la fête de Noël, pour le dit abbé et religieux assister au service divin qui serait fait par chacun an, la nuit de Noël, à commencer à vêpres, en l'une des chapelles desdites maisons où ledit seigneur de Ker ferait sa résidence, pour y célébrer la grand'messe qui se dit à minuit, ou celle de la fête de Noël, ainsi que mieux se trouverait disposé par ledit seigneur de Ker (*ce sont les termes*), et même pour y officier et dire vêpres le dit jour de Noël, parce que néanmoins, en cas d'urgente et notable absence ou indisposition dudit abbé, il pourrait être excusé en y envoyant et faisant trouver le prieur de la dite maison qui serait tenu d'apporter la crosse de la dite abbaye pour être mise au bout de l'autel où se dirait la grand'messe et durant icelle et ledit office divin.

Par le même acte de 1541, il est encore porté que les dits abbé et religieux diront ou feront dire, dans l'une des chapelles dudit seigneur de Ker, une messe basse à son intention et à celle de ses prédécesseurs tous les mercredis de l'année, à l'exception du mercredi précédant la fête de Dieu, que la messe serait dite à note, c'est-à-dire chantée; parce que, durant ledit temps, les abbé, prieur et religieux seraient dans ledit lieu nourris raisonnablement, également que leurs gens et chevaux.

« Ces dispositions furent exactement observées pendant un temps, mais, en 1685, les abbés et religieux voulurent se soustraire à l'obligation portée par lesdits actes de fondation etc... » d'où suite de procès qui durent encore vers 1735.

344

Extrait d'un reg. mss, in-4°, paraissant provenir des Carmes de l'Observance de Rennes; série H. pas signé, ni daté. (Notices sur les Carmes de Bretagne, milieu du XVIIᵉ siècle).

Arch. départ. d'Ille-et-Vilaine.

1271.

Fondation du Couvent des Carmes de Plouarmel, Premier des Gaules et sisiesme de l'Observance de Rennes.

Les Carmes furent amenez du Mont-Carmel par Jan de Bretagne, comte de Richemont, filz de Jan, premier du nom, duc de Bretaigne, lequel, selon l'ancienne cronique, aagé pours lors de trente et un an, au second voiaige d'oultre-mer, qui fut l'an mil deux centz soissante et neuf, partit du chasteau du Sussynio avec grand nombre de barons et seigneurs et alla par mer joindre le roy sainct Louys à Aigue-Morte en Provance, lequel s'en alla droit assiéger Thunes où il mourut, et lors, à cause de la grande contagion qui estoit dans l'armée, tant des assiégés que des assiégeantz, les princes chrestiens furent contraintz de faire composition avec le roy de Thunes qui estoit là-dedans avec ses Sarasins, au profit des chrestiens ; et ainsi le comte de Richemont et son beau-frère Edouart, prince de Galles, filz du roy d'Angleterre et beau-frère du comte, qui avoit espousé sa sœur Béatrix d'Angleterre, s'en allèrent faire le voiaige de la Terre-Saincte et donnèrent jusques au Mont-Carmel qui est en Syrie, d'où le comte de Richemont amena deux religieux qu'il minst dans le faubourc de sa ville de Plouarmel qui aujoudhuy se nomme le faubourc de l'Hospital, et leur bailla la chappelle de Saincte-Anne pour y faire leur divin office et exercices spirituelz, l'an mil deux centz septante et un ; mais, d'aultant que le lieu estoit trop anguste et par conséquent maisain, il leur fist bastir au hault du mesme faubourc, près les murailles et la porte d'Embas de la ville, un beau et sómptueux monestère, avec unne grande et magnifique église et un pourprins, contenant pour le moins le tout ensemble sept journaulx ou environ ; et dit la cronicque que c'est le premier couvent des Carmes qui ait esté fondé en touttes les Gaules, et d'Argentray[1], dans son Histoire de Bretaigne, n'en dict guère moins : Le duc Jan second fut enterré aux Carmes de Plouarmel qu'il avait fondés entre les premiers de France, les ayant faict venir du mont Carmel ou estoit leur première demeure ; en quoy on congnoist que nostre maistre Jan Hirel, docteur angevin, et ceux de son opinion se trompent de dire que sainct Loys les envoya de Paris du nombre de ceux qu'ilz avoit amenés à son premier voiaige d'oultre-mer, comme aussi d'avoir escript que saint Albert, de leur ordre, leur avoit baillé leur reigle, prenant un provincial de Cicile pour un patriarche de Jérusalem, et aultres circumstances où il a erré comme en appellant Plouarmel Pihermel, n'y ayant n'y villes, n'y bourgades en Bretaigne de ce non. »

. . . .

Oultre est à remarcquer que leur bon prince fondateur ne fut duc jusques à l'an 1286, et le quinziesme an apprès leur venue, et régna seullement jusques à l'an 1305, selon l'ancienne chronique de Bretaigne, qu'il fut tué à Lyon sur le Rhosne, retournant du voiaige de Rome, où il fut aresté par le roy de France Philippe-le-Bel pour voir le couronnement du pape Clément cinquiesme, où il fut accablé avec plusieur aultres seigneurs souz la ruisne d'une vieille muraille qui tomba sur eux. Il vescut encore quelques jours devant que mourir ; et fut son corps apporté enterrer au couvent des Carmes à Plouarmel qu'il avoit fondé et faict bastir. Il estoit aagé de soisante et seix ans quand il mourut ; et, deux ans devant, il fonda le couvent pour vingt et cincq religieux.

FONDATION DU COUVENT DE PLOËRMEL 28 MARS 1304.

L'acte de fondation est du jeudy devant Pasque-Fleury 1303, par lequel il donne cent francs monnoys de rante. Et, pour voir la simplicité de l'idiôme, nous mettrons icy partye de l'acte « A touz ceux qui ces présentes lettres verront et oront Jan duc de Bretaigne, comte de Richemont, salut en Nostre-Seigneur. Nous faisons sçavoir à touz que nous, en l'annour[2] de Dieu et de sa saincte mère, et pour le salut et remède des âmes de nos antécesseurs, de nous et de nos successours et de touz nos amis, avons fondé et faict une yglèse de l'ordre de Nostre-Dame du Carme en nostre ville de Plouarmel, en la diocèse de Sainct-Malo, et avons donné et donnons en pure et perpétuelle aumosne ès frères qui là sont et seront à faire le ser

---

[1] D'Argentré, l. 4. chap. 32.
[2] Il faudrait *onnour*.

vige¹ de Nostre-Seigneur en la ditte yglèse, et desqueulz frères y doibt avoir jusques à vingt et cincq demourantz d'icy en avant, le lieu et la place où laditte yglèse, les maisons et les œdifices que nous y avons faict faire sont séants, o tous les œdifices et tout le pourprins d'environ dont lesdits frères [sont] orendroit en possession et saisinne. Après nous donnons et octroyons ausditz frères de nostre aumosne, pour laditte yglèse et lesdictz œdifices maintenir et pour le vivre et soustenance d'iceux pouvres frères, cent libvres de monnoys courant en Bretaigne, lesquelz ilz auront et prendront à tousjour mais, chainchun an, à la feste de la Nativité Nostre-Dame, sur touttes nos rantes et levées de nostre ditte ville de Plouarmel. » Le reste de l'acte est que, faulte aux recepveurs de payer au jour assigné, y estant deubment appelés, ilz doivent payer de leur propre chasque jour cincq soubz d'intérest, et enfin l'amortissement de tout ce qu'il avoit donné. . . . .

Suit l'énumération des fondations particulières :

Guillaume de Beaumont, écuyer, et Jeanne sa femme, 10 quartiers de seigle, mesure de Ploermel, valant 20 mines, sur leurs dîmes de la paroisse de Taupont (1309).

Jean de Derval, pour lui, pour sa mère Aliénor de Châteaubriand pour Jeanne de Léon sa femme, et pour Bonnable son frère, 40 mines de seigle sur la maison du Crévy; plus 500 francs monnaie une fois payés pour bâtir une chapelle où il élisait sa sépulture, le plus près de sa mère et de sa compagne (1338).

Isabeau de Bretagne, épouse de Guy XIV, comte de Laval, 15 livres monnaie qui font 18 tournois, sur la recette de Brécilien, pour la célébration d'une basse messe par semaine.

Yolande d'Anjou, fille de René, roi de Sicile et comte d'Anjou, et d'Isabelle de Lorraine, 1000 livres monnaie, qui faisaient 1200 livres tournois, de quoi fut acheté le pré de Près-la-Chapelette (1444).

Philippe de Montauban, vicomte du Bois-de-la-Roche, dernier chancelier de Bretagne, après avoir donné 100 écus pour la réparation de l'église, fonde à perpétuité une messe par semaine pour laquelle il donne 25 livres monnaie de rente, qui font trente livres tournois, à condition que la chapelle de Notre-Dame lui demeurerait prohibitive à lui et aux siens « où est son sépulchre hautement eslevé avec sa statue et celle de sa seconde femme, Anne du Chastelier, couchée sur la table d'iceluy. Il trespassa à Vennes l'an mil cincq centz quatorze, et fut amené enterrer au couvent. Et depuis, Anne

---

¹ Faute du copiste, sans doute pour *servieze*.

de Daillon, marquise du Ruffec, comtesse du Bois-de-la-Roche, ordonna son corps y estre enterré et augmenta la rente de moitié. »

(Et autres petites fondations).

Ruisne du couvent, 1593.

L'an 1593, le couvent fut ruisné par les gens de guerre (du sr de Cahideuc), souz prétexte de conserver la ville, au grand regret des habitantz..... Les habitantz, grandement dolentz de la ruine d'un si beau monastère, où il ne restoit que les seulles arcades de l'église, y ayant des boulevartz et esperons jusques au milieu de l'église, et, au dessous, passaige commun pour les chevaulx et charettes, se résolurent de le faire rebastir, et la conclusion en fut prinse dans l'auditoire de Plouarmel, le lundy qninziesme jour de janvier l'an mil seix centz et un ; et, le lundy des Rogations an suivant, 28º jour de may, vint la procession de l'église de Sainct-Armel au couvent, et on posa les premières pierres souz la grande vitre : escuyer Charles du Plessix, sénéchal, minst la première; dom Armel Nicolas, recteur, minst la seconde ; la troisiesme fut minse par noble home François Tayart, sieur de la Tousche-Aloy ; la quatriesme par noble home Jean Perret, sieur du Pas-au-Biche, lieutenant ; la cinquiesme fut posée par le Père Pière Behourt, prieur ; la siziesme par noble home Alexandre Fabron, procureur du Roy, et les autres par les habitantz, selon leurs estatz et mérites, avec bien de la joye et allégresse. Et est à noter que les habitantz donnoient leur portion de la somme de trois mille escus que eux et les réfu͞ ͞ ͞s en la ville avoint advancé pour la réception du roy Henry quatriesme à sa bienvenue en la province ; et, oultre ce que leur compétoit de laditte somme, qui estoit environ de cincq ou seix mille lipvres, plusieurs y adjoustoint encore sommes notables. Mais, pour donner aux habitantz la louange qui leurs appartient, ilz n'avoint d'argent en main que quatorze francs, quand on commença à travailler, et, s'il eust faillu oster les terres qui estoint dans l'église et cloistres, où on avoit faict des ravelins, à journée d'homes, il eust cousté plus de cincq cent escus, et le tout fut faict par les corvées des habitantz et paroissiens qui y venoint par cinquentennes ; et mesme Messieurs les juges y venoint travailler avec leurs soutannes de taftas pour animer le peuple. Et presque tout le bois de la charpente du chœur leur fut donné par la noblesse du païs et rendu sur le lieu par les laboureurs sans salaire, tellement qu'il ne coustoit qu'avec les charpantiers et massons. Et ainsi la muraille et la charpente du chœur estoint faictes qu'il n'avoit pas encore cousté plus de cincq cent francs; et n'avoit-on point encore touché aux trois mille escus, le tout estant provenu des dons particuliers des habitantz et aumosnes qui se mettoint dans les troncs et des amendes ordonnées par Messieurs de la court du Parlement et des juges de sur les lieux, mesme des juridictions subalternes. Ceux de Josselin y contribuoint aussy...... Mais d'aultant qu'il n'y avoit pas des moyens suffisantz pour parachever l'œuvre, ces bons habitantz consentirent unne imposition de deux liartz pour pot de vin qui se débite ès villes et faubourcs ; mais, en récompense de tant de libéralités, ilz demandoint des religieux de Renes, pour avoir les consolations qu'ilz désiroint et espéroint d'eux, tellement qu'ilz présentèrent recqueste à la court de Parlement par maistre Françoys Perrez, sieur des Crouletz, procureur-sindic, home fort pieux et dévot, tendente à ces fins, qu'il fust enjoinct au provincial des Carmes de leur bailler des religieux de Rennes. La recqueste fut jugée civile et sur icelle arest donné qu'on mettroit des religieux de l'Observance de Rennes à Ploërmel, et que l'arest seroit signifié aux supérieurs de l'Ordre pour l'exécuter dans trois moys; et, faulte à eux de se faire, estoit prié monsieur l'évesque de Saint-Malo d'y donner ordre et les y establir........ .... Parquoy [le Révérend Père provincial] vint à Rennes et, le premier vendredy de caresme, second jour de mars de l'an 1618, partit avec le Père Pierre Behourt pour venir à Plouharmel, où ilz arrivèrent le samedy au soir, et les affaires furent si tost disposées qu'en huict jours apprès vinrent encore cincq religieux prestres du couvent de Rennes............. Et fut esleu prieur le Père Mathurin Aubron, et confirmé au chapitre à Pont-l'Abé, et ainsi est le premier prieur de l'Observance en ce couvent. Nous ne debvons obmettre qu'à la ruisne du couvent, les religieux furent establis au prieuré de Saint-Nicolas, et les corps des Ducs y transportés ; et, apprès le retour des religieux au couvent, ilz furent raportés et placés en leur premier lieu, souz l'un des sépulchres, parce que l'autre avoit esté rompu à la démolition du couvent. L'un est de Jean second, et l'autre de Jean troisiesme.

345

Lettres du duc Jean, en faveur de Sainte-Croix ; octobre 1271.

Lettres du duc Jean, en faveur de la même abbaye mars 1271 (n. style 1272).

Lettres de Jehan duc de Bretagne confirmant les precédentes, Ploërmel, 24 septembre 1397.

Arch. nat. p. 2081.

Mauvaise copie, voir le cartulaire de Sainte-Croix.

346

Donation faite à l'abbaye de Prières de plusieurs terres en Noyal-Muzillac et Limerzel par Geoffroy de Lagatley.

Extrait du Mss. de Bellefontaine.

9 Février 1272.

Anno M° CC° LXX° primo, die Martis, in octavâ Purificationis Beatae Mariae Virginis, Gauffridus dictus Lagatley, condonatus hujus monasterii de Precibus, eidem monasterio dedit plateam cujusdam domûs sitam immediate juxtâ domum Rotaldi La Grée, apud Musuillac, cum pertinentiis dictæ domûs, videlicet quodam horto suo, et totam terram quam habebat apud Botovrel in parochiâ de Noyal, quam terram excolebat quidam Thomas Cornou, et totam terram suam in villâ Querembodou, in parochiâ de Ecclesiâ-Martyris (hæc est Ylis-Merzer vocabulo armorico, quod latine expressum dicitur Ecclesia-Martyris ; vulgô hanc parochiam, corrupto vocabulo, vocamus Limerzel).

347

Mai 1272.

Alain de Quenhouet étant mort, on met en vente, à la juridiction du vicomte de Rohan, certains revenus qu'il avait au bourg de Locminé dans le fief dudit vicomte, au prix de 180 livres que ledit Quenhouet devait au duc de Bretagne ; le vicomte achète de ces revenus 13 l. 10 s. de rente annuelle.

Arch. de Kerguehennec.

« Avanantavimus dicto vicecomiti tresdecim, etc... »

348

Accord entre Guillaume, seigneur de Rochefort, vicomte de Dongés, et les moines du prieuré de Rochefort, au sujet de l'étang de Rochefort, des moulins situés sur la chaussée de l'étang, du droit de pêche, et de plusieurs terres situées dans la paroisse de Malansac.

Arch. dép. Fonds du prieuré de Rochefort.
Orig. parch.

Mai 1272.

Universis presentes litteras visuris et audituris Guillelmus dominus Rupisfortis, vicecomes Dongie, miles, salutem in domino. Noverint universi quod cum contencio mota esset inter nos ex una parte et religiosos viros abbatem et conventum Majoris-Monasterii Turonis ex altera, super hoc quod dicti religiosi dicebant contra nos nomine ipsorum Religiosorum et eorum monasterii et prioratus de Ruperforti, Venetensis dyocesi, quod nos possidebamus minus juste, ut dicebant, quoddam pratum situm prope dictum prioratum in loco ubi solebat esse stagnum de Rupeforti inter dictum prioratum et villam de Bremarhan quod pratum ipsi religiosi dicebant ad ipsos et ad eorum monasterium pertinere racione dominii et quod dictum pratum pertinebat ad dictum prioratum. Item dicebant dicti religiosi nomine ipsorum et eorum monasterii et dicti prioratus contra nos quod tercia pars dicti stagni et calcee ejusdem et pertinenciarum ipsius stagni et tercia pars molendini quod solebat esse super dictum stagnum et super dictam calceam et obvencionum et pertinenciarum eorumdem et tercia pars piscium qui capiuntur et qui capi solent transeundo per dictam calceam ad ipsos religiosos et eorum monasterium et dictum prioratum pertinebant et pertinere debebant racione dominii vel quasi et quod prior dicti prioratus, qui erat et qui pro tempore esset in dicto prioratu, habebat et habere debebat jus piscandi et capiendi pisces quosconque vellet et posset in dicto stagno omnibus diebus quadragesime, et adventus Domini, et aliis temporibus tribus diebus in septimana, videlicet die mercurii et die veneris et die sabbati et insuper omnibus diebus quibus aliqui religiosi hospitarentur cum dicto priore in dicto prioratu ; et dicebant quod dictus prior habebat jus et habere debebat reficiendi, reedificandi et reparandi dictam calceam et molendinum dicti stagni nobiscum vel etiam per se sine nobis si nollemus facere premissa cum dicto priore. Item dicebant dicti religiosi contra nos nomine quo supra, quod per Theob.... de Rupeforti, militem defunctum patrem nostrum cujus eramus filius et heres et per nos factum fuerat quominus priores qui fuerant in dicto prioratu tempore retroacto per viginti quinque annos vel circa premissa habuissent, percipissent et fecissent et adhuc per nos fiebat minus juste quominus prior dicti prioratus premissa haberet, perciperet et faceret que omnia et singula negavimus esse vera et petita fieri debere ; tandem de consilio proborum virorum inter nos super premissis composi extitit seu transactum in hunc modum, quod nos dedimus et concessimus nomine composicionis seu transactionis eis religiosis et eorum monasterio et dicto prioratui ut a littera predicta discederent et ei renunciarent et si quod jus eisdem competierat in premissis illud nobis remiterent et quitarent totum tenementum seu hebergamentum in quo solebat manere dictus Brechant in parochia de Malenchac situm cum omnibus pertinenciis suis ubique existentibus, quod vocatur vulgariter villa Cozmont, liberum et quitum dictis religiosis et eorum monasterio et dicto prioratui in perpetuum quiete et pacifice tenendum, habendum, possidendum, explectandum et ad omnimodam voluntatem suam faciendum. Item per dictam composicionem seu transactionem gratavimus et confirmavimus eisdem religiosis et eorum monasterio et dicto prioratui decem jugera terre et quoddam pratum situm in villa Quelo et tria jugera terre sita in villa Jarbe in parochia de Malenchac que Johannes prepositus de Malenchac eisdem religiosis in puram et perpetuam elemosinam dederat, salvo jure nostro in dicta donacione, seu dacione, seu elemosina. Quitavimus etiam eisdem religiosis et liberavimus et eorum monasterio et dicto prioratui predictum tenementum seu hebergamentum cum suis pertinenciis a gallinagio biennio judicio curie et angariis et perangariis et ab omnibus redevenciis et servitutibus aliis nichil nobis in eisdem retinentes promisimus etiam et tenemur dictis religiosis et eorum monasterio et dicto prioratui si contingat aquam dicti stagni apprehendere, occupare seu submergere aliquid de terra dicti prioratus de hoc facere et dare legitimum eyscambium in loco competenti ad arbitrium boni viri. Concessimus et promisimus et quoque tenemur garantizare et defendere dictis religiosis dictum tenementum seu herbergamentum cum suis dictis pertinenciis et dictum excambium si contigerit fieri contra omnes et ad hec obligavimus specialiter et expresse nos et quosconque heredes seu successores nostros. Juravimus etiam quod contra dictam composicionem seu transactionem nec contra aliquid de contentis in eisdem per nos nec per alium non veniemus in futurum nec venire procurabimus. In cujus rei testimonium eisdem religiosis presentes litteras sigillo nostro dedimus sigillatas. Datum mense Maii anno domini M° CC° septuagesimo secundo.

349

Guillaume, fils de Geoffroy de Berric, reçoit des moines de Prières à titre de cens six sous sur les moulins du Bois en Berric.

Extrait du Mss. de Bellefontaine.

1272.

Anno millesimo ducentissimo septuagesimo secundo, Guillelmus, filius Gaufredi de Berryc, scutarius, accipit ad censum sex solidorum molendinum Nemoris, in parochiâ de Berryc, in feodo domini Alani de Aquenyac, militis, a prædictis monachis [de Precibus].

350

Février 1273.

Alain de Rohan avait prêté à Alain de Quenhouet une somme de 200 livres remboursable à telle époque, et pris pour gage tous ses revenus au boùrg de Locminé. Le terme échut sans que le remboursement fut fait, puis Alain de Quenhoët étant mort, le vicomte de Rohan fit mettre en vente le dit gage pour la dite somme ; personne ne se présentant pour les acquérir, la cour du duc à Ploërmel avenantat au dit vicomte pous lesdittes 200 livres, 15 livres de rente annuelle sur les dits revenus.

Archives de Kerguéhennec.

351

Les moines de Prières donnent à Pierre de Muzillac dix sous de rente à percevoir au port de Tréhéguier et plusieurs terres dans la paroisse de Limerzel en échange de terres que ces derniers possédaient dans la paroisse de Billiers.

Extraits du Mss. de Bellefontaine.

Avril 1273

Anno salutis millesimo ducentisimo septuagesimo tertio, mense aprili, facta est commutatio cum Petro de Musuillac, milite, ejusqu filio primogenito ejusdem nóminis : et quidem ipsis ex parte monachorum de Precibus decem solidi in parochiâ de Acerac, propé portum Treyzelger, quos habuerant ex dono Bernardi de Acerac, militis, tunc defuncti, obvenerunt, itemque jus quod habebant in terris quas in parochiâ de Ecclecià-Martyrum, hoc est Ylismerzel, possédebant Danielou *Terretient*, Guydomarus presbyter, Guillelmus, Savine et alii ; dictis autem monachis concesserunt prædicti milites omnia quæ habebant in parrochiâ de Beler, et quæ Petrus de Ros, Oliverius filius Danielis de Seryac, et Gaufridus Madec ibidem tenebant ab ipsis.

352

Lettres par lesquelles Jean I, duc de Bretagne, à l'occasion de la lutte soutenue pour sa défense par Alain VI, vicomte de Rohan, contre Geoffroy de Lanvaux, s'engage à ne faire la paix avec ce dernier que du consentement dudit vicomte.

Arch. du château de Kerguéhennec.
Copie. parch. — Non scellé.

16 septembre 1273.

A touz ceulx qui verront ou oront cestes présentes lètres Jehan duc de Bretaine saluz en nostre Seignor. Sachent touz que, comme Alen, vicomte de Rohan, nostre féal e nostre ami, eust enpris guerre contre Jéfroy de Lanvaus, chevalier, por nos, lequel Jéfroy nos guerroiot, nos avons graié et otroié à icelui Alen viconte que nos ne noz hoirs, ne ferons pez o celuy Jefroy ne o ses hoirs, senz le consentement e senz la volonté audit viconte ou à ses hoirs. Ce fut doné à Venes, le jor de samadi après la Sente Croiz en septembre, en l'an nostre seignor mil CCLXXIII.

353

Lettres de Jean I, duc de Bretagne, qui adjuge au vicomte de Rohan, moyennant la somme de 3115 livres, la plus grande partie des paroisses de Melrand, de Remungol et de Moréac confisquées à Geffroy de Lanvaux.

Arch. du château de Kerguéhennec.
Copie. — Parch. — Non scellé.

1273

Universis presentis litteras inspecturis vel audituris Johannes dux Britanie salutem in Domino. Notum facimus quod, cùm nos, mediante judicio curie domini vicecomitis de Rohan, militis, exponi venditioni fecissemus totam terram quam Gaufridus dominus de Lanvaus miles habebat, habere poterat et debebat quâcumque ratione sive quâcumque de causâ, totum pro toto, excepto beneficio domini Nicolaii de Lanvaus militis, in parrochiis de Remulgot et de Melrant et de Moreac, et pertinenciis earumdem, pro quadem summâ peccunie in quâ nobis predictus Gaufridus de Lanvaus tenebatur ex bono debito et legali, et ad instanciam nostram banna essent legitimè facta in curiâ dicti vicecomitis, secundùm usum et consuetudinem patrie approbatam et diù obtentam, super premissis et ratione premissorum, prefatus vicecomes coràm nobis, loco et tempore competenti, proposuit et probavit, nullo propinquiore comparente, se proximiorem esse, ratione feodi sui, ad dictas terras cum pertinenciis suis habendas et pariter possidendas et etiâm retinendas ; undè, cùm nobis de proximitate dicti vicecomitis pleniùs ac evidenter constaret, bannis in curiâ nostrâ de Ploermail, ad instanciam memorati vicecomitis, super premissis et ratione premissorum, secundùm usum et consuetudinem patrie aprobatam et obtentam, factis explectisque legitimè recordatis, omnibusque rebus aliis ritè et justè peractis que circà hujus modi negocia requiruntur, adjudicavimus predicto vicecomiti et suis heredibus sive successoribus vel causam ab ipsis habentibus, predictas parrochias de Melrant et de Remulgot et de Moreac cum omnibus suis pertinenciis, totum pro toto, pro tribus mille et centùm et quindecim libris currentis monete nobis à dicto vicecomite integrè solutis, tàm pro ventis et expensis quam pro debito principali, exceptis nemore de Evel[1] et nemore de Galfrot[2] et tenamento filii dicti Lagadec, et Pengalfrot et beneficio domini Nicolaii de Lanvaux militins. Ipuram et perpetuam ereditatem tenendas et pariter possidendas nullo proximiore premissa retinente, ac proborum viro rum ad hoc vocatorum taxatione seu extimatione legitimâ precedente. In cujus rei testimonium et munimem, salvo jure nostro, presentibus litteris sigillum nostrum duximus apponendum. Anno domini M° CC° septuagesimo tercio.

[1] La rivière de l'Evel arrose la paroisse de Remungol.
[2] Galvrout en Remungol.

354

Vente faite par Origène, fille d'Eude de Trescoet, à Pierre de Costelabade, bourgeois de Hennebont, de tout ce qu'elle possédait au village de Keranguen en la paroisse de Saint-Caradec.

Arch. dép. Fonds de l'abbaye de la Joye.
Orig. parch. était scellé d'un sceau sur double queue de parchemin.

27 janvier 1274.

Universis presentes litteras inspecturis et audituris, Petrus Cortheys allocatus domini ducis Britannie apud Henbont et eandem tunc temporis salutem in Domino. Noveritis quod coram nobis constituta Oureguena, Eudonis de Trescoet, vendidit et recognovit se vendidisse spontanea voluntate Petro de Costebalade, burgensis de Henbont, omnes terras suas, jus, proprietatem, et dominium que habebat, habere poterat et debebat quacumque racione apud villam que nuncupatur villa Guen et ejus pertinenciis et circa dictam villam in parrochia sancti Karadoci sitam pro centum solidos cursilis monete. Et ventis de quibus recognovit coram nobis dicta Oureguena sibi a dicto Petro fuisse penitus satisfactam et etiam quicquid juris proprietatis, possessionis, dominii habebat, habere poterat et debebat quacumque racione et quacumque de causa in predicta villa ejus pertinenciis ; et circa eamdem tam in pratis, landis, aquis, nemoribus, terris arabilibus et inarabilibus et rebus aliis quibuscumque bannis nichilhominus super premissis racionabiliter factis coram nobis sufficienter per probos et ydoneos in curia Domini Ducis predicti recordatis, ventis solutis nemine contradicente nec aliqua proximiore ad predicta retinenda veniente. Nos de consilio proborum virorum omnia premissa dicto Petro et suis in puram et perpetuam hereditatem adjudicavimus et adjudicamus, transferendo in dictum Petrum possessionum omnium premisssa per tradicionem presencium litterarum. In cujus rei testimonium presentes litteras dedimus dicto Petro ad peticionem dicte Oureguene, salvo jure Domini Comitis et cujuslibet alterius sigillo nostro sigillatas. Datum die veneris ante Purificacionem Beate Marie Virginis anno Domini millesimo ducentesimo septuagesimo tercio.

355

Alain de Tregarantec, écuyer alloué de la vicomté de Rohan, adjuge à Geoffroy de Noyal, clerc, pour trente livres de rente les biens de Rolland Lejeune, chevalier, que Geoffroy avait mis en vente selon les usages de la dite vicomté.

Archives de Blain. — Bibl. nat., Mss. fonds franç. 22337. Cop. pap.

7 *septembre 1274.*

Universis etc... Alanus de Tregarantec, scutarius, allocatus tunc temporis in vicecomitatu de Rohan etc... Cum magister Gaufridus de Noyal, clericus, venditioni exposuisset, mediante judicio curie domini vicecomitis de Rohan, quidquid juris Rollandus, dictus Juvenis, miles, habebat in tota parochia de Maelgannac, tam in feodo gentili quam in feodo taillabili, pro quatuor centum et quinquaginta libris cursualis monete, de quibus denariis dictus magister premissa titulo pignoris tenebat etc... per alloratum senescalli vicecomitatus de Rohan feodati et plures alios fide dignos dictas terras cum omnibus pertinentiis suis valere tantum modo triginta libras cursualis monete annui reditus ; unde nos pro summa pecunie antedicta dictas terras, secundum usum et consuetudinem vicecomitatus de Rohan et avantationem predictorum virorum, dicto magistro Gaufrido et heredibus suis adjudicavimus etc... Datum die veneris proxima ante Nativitatem Beate Marie Virginis, anno Domini MCCLXX° quarto.

356

Lettres de Jean I, duc de Bretagne, qui adjuge au vicomte de Rohan, pour la somme de 4000 livres, tous les biens que possédait Geoffroy de Lanvaux dans ladite vicomté de Rohan.

Arch. du chât. de Kerguéhennec.
Orig. parch. était scellé sur double queue.

1274.

A toz ceus qui cetes presentes lettres verront é orrunt Jahan duc de Bretaigne saluz an nostre Seingnor. Nos fesons à savoir que, cum nos eussons mis au bans é au vantes, par la cort au visconte de Rohan, tot ceu que monsor Geffroy de Lanvaux, chevaler, avoit é poeit avoir é devoit an la viscontée de Rohan, an feu gentil é an demaine, an terres, préz, èves, landes, bois é totes autres choses, é quant que li pooit achaieir é devoit par totes resons, por une somme de peccune au laquele icelui Geffray nos estoit tenuz de bone dete é layal, excepté l'achat Monsor Perre de Guerngorlé, chevaler, é le mariage Thomasse de Lanvaux, ser à icelui Geffray, cum il seent é sunt deviséz, é excepté ceu que icelui visconte avoit par davant achaté de nos de icelui feu audit Geffray, é lesdiz bans fussent outréz par le jugemant de la cort à icelui visconte resnablement é totes autres choses fetes que l'on requert an teles choses, secund l'usage é la costumme de la dite visconté, nul preschen venant ne cortredisant, é ensi fussons an é jor é plus an sésine de espléter des choses davant-dites, par la reson davant-dite, comme de nostre propre héritage ; amprès, le dit visconte nos requit humiliaument que nos la davant dite chose, que nos tenions comme nostre héritage, comme il est dit par-davant, qui estoit de son feu, li lessissons, paiant nos tant comme ladite chose vausit, à layal avenantemant, secund la costumme du païs é les vantes ; Nos donques, eue cons´deracion é regar de comben la dite chose valoit, a layal avenantemant, secund l'usage é la costumme dou païs, gréames é lessâmes, de nostre bone volanté, au dit visconte les choses davant-dites por quatre mile livres de la monoie corante é por les vantes, é auprès, à la requeste de icelui visconte, nos feimes banir an nostre cort de Ploynarzmail les dites choses por lesdites IIIJ mile livres é les vantes, ou nom de icelui visconte, layaumant é resnablemant, secund l'usage é la costumme dou païs, é quant nos veimes que nul prechen de lui vensit à retenir la chose davant-dite, ne a i metre contant, nos, par le jugemant de la dite nostre cort, ajugâmes audit visconte é à ses hers les choses davant dites an pure é perpétual héritage, à tenir é à porsooir, por les dites IIIJ mile livres é les vantes, totes autres choses fetes layaument é resnablemant, secund l'usage é la costume dou païs, que mester est é l'an requert antor les choses davant-dites et nos icelui visconte meimes an possession et an sésine des choses davant-dites, par les résons davant dites, la dite somme de peccune é les vantes à nos dou dit visconte antèremant paiéz. An testemoine des choses davant-dites nos donâmes au dit visconte icetes lettres an nostre scel seelées, sauve notre drèture an totes choses l'an de graice mil é dous çanz é sexsante é quatorze[1].

[Signé :] YVON DE NOYAL.

[1] 1274, Jean, duc de Bretagne, avait fait mettre en vente par la cour du vicomte de Rohan tous les biens que possédait dans ladite vicomté Geoffroi de Lanvaux

357

1274.

Donation à l'abbaye de Bon-Repos du village du Moustoir, (alias : Héhoarn ou Hécharn), en Silfiac.

Arch. des Côtes-du-Nord.
Inventaire des archives de l'abbaye.

358

1274.

Echange entre Eon de Quénécan et Alain vicomte de Rohan. Eon avec l'assentiment de dame Anice sa femme, donne à Alain la terre des Bastards en la paroisse de Trévé (diocèse de Saint-Brieuc) qu'il possédait par son mariage avec Anice ; et en échange Alain donne à Eon le manoir de Linderec avec ses appartenances, en la paroisse de Noyal. Il les tenait de Geoffroy de Guennanec qui les avait par suite de son mariage avec Alice, fille de Guillaume de Linderec.

Archives de Kerguéhennec.

359

1274.

Accord entre Eon Picaud et Adelice sa femme, fille de Geoffroy d'Hennebont et Alain, vicomte de Rohan.

Un procès s'était engagé entre Eon et Alain : Eon réclamait

an feu gentil è an demaine (en fief noble et en héritage propre), pour certaine somme d'argent due au duc par ledit Geoffroy ; de ces biens étaient exceptés cependant *l'achat* de Pierre de Kergorlay (Guerngorle), chevalier, et le *mariage* (dot) de Thomasse de Lanvaux, sœur de Geoffroy, et aussi les biens que le vicomte de Rohan avait auparavant (v. titre de 1273) achetés du Duc sur le fief dudit Geoffroy ; aucun acquéreur ni réclamant ne s'étant présenté, les biens mis en vente étaient devenus l'héritage du Duc ; or, comme ces biens étaient dans le fief, c'est-à-dire dans la vicomté de Rohan, le vicomte de Rohan avait demandé au Duc la permission de les garder, sauf à en payer la valeur au Duc. Le Duc, après avoir vu combien ces biens valaient, à *loyal avenantement* (estimation), les vend, par les présentes, au vicomte, pour 4000 livres.

d'Alain, à cause de feue Catherine de Rohan, mère d'Adelice, le manoir de Branguily qui appartenait à ladite Catherine, ainsi que les villages de Kelnaiz ou Keluaiz (pour Quelloué en Noyal-Pontivy ?) Les Danic (aujourd'hui en Kerfourn), Kerrafreiz (Keraffrais en Moustoir-Remungol?), Kervreiz (Kervers en Pontivy ?), Villeneuve et Talhouet en la paroisse de Noyal. Alain soutenait que ces biens n'avaient été donnés à Catherine que « in augmentacionem maritagii » avec Raoul Niel mari (le 1er sans doute) de la dite Catherine et aux enfans qui naîtraient d'eux. Enquête ayant eu lieu à ce sujet, et les droits du vicomte de Rohan reconnus, Eon abandonne ses prétentions.

360

1274.

Me Geffroy de Noyal, clerc, achète des biens de Rolland dit Lejeune, chevalier, dans la paroisse de Malguénac.

Archives des Salles.

361

Accord entre Alain de Cambout et Alain Thomas au sujet de terres situées au village de l'Ermitage paroisse de Ménéac.

Bibl. de la ville de Nantes ; arch. Bizeul.
Orig. parch. Était scellé sur simple queue.

14 mai 1275.

Universis presentes litteras inspecturis et audituris Johannes, senescaulus feodatus de Porhoet tunc temporis, salutem in Domino. Noveritis quod, cùm contentio moveretur coràm nobis inter Alanum de Quenbot[1] armigerum, ex unâ parte, et Alanum Thome, ex alterâ, super hoc quôd dictus Alanus Thome petebat ab dicto armigero tenementum dicti Jarril et tenementum Ogerii Raguet et tenementum dicti Gibaehe, cum omnibus pertinenciis dictorum tenementorum, sitorum in villâ de l'Ermitage, in parrochiâ de Menéac, sub dominio domine comitisse Marchie, ratione hereditagii dicti

[1] Cambout.

Thome patris quondàm dicti Alani, ad concordiam coràm nobis taliter devenerunt quôd dictus armiger tradidit dicto Alano sesinam predictorum tenementorum, ità tamen quôd dictus Alanus Thome tenetur carantiszare dictum armigerum de Thomà et Eudone, fratribus dicti Alani Thome, et de omnibus aliis causam habentibus vel rationem vel petentibus in dictis tenementis seu in pertinenciis eorumdem, ità quôd nichil ab dicto armigero petent de cetero in dictis tenementis ab dicto armigero seu ejus heredibus ; et, si dictus armiger citatus fuerit, inhibitus aut vexatus ob rationem dictorum tenementorum seu pertinenciarum eorumdem, dictus Alanus Thome tenetur ipsum armigerum et suos heredes deliberare ad proprios suos sumptus. Et hec omnia et singula tenere et fideliter adinplere juravit coràm nobis dictus Alanus Thome, tactis sacrosanctis euvangeliis, ad hoc obligans se specialiter et expresse et omnes heredes suos et omnia bona sua mobilia et inmobilia et suorum, heredes suos et omnia bona sua ad hoc subponens. In cujus rei testimonium et presentis robur presentes litteras dicto armigero, ad petitionem dicti Alani Thome sigillo nostro dedimus sigillatas, salvo jure domine comitisse Marchie et quorum interest feodalium dominorum. Datum die martis post Cantate, anno Domini M° CC° LXX° quinto[1].

362

Guillaume de Marzan assigné quatorze sous de rente sur une terre qu'il possédait en Caden.

Extrait du Mss. de Bellefontaine.

Juillet 1275.

Anno M° CC° LXX° V°, mense julio, Guillelmus de Marzen, miles, assignavit XIV solidos dicto monasterio (de Precibus) annui redditus in tenemento Garet, hominis sui, apud Caneret, in parochià de Caden...., etc.

363

Eude Daniel, fils de Burban, atteste que sa sœur Aniou a donné à l'abbaye de Lanvaux tout ce qu'elle possédait dans la paroisse de Meucon. Les biens de Hervé de Bouteville, sé-

[1] Sur la copie de ce titre faite par M. Bizeul il le donne comme étant tiré des titres de Carheil.

néchal de Brocrec, se trouvant mêlés aux terres de cette donation, un accord s'ensuit entre les moines de Lanvaux et ce dernier.

Arch. dép. Fonds de l'abbaye de Lanvaux.
Orig. parch. était scellé sur double queue de parchemin.

9 août 1275.

Universis presentes litteras inspecturis Officialis [Curie Venetensis, sede vacante, salutem in Domino sempiternam]. Notum facimus quod in nostra presentia constituti, Eudo Danielis Burbanti juramentum inire coram vobis quod Aniou soror ipsius uxorque dicti............ dedit et concessit abbati et conventui beate Marie de Lanvaux, cisterciensis ordinis, in puram et perpetuam elemosinam quicquid juris proprietatis, possessionis et dominii habebat et debebat habere, quacumque ratione, in parrochia de Moutgonne ex parte patris sui et quod idem Eudo ratificans dictam donacionem quoad portionem ipsam Aniou attengentem secundum usagium patrie in qua....... terre sunt site ad dictum Hervei de Bouteville militis senescallis de Brouerec quarum in jure coram nobis omnem..., ... suam et quamlibet et omne impedimentum et quodlibet sibi apponebat et apponere poterat contra dictos religosos super portione supradicta juravit coram nobis, tactis sacrosanctis evangeliis, quod contra premissis...... per se vel per alium non veniet in futurum nec venire procurabit. Et concessit quod dicte terre dividantur inter ipsum et dictos religiosos infra tres septimanas a data presentium litterarum sub pena sexaginta solidorum, ex parte ipsius, dictis religiosis solvendorum si dictam divisionem infra dictas tres septimanas voluerit fieri recusare. In cujus rei testimonium presentibus litteris de consensu dicti Eudoni............... procuratoris dictorum religiosorum sigillum curie venetensis, sede vacante, duximus aponendum, salvo jure alieno in premissis. Datum die veneris ante Assumptionem beate Marie Virginis, anno Domini M° CC° LXX° quinto.

364

Accord entre l'abbé de Prières et Eon de la Rochebernard au sujet des dommages faits par les soldats des sires de Malestroit et de Rochefort qui avaient brisé les barques de l'ab-

baye au passage de Guédas. Ils s'accordent également au sujet de la prise des malfaiteurs dans le port de la Roche-Bernard et sur les rives de la Vilaine.

Extrait du Mss. de Bellefontaine.

17 octobre 1275.

Anno M°CC° LXX° quinto die Jovis ante festum Sancti-Lucæ [Rivallonus, abbas de Precibus] transegit cum Eone, domino Rupis-Bernardi, valleto, de damnis ab illo illatis per milites domini Pagani de Malestricto et domini Guillelmi de Rupe-Forti, vicecomitis de Donges, qui cymbas seu lyntres monachorum transitui dicto de Guedas deservientes confregerant seu demerserant, deque aliis controversiis juxtà conventum mense augusto initum. Præsentibus fratre Daniele de Musuillac, monacho de Precibus, et Rivallono de Templo, senescallo Nannetis et Guerrandiæ.

Convenerant etiàm idem abbas et Eudo, ab anno superiore mense julio, ad arbitrium dicti Riallani sive Rivalloni du Temple, in quem compromiserant de ratione et modo faciendarum arrestationum super portum de Rochâ-Bernardi et super ripam à parte villæ de Rochâ-Bernardi (verba sunt ipsius conventi), ut scilicet utriusque partis jurisdictio servaretur in capiendis malefactoribus in dominio utriusque partis.

365

Entre 1275 et 1286.

Lettres d'Alain, vicomte de Rohan, reconnaissant qu'au duc de Bretagne appartient le profit des droits de ligence, de rachat et de vente à lever sur les juveigneurs de son vicomté et de toute la Bretagne.

Extrait de l'Inventaire dés Archives de la Loire-Inférieure, E. 151. Trésor des Chartes.

366

1275.

Lettres de mutation du bail en rachat ratifiées par Payen, seigneur de Malestroit.

367

11 janvier 1276.

Autres lettres de mutation du bail en rachat ratifiées par Guillaume, seigneur de Rochefort vicomte de Donges, et autres seigneurs.

368

Avril 1276.

Autres lettres de mutation du bail en rachat ratifiées par Alain, vicomte de Rohan.

Trésor des Chartes.

369

Jean seigneur des Forges et Marguerite fille de Jean de la Salle son épouse, donnent à l'abbaye de Bon Repos les dîmes qu'ils percevaient au village de St-Rivalain en Melrand.

Bibl. nat.; mss., f. franç., n° 22,337;
Orig. parch.

20 février 1276.

En nostre court de nostre vicomté de Rohan en droict personnément establis Jouhan des Forges et Marguerite, fille Jouhan de la Salle, o l'authorité et o l'asentement dudit Jouhan, son mary, à lé donnée présentement quand à toutes les choses qui ensuivent et qui sont contenues en ses lettres, donnèrent, cessèrent et délaissèrent ès religioux l'abbé et le couvent de Nostre-Dame-le-Bon-Repoux et à ceux qui auront cause de eux, à cause de toutes et checcunnes les dixmes que soulloient les seigneurs tériens, ou temps passé, avoir et lever ès tènements ou Foullie, Agollic, Tallée et au terrouer scis en la ville de Sainct-Rivallen[1] et en ses appartenances appellés le Crisquer de ladite ville et en tout le terrouer dudit Crisquaer, ès lieux et ès mettes où les dits seigneurs terriens les levoint et souloint avoir et lever ou temps passé, pour les recèvre et re-

[1] Saint-Rivallain, commune de Melrand.

ceuillir ès terres et rétributions deubment du dit monaster et de l'ordre de Citeux et faire commémoration de eux èsdits rétributions deubment, en sur et par condition que lesdits religioux debvoint quitter et absoudre les teneurs de ladite ville, ledit Jouhan et sadite femme et leurs devanciers, de tout le temps passé, si leur devoient quer de desme ne autrement sur ledit Crisquer et ses appartenances, et aussy se tenir à comptans pour le temps advenir; desquelles desmes ceux mariés se sont despoillés, pour eux et pour leurs hoirs, et ont mis lesdits religioux en saezine et en pocession corporelle, par la baillée de ses lettres, et ont promis, o l'authorité de susditte, à les en garentir dessus sur l'obligation de tous leurs biens, et jurèrent lesdits mariés, o l'autorité dessus dite, pour eux et pour leurs hoirs, la teneur de ses lettres bien et loyaument tenir et accomplir, sans jamais encontre venir, par eux ne par autres ; et est asscavoir que lesdites terres et villes dessus dites sont scises en la paroisse de Melrant, en la diocèse de Vennes. Donné tesmoin sur ce le scel des contrats de nostredite cour, dont nous usons en nos fiez et en nos courts générallment, en la vicompté et en Porhouet, mis à ses lettres, o le propre scel dudit Jouhan pour soy, et o le sel Jouhan Hillary pour ladite Margaritte à se présante, o l'authorité dessus ditte, à sa requeste, à maire fermetté. Faict, sauf nostre droict et l'autruy, le second jour de caresme, l'an mil deux cens soixante et quinze passé. Signé : G. du Guyh. Et scellé.

370

Acte par lequel Jehan fils aîné du duc de Bretagne ratifie une donation de cent livres de rente faite à l'abbaye de la Joye par la duchesse Blanche sa mère sur sa terre de Champagne.

Arch. dép. Fonds de l'abbaye de la Joie. —
Orig. parch. était scellé d'un sceau
sur double queue de parchemin.

Septembre 1276.

A tous ceaus qui orront ou verront ces presentes lestres, Johan fiz enné au duc de Bretaingne, conte de Richemont, saluz en Deu. Sachient touz que nos avons gréé e outrée, e greons e octroions oquore a nostre chière mère Blanche, duchesse de Bretaingne, a nous entremetre bien e curiosement de son testament si einsint avenoit que elle morust avant nous, et si einsint estoit que nous fussons ou reaume de France, ou en leu ou nous en poussons entremettre, nous en entremetrons en bone foi bien e leaument, c'est à savoir de trais mille livres en deniers que ele prent sus sa terre de Champaigne, e saixante livres de rente a fere trais chapelanies, ausi que ele prent en sa terre de Champaigne pour l'âme de le. Des quex trais mille livres en deners e les saixante livrees de rente d'avant diz, nous le voulons e ottreions e bone foi, e que nous jurons encontre e persoment e nous davant dit Jahan comte de Richemont avons gree e ottre, e greons o quore e ottreons que de la davant dite Blanche nostre mere donge e puisse donner en sa terre e en son heritage dou Perche a s'abbaie, laquele abbaie est nommée la Joie Nostre-Dame de lez Henbont à la dyocese de Vanes, cent livrees de rente en pure aumonne a james sans riens que nos ne nos hoirs i puissons demander en iceaus cent livrees de rente par auqune reson, e a totes ces choses e chaiqune par soi tenir bien é leaument en bone foi nos le davant dit Jahan avons gree e ottree e greons e ottreons onquore a la davant dite Blanche duchesse de Bretaigne nostre mère. E que encontre des devant dites choses n'irons james ne nous ne nos hoirs. E au temoing de ce nos le devant dit Jahan donnames cestes presentes lettres à la dite Blanche nostre mère chière scelees en nostre seau. Donne le mais de septembre en l'an de grace mil dous cenz saixante seze.

371

1276.

Donation faite par un particulier à l'abbaye de Bon-Repos, du village de Tuoubelan en Silfiac.

Arch. des Côtes-du-Nord.
Inventaire des arch. de l'abbaye.

372

Différentes donations faites à l'abbaye de Prières par les seigneurs de Rochefort et de Penmur.

Extrait du Mss. de Bellefontaine.

1277.

Anno. M° CC° LXX° septimo Paganus, dominus de Malestricto vendidit Guillelmo, preposito de Lesaler, militi, jura sua in villa Brangoruc ; hic vero eadem jura huic monasterio de Precibus.

Anno millesimo ducentesimo septuagesimo septimo, Bonabius de Rupe-Forti, miles, dedit monasterio de Precibus mutabilitatem et omne dominium villarum Querenros et Avallac. Similiterque eodem anno, die martis post festum Sancti Andreæ apostoli, Rollandus de Penmur, scutarius, eidem monasterio contulit quadraginta solidos annui redditus, ex tenemento filii dicti Lasbleys et ex tenemento filii dicti Ourenguent de Lent, in villa Tregrehen, in parochia Sancti-Pauli de Musuillac.

373

Allain de Spinefort reconnaît devant l'official de Vannes qu'il a vendu à Jean duc de Bretagne tout ce qu'il possédait entre le grand chemin qui conduit de Hennebont à Lochrist et le ruisseau qui descend des moulins de Saint-Peaux, et le Blavet moyennant cent quarante livres.

Arch. départ. Fonds de l'abbaye de la Joie.
Orig. parchemin était scellé de 2 sceaux
sur double queue de parchemin.

Février 1278.

Universis presentes litteras inspecturis vel audituris, Officialis curie Venetensis, sede vacante, salutem in Domino. Notum facimus quod in nostra presencia constitutus in jure Alanus de Spinaforti, miles, recognovit se vendidisse et concessisse spontanea voluntate sua, non coactus, nobili viro domino Johanni duci Britannie et suis post ipsum in puram et perpetuam hereditatem quicquid jure possessionis, proprietatis et dominii, dictus Alanus habebat et habere poterat et debebat et eidem accidere poterat quocumque modo et quacumque causa inter magnam viam que ducit de Henbont apud Locum-Christum et aquam que descendit de molendinis que vocantur molendina de Seint-Peaux et aquam que vocatur Blevez cum omnibus suis pertinenciis tam pratis, aquis, silvis, terris cultilibus et moniltilibus et rebus aliis quibuscumque in feodo dicti Domini Ducis sicut videbitur pro septem vingenti libris monete cursilis et eorum vendidit. De qua summa pecunie dictus Alanus recognovit coram nobis sibi satisfactum fuisse a dicto Domino Duce in pecunia et de qua idem miles tenuit se a dicto Domino Duce legitime pro pagato predicto Domino Duci et suis hæredibus seu successoribus vel ab ipsis causam habentibus in puram et finalem hereditatem tenendam pacifice et quiete jure hereditario in futurum possidendam pariter et habendam bannis super premissis factis legitime ad opus et nomine predicti Domini Ducis prout dictus Alanus confessus fuit coram nobis et vendidit, persolutis et omnibus aliis et singulis rite et juste peractis quod ad vendicionem et empcionem terre et jurum pertinent secundum usum et consuetudinem patrie, nemine contradicente nulloque proximiore ad retinenda premissa comparente. Nos vero predictis actis auditis et intellectis per confessionem predicti Alani adjudicavimus omnia premissa cum omnibus suis pertinenciis quibuscumque predicto Domino Duci et suis heredibus seu successoribus vel ab ipso causam habentibus in puram et perpetuam hereditatem possidenda pariter et habenda, transferentur in dictum Dominum Ducem possessionem et dominium omnium premissorum per tradicionem presencium litterarum teneantur etiam et concessit coram nobis dictus miles garantizare et deffendere dictum Dominum Ducem et suos super premissis ab omnibus et contra omnes secundum usum et consuetudinem Britannie in talibus hactenus approbatam, renunciavit quo ad hec dictus miles coram nobis specialiter et expresse omni privilegio crucis sumpte et assumende et omni exceptioni non numerate pecunie non tradite non solute et excepcioni doli mali, fraudis, metus, seu vis et exceptione deceptionis ultra dimidium justi precii et omnibus aliis excepcionibus deffensis rationibus que contra tenorem presencium litterarum possent objici vel opponi; juravit eciam coram nobis dictus miles, tactis sacrosanctis evangelis, quod contra dictam vendicionem et contra tenorem presencium litterarum in aliquo per se nec per alium non veniet in futurum nec venire racione aliqua procurabit; immo tenorem presencium litterarum tenebit et fideliter observabit ad que omnia premissa et singulis tenenda et inviolabiliter observanda ipsum militem presentem et in hoc consencientem in scriptis ... condempnamus. Obligavit eciam quoad hec tenenda et fideliter observanda dictus miles coram nobis se et heredes suos et successores et bonorum possessores et omnia bona sua mobilia et immobilia, presencia et futura; in quorum testimonium et fidem presentes litteras dicto Domino Duci ad peticionem dicti militis sigillo curie Venetensis, sede vacante, sigillatas una cum sigillo dicti Alani quod sigillum suum presentibus litteris apposuit ad majorem certitudinem et roboris firmitatem. Datum mense februarii. Anno Domini M° CC° LXX^{mo} septimo.

374

Pierre de Tregaranteur, écuyer, reçoit comme homme-lige Alain de Tregaranteur, son juveigneur.

Archives du château de Penhoët près Josselin.

Extrait d'un arrêt du Parlement de Bretagne en date du 20 mars 1585. — Copie sur papier; était scellée, d'après l'arrêt, du sceau de Pierre de Tregaranteur.

Septembre 1278.

Universis Christi fidelibus presentes litteras inspecturis et audituris, Petrus de Tregaranteur, armiger, salutem in Domino sempiternam. Noverint Universi quod nos recepimus in hominem Allanum de Tregaranteur, armigerum, anourulum nostrum (*sic*), de tota terra sita in parrochia de Plumyeuc quam habebat in sesina ratione benefacti sui et possidebat. In rei cujus testimonium et munimen, presentes litteras dicto Allano sigillo nostro dedimus sigillatas. Datum Anno Domini millesimo CC° LXX° octavo, mense septembris.

375

Guillaume de Bynnam écuyer donne à l'abbaye de Prières ce qu'il possédait au village de Brenryan en Muzillac en échange de terres dans la paroisse d'Ambon.

Nicolas de Sarzeau donne à la même abbaye la maison de Pierre Bicin qui pour recouvrer cette maison donne à l'abbaye 63 ares de salines.

Extrait du Mss. de Bellefontaine.

5 novembre 1278.

Anno millesimo ducentesimo septuagesimo octavo, die sabbati post festum Omnium-Sanctorum, Guillelmus de Bynnam, scutarius donavit eidem monasterio (de Precibus) quidquid juris habebat in villa dicta Brenryan, in parochia Sancti-Pauli de Musuillac ; quod postea fuit, ut barbaro utar vocabulo, escambiatim, hoc ut per commutationem alienatum, ut et plura alia, maxime in parochia de Ambon. Eodemque anno, Nicolaus de Sarzau dedit huic abbatiæ domicilium de Bicin, emptum summa pecuniæ sibi debita a Petro Bicin et Oliva, ejus uxore ; qui deinceps, recuperandi ejusdem domicilii gratia, attribuerunt huic abbatiæ LXIII aras salinarum ad se pertinentes.

376

25 Février 1279.

Le samedi après la fête de saint Mathias apôtre, Eon Picaut, chevalier, avec le consentement de Guillaume Picaut, écuyer, son fils aîné, vend à Jocelin de Rohan, fils d'Alain vicomte de Rohan, tout ce qu'il possédait « in villa Johannis » (Kerjean, de Noyal-Pontivy), et ses dépendances, en la paroisse de Noyal, diocèse de Vannes pour 20 livres.

(Archives de Kerguehennec)

377

Contrat de vente par lequel l'abbaye de la Joie achète à Rivallain fils de Eudo (de la Haye) tout ce qu'il possédait au Mont-en-Grou en la paroisse de Saint-Caradec.

Arch. dép. Fonds de l'abbaye de la Joie.
Orig. parch. était scellé d'un sceau
sur double queue de parchemin.

18 décembre 1279.

Noverint universi quod in nostra curia in jure constitutus, Rivallonus Eudonis de Claia, scutarius, pure et perpetuo vendidit spontanea voluntate non coactus, fraude, vi, metu vel dolo, monasterio de Gaudio Beate Marie de juxta Henbont abbatisseque et monialibus ceterisque Christi fidelibus ibidem Deo et Beate Marie deservientibus quidquid juris, dominii, proprietatis, possessionis et saesine dictus Rivallonus habebat et habere poterat et debebat quacumque racione et causa apud Montem en cron[1] in parrochia sancti Karadoci et in feodo nostro sitam cum omnibus pertinenciis suis

[1] La 2^e charte porte crom.

quibuscumque pro quinquaginta solidis cursilis monete eidem Rivallono a predictis abbatissa monialibusque jam habitis et receptis pro ut confessus fuit in nostra curia predictus Rivallonus, bannis factis et in nostra curia sufficienter recordatis, vendis solutis, omnibusque aliis que ad puram vendicionem et empcionem terre ac hereditatis pertinent rite et legitime peractis secundum usum et consuetudinem patrie, nemine propinquiore ad retinendum se offerente seu contradicente aliqua racione; quare judicatum fuit judicio curie nostre mediante quod omnia premissa cum pertinenciis remaneant cum predictis religiosis in predicto monasterio Deo et Beate Marie deservientibus presentibus et futuris in perpetuum ipso Rivallono presente et consenciente et spoliante se penitus omni possessione et saesina premissorum jurante tactis sacrosanctis Evangeliis quod non contra veniet in futurum, imo guarandizabit et deffendet predictas religiosas super predicta vendicione ad usum et consuetudinem patrie. In cujus rei testimonium presentes litteras eisdem religiosis ad dicti Rivalloni peticionem sigillo nostro quo utimur ad contractus de Elrayo dedimus sigillatas, salvo tamen jure nostro et cujusque alterius in omnibus. Datum die lune ante festum beati Thome apostoli. Anno Domini millesimo CC° LXX^{mo} nono.

378

Pierre Villouart, Amou sa femme et Normand bourgeois de Vannes ayant mis en vente les biens de Godefroy de Guenan de sa mère et de ses frères situés dans la paroisse de Plumelin pour 175 livres 5 sous, Geoffroy de Rohan s'en porte acquéreur comme plus proche voisin moyennant la dite somme.

Bibl. nat., Mss., f. franc. 22337.
Cop. Pap.

Février 1280.

Universis presentes litteras inspecturis et audituris Gaufridus, Conani armiger, allocatus vicecomitatus de Rohan tunc temporis, salutem in Domino. Noveritis quod, cum Petrus Villouart et Amou, ejus uxor, et Normanus, clericus, cives venetenses, venditioni exposuissent, per curiam nobilis viri vicecomitis de Rohan, quidquid juris Gaufridus de Guenan, Aanordis ejus mater, Petrus et Oliverius hujus fratres, habebant in parochiâ de Plemelin, videlicet dictus Petrus Villouart et ejus uxor pro septem viginti et novem libris et quinque solidis monete currentis et venditionibus, et dictis Normannus pro XXti et sex libris ejusdem monete et venditionibus et bannis etc..... adjudicatum fuisset predictis civibus pro summis pecunie supradictis et venditionibus antedictis, judicio curie memorate, etc...... Gaufridus de Rohan, clericus, filius prefati nobilis, ad curiam supradictam accessit, dicens quod erat propinquior ad retinenda et habenda premissa, etc..... judicatum fuit quod predictus Gaufridus de Rohan erat et est propinquior et quod omnia premissa debent remanere et remanent supradicto Gaufrido de Rohan et suis heredibus pro summis pecunie predivisis et venditionibus antedictis; de quibus summis pecunie se tenuerunt pro pagatis. Datum mense februario, anno Domini millesimo. CC° LXX° nono.

379

Contrat par lequel l'abbaye de la Joie achète divers biens situés dans les paroisses de Nostang et de Kervignac vendus par Guillaume dit Botnasenne de Nantes.

Arch. dép. Fonds de l'abbaye de La Joie. —
Orig. parch., était scellé
sur simple queue de parchemin.

22 février 1280.

Noverint universi quod cum Petrus Corthaes, burgensis de Henbont, exposuerit vendicioni judicio curie nostre mediante totam terram quam Guillelmus dictus Botnasenne, civis Nannetensis, habebat et habere poterat apud montem Normanni apud villam de Bransecan apud locum beate Marie de Kerveniac et apud noster de Kerveniac et in dictorum locorum territoriis una cum omnibus suis pertinenciis quibuscumque in parrochia de Kereniac et de Laustenc et in quocumque feodo sub nostro dominio situm, pro triginta libris cursilis monete et ventis earumdem bannis factis. Et in nostra curia sufficienter recordatis ventis solutis et omnibus aliis que ad puram vendicionem et empcionem terre ac hereditatis pertinent rite et legitime peractis secundum usum et consuetudinem patrie, Sibilla abbatissa de Gaudio Beate Marie prope Henbont nomine suo et conventus sui ac nomine monasterii sui obtulit se propinquiorem dicte vendicioni et premissa nomine dicti monasterii renituit *(sic)* racione proximitatis sibi nomine quo supra. Et in nostra curia adjudicare. Quarto vero banno facto super premissis ad opus et nomine dicti monasterii, et in nostra curia sufficienter recordato, nemine alio propinquiore ad retinenda premissa se offerente seu contradicente aliqua racione, judicatum fuit judicio curie nostre mediante quod omnia premissa cum dictis suis pertinenciis remaneant cum dicto monasterio et christifidelibus ibidem Deo et Beate Marie servientibus in puram et perpetuam hereditatem. Datum apud Henbont, salvo jure nostro et cujuscumque alterius. Teste sigillo nostro quo utimur ad contractus de Helraio. Die jovis in festo Cathedre sancti Petri anno Domini millesimo ducentesimo septuagesimo nono.

380

Guillaume Coger donne à l'abbaye da Prières sa terre de Brempalec en Limerzel.

Extrait du Mss. de Bellefontaine.

Mars 1280.

Anno millesimo ducentesimo septuegesimo nono, mense Martio, Guillelmus Coger, scutarius, dedit nobis (abbatiæ de Precibus) jus suum in terra dictâ Brenpabe, in parochiâ Ylismerzel, in feodo domini de Malestricto, excepto escambio dato filio Bledel.

381

Lettre de Ranou de Beaumes faisant connaître au duc de Bretagne que, ayant hérité de tous les biens de son frère Robert, il donne à son frère Thomas, les terres de Guémené-Guingamp, de Cravial et de la Roche-Périou.

Arch. départ. de la Loire-Inférieure;
fonds du Trésor des Chartres.

Orig. parch., Scellé de deux sceaux sur double queue.

28 juin 1280.

A noble baron puissant *et* sage le duc de Bretaigne, Ranous de Biaumès, trésoriers de Rains, sires de Biomaller, toute révérence *et* lui apparillié à son service : Chiers sires, comme il soit ainsis que messires Robers de Biaumès, mes chiers frères, chevaliers, jadis soit trespassés de se siècle, *et* toute la terre que il tenoit me soit escheue; par la raison de ce que je estoie *et* suiz li annés, je fas a savoir à vous que je ai donné *et* ottroié à Thoumas de Biaumès, escuier, mon chier frère, en *parsson*[1] toute la terre de Quémené-Guingant, de Craviar[2] *et* de Roche-Pério, *et* toutes les appartenances qui sont appendans as lius devant-nommés. *Et weil et* ottroi que il face hommage à vous, selont l'usage *et* la coustume que li fiez doivent, des terres devant nommées. *Et*, en tesmoignage de ces choses, j'ai fait mettre à ces présentes lettres le seel de nostre chier père l'arcevesque de Rains *avvec* le mien. Ce fu fait à Paris, l'an de grâce mil deu cens *et* quatre vins, le venredi après la Nativité saint-Jehan-Baptiste.

382

Contrat par lequel Rivallon bourgeois de Hennebont et sa femme Aanor vendent à l'abbaye de la Joie tout ce qu'ils avaient acheté d'Even le Page et de sa femme dans la paroisse de Saint-Caradec.

Arch. dép. Fonds de l'abbaye de la Joie. —
Orig. parch. était scellé d'un sceau
sur double queue de parchemin.

28 septembre 1280.

Noverint universi quod in nostra curia in jure constituti Rivallonus filius Euzunou burgensis de Henbont et Aanor uxor sua omnem terram cultam et colendam cum suis pertinenciis quam ipsi emerant ab Eveno dicto le Page et Guennez ejus uxore seu quam habebant avennantatam ab eodem Eveno et ejus uxore judicio curie nostre mediante, et quam habere poterant et debebant racione predicta apud Sanctum-Caradocum et in territorio et in parrochia illius ville in feudo nostro sitam cum omnibus pertinenciis suis quibuscumque pro sex libris quinque solidis min... pure et perpetuo vendiderunt voluntate spontanea non coacti nec ducti fraude, vi, metu, vel dolo. Et recognoverunt se, diu est, vendidisse abbatisse et conventui de Gaudio beate Marie juxta Henbont, cisterciensis ordinis, in puram e perpetuam hereditatem pro centum solidis monete currentis jam eisdem Rivallono et ejus uxori traditis et solutis a dictis

---

[1] Partage.
[2] Cravial-Château et bois, commune de Lignol.

monialibus prout dicti Rivallonus et ejus uxor in nostra curia in jure recognoverunt, bannis rite factis et in nostra curia sufficienter recordatis, ventis solutis omnibusque aliis que ad puram vendicionem et empcionem terre ac hereditatis pertinent prout moris est legitime peractis secundum usum et consuetudinem patrie, nemine vero propinquiore ad retinendum se offerente seu contradicente aliqua racione. Quare judicatum fuit judicio curie nostre mediante quod predicta tota terra cum pertinenciis remaneat cum dictis monialibus et earum monasterio in puram et perpetuam hereditatem in perpetuum quiete et pacifice possidenda, tenenda, pariter et habenda velud legitime empta ipsis Rivallono et ejus uxore presentibus, consentientibus, jurantibus tactis sacrosanctis evangeliis quod non contravenient per se vel per alios in futurum aliqua racione vel causa transferentibus in dictas religiosas et earum monasterium quicquid juris, proprietatis, dominii et possessionis habebant vel habere poterant vel debebant in predicta terra cum pertinenciis per contradicionem (sic) istius instrumenti et renuncientibus omnibus privilegiis, excepcionibus, auxiliis, juris et facti deffensionibus et racionibus que possent proponi vel allegari contra predictam vendicionem et per quas posset infirmari predicta vendicio, et grataverunt predicti Rivallonus et ejus uxor et tenentur guarandizare et deffendere dictam vendicionem illesam et immolestam dictis monialibus et earum monasterio ad usum et consuetudinem patrie contra omnes, reddere curiam nostram indempnem de omnibus premissis. Datum apud Henbont ad peticionem dictorum Rivalloni et ejus uxoris salvo jure nostro et cujuscumque ; teste sigillo nostro quo utimur ad contractus de Elraio, die Sabbati ante festum beati Michaelis in monte Gargano, anno Domini millesimo ducentesimo octogesimo.

383

Contrat par lequel l'abbaye de la Joie achète à Hervé de Plumergat et à Eon son frère, bourgeois d'Auray, douze arpents de terre, un pré et une maison, à Bosménic, en la paroisse d'Inguiniel.

Arch. départ. Fonds de l'abbaye de la Joie.
Orig. parch. était scellé d'un sceau sur double queue de parchemin.

3 Octobre 1280.

Noverint universi quod in nostra curia in jure constituti, Herveus de Ploemergat et Eudo ejus frater, burgenses de Elrayo, pure et perpetuo vendiderunt unanimiter spontanea voluntate non coacti nec ducti fraude, vi, metu vel dolo, et recognoverunt se, diu est, vendidisse abbatisse et conventui de Gaudio Beate Marie juxta Henbont, cysterciensis Ordinis, in puram et perpetuam hereditatem pro sex libris monete currentis, jam eisdem Herveo et Eudone traditis et solutis a dictis abbatissa et conventu et ab eisdem Herveo et Eudone gratanter receptis, vel eorum mandato, prout dicti Herveus et Eudo recognoverunt in jure, in curia nostra duodecim arpenta terre arabilis cum prato que Guillelmus filius Moelic tenet, et locum mansionis cum pertinenciis suis ejusdem Guillelmi, sitis apud Bosmeenic, in parrochia de Yguynyel, in feodo nostro ; que omnia predicti Herveus et Eudo emerant seu habebant avennatata, judicio curie nostre mediante, pro septem libris et quator solidis monete currentis ab Alano de Kencoet eidem Alano ab eisdem solutis prout in litteris curie nostre videmus contineri, bannis rite factis et in nostra curia sufficienter recordatis, vendis solutis, omnibusque aliis que ad puram vendicionem et empcionem terre ac hereditatis pertinent prout moris est legitime peractis secundum usum et consuetudinem patrie. Nemine vero propinquiore ad retinendum se offerente seu contradicente aliqua racione. Quare judicatum fuit in curia nostra quod predicta duodecim arpenta terre cum prato et manssione predictis cum suis pertinenciis ubicumque existentibus remaneant cum dictis monialibus et earum monasterio in puram et perpetuam hereditatem in perpetuum quiete et pacifice possidenda, tenenda pariter et habenda velud legitime empta ipsis Herveo et Eudone presentibus et consencientibus, jurantibus, tactis sacrosanctis Evangeliis, quod non contravenient per se vel per alios in futurum aliqua racione vel causa transferentibus in dictas religiosas et earum monasterium quicquid juris proprietatis, dominii, et possessionis habebant vel habere de jure poterant vel debebant in omnibus premissis cum suis pertinenciis per tradicionem istius instrumenti. Et renunciantibus omnibus privilegiis, exceptionibus, auxiliis juris et facti, deffensionibus et racionibus que possent proponi vel allegari contra predictam vendicionem et per quas possit infirmari predicta vendicio. Et grataverunt predicti Herveus et Eudo et tenentur guarandizare et deffendere dictam vendicionem illesam et immolestam dictis monialibus et earum monasterio ad usum et consuetudinem patrie contra omnes. Et ad hoc obligaverunt se et heredes suos et reddent curiam nostram indempnem de omnibus premissis. Datum apud Henbont ad peticionem dictorum Hervei et Eudonis, salvo jure nostro et cujuscumque. Teste sigillo nostro quo utimur ad contractus de Elrayo. Die jovis post festum beati Michaelis in monte Gargano, anno Domini millesimo ducentesimo octogesimo.

384

Contrat par lequel Even Le Page et sa femme Guenniez vendent à l'abbaye de la Joie tous les biens qu'ils possédaient au village de Moustercoët en Trescoet, en la paroisse de Saint-Caradec.

Arch. dép. Fonds de l'abbaye de la Joie.
Orig. parch. était scellé d'un sceau sur double queue de parchemin.

Octobre 1280.

Noverint universi quod in nostra curia in jure constituti, Evenus Le Page de Sancto-Karadoco et Guenniez ejus uxor pure et perpetuo vendiderunt et recognoverunt se, diu est, vendidisse spontanea voluntate non coacti, nec ducti fraude, vi, metu vel dolo, abbatisse et conventui de Gaudio Beate Marie juxta Henbont, cisterciensis ordinis, et earum monasterio in puram et perpetuam hereditatem omne illud quod habebat et habere de jure poterant et debebant quacumque racione vel causa in villa de Monsterencoet, in Trescoet et in territorio ejusdem ville cum omnibus suis pertinenciis ubicumque et in quibuscumque rebus existentibus in parrochia Sancti-Karadoci situm in feodo nostro pro quindecim libris et decem solidis monete currentis, jam eisdem Eveno et ejus uxori vel eorum mandato a dictis monialibus traditum et ab eisdem Eveno et ejus uxori vel eorum mandato gratanter receptis in peccunia numerata prout in jure, in curia nostra recognoverunt, bannis factis et in nostra curia sufficienter recordatis, ventis solutis omnibusque aliis que ad puram vendicionem terre ac hereditatem pertinent rite et legitime peractis secundum usum et consuetudinem patrie, nemine vero propinquiore ad retinendum se offerente seu contradicente aliqua racione. Quare judicatum fuit, judicio curie nostre mediante quod omnia premissa cum pertinenciis remaneant cum dicto monasterio et ejusdem monialibus in puram perpetuam hereditatem quiete et pacifice tenenda et possidenda et habenda imperpetuum velud legitime empta ipsis Eveno et ejus uxore presentibus et consencientibus, jurantibus tactis sacrosanctis evangeliis quod non contravenient per se vel per alios in futurum aliqua racione vel causa transferentibus in dictas religiosas et earum monasterium quicquid juris proprietatis dominii et possessionis habebant vel habere de jure poterant vel debebant in omnibus..... premissis, cum suis pertinenciis, per tradicionem istius instrumenti, et renunciantibus omnibus privilegiis, exceptionibus, auxiliis juris et facti deffensionibus et rationibus que possent proponi vel allegari contra predictam vendicionem et per quas posset infirmari predicta vendicio ; et grataverunt predicti Evenus et ejus uxor et tenentur guarandizare et deffendere dictam vendicionem illesam et immolestam dictis monialibus et earum monasterio ad usum et consuetudinem patrie contra omnes. Et ad hoc obligaverunt se et heredes suos et reddere curiam nostram indempnem de omnibus premissis. Datum apud Henbont ad peticionem dictorum Eveni et ejus uxoris, salvo jure nostro et cujuscumque. Teste sigillo nostro quo utimur ad contractus de Elrayo, mense octobris, anno domini millesimo ducentesimo octogesimo.

385

Accord entre l'abbaye de Lanvaux, et Théophanie veuve de Silvestre de l'Isle au sujet de bestiaux enlevés aux hommes de l'abbaye au village de Cordier en Grandchamp.

Arch. dép. — Fonds de l'abbaye de Lanvaux.
Orig. parchemin.

1280.

Universis presentes litteras inspecturis et audituris H. archidiaconus Leonensis, conservator seu deffensor privilegiorum, religiosis viris abbati et conventui monasterii beate Marie de Lanvaus, cisterciensis ordinis, Venetensis dyocesis a sede apostolica...... auctoritate dicte sedis deputatus salutem in Domino. Noveritis quod cum domina Theophania, relicta Silvestri de Insula, militis deffuncti dicte dyocesis esset..... auctoritate predicta..... exercitatione..... ad ipsorum religiosorum instar per eo quod dicta Theophania una cum quibusdam suis complicibus ad terram ipsorum religiosorum cum... accedens videlicet ad villam de Cordiez in parrochia de Grandicampo dicte dyocesis invasit animalia hominum damaniorum ipsorum religiosorum in dicta villa existentium videlicet viginti animalia de..... quatuor equos, unum porcum et unam trinicam cum...... damania ipsorum religiosorum et premissa exinde rapit...... cepit et secum

adduxit aut duci fecit aut mand..... huc capra detinet in ipsorum religiosorum previderi..... eadem Theophania..... auctoritate predicta ab eadem. . . . .
. . . .

386

1280.

Acte contenant que les hommes du seigneur de Rohan qui sont appelés les hommes des échanges ne payent nulles coutumes de marchandises qu'ils achètent ou vendent en la ville de Josselin, ni nul devoir de passage.

Arch. des Forges de Lanouée.
Inventaire de Porhoët.

387

1280.

Composition entre Hugues Le Brun et le comte de La Marche et le vicomte de Fougères pour l'édification d'un moulin à Saint-Martin près Josselin.

Arch. des Forges de Lanouée. — Inventaire de Porhoët.

388

Hervé de Léon chevalier, donne à l'abbaye de la Joie six livres de rente sur les coutumes du Port d'Hennebont.

Arch. dép. Fonds de l'abbaye de la Joie.
Copie sur parchemin du XVIIIe siècle.

25 mai 1281.

Universis presentes litteras inspecturis vel audituris Sebilla, abbatissa abbatie de Gaudio Beate Marie prope Heubont, citerciensis ordinis, Venetensis diocesis, salutem in Domino. Noveritis quod cum nobilis vir Herveus de Leonia, miles castri novi, dedisset in puram et perpetuam elemosinam predicte abbacie decem libras usualis monete annui reditus persolvendas predicte abbatie de costuma predicti nobilis de portu de Henbont, videlicet centum solidos predicte monete in festo beati Egidii abbatis et alios centum solidos ejusdem monete in festo Purificationis Beate Marie Virginis ; volumus et recognoscimus quod predicta abbacia non possit aliquid juris, dominii, vel possessionis in predicta costuma avocare vel reclamare nisi percipere quolibet anno ad terminos supradictos predicte pecunie quantitatem excepte quod quotiescumque termino in parte aut in toto procurator dicte abbacie seu monasterii per allocatum Domini Ducis Britannie quicumque fuerit in villa de Henbont in bonis dicti nobilis quamdiu possidebit dictas costumas aut firmariorum seu collectorum ipsius aut causam ab ipsis habentium seu habiturorum in dictas costumas sine dilatione, requisitione, citatione, aut monitione faciat nammeari et nammas distrahi et etiam explectari donec de reditu in cujus solutione cessatum fuerit, plenarie fuerit satisfactum. In cujus rei testimonium presentes litteras dicto nobili sigillo quo utamur nomine nostro et dicte abbacie et conventus, una cum sigillo Reverendi patris in Christo Hervei, Dei gracia, episcopi Venetensis, et illustris persone Blanche, ducisse Britannie, dicte abbacie fundatricis, dedimus sigillatas. Datum et actum publice die Dominica post Ascensionem Domini anno ejusdem millesimo ducentesimo octogesimo primo presentibus Herveo Malterre, Rotaldo Pydas, Rollando Kerjillimaenguy militibus, Alano Beneruem, Guydomaro dicto Languedoc, Petro dicto Becheto, Alano dicto Roignons, Henrico de Viriderio, scutariis et aliis quamplurimis fide dignis. Datum et actum predictis die et anno Domini[1].

Et plus bas est escrit, par nous sénéchal procureur fiscal et nottaires de la cour et juridiction du marquisat de Blain soussigné, la presente coppie a été faite et collationnée à son original en parchemin tiré des chartres de la maison de Rohan estant au chateau dudit Blein et y remis le douzième jour de décembre mil six cent soixante-et-deux ainsi signé : Pineau, Blanchard procureur fiscal, P. Bontemps et J. Hémon, nottaires.

[1] Cette charte se trouve aussi dans l'inventaire de dom Morice, de M. Courajod. Il en est fait mention dans la collection Gaignières. Bibl. nat. fonds latin, 17092.

389

Acte par lequel Eudes, dit Bocher, et sa femme Catherine donnent à l'abbaye de la Joie tout ce qu'ils possédaient à Coetguiler et à la Maison du fils du Cerf en la paroisse de Plouay.

Arch. dép. — Fonds de l'abbaye de la Joie.
Orig. parch. était scellé de deux sceaux sur double queue de parch.

5 juillet 1281.

Noverint universi, quod in nostra curia, in jure constituti, Eudo, dictus Bocher, miles, et Kathelina uxor sua, cum auctoritate ipsius militis, unanimi voluntate, non vi, dolo, metu coacti, vel aliàs inducti pro salute animarum suarum, dederunt et concesserunt et assignaverunt in puram et perpetuam elemosinam Deo et Beate Marie et abbacie, seu monasterio de Gaudio Beate Marie prope Henbont, cysterciensis ordinis, Venetensis dyocesis, abbatisseque et monialibus, ibidem Deo deservientibus, quicquid habebant, habere poterant et debebant, quacumque de causa et racione, in villa que dicitur Coet-Guiler et in villa que dicitur Domus filii Cervi, in parrochia de Ploezoe, in feodo nostro, cum omnibus pertinenciis suis ubique et in quibuscumque rebus existentibus, dictis abbatisse et monialibus quiete et libere tenendum et possidendum pacifice et perpetuo, absque eo quod dictis Eudoni et Katheline, aut alicui suorum heredum, liceat in premissis aliquid in posterum reclamare, et se, omnibus premissis spoliantes, transtulerunt in dictas abbatissam et moniales et earum monasterium possessionem pacificam et dominium omnium premissorum per tradicionem presencium litterarum, et tenentur guarandizare et deffendere dictas abbatissam et moniales et earum monasterium super premissa quantum ad annum et diem a data presencium computandum ad usus et consuetudines patrie contra omnes. Et ad hec omnia et singula tenenda, firmiter et fideliter observanda, obligaverunt se dicti miles et ejus uxor et suos heredes et successores suos quoscumque, et omnia bona presencia et futura in curia nostra, specialiter et expresse renunciantes omnibus excepcionibus, privilegiis induitis et indulgendis, racionibus, auxiliis tam juris quam facti, que possent contra tenorem presencium obici vel opponi. Et juraverunt dicti miles et ejus uxor quod contra hec per se vel per alium non venient in futurum ; et nostram curiam reddent indempnem de omnibus premissis scilicet omnibus bonis suis. Et nos, dictos militem et ejus uxorem presentes et in hoc consencientes et quoad hec se nostre juridicioni supponentes, condempnamus sentencialiter judicio nostre curie mediante. Datum teste sigillo nostro quo utimur ad contractus de Elrayo, una cum sigillo predicti militis, salvo jure nostro et cujuslibet alterius in omnibus. Die sabbati post festum apostolorum Petri et Pauli apud Henbont ad peticionem ipsius et ejus uxor. Anno Domini M° CC° LXXX° primo.

390

Payen seigneur de Malestroit donne au monastère de Prières une partie des landes de Bérien, sauf les droits de son frère Hervé. Les moines lui cèdent tout ce qu'ils possédaient à Brengolu et diverses rentes.

Bibl. nat., mss., Fonds franç., 22,337. — Cop. Pap.

5 décembre 1281.

Noverint universi quod in nostrâ curiâ in jure personaliter constitutus nobilis vir Paganus, dominus de Malestricto, miles, dedit, concessit et assignavit religiosis viris abbati et conventui B. Marie de Precibus, cisterciensis ordinis, Venetensis diœcesis, et eorum monasterio, in excambium perpetuale, omnes terras, prata, paludes, nemora, landas, aquas, totum jus, proprietatem, possessionem et dominium et omnes actiones que et quas idem miles habebat et habere poterat et debebat, quâcumque ratione sive causâ, inter magnam viam que ducit de Treyzelguer ad pontem de Avalac, ex unâ parte, et estium quod defluit seu descendit ab illo ponte molendinis dictorum religiosorum, prout dictum estium se ducit ab illis molendinis ad magnum mare, ex alterâ, et insuper quartam partem totius terre et lande que vocantur Rusradenec, et omne jus, possessionem

¹ Voir acte de 1277, n° 372.

et dominium que idem miles habebat in eisdem et habere poterat et debebat, nullum jus idem miles in eisdem sibi vel suis nec altam justitiam nec bassam retinens nec reclamans, exceptâ eschœta seu accidente Hervei, fratris sui, in rebus et terris quibuscumque que idem Herveus habet et habebit in parochiâ de Beler, si contigerit ipsum decedere sive mori sine herede de proprio corpore suo procreato, que eschœta sive accidentiâ dictus miles vel sui debent habere et tenere in manu suâ, donec dicti religiosi dederint et assignaverint eidem militi vel ejus mandato competens excambium ad magnitudinem et valorem accidentie predictorum, ad dictum seu ordinationem proborum hominum, in feudo dicti militis vel in nostro feudo, ad tenendum à nobis capitaliter in castellaniâ de Musuillac, salvis dictis religiosis et eorum monasterio dominio et obedientiâ terrarum Hervei supradicti et decimâ, prout ab antiquâ consuetum est colligi et haberi ; et tenetur idem miles dimittere dictos religiosos et eorum mandatum acquirere in feudo per emptionem vel per excambium, vel aliquo alio modo, hoc quod deerit ad perficiendum excambium terrarum Hervei supradicti de dictis accidentiis, prout superiùs est expressum, sine aliquo impedimento quod apponat contrà dictos religiosos nec contrà illos à quibus acquirere procurabunt, salvo jure dicti militis et cujuslibet alterius dominii in premissis ; et tenetur idem miles recipere à dictis religiosis excambium in feudis supradictis pro accidentiis dicti Hervei, quando acciderint omnibus vicibus quibus dicti religiosi voluerint ; que omnia dedit et concessit dictis religiosis et eorum monasterio in excambium perpetuale totius juris, possessionis, proprietatis et dominii que dicti religiosi habebant et habere poterant et debebant, quâcumque ratione sive causâ, apud villam Brengolu, et in omni territorio ejusdem ville, totum pro toto, sitam in parochiâ B. Pauli de Musuillac, et duodecim libras annui redditûs sitas in parochiâ supradictâ, apud villam de Henles et in ejus territorio, quas dicti religiosi emerunt ab Oliverio de Carno[1], scutario, et Olivâ, uxore suâ. Dederunt insuper dicto militi et suis, ut dictum est, sexaginta solidos annui redditûs quos idem miles habuit per manum Hervei, fratris sui, et quadraginta et septem solidos annui redditûs quos habuit per manum Guillelmi de Noyal, militis, pro dictis religiosis, et quicquid juris, possessionis, proprietatis et dominii habebant et habere poterant et debebant, quoquo modo, apud villam de Tregrehen et in territorio ejusdem ville, totum pro toto, pro quadraginta et quatuor solidis

[1] Pour Carne ?

annui redditûs, quos quadraginta et quatuor solidos, in dictâ villâ de Tregrehen sitos, tenentur dicti religiosi dicto nobili garentisare et defendere contrà Rollandum de Penmur, scutarium, et contrà omnes alios, secundum usum et consuetudinem patrie, vel excambium competens ei dare, salvis dictis religiosis passagio et garbagio tantum modo in estagiis, secundum usum patrie, ratione portus sui de Rocha-Bernardi. Dederunt etiam et concesserunt dicti religiosi predicto militi et suis trel solidos annui redditus apud villam Rozel, in parochia supradicta, et transtulerunt dicti religiosi in nostra curia in ipsum militem, per traditionem istarum litterarum, possessionem corporalem, proprietatem et dominiium penitus omnium premissorum et singulorum, nullum jus dicti religiosi sibi, monasterio suo nec suis successoribus, in parte nec in toto premissorum, amodo retinentes. Et transtulit in nostra curia dictus miles in ipsos religiosos et eorum monasterium possessionem corporalem, proprietatem et dominium, per traditionem istarum litterarum excambii quod eisdem tradidit et concessit, prout superius continetur, nullum jus sibi nec suis successoribus, in parte nec in toto ejusdem excambii, amodo retinens nec reclamans, excepta eschœta dicti Hervei, ut dictum est. Dederunt etiam dicti religiosi dicto militi sex viginti libras cursilis monete pro dictis excambiis concedendis et etiam adimplendis et tenendis, de quibus denariis se tenuit in nostra curia dictus miles pro pagato et pro bene garentisato de dictis excambiis que habuit a dictis religiosis, exceptis eschœtis seu accidentibus terrarum dicti Hervei et exceptis quadraginta quatuor solidis annui redditus in villa de Tregrehen, bannis per curiam nostram de premissis litteris et etiam ratione sex viginti librarum datarum dicto militi a dictis religiosis et vendarum dictis bannis per curiam nostram sufficienter recordatis, vendis nobis solutis a dictis religiosis, et omnibus aliis que circa venditiones et emptiones et etiam circa excambia fieri solent, secundum usum et consuetudinem patrie rite et juste peractis. Et fuerunt premissa per curiam nostram dictis religiosis et eorum monasterio, rationibus antedictis, adjudicata, concedens in nostra curia dictus miles bona fide omnia premissa et singula tenere et fideliter adimplere et non contra venire, per se vel per alios, in futurum, aliqua ratione; et renunciavit idem miles in nostra curia quantum ad hoc, omni privilegio crucis sumpte et sumende, omni juri canonico et civili, omni exceptioni juris scripti et non scripti et omnibus aliis rebus, generaliter et expresse, que contra premissa vel aliquid premissorum possent objici vel opponi et que dictis religiosis, in parte vel in toto premissorum, possent obesse et dicto militi prodesse vel valere ad que omnia tenenda et adimplenda ipsum militem, in nostra curia presentem et in hoc consentientem et se jurisdictioni nostre, quantum ad hoc, supponentem, in his scriptis sententialiter condemnamus, concedens reddere et curiam nostram supra premissa penitus sine damno. Teste sygillo curie nostre ad contractus de Veneto ; salvo jure nostro et cujuslibet alterius dominii in premissis. Datum die veneris, in vigilia Beati Nicolaï hyemalis, anno Domini millesimo ducentisimo octogasimo primo.

Extrait du Mss. de Bellefontaine.

Anno millesimo ducentesimo octogesime primo, Paganus de Malestricto, miles, jam aliquoties memoratus, cessit monasterio de Precibus quidquid juris habebat et possessiones intra magnam viam que ducit a Treysheguer ad pontem Avallac ex una parte, esteriumque seu rivolum defluentem ab illo ponte ad molendinum monachorum seque porrigentem ad mare magnum ex altera parte, necnon jus suum in terra dicta Rusradenec seu Kikradenec, in parrochia de Musuillac ; cedentibus ipsi vicissim monachis que habebant apud Brangolu et alia alibi.

Cum vero, anno millesimo ducentesimo monagesimo quarto, Guillelmus de Mota, et ejus conjux Constantia, jure propinquitatis, revocare vellent que commutata fuerant cum predicto Pagano, cujus videntur fuisse heredes judicio Radulphi Mandayt vel Mandart, senescalli ploermellensis et broerecensis, sub hujus et Petri de Morzella, dictorum locorum allocati, sigillis, repulsam passi sunt.

391

Guillaume, seigneur de Rieux, s'engage par devant le duc de Bretagne à réparer, et à entretenir le pont de Rieux.

Archives départementales de la Loire-Inférieure ; Fonds du Trésor des Chartres. — Orig. Parch.
Scellé de cire jaune sur simple queue du sceau de Guillaume de Rieux

26 janvier 1282.

A touz ceux qui cestes présentes lectres verront é orront, Guillaume, seigneur de Reux, chevalier, saluz en Nostre Seignour. Sachent touz que, comme nostre très-cher seignour noble home Jahan, duc de Bretaigne, nous ait rendu é quité le pont de Reux, lequel pont monsour Geffroi de Reux, nostre père, jadis seignour de Reux, aveit délessé é déguerpi au davant-dit duc, por ce que il, nostre père davant-dit, ne le voleit pas tenir en estat, nous proumètons é suimes tenuz sus touz nouz biens, muebles é non muebles, en quelque leu que il saent, fère é tenir ledit pont de Reux en bon point é en bon estat à touzjourmès é en touz temps, de totes façons é de touz couz é de touz despens ; é à ceste chose entériner environ ledit pont serz nul deffaut nous obligeons au davant-dit duc é à ses heirs nous é nouz heirs é touz nouz biens, muebles é non muebles, en quelque leu que il saent. Ce fut doné le jour de lundi après la conversion Saint Paul, l'an de grâce mil é dous cenz quatre-vinz é J.

392

Guillaume de Baud confirme plusieurs donations de boisseaux de seigle faites à l'abbaye de Lanvaux par son père et par Galibert et Henri écuyer, ses vassaux.

Arch. dép. Fonds de l'abbaye de Lanvaux.
Orig. parch. était scellé d'un sceau
sur double queue de parchemin.

7 mars 1282.

Universis presentes litteras inspecturis et audituris Guillelmus de Baut sta............ universi quod cum parentes et predecessores nostri donacionem contulerant religiosis viris abbati et conventui beate Marie de Lanvaus............ in puram et perpetuam elemosinam pro salute animarum suarum unam minam siliginis ad mansuram dicti Quannart in terris nostris propriis ex parte patris mei Guillelmi de Baut quondam miles in parochia de Radenac sitam. Noveritis etiam quod, in nostra presentia constitutus, Gallebertus Alani Rocaudi, scutarius, recognovit in jure coram nobis quod predecessores sui contulerant et ipsemet contulit seu collationem factam ratam ab eisdem habuit, duos bussellos siliginis ad predictam mensuram; preterea in nostra presentia constitutus Hanricus Galeberti de Quoetforestor, scutarius, recognovit in jure coram nobis quod predecessores sui contulerant et ipsemet contulit seu collationem factam ratam ab eisdem habuit predictis religiosis, unum bussellum siliginis ad predictam mansuram super terras propriis dictorum Gileberti et Hanrici in predicta parrochia de Radennac sitas in feodo nostro. Nos vero collationem et concessionem factas et predictis precessoribus nostris ratas habentes benigno concensu coufirmamus promittentes bona fide quod contra dictam collationem et concessionem per nos nec per alios non veniemus in futurum nec venire procurabimus. In cujus rei testimonium et munimen dedimus istas presentes litteras dictis abbati et conventui de concensu dictorum Galeberti et Hanrici sigillo nostro proprio sigillatas. Datum et actum die sabatti ante diem dominicam qua cantatur Letare Jerusalem mense martii anno Domini millesimo CC° LXXX° primo.

393

Acte par lequel Guillaume du Chatel donne à l'abbaye de la Joie vingt sous de rente annuelle à prendre sur le village de Loctudguenne en Kervignac.

Arch. dép. Fonds de l'abbaye de la Joie.
Orig. parch., était scellé de deux sceaux.

14 mai 1282.

Noverint universi quod in nostra curia in jure constitutus Guillelmus de Castro, scutarius, dedit, concessit et eciam assignavit spontanea voluntate, non coactus, cum assensu et bona voluntate Petronille uxoris sue, pro salute animarum suarum et remedio peccatorum suorum, pure, perpetuo et liberaliter, in puram et perpetuam elemosinam, abbatisse et monialibus seu monasterio de Gaudio Beate Marie, juxta Henbont, ibidem Deo deservientibus, viginti solidatos *(sic)* annui redditus, monete cursilis, in villa que vocatur Loctudguenne, in parrochia de Creveniac, in nostro feodo, dictis abbatisse et monialibus quiete tenendos et pacifice possidendos, et successoribus earumdem in dicto monasterio existentibus, absque eo quod dictus Guillelmus vel ejus mandator possit, nec debeat in premissis aliquid petere nec habere, se ab ipsis penitus spolians, transferens in persona predictarum abbatisse et monialium possesionem et saesinam omnium premissorum per tradicionem presencium litterarum, tenetur eciam dictus Guillelmus predictas abbatissam et moniales, vel earum mandatum, super premissis contra omnes semper et ubique, secundum usum et consuetudinem patrie, guarandizare, deffendere et tueri. Et ad hec omnia et eorum singula tenenda et fideliter observanda, predictus Guillelmus obligavit se et omnia bona mobilia et immobilia, presencia et futura, heredes, et successores suos et omnes ab ipso causam habentes, dimisit penitus et pariter obligatos, renuncians privilegio crucis sumpte et sumende et rebus aliis quibuscumque que possent contra presentes litteras allegari vel opponi quamdiu monstrari poterint in appertum. Tenetur etiam dictus Guillelmus nostram curiam indempnem reddere de premissis, et nos predictum Guillelmum presentem, consencientem et se quoad hec juridictioni nostre supponentem, judicavimus et condempnamus sentencialiter fide ad ipso prestita corporali. Datum apud Elrayum, salvo jure nostro et cujusque in premissis. Teste sigillo nostro quo utimur ad contractus de Elrayo una cum sigillo dicti Guillelmi ad majorem rei noticiam, die jovis ante Pentecosten ; Anno Domini Millesimo CC° LXXX° secundo.

394

Acte par lequel Olivier de Kerlogoden fait don à Alain, vicomte de Rohan, d'une maison à Pontivy, en récompense de ses services.

Arch. du chât. de Kerguehennec. —
Orig. Parch.
était scellé sur double queue.

13 juin 1282.

Universis presentes litteras inspecturis et audituris Oliverius de Guernlogoden, armiger, salutem in Domino. Noverint universi quod ego, cum assensu et voluntate spontaneâ Philipe uxoris mee, dedi et spontaneâ voluntate meâ concessi nobili viro domino Alano vicecomiti de Rohan militi domino meo et heredibus suis, pro bono servicio suo mihi fideliter jam imppenso, domum meam lapideam, que condâm fuit Eudonis Roudaudi patris mei, totam, sitam in villâ de Pontivi, inter domum Gaufridi Rouaudi ex uno latere et apenticium Eudonis dicti Foulbouchier ex alterâ (*sic*), cum plateâ dicte domûs et orto et omnibus aliis pertinenciis dicte domûs, dicto domino vicecomiti de Rohan et suis heredibus ad puram et perpetuam hereditatem imperpetuum pacifice jure hereditario possidendam, tenendam pariter et habendam ; super quâ donacione teneor et concedo dictum dominum vicecomitem et suos garantizare et deffendere propriis sumptibus penitus erga omnes, secundum usus et consuetudines patrie, super omnibus bonis meis quo ad hoc specialiter obligatis. Juravimus eciam ego et Philipa uxor mea, tactis sacrosanctis euvangeliis, tenorem presencium fideliter observare et contra in aliquo per nos vel per alium racione aliqua non venire, et quod in premissis omnibus nichil reclamabimus per nos vel alium racione aliqua in futurum ; dato super hoc teste sigillo meo presentibus hiis appenso, die sabbati proxima post festum beati Barnabe apostoli, anno Domini M° CC° octogesimo secundo.

Au dos est écrit de la même main :

Presentibus istis fuit facta ista donacio : Petrus de Pomeroit, Albino Gaupicher, Gaufrido de Brehant, Eudone Venatore, Eudone de Haiâ, Johanne Savour, Gaufrido Magistri et Hamone Rufo.

395

Les enfants de Periou de Trescoet transmettent à l'abbaye de la Joie tous les droits qu'ils possédaient en Saint-Caradec.

Arch. dép. Fonds de l'abbaye de la Joie.
Orig. parch. était scellé d'un sceau
sur double queue de parchemin.

2 septembre 1282.

Noverint universi quod in nostra curia in jure constitute Guenny, Savina et Anana, filie filii dicti Periou de Trescoet, cum auctoritate Eveni dicti Page mariti ad tempus dicte Gueynez, et Guillelmi mariti dicte Anane, sua spontanea voluntate, non vi, dolo, metu, nec aliasve inducti, pure, perpetuo et liberaliter vendiderunt et recognoverunt se pure vendidisse, cum predictis (*sic*) auctoritate, domine abbatisse et monialibus monasterii de Gaudio Beate Marie de prope Henbont, quidquid juris, dominii, saesine, proprietatis et possessionis habebant, habere poterant et debebant quacumque racione, titulo et causa in tota parrochia Sancti-Caradoci de Henbont aquis, pratis, frostis, landis, nemoribus et rebus aliis quibusque videlicet artem predicti Eveni et ejus uxoris pro quatuordecim libris currentis monete, et partem dictarum Savine et Anane pro sexaginta et duodecim solidis dicte monete et vendis et aliis expensis circa premissa factis, bannis super premissa, ad opus dictarum abbatisse et monialium per curiam nostram factis, et postmodum in dicta curia nostra sufficienter recordatis, vendis nobis solutis, omnibusque aliis ad puram vendicionem et empcionem terre pertinentibus ad usum et consuetudinem patrie rite et juste peractis, nemine vero propinquiore ad retinenda premissa veniente, nullo contradicente racione proximitatis nec alia aliqua racione; quare adjudicatum fuit nostre curie judicio mediante, quod premissa omnia remaneant et remanere debent cum predictis abbatissa et monialibus predicti monasterii in puram et perpetuam hereditatem tenenda, possidenda pariter et habenda titulo legitime empcionis; tenentur et grataverunt predicte filie, cum predictis auctoritate, prediciarum abbatissam et moniales super premissis ad usum et consuetudinem patrie sub ypoteca omnium bonorum suorum mobilium et immobilium ubique existencium, presencium et futurorum semper contra omnes et ubique, et nostram curiam indempnem reddere de premissis. De summa peccunie predicta dicte filie cum predictis auctoritate recognoverunt sibi et cuilibet ipsarum satisfactum integre fuisse a predictis abbatissa et monialibus in pecunia numerata; renunciantes excepcioni dicte summe peccunie non habite, non recepte doli, mali, fraudis, decepcionis ultra medietatem justi precii, dotis, donacionis propter nubcias privilegii crucis sumpte et assupmende, omnibusque aliis privilegiis exceptis alegatis, et rebus aliis quibusque que possint predictis abbatisse et monialibus obesse et predictis filiabus cum predictis auctoritate prodesse. Nosque judicio nostre curie mediante predictas filias cum predictis auctoritate presentes consentientes et se quo ad hec jurisdictionem nostre supponentes, adjudicamus et finaliter condempnamus predicte curie nostre judicio mediante fide a qualibet ipsarum in nostra curia predicta cum predictis auctoritate prestita corporali. Datum apud Henbont eisdem abbatisse et monialibus ad requisiciones dictarum filiarum cum predictis auctoritate, salvo jure nostro et cujusque in omnibus; Teste sigillo nostro quo utimur ad contractus de Elraio die mercurii post festum beati Egidii anno Domini millesimo CC° LXXX° secundo.

396

Contrat par lequel Théophile, fille naturelle de Guillaume du Chatel et veuve de Geoffroy du Pont, vend à l'abbaye de la Joie tout ce qu'elle possédait à Noguello en Kervignac.

  Arch. dép. Fonds de l'abbaye de la Joie.
  Orig parch. était scellé sur simple queue.

12 octobre 1282.

Noverint universi quod in nostra curia constituta Teophania, filia bastarda Guillelmi de Castro, relictaque Gauffridi de Pontdreu, pure perpetue et liberaliter vendidit et recognovit se pure vendidisse domine abbatisse et conventui seu monialibus monasterii de Gaudio Beate Marie de prope Henbont, quicquid juris, dominii, saesine, proprietatis et possessionis habebat, habere poterat et debebat quacumque racione, titulo et causa apud Loguellou, in parrochia de Kerveniac situm, cum suis pertinenciis universis pro quadraginta et quinque solidis currentis monete et vendis et aliis expensiis circa premissa factis, bannis super premissis per curiam nostram factis ad instanciam predictorum abbatisse et monialium et in predicta curia postmodum sufficienter recordatis, vendis nobis solutis omnibusque aliis ad puram vendicionem et empcionem terre pertinentibus ad usum et consuetudinem patrie rite et juste peractis, nemine vero propinquiore ad retinenda premissa veniente offerente se nullo contradicente racione proximitatis, nec aliqua alia racione. Quare adjudicatum fuit, nostre curie predicte judicio mediante, quod omnia premissa, cum predictis pertinenciis, remaneant et remanere debent in puram et perpetuam hereditatem cum predictis abbatissa et monialibus titulo legitime empcionis, et tenetur dicta Theophenia predictas abbatissam et moniales, ad usum et consuetudinem patrie, super premissa sub ypotheca omnium bonorum suorum mobilium et immobilium, ubique existencium, presencium et futurorum semper contra omnes et ubique guarantizare deffendere et tueri, de qua summa predicte pecunie recognovit dicta Teophania in nostra curia sibi satisfactam fuisse integre ab abbatissa et monialibus et supradictis renuncians excepcioni date summe pecunie non habite, non solute, non recepte, priveligio crucis sumpte et summende, omnibusque aliis privilegiis, exceptionibus, obligationibus et deffensionibus et rebus aliis quibusque possent predictis abbatisse et monialibus predicti monasterii abesse et dicte Theophanie prodesse. Et tenetur dicta Theophania nostram curiam indempnem reddere de premissis ; et nos predictam Theophaniam presentem, consencientem et se quoad hanc juridictionem nostre supponentem ad hec omnia et singula tenenda et fideliter observanda et non contra venienda per se nec per alium in futurum, adjudicamus et formaliter condempnamus nostre curie judicio mediante fide ab ipsa in nostra curia prestita corporali. Datum apud Henbont, eisdem abbatisse et monialibus ad requisicionem dicte Theophanie, salvo jure nostro et cujusque in omnibus. Teste sigillo nostro quo utimur ad contractus de Elraio, die lune ante festum beati Luce evangeliste, anno Domini M° CC° octuagesimo secundo.

397

Contrat par lequel Geoffroy de Saint-Mouan échange avec Yolande de Spinefort des terres situées en la paroisse de Bubry contre d'autres terres situées dans la paroisse de Languidic.

Arch. dép. Fonds de l'abbaye de la Joie.
Orig. parch. était scellé de deux sceaux
sur double queue de parchemin.

15 novembre 1282.

Noverint universi quod in nostra curia constituti Gaufridus de Sant-Mouan, armiger, ex una parte, et Yolanda filia Petri de Spinaforti, quondam militis, uxor Gaufridi de Beubri, armigeri, cum auctoritate dicti mariti sui, sibi in nostra curia perstita ex altera, fecerunt excambium inter se ad invicem de quibusdam terris suis in hunc modum; videlicet quod per dictum excambium predictus Gaufredus de Sant-Mouan dedit et concessit atque assignavit eidem Yolande et suis post ipsam, vel ab ipsa causam habituris, in puram et perpetuam hereditatem, titulo legitimi excambii, omne illud quod habebat dictus Gaufridus de Sant-Mouan in sua saesina et possidebat, tempore date presencium literarum, in villis nominatis Melin, Jouan, Botsav, Kaerlivon, Kaerbryent, Kaer-en-lan, Bot-Euzen, Andu et locum Gyldasii, cum omnibus dictarum villarum pertinenciis quibusque, in parrochia de Beubri et feodo quoque sub dominio nostro, excepto nobili feodo ipsi Gaufridi de Sant-Mouan in dictis villis et benefacto fratrum suorum quod tempore date presencium literarum possidebant apud Kaerhuon et ejus pretium; et dicta Yolanda predictum excambium dedit concessit et assignavit, cum dicta auctoritate mariti sui, eidem Gaufrido de Sant-Mouan et suis post ipsum vel ab ipso causam habituris, omne illud quod habebat dicta Yolanda et habere poterat, tempore presencium literarum, in villis vocatis Kaermanyc et Quoet-en-Paign in parrochia de Languidic et feodo quoque sub dominio nostro sito, cum omnibus pertinenciis suis quibusque; ad que excambia tenanda, observanda et guarandizanda ad usum et consuetudinem patrie dicte partes obligaverunt se una alii et omnia bona sua, heredes suos, successores et omnes ab ipsis causam habentes, cum dicta auctoritate, volentes et concedentes se constringi et compelli a curia nostra, si opus fuerit, ad hec omnia et singula tenenda observanda et guarandizanda per districtiorem formam stili curie nostre ; tenentur etiam dicte partes, cum dicta auctoritate, reddere curiam nostram indampnem de omnibus premissis ; et nos dictas partes presentes consencientes et se quoad hec juridicioni nostre supponentes judicamus et condempnamus sentencialiter ad hec omnia et singula tenenda et fideliter observanda et ad non contravenienda fide a qualibet dictarum partium in nostra curia prestita corporali. Datum apud Henbont de consensu parcium, salvo jure nostro et cujusque, teste sigillo nostro quo utimur ad contractus de Elrayo una cum sigillo Gaufridi de Bubri pro se et uxore sua ad majorem firmitatem, die sabbati post festum beati Martini hyemalis, anno Domini millesimo ducentesimo octogesimo secundo.

398

Contrat d'échange entre dame Sibille abbesse de l'abbaye de la Joie près Hennebont et Geoffroy de la Rochemoisan, écuyer, par lequel Geoffroy donne à l'abbesse quatre livres de rente à prendre sur la coutume et la cohue de Pontscorff, en échange du tiers du village de Moalc et de la terre du Borri en Meslan.

Arch. dép. Fonds de l'abbaye de la Joie.
Orig. parch. était scellé de deux sceaux
sur double queue de parchemin.

Décembre 1282.

Sachent touz que come content fut esmeu en nostro cort entre dame Sebile, abbesse de l'abaye de la Joie nostre Dame de lez Henbont, de l'ordre de Cysteaus, et le covent di celui leu, d'une partie, e Jeffroy de la Roche-Moysan escuier de l'autre, sur une donaeson que Amice la fame Tenguy de Pocker, o le gré et l'auctorité dou dit Tengui son mari, o l'assentiment et la volonté d'Amou sa fille et Yvon Brochant, son mari, feirent esdites abbaesse, abbaye et covent et à lors successors à james, en la fin, a tele forme de pez, vindrent en nostre cort les dites parties. C'est a savoier sur la tierce partie d'une vile que l'an appelle la vile Moalc c'est à savoier la terre, Borri ot otes ses apartenaces assises en la parroesse de Mezlan, en tele manier que le dit Jeffroy bailla et octreia es dites abbesse et covent et a lor abbaye, en eschange perpetuel des dites terres et appartenances quatre livrees de rente par checun an a prendre et a avoier sus la costume au dit Jeffroy et sus sa cohuie de Pont-Scorf et sus ses autres biens, si ceus ne poaent parfere, c'est a savoier à la feste Saint Gile par chacun an : et si le dit Jeffroy desfalloit ou dit paiement fere, ou les siens qui apres seront, si come il est dit par dessus, il voust et otreia que nostre cort sanz semonsse, sanz requeste et sanz auchune monicion ou l'abbesse et le covent davant diz, ou lor mandement, par lor auctorité propre, tant des diz biens pregent ou facent prendre et daux exploitent maentenant par quoi de la doite trepasse se tiengnent dou tot en tot pour paiez sanz auchun ple ; e bailla en nostre cort le dit Jeffroy par la baillée de cestes letrees esdites abbesses, covent et abbaye la saesine corporele, la propriété et la seignorie dou dit eschange si come il est continue par desus, en manere que, il ni puet riens ne lui ne les siens prendre ne avoier james ; e est tenu le dit Jeffroy quarantir et deffendre les diz abbesse, covent et abbaye sur ces choses de toz et contre toz, segont l'usage et la costume dou pays, e s'obliga le dit Jeffroy quant a cestes choses tenir et non contrevenir et ses hoers et successors et qui cause auroit de lui, expeciaument et expressement a ces chouses devant dites sasentirent expressement Amice, Tenguy, Amou et Yvon devant diz e jurerent, grea et otrea ledit Jeffroy et les autres desus nomees de lor bone volente non pas porforcez les chouses devant dites tenir a non contre venir et a tenir se obligerent eus et lor heires et leur successors e ceus qui auront cause de eus, aus que les chouses tenir feaument a james et acomplir les diz Geoffroy, Amice, Tenguy, Amou et Yvon en nostre cort present et en cestes chouses consentent en cest escrit sentenciaument condempnous par le jugement de notre cort. Ce fut diz et fet ou mois de décembre à la requeste dou dit Jeffroy et des autres persons de sus nomées. Nostre seel de contret de Aurray un o le seel au dit Jeffroy en garant sauve noz dreiz, en l'an de grace mil et doux cenz et quatre vinz et doux.

399

Hervé, évêque de Vannes, confirme à l'abbaye de Prières la propriété de plusieurs dîmes dans son diocèse et en concède de nouvelles.

Extrait du Mss. de Bellefontaines.

1282.

Herveus, Dei gratia episcopus Venetensis, universis presentes itteras inspecturis et audituris salutem in Domino sempiternam.

Cum, ex injuncto nobis officio, teneamur ea que ad viros religiosos pertinent tueri et inviolabiliter observare, nos abbatie beate Marie de Precibus, cisterciensis ordinis, omnes decimas quas in nostro episcopatu possidet et ceteras elemosinas ei factas, tam de dono vivorum quam mortuorum, concedimus et confirmamus, libere et pacifice possidendas in futurum. Insuper concedimus eidem abbatie et confirmamus omnes decimas quas de cetero, per emptionem seu per gagium, seu de donis fidelium, in nostra diocesi a laicis poterit adipisci. Et hec omnia eidem concedimus et confirmamus salvo jure ecclesiarum parrochialium et nostre ecclesie Venetensis ; ita quod, in acquirendis de cetero decimis, liceat Nobis et presbytero parrochiali, si voluerimus, dictas decimas pro pretio dato vel promisso, pro acquisitione illa facienda, retinere, fructibus quos dicti religiosi interim de dictis decimis perceperint in sortem nullatenus computatis. Et, ne super hoc in posterum possint abbas et monachi ab aliquo molestari, Nos presentes litteras supradictis religiosis sigillo nostro dedimus sigillatas. Anno Domini millesimo ducentesimo octogesimo secundo.

400

Vente par Olivier fils d'Albin écuyer à l'abbaye de la Joie de la moitié des dîmes et de la moitié du village de Lézevry en Plouhinec.

Arch. dép., Fonds de l'abbaye de la Joie.
Orig. parch. était scellé de 2 sceaux sur double queue de parchemin.

Juillet 1283.

Noverint universi quod in nostra curia in jure personaliter constitutus Oliverius filius Albi, scutarius, mera et spontanea voluntate, non coactus vi, fraude, metu vel dolo ad hoc inductus, vendidit et concessit et se vendidisse et concessisse pure et perpetuo recognovit monasterio de Gaudio Beate Marie juxta Henbont, cisterciensis ordinis, abbatisseque et conventui seu monialibus ibidem Deo servientibus medietatem decimarum supra medietata ville de Lesgneuvry in parrochia de Ploezinec in feodo nostro et quicquid juris proprietatis, possessionis, dominii et saesine dictus Oliverius habebat et habere debebat et expectabat quacumque racione titulo et causa pro quatuor libris cursilis monete quam peccunie summam dictus Oliverius recognovit se habuisse et recepisse a dicto monasterio seu a dictis abbatissa et monialibus in pecunia numerata et se tenuit pro bene pagato, bannis super his banabiliter factis et sufficienter in nostra curia recordatis, vendis nobis solutis et redditis omnibusque aliis que ad vendicionem et empcionem terre ac hereditatis pertinent secundum usum et consuetudinem patrie rite et legetime peractis, nemine propinquiore ad retinendum se offerente nec in aliquo contradicente; quare fuit adjudicatum judicio nostre curie mediente quod omnia premissa remanerent cum dicto monasterio seu cum dictis abbatissa et monialibus eorumque successoribus ad finalem hereditatem possidendam, tenendam pariter et habendam titulo bone et legitime empcionis..............

Datum eodem monasterio ad requisicionem dicti Oliverii salvis jure et proximitate nostris et cujuslibet alterius, teste sigillo nostro quo utimur ad contractus de Elrayo una cum sigillo dicti Oliverii ad majorem certitudinem, mense julio anno Domini millesimo ducentesimo octogesimo tercio.

401

Vente par Alice fille de Geoffroy de Launay à l'abbaye de la Joie du quart des dimes et de la moitié du village de Lézevry en Plouhinec.

Arch. dép. Fonds de l'abbaye de la Joie.
Orig. parch. était scellé d'un sceau sur double queue de parchemin.

Juillet 1283.

Noverint universi quod in nostra curia personaliter constituta Adzelicia filia Gaufridi de Alneto mera et spontanea voluntate non coacta vi, fraude, metu vel dolo inducta, vendidit et concessit et se vendidisse et concessisse pure et perpetue recognovit monasterio de Gaudio Beate Marie juxta Henbont, cysterciensis ordinis, abbatisseque et monialibus ibidem Deo deservientibus quartam partem decimarum supra medietate ville de Lesgneuvry in parrochia de Ploezinec in feodo nostro et quicquid juris, proprietatis, possessionis, dominii et saesine Adzelicia habebat et habere poterat et debebat quacumque racione titulo et causa ibidem pro triginta solidis cursilis monete de quibus denariis dicta Adzelicia recognovit se satisfactam fuisse a dicto monasterio in peccunia numerata ac se tenuit pro bene pagata bannis super his..............

Datum eidem monasterio ad requisionem Adzelicie salvis jure et proximitate nostris et cujuslibet alterius, teste nostro sigillo quo utimur ad contractus de Elrayo, mense julio anno Domini millesimo ducentesimo octogesimo tercio.

402

Extrait de Martyrologe du Couvent des Franciscains de Vannes.

Bibl. nat. mss. arm. de Baluze, t. 41.

13 août 1283.

Obiit Blancha, ducissa Britannie.....

403

Contrat par lequel Eudes Le Clerc, de Kervignac, vend à l'abbaye de la Joie, un pré situé à Noguello en ladite paroisse de Kervignac.

Arch. dép. Fonds de l'abbaye de la Joie.
Orig. parch.
était scellé d'un sceau.
sur double queue de parchemin.

7 septembre 1283.

Noverint universi quod in nostra curia in jure personaliter constitutus Eudo Clericus, de Kerveniac, non inductus vi, fraude, metu vel dolo, imo mera et spontanea voluntate sua, et pura voluntate Agnete uxoris sue, et Guillermi eorum primogeniti, vendiderunt, dederunt, concesserunt et assignaverunt religiosis abbatisse et conventui monasterii de Gaudio Beate Marie juxta Henbont, quoddam pratum situm in parrochia de Kerveniac, in feodo nostro situm ; se dividit de fovea terre dicte Loguellou ad pontum lapidum, pro duodecim solidis cursilis monete de quibus duodecim solidis antedicti conjugees et eorum primogenitus se tenerunt pro pagatis, et de eorum bonitate bannis super hoc legitime factis et in nostra curia sufficienter recordatis, vendis nobis persolutis, omnibusque aliis rite et juste peractis que ad puram et perpetuam vendicionem et legalem empcionem, secundum usum et consuetidunem patrie, pertinent, consilio proborum virorum fide dignorum et ad hoc juratorum mediente, nemine propinquiore ad reclamendum promissa veniente nec contrarium asserente ; unde adjudicavimus predictum pratum cum omnibus pertinenciis suis universis predictis religiosis abbatisse et conventui pacifice possidendum pariter et habendum judicio curie nostre mediante ; et tenentur dicti conjuges et eorum primogenitus guarandizare deffendere et tueri dictam abbatissam et conventum in premissis et singulis premissorum secundum usum et consuetudinem patrie ; ad hec omnia tenenda et fideliter observanda obligaverunt dicti conjuges et eorum primogenitus se et omnia bona sua mobilia et immobilia presencia et futura, heredes et successores suos et omnes ab ipsis causam habentes ; dimiserunt penitus et pariter obligatos et renunciaverunt quantum ad hec omnibus alleg(ationibus) opposicionibus, privilegiis, defensionibusque possent contra presentes litteras obici vel opponi quamdiu monstrari poterint in aperto. Et nos dictos conjuges et eorum primogenitum presentes et consencientes et se quantum ad hec juridicioni nostre supponentes condempnamus et adjudicamus sentencialiter ad hec omnia integranda et fideliter observanda et de non contravenienda in futurum et de reddendo nostram curiam indampnem de premissis et singulis premissorum, fide a dictis conjugibus et eorum primogenito prestita corporali et de quolibet ipsorum. Datum dictis religiosis abbatisse et conventui ad requisinonem dictorum conjugum et eorum premogeniti salvo jure nostre et cujulibet alterius apud Henbont ; teste sigillo nostro quo utimur ad contractus de Elraio, die martis in vigilia Nativitalis Beate Marie Virginis anno Domino M° CC° LXXX° tercio.

404

Obiit Blanche duchesse de Bret., 1183 (extrait martyrologe du couvent des Franciscains de Vannes — Bibliothèque nationale, Mss. arm. de Baluze, T. 41).

13 août 1283.

405

Accord entre Thomas de Beaumer, seigneur de Guémené-Guégant, et Alain, vicomte de Rohan, par lequel il est reconnu que les seigneurs de Guémené ne devront l'obéissance aux vicomtes de Rohan qu'en la ville de Pontivy.

Arch. du chât. de Kerguehennec.
Orig. parch.
était scellé sur double queue.
A l'original est attaché un vidimus du 9 avril 1394 donné en la cour de Ploërmel.

19 octobre 1283.

A touz ceulx qui verront é orront cestes presentes letres Thomas de Biaumer segneur de Quémenetguégant saluz en Deu. Sachent touz que, come contenz fust esmeu entre noble home Alain visconte de Rohan, chevalier, d'une partie, é nous, de l'autre sus l'obéissance de nostre terre é de nostre feu de Quémenetguégant, à pez é à acort sus la dite obéissance aveneismes, c'est à savoer le dit noble home, d'une partie, é nous, pour nous é pour noz tenoors d'icéle terre, de l'autre, en ceste manière, c'est à savoer que le dit noble home, ne son hoir après lui, ne poent destreindre, ne ne doivent, nous ne noz tenoors d'icéle terre, ne noz hoirs, à obéir en la visconté de Rohan allours que en la vile de Pontivi; ne ne poons, nous ne noz tenoors desusdiz ne noz hoirs, metre débat ne desfensse en nule manière que nous n'obéisgion en la court audit noble home, é en la (*sic*) son hoir après lui, en la vile de Pontivi desusdite, sauf toutevois le droit nostre ségneur le duc de Bretaigne; ne ne poons pas, nous ne noz tenoors ne noz hoirs, achesoner ledit noble home, ne son hoir après lui, pour tenir le droit de nous dou retrait de la court nostre segneur le duc de Bretaigne, ès viles doudit nostre segneur le duc, des prises d'iceles viles, sauf toutevois à nous é à noz tenoors avoir nostre court là où nous la devrons avoir. É en testemoene de ces choses, é pour ce que èles soient fermes é estables à touz jourz mais, nous donames audit noble home é à ses hoirs cestes presentes letres seelées de nostre propre seel, pour nous é pour noz tenoors desusdiz. Ce fut fait é doné ou mardi prechein après la feste Seint-Lucas l'évangélistre, l'an de graece mil é dous cenz é quatre vinz é trois[1].

[1] Peu de temps après le samedi après la Pentecôte 19 mai 1235 à Montcontour, un différent s'était élevé entre le vicomte de Rohan et le seigueur de Guémené (les mêmes que ci-dessus) parce que le vicomte avait fait justicier ailleurs

406

Eon dit Craban vend à Guyon de la Marche la ville-Craban et les terres qui en dépendent situées dans la paroisse de Cruguel.

Bibl. de la ville de Nantes; arch. Bizeul.
Orig. parch.
était scellé sur double queue.

13 novembre 1283.

En nostre cort de Porhoit, au Chastel-Jocelin, fut prové é recordé soffesaument que Eon dit Craban avoet vendu é en nom de vente otreié à Guion de la Marche tot quant que de dreit de propriété é de sésine icel Eon avoet é poeit avoer é deveit en quelque manière o plesseiz de la vile qui est nommée la Vile-Craban, sise en la parroesse de Creuguel é en la terre de celui plesseiz, le tot par le tot, o totes lor apartenances. bruières, èves é pastures é autres apartenances, o queque is seient é en quesque choses, excepté le giet dehors é dedenz do fossé de ladite Vile-Craban, é excepté un petyt de boes entre la vele si come l'en vet à grant clos, d'une part, é un fossé joste ledit plesseiz de l'autre ; à avoer, à tenir é à porseir en pez des ores en avant lesdites choses vendues audit Guion é à ses heirs en perpétuable feu é héritage, nemés ce qui en est excepté, por onze livres de moneie corante, desquéles ledit Eon se tint por le prés de ladite vente de tot en tot por bien paié, les bans sus ce fez, les bans, les ventes é les otrises a nostre cort jà dite rendues, é totes choses sus ce acostuméement fètes é acomplies qui a achat é vente apartiènent segont l'usage é la costume de Porhoit ; é que ledit Eon avoet juré que jamès riens n'i demandereit ne n'i réclamereit é se en esteit mis hors de la sésine, nostre cort jà dite ajuja lesdites choses audit Guion, à avoer, à tenir é à porseir en pez des ores en avant à lui é à ses heirs en perpétuable feu é héritage por ladite somme de peccune, nemés ce qui en est excepté, é l'en mist en sésine, nemés de ce qui en est excepté. En testemoène de laquèle chose nostre cort jà-dite dona cètes lètres audit Guion, à la requeste

que dans cette ville un homme du fief de Guémené, qui avait commis un vol à Pontivy ; le seigneur de Guémené prétendait qu'il avait violé l'accord fait entre eux ci-dessus ; le vicomte disait ne lui avoir fait aucun tort. Alain de Querriguel, chevalier, choisi par eux pour arbitre, se déclara en faveur du vicomte.

dodit Eon, o seel de cèle cort seelées. Ce fut doné, sauf nostre dreit é nostre sésine, le samadi après la feste de Sent-Martin en iver, en l'an de grâce mil dous cenz quatre-vinz é treis. G. Boinc.

407

Contrat de vente par Eudes, fils d'Alain Bostard, et Agnès, sa femme, à l'abbaye de la Joie de tous les droits et dîmes dont il jouissait au village de Lézevry en Plouhinec.

Arch. dép. Fonds de l'abbaye de la Joie.
Orig. parch.
était scellé d'un sceau sur double queue de parchemin.

Janvier 1284.

Noverint universi quod in nostra curia, in jure personaliter constituti, Eudo Alani Bostardi et Agnes ejus uxor pure, perpetue etiam liberaliter vendiderunt et recognoverunt se pure vendidisse sua spontanea voluntate, non coacti, abbatisse et monialibus monasterii de Gaudio Beate Marie de prope Henbont quicquid juris saesine et possessionis habebant habere poterant et debebant et se expectabant habere quacumque racione titulo et causa racionem decimarum et denariorum apud villam que vocatur Lesuvri in parrochia de Ploesnec sitam cum suis pertinenciis universis pro triginta et octo solidis cursilis monete vendisque eorumdem et aliis expensis dicta premissa factis de qua summa peccunie recognoverunt predicti conjuges sibi a predictis abbatissa et monialibus integre fuisse satisfactum et renunciant omnibus exceptionibus privilegiis obligacionibus et rebus aliis quibusque possent contra. . . . .

Datum est abbatisse et monialibus ad requisicionem predictorum conjugum, salvis jure et proximitate nostris et jure cujusque domini in premissis; teste sigillo nostro ad contractus de Elraio, mense januarii, anno Domini millesimo CC° octogesimo tercio.

408

Eon, dit Amette, vend à l'abbaye de la Joie une rente annuelle de quatorze boisseaux de seigle et quatorze boisseaux d'avoine, à la mesure de Josselin, pour vingt et une livres huit sous huit deniers.

Arch. départ. Fonds de l'abbaye de la Joie.
Orig. parch. était scellé d'un sceau sur double queue de parchemin.

1er Avril 1284.

En nostre cort de Porhoit au chastel Jocelin fut proue e recorde soffeseument que Eon dit Amet avoit vendu e en nom de vente ottree a religioses dames l'abbaesse e le covent de l'abbaie de la Joie nostre Dame de Henbont de l'evesqué de Vennes quatorze boesseaux de selke e quatorze boesseaux d'aveine grosse a la mesure de chastel Jocelin a aveir a tenir et en pez a porseir a eles e es abbaesses e es dames qui sont e qui seront do dit leu o tens qui est a venir e a la dite abbaie en perpetuable feu e heritage e a lor successors e qui auront cause d'eles por vint e une livres oet souz e oet deniers de la quele somme de peccune le dit Eon se tint por le pres de la dite vente por bien paie, e es diz blez rendre por chescun [an] par cette vente lor a oblige tot quant que de dreit de propriété e de sesine aveiet e poeiet avoer e deveiet en quelque maniere par reson ; de mesme en la paroesse de Guezgon lequel blé le dit Eon lor est tenu rendre lui e les soens par chescun an en selle e en aveine si come dit est par reson de la dite vente, les bans sus cet esplet fez, les bans, les ventes e les occrises r. nostre cort ja dite rendues e totes choses fetes e acomplies qui a achat e vente apartienent segonc l'usage e la costume de Porhoit ; e que icel Eon aveit jure tenir cete vente e la tenor de cete letre e encontre non venir e garantir les dites choses de toz e en contre toz a l'usage do pais ; et se estoit dessesi de cele rente en ble, nostre cort j'a dite anua la dite rente en ble a aveir, a tenir e a lever e a porfer en pez par chescun an sus les dites desmes es dites dames au dit covent e a lor abbaie en perpetuable feu e heritage por la dite somme de peccune, e les en mist en sesine ; en testemoene de la quele chose nostre cort ja dite dona cetes letres es dites dames o seel de celi cort seelees. Donees, sauf nostre dreit e nostre sesine, e sauf l'avenance fet a Raol Guodefrez des dites desmes, le jor de samade avant Pasques flories. En l'an de grace mil dous cent quatre vinz e tiers. G. Bovic.

409

Rolland de Penmur donne à l'abbaye de Prières la moitié des landes de Ruradanec, partie de celle de Bérien.

Bibl. nat., Mss. fonds franç., 22337. —
Cop. pap.

Mai 1284.

Noverint universi quod in nostrâ curiâ Veneti personaliter constitutus Rollandus de Penmur, scutarius, spontaneâ voluntate, non coactus nec vi, nec metu inductus, dedit, contulit, concessit et assignavit et adhuc dat, confert, concedit et assignat religiosis viris abbati et conventui monasterii Beate Marie de Precibus, cisterciensis ordinis, Venetensis diœcesis, et eorum monasterio supradicto, in puram et perpetuam hereditatem pacifice et quiete possidendam et habendam, medietatem omnium landarum que vulgaliter appellantur Rusradenec, sitarum in parochiâ Sancti-Pauli de Musullac, in excambium pro omni jure, possessione et proprietate quos vel que ipsi religiosi habebant et habere poterant et debebant, quâcumque ratione sive causâ, in villâ que vulgaliter appellatur Tronroch et in territorio cujusdem ville site in parochiâ Guerrandie. De quo excambio et ejus bonitate et de garantisatione ejusdem idem Rollandus se tenuit penitus pro pagato. Concessit etiam et tenetur idem Rollandus ipsos religiosos et eorum monasterium garantisare et deffendere contra omnes quascumque personas in quâlibet curiâ seculari et ecclesiasticâ, secundum usum et consuetudinem Britannie, obligans se quoad hoc et heredes suos et successores quoscumque et omnia bona sua, mobilia et non mobilia, ubique et quocumque dominio existentia, presentia et futura, et renunciavit omnibus exceptionibus privilegii crucis sumpte et assumende, exceptioni deceptionis ultra medietatem justi pretii, doli, mali, fraudis, qualiditatis, dotis, dotalitii, donationis propter nuptias et omnibus aliis exceptionibus, allegationibus et deffensionibus quibuscumque que contra presentes litteras et tenorem eorumdem possent objici vel opponi; et si aliqua persona aliquod impedimentum super premissa apposuerit, concessit idem Rollandus illud impedimentum per legitimum excambium vel alia in expensis suis et sumptibus propriis amovere, et si illud amovere nequiverit et in integrando premissa defuerit, concessit idem Rollandus se reddere in hostagium in aliquam villarum nostrarum, ubi dicti religiosi vel eorum mandatum, si voluerint nominare et quod curia nostra ipsum ad hoc capiat et arrestet et propter hoc non morabitur quin executio in bonis ipsius semper fiat, dantes dicti religiosi vel eorum mandatum de omnibus premissis, ut dictum est, et de damnis, expensis et interesse ea que vel quos habuerunt vel retinuerunt pro premissis ad juramentum procuratoris ipsorum sine aliâ probatione se teneant penitus pro pagatis, concedens nos et nostram curiam indemnes reddere pro premissis. Ad que omnia et singula tenenda et fideliter observanda et ad totum residuum stili curie nostre, prout ulterius se extendit, dictum Rollandum presentem et consentientiem et juridicorum juridictioni se supponentem, in his scriptis sententialiter condemnamus, fide ab eodem super his et de non veniendo contra prestita corporali. Teste sigillo curie nostre ad contractus Veneti, una cum sigillo proprio dicti Rollandi. Datum mense maii, anno Domini millesimo ducentesimo octogesimo quarto; salvo jure nostro et cujuslibet alterius in premissis. Datum et anno ut supra.

410

Vidimus délivré par Hervé, évêque de Vannes, de la bulle du 12 avril 1244 d'Innocent IV, confirmant les privilèges de l'ordre de Citeaux.

Arch. départ. Fonds de l'abbaye de la Joie.
Orig. parch. était scellé d'un sceau
sur double queue de parchemin.

14 Novembre 1284.

Universis presentes litteras visuris et audituris, Herveus permissione divina Episcopus Venetensis, eternam in Domino salutem. Noveritis nos vidisse et diligenter inspexisse litteras Innocentii quarti summi pontificis non rasas, non cancellatas, non obolitas nec in aliqua parte sui viciatas verbo ad verbum, in hec verba; Innocentius episcopus servus servorum Dei dilectis in christo filiabus abbatissis earumque conventibus universi cisterciensis ordinis per regnum Francie constitutis salutem apostolicam benedictionem. Solet annuere sed apostolice piis votis et honestis petencium precibus favorem benivolum impartiri ; Ea propter dilecte in Christo filie vestris justis supplicacionibus, postulacionibus grato conniscentes assensu ut eisdem privilegiis et indulgenciis vobis competentibus quibus ordo vester per apostolicam sedem munitus dignoscitur uti libere valeatis plenam vobis concedimus auctoritate presencium facultatem nulli ergo omnino hominum liceat hanc paginam nostre concessionis infringere vel ei ausu temerario contraire. Si quis autem hoc attemptare presumpserit indignacionem omnipotentis Dei et beatorum Petri et Pauli Apostolorum ejus se noverit incursurum. Datum Lateranensi II Idus aprilis pontificatus nostri anno primo. Et hec omnibus significamus per presentes litteras sigillo nostro sigillatas. Datum die martis post festum Beati Martini Hyemalis Anno Domini M° CC° LXXX°mo quarto.

411

1285.

Donation par un particulier de biens en la paroisse de Ploërdut, à l'abbaye de Bon-Repos.

Arch. des Côtes-du-Nord.
Inventaire des archives de l'abbaye.

412

1285.

Au commencement de l'année 1285, Guillaume de Mur, écuyer, vend à Jocelin de Rohan, fils d'Alain, vicomte de Rohan, plusieurs terres situées dans la paroisse de Mur, pour 70 livres.

Arch. de Kerguehennec.

413

Alain de Camors donne à Geoffroy de Rohan le fief qu'il possédait dans les paroisses de Plumelin et Camors.

Bibl. nat., Mss., fonds franc., 22337.
Cop. Pap. — Titre de Blein.

15 Novembre 1286.

Alain de Quemorz, escuyer, fluz Henry de Quemorz, escuyer, mort, donne en pure et perpétuelle héritage et amosne à Jouffroy de

Rohan, clerc, fils noble home Alain, vicomte de Rohan, chevalier, et à ses hers et à ses successours et à ceux qui cause de luy auront, tout le fi u gientil que iceluy Alain de Quemors avoit ès paroisse de Piemelin et de Quemors, de la diocèse de Vennes, etc..... Ce fut fait et donné le jor de vendredy prochain après la feste Saint-Martin d'hiver, l'an de grâce mil dous cens et quatre-vingtz et seis. Testibus his domino Alano de Capellâ, Eudone Moriâ, Gaufrido du Cleio, Guillelmo dou Cleio, Chael, Eudone Buhort.

414

1286.

En 1286, la paroisse de Pluméliau était du fief de la vicomté de Rohan, par contrat de vente passé devant l'alloué de cette juridiction de la terre de Kerhuélen, en Pluméliau, entre Olivier Amoros écuyer et Hadivise sa femme, vendeurs, et Jehan Savor, burgensis de Lodoyac *(bourgeois de Loudéac) acquéreur.*

Arch. de Kerguehennec.

415

Vidimus du jugement des exécuteurs testamentaires de Jean I, duc de Bretagne, restituant plusieurs biens à l'abbaye de Saint-Gildas, notamment l'usage dans les bois de Rhuys.

Arch. dép. Fonds de l'abbaye de Saint-Gildas-de-Rhuys
Copie du XVIe siècle parchemin.

10 Septembre 1287.

Universis presentes litteras inspecturis et audituris Guillelmus Redonensis, Petrus Briocensis, Henricus Venetensis permissione divina episcopi, Guillelmus decanus Briocensis et Joannes de Mota scolasticus Nannetensis executores testamenti inclite recordationis Johannis quondam ducis Britannie salutem in Domino. Noveritis quod nos sufficienter informati per inquestam quam super hoc fieri fecimus dilligenter reddimus et reddere volumus religiosis viris abbati et conventui monasterii Sancti Gilde Ruiensis nomine supra dicti monasterii pocessione ejusdem orti siti juxta domum dicte Samnou que probant se per dictum Chantereus allocatum quondam dicti Ducis fuisse sine causa spoliati. Item reddimus et restituimus eisdem religiosis nomine quo supra pocessionem...... sitam in villa Turquet de quibus fit mentio in primo articulo peticionis ipsorum..... qui probant per..... eorum eisdem fuisse spoliati et nichilominus probant proprietatem ad se pertinere per testes qui de credull....... super hoc deponunt verum....... et ortus cum aliqua particula terre de quibus fit mentio in dicto articulo et de quibus et per dictos religiosos facta fuit ostensio sunt domini Ducis..... Item quia idem religiosi probant se fuisse in possessione cum dicto prato sito apud Gulazum de quo fit mentio in septimo articulo peticionis ipsorum et per gentes eorum eadem possessione spoliatos esse restituimus eisdem possessionem predictam dicti prati salvo jure horum vicinorum qui sibi jus vendicant in eodem. Item de terris veteri terra et lauda siti superius (?)... de quibus fit mentio in quinto articulo peticionis eorum non probant pocessionem nec proprietatem ad eos pertinere sed probatur possessio comitis in eisdem et etiam proprietas per testes qui de credull... super hec deponunt. Item terrarum contentarum in tercio articulo peticionis ipsorum religiosorum sitarum aput Coedel probunt dicti religiosi pocessionem et illius partis in quo est nemus situm et per gentes eorum eadem possessione fuisse indebite spoliatos. Quod nemus spectat ad eorum unde possessionem dicte terre reddimus et restituimus religiosis supradictis. Item pocessionem terrarum de Montgunel contentam in quarto decimo articulo peticionis eorum religiosorum in forestis et nemoribus, de revisio impedimentum quod dominus Dux apposuit super predicto usagio si quid apposuit..... quominus eodem possent uti penitus innuemus et eos reducimus ad factum utendi eodem usagio in quo erant ante impedimentum predictum. In cujus rei testimonium et fidem presentes litteras eisdem religiosis dedimus sigillis nostris parvis quibus utimur nos apud predictum unicum sigillo nostro communi quo utimur in negocio exemtionis predicte dedimus sigillatas, salvo jure proprietatis domino Duci in omnibus premissis. Datum die mercurii post nativitatem beate Marie Virginis anno Domini Millesimo ducentesimo LXXX^{mo} septimo. Et esteit scellé en cire vert de quatre petiz seaulx. Donné et fait par copie vidimus, collacion faite ..... 24 septembre 1696 signé Minée.

416

Henri, évêque de Vannes, unit à la mense du chapitre de sa cathédrale la paroisse de Plémeur.

Arch. dép. Fonds du chapitre de Vannes.
Orig. parch. était scellé de trois sceaux
sur double queue de parchemin.

23 Octobre 1287.

Universis presentes litteras inspecturis et audituris, Henricus, miteracione divina episcopus Venetensis, salutem in Domino sempisernam. Notum facimus quod nos consideravimus et cum magna deliberacione habita cum venerabili capitulo ecclesie nostre Venetensis conspeximus prebendas et distribuciones cotidianas canonicorum ejusdem ecclesie Venetensis adeo esse tenues et modice substancie quod ex eis dictum capitulum non potest congrue sustentari ; unde accidit quod plures ex canonicis memoratis propter dictarum prebendarum et distribucionum tenuitatem considerantes se ex premissis prebendis et distribucionibus non posse sustentacionem congruentem habere ad alia loca se transferunt et ibi moram trahentes deserunt ecclesiam supradictam per quod in ipsa ecclesia cultum diminui contingit damnum. Nos autem ipsum cultum omni conatu pucientes augere habito cum dicto capitulo diligenti tractatu predictas prebendas et distribuciones decernimus esse augendas. Unde de memorati capituli consensu ecclesiam de Ploemer apud Remenetheboy, dyocesis venetensis, cum omnibus juribus et pertinenciis suis conferimus et assignamus predicto capitulo Venetensi intuitu caritatis ad predictarum prebendarum augmentum et de eadem ipsum capitulum investimus vicario qui pro tempore in ipsa ecclesia de Ploemer fuerit institutus, de proventibus et obvencionibus ejusdem congrua provisione retenta et reservata ad nostram disposicionem et ordinatum taxanda , extimanda et moderanda. Apponimus itaque et ordinamus de dicti capituli consensu quod predictum capitulum Venetensem habeat et percipiat in perpetuum omnes decimas prediales et primicias predicte ecclesie de Ploemer et omnia alia jura ejusdem ecclesie de Ploemer quæ in blado vel tritico et segetibus percipi consueverunt ab omni honere immunia et quod residuum proventium obvencionum jurium et reddituum ipsius ecclesie de Ploemer vicarius qui in eadem ecclesia pro tempore fuerit institutus habeat et percipiat et procurationum catedraticorum, censalium, questarum et aliorum jurium debitorum racione ipsius ecclesie de Ploemer cum effectu honera subeat et supportet, quod residuum extimamus sufficere ad ejusdem vicarii sustentacionem decentem et ad hospitalitatem tenendam, et ad procurationum catetradicorum, censalium, questarum et aliorum jurium debitorum racione ejudem ecclesie de Ploemer superioribus et magistris honera subeunda et supportanda ; predictas autem decimas et primicias et alia jura dicte ecclesie de Ploemer que in segetibus, blado, vel tritico percipi consueverunt tunc demum percipiet capitulum memoratum ex eo tempore quo ipsam ecclesiam de Ploemer contigerit vacare. Nicolai dicti de Redene presbiteri rectoris ejusdem ecclesie de Ploemer ad hec expresso accedente consensu, collacionem vero vicarie ipsius ecclesie de Ploemer nobis et nostris successoribus retinemus et reservamus. Et hæc nota facimus per presentes litteras sigillo nostro et sigillis dictorum capituli et Nicolai sigillatas. Datum et actum die Jovis post festum beati Luce evangeliste anno Domini millesimo ducentesimo LXXX^{mo} septimo.

417

Geoffroy de Rohan, chanoine de Saint-Brieuc, achète plusieurs terres situées dans la paroisse de Pluméliau.

Bibl. de la ville de Nantes ; arch. Bizeul.
Orig. parch. était scellé sur double queue.

5 Décembre 1287.

Universis presentes litteras inspecturis et audituris Eudo Rossellus Rogerii, allocatus tunc temporis domini vicecomitis de Rohan in terris que condam fuerunt Gaufridi de Lanvaux, militis, defuncti, in parrochiis de Neyzin, de Remungol et de Plemeleau, salutem in Domino. Noveritis quod coram nobis in jure personaliter constituti Henricus dictus Le Glas et Amou, ejus uxor, cum ejus auctoritate, Oliverius dictus Le Pennec, frater dicti Henrici, Guillelmus dictus Le Pesant et Margarita, ejus uxor, cum ejusdem Guillelmi auctoritate, Guillelmus dictus Niel et Agnes, ejus uxor, cum ejus auctoritate similiter, Guennou, relicta Petri Kam, Guillelmus, filius Gaufridi de Killi, et Mabilla, filia Halani Hamonis, ejus uxor, cum ejusdem auctoritate, et Mahauda, soror dicte Mabille, spontaneè, non coacti, vendiderunt et recognoverunt se vendidisse et spontaneè vendicionis nomine concessisse Gaufrido de Rohan, canonico briocensi, filio nobilis viri domini vicecomitis de Rohan, et ejusdem Gaufridi de Rohan heredibus et ab eo causam habentibus imperpetuum, teneamentum dicti Eshoarn, teneamentum Gaufridi Galteri, teneamentum Hervei, filii Jarneguen, et tenementum dicti Coguic, cum omnibus pertinenciis eorumdem, et villam que vocatur Lenes in Pennant, cum omnibus et singulis dictorum tenementorum et ville pertinenciis, pratis, aquis, landis, nemoribus, terris arabilibus et non arabilibus, et eciàm omnibus et singulis rebus aliis quibusconque sitis in parrochiâ de Plemeleau, Venetensis diocesis, videlicet pro viginti quinque libris monete currentis et bannis et vendicionibus ; de quâ peccunie summâ se tenuerunt coràm nobis prenominati venditores et venditrices penitùs propagatis. Nos igitur, bannis super premissis per curiam domini vicecomitis de Rohan racionabiliter factis, vendicionibus persolutis et omnibus aliis que vendicioni et empcioni pertinent, secundùm usus et consuetudines patrie, ritè peractis, nemine contradicente nec propinquiore ad retinendum veniente, adjudicavimus judicio curie supradicte omnia et singula supradicta memorato Gaufrido de Rohan et suis heredibus et ab eo causam habentibus ad puram et perpetuam hereditatem, imperpetuum pacificè jure hereditario possidenda et habenda, pro summâ peccunie supradictâ et bannis et vendicionibus antedictis. Juraverunt eciàm coràm nobis dicti Henricus, Guillelmus dictus Le Pesant, Guillelmus dictus Niel, Guillelmus Gaufridi, et Amou, Margarita et Agnes, eorum uxores, cum eorumdem maritorum suorum auctoritatibus supradictis, et Oliverius, Guennou et Mahauda, tactis sacrosanctis Euvangeliis, quod minimè premissis omnibus aut aliquo premissorum nichil imposterum, per se vel per alium, racione aliquâ reclamabunt. In cujus rei testimonium et munimen presentes litteras memorato Gaufrido de Rohan et suis heredibus et ab eo causam habentibus sigillo nostro, salvo tamen jure dicti domini vicecomitis et cujuslibet domini alterius, dedimus sigillatas. Datum die Veneris proximâ post festum Beati Andree apostoli, anno Domini M° CC° LXXX^{mo} septimo.

418

Jean II, duc de Bretagne, confirme la donation de cent livres de rente faite par son père Jean II à l'abbaye de Prières ; ces cent livres de rente seront levées sur les moulins, halle et fermes de Muzillac.

Mss. de la Réformation.

7 mai 1288.

A tous ceux qui cestes présentes lettres voirront et orront Jehan, duc de Bretagne, comte de Richemont, saluz en nostre Seigneur. Comme nostre cher seigneur nostre père, dont Dieu ait l'asme, à sa abbaïe de Prières, de l'ordre de Cistiaux, de l'évesquie de Vanes, de laquelle il fuist le principal fondeour et en laquelle il eslust sa sépulture, ait donné cent livres de rentes, oultre les autres donaisons et les fondemens qu'il avoit assigné à ladicte abbaie par devant, et pour ce que les religious qui sont establis en ladite abbaïe puissent servir lour religion et vivre oudit lieu, nous, voulans accomplir la regnable et la débonaire volantié nostre seigneur nostre père en cette chose, assignons et baillons désores azdiz religioux lesdictes cent livres de rente sur nos moulins, nostre cohue, toutes nos fermes et nos autres rentes de Musuillac, jusques à tant que nous les lour aions assises en terre assise aillours en nostre terre de Bretaigne ; lesquelles cent livres de rente nous voulons et octroions à fère paier asdiz religious chacun an à la feste Saint-Denis, et à ce nous obligons asdiz religioux lesdites fermes et rentes, si comme il est devisé par-devant, et voulons que le paiement desdites cent livres lour soit feit des fermiers ou des recevoiours qui recevront, tendront ou lèveront lesdites rentes et fermes, sans nul autre commandement attendre de nous ne de nos airs ; asquelles choses desusdites tenir, accomplir et non venir encontre, ne en tout ne en partie, nous obligons asdiz religioux nous et noz heirs, présens et à venir. Et, que ce soit ferme et establé à tous temps mès, nous baillasmes asdiz religioux cestes présentes lettres saiëllées en nostre saiau. Ce fut donné le jour de vendredy emprès la Ascension, l'an de grâce mil deux cent quatre-vingt et huit.

419

octobre 1288.

Donation faite à l'abbaye de la Joye par Tanguy, dit Varadee, et sa femme de tout ce qu'ils avaient et pouvoient avoir dans le village de Lesnan, paroisse de Plouay.

Arch. dép. — Fonds de l'abbaye de la Joie, note du XVIIe siècle.

420

Accord entre Alain, vicomte de Rohan, et Tiphaine, veuve de Geoffroy de Lanvaux, au sujet de son douaire; Alain de Rohan lui reconnaît une rente de quarante livres payables à Pontivy.

Bibl. de la ville de Nantes; arch. Bizeul.
Orig. parch. scellé de deux sceaux sur double queue, celui du duc de Bretagne, celui du vicomte de Rohan.
Titre détérioré.

25 octobre 1288 (?)

Sachent toz que, comme contens fust esmeu par nostre cort à Ploermel en droit entre noble monsor Alein visconte de Rohan, chevalier, d'une partie, é Téphaine, jadis femme monsor Geffroi de Lanvaux, chevalier, mort, de l'autre partie, sus ce que ladite Téphaine demandoit à avoir doudit monsor Alein, par réson de doère ou de doneison por noces feites o ledit monsor Gieffroi, son seignor, la tierce partie de totes les chouses inmobles que ledit noble homme deveit des héritages é des sésines audit monsor Geffroi jadis ou de monsor Alein de Lanvaux, père dodit monsor Geffroi, é ledit noble disait é alléget plusors raisons encontre ; après plusors altercacions é débatz euz entre eux par nostre dit cort, à concorde de poz vindrent lesdites parties par nostre d[ite cort] en tèle manière : que ledit noble homme done et otrie à rendre à ladite Téphaine par checun an, le jor d[e la feste] Saint-Michel en Monte-Gargane, por aumosne é por pitié é por tote demande é réson de doère é [de doneison] por noces que ladite Téphaine fesait é poet faire, si point en avoit ès chouses desus-dites ne en auchune..... ne dovoit avoir, é por autres chouses, quarante livres de monnaie corante à la vie à la dite Téphaine, en tant comme elle vivra, par checun an, à Pontivi, si comme il est dessus dit..

.... [Donné] le jour de lundi prochein avant la feiste de Toz-Sainz, en l'an de graice mil CC.... ....

421

Guillaume de Bynnan, écuyer, donne à l'abbaye de Prières tout ce qu'il possédait dans la villa de Brenryan, paroisse de Muzillac

Bibl. nat., Mss., fonds franç., 22337.
Cop. pap.

6 Novembre 1288.

Universis presentes litteras inspecturis et audituris Officialis Venetensis salutem in Domino. Notum facimus quod in nostra presentia constitutus in jure Guillelmus de Bynnan, scutarius, spontanea voluntate, non coactus, dedit, concessit et adhuc dat et concedit in puram et perpetuam eleemosinam religiosis viris abbati et conventui B° M° de Precibus, cisterciensis ordinis, Venetensis diœcesis, et eorum monasterio quidquid juris, possessionis, proprietatis et dominii habebat, habere poterat et debebat, quacumque ratione sive causa, in villa que vulgaliter dicitur vel nuncupatur Brenryan, in territorio ejusdem ville et....... ejusdem ville, site in parochia de Musuillac, cum suis pertinenciis universis, cedens eisdem abbati, conventui et eorum monasterio omnium actiones, jura et exercitia actionum eidem Guillelmo competentia et competitura in premissis, quacumque ratione et causa, nihil juris sibi nec suis retinens, de cetero in premissis transferens ex nunc in ipsos abbatem et conventum possessionem et sesinam omnium premissorum, per traditionem presentium litterarum, nihil juris sibi retinens in premissis, jurans tactis sacrosanctis evangeliis quod contra tenorem presentium, per se nec per alium, non veniet in futurum nec dabit materiam alicui veniendi, renuncians penitus et expresse omnibus exceptionibus juris et facti que contra tenorem presentium possent in posterum objici vel opponi. Ad que omnia tenenda et contra non veniendum dictum Guillelmum, coram nobis presentem et consentientem, in his scriptis condemnamus et his omnibus quibus significandum est significamus per presentes litteras sigillo curie nostre, una cum sigillo dicti Guillelmi, sigillatas in testimonium premissorum. Datum die sabbati post festum omnium Sanctorum, anno Domini MCCLXXX^{mo} octavo.

422

Chambre des Comptes transférée ou rendue à Muzillac en 1288.

423

1288

Lettres accordées aux religieux de Redon concernant l'exception de coutume sur le port de Redon et de Rieux.

Arch. d'Ille-et-Vilaine. F. Saint-Sauveur de Redon.

424

Geoffroy de Hennebont, écuyer, reconnait n'avoir aucun droit sur des terres d'Alain, vicomte de Rohan, situées en la paroisse de Noyal et autres lieux qu'il avait eues autrefois en tenues.

Bibl. de la ville de Nantes ; — Arch. Bizeul.
Orig. parch. était scellé sur double queue.

Janvier 1289.

A touz ceulx qui verront é orront cestes présentes lètres Jahan, duc de Bretaigne, conte de Richemont, saluz en Deu. Sachent touz que, come contenz fussent esmeuz en nostre court de Ploarmel entre noble home Alain vicomte de Rohan, chevalier, d'une part, é Jéfroy de Henbont, escuier, de l'autre, sus toutes les terres que icelui Jéfroy avoit onques eues en tenouout en la parroisse de Noeal, é sus tout ce que il avoit onques eu ès breuz de Penbezu, de Stéziou é de Quoetquastel, si come ils se porsieient, en boys, en plain, en èves, en terres arables é non arables é en toutes autres choses, et sur ce que ledit Jéfroy demandout à avoir doudit viconte ce que la mère doudit Jéfroy avoit ès viles qui sont apelées Kermeingui é Keir-en-Collen, sises en la parroisse de Ploessulian, é une place o un courtill enssevant à ladite place, en laquèle ledit Ségalen maint, sise en la vile de Corlé, é sur ce que ledit Jéfroy demandout à avoir d'o ledit viconte toutes les terres é les droitures lesquèles le père é la mère doudit Joufroy avoient eu ou pooient avoir eu par queulque raison, en quelque leu en la viscontée de Rohan, lesquèles choses devant-dites ledit viconte tenoit é porsseoit é disoit que il les avoit acquises à héritage par bon achat é par autres bons esploez, si come il disoit; après plusours aterquacions eues entre lesdites parties sur ces choses dessus-dites, veimes en nostre plein Parlement-Général les lètres doudit viconte, é oïmes les raisons d'icelui sus les choses dessus-dites, contre ledit Jéfroy é ses demandes, é les raisons doudit Jéfroy contre ledit viconte é ses lètres é ses raisons, de conssoill de prodes gienz jugâmes, par les lètres é par les raisons doudit viconte, aprovées en droit par-devant nous contre ledit Jéfroy, présentes lesdites parties, que toutes les choses dessus-dites é chesqune d'eules doivent demorer é demorent audit viconte é à ses heirs à touz jourz mais à perpétuel éritage, é que ledit Jéfroy ne les siens n'i poent jamais mètre content ne riens i réclamer ne demander à nul tens. E voult ledit Jéfroy é otroia par devant nous que nous tout de plain, senz plet, senz débat é senz délay facions toutes ces choses dessus-dites é chesqune d'èles tenir, garder é acomplir; é jura ledit Jéfroy, pour lui é pour les siens, corporaulment sus les seinz Euvangiles, toutes ces choses dessus-dites é chesqune d'eules tenir é non aler encontre; é nous ledit Jéfroy présent en droit par-devant nous condempnâmes é condempnons par nostre jugement à toutes ces choses devant-dites é chesquue d'èles tenir é non aler encontre; lequel jugement queillit ledit Jéfroy. E, pour ce que toutes ces choses devant dites soient fermes é estables à touz jours mais, nous donâmes audit viconte é feimes seiéler cestes présentes lètres en nostre propre seel, sauf nostre droit é nostre seigneurie é nostre sésine en toutes choses. Ce fut fait en nostredit Parlement, à Nantes, ou moès de jenvier l'an de grâce mil dous cenz quatre-winz é uyt.

425

Les exécuteurs testamentaires de Jean I, duc de Bretagne, transforment en une rente de soixante livres due par les ducs de Bretagne, à l'abbaye de Prières, la promesse de quinze tonneaux de vin, faite par le duc à l'abbaye.

Extrait du Mss. de Bellefontaine

22 Septembre 1289.

Universis presentes litteras inspecturis vel audituris Guillelmus Rhedonensis, Petrus Briocensis, Henricus Venetensis miseratione divina episcopi, Guillelmus, decanus Briocensis et Joannes de Motâ, scholasticus Nannetensis, executores testamenti inclyte recordationis Joannis, quondam ducis Britannie, salutem in Domino. Noveritis quod cum abbas Beate Marie de Precibus, cisterciensis ordinis, peteret, nomine monasterii sui de Precibus, quod nos perficeremus et provideremus de vineis, ad sustentationem abbatie de Precibus cum triginta monachis, quod idem dux defunctus facere promiserat, prout in litteris ipsius corâm nobis exhibitis ac patentibus continetur ; quod non fecerat nisi ad estimationem quindecim doliorum annuatim ; nos sufficienter informati, ordinamus quod abbatie predicte, pro complemento dicte provisionis et arreragiis temporis preteriti ante mortem dicti ducis, sexaginta libre perpetui redditus a domino duce moderno assignentur. In cujus rei testimonium presentes litteras dedimus predictis abbati et conventui, sigillis nostris, episcoporum predictorum una cum sigillo unico quo nos omnes utimur in negotiis executionis insimul sigillatas. Datum apud Alraium, die jovis post festum beati Mathei apostoli, anno Domini millesimo ducentesimo octogesimo nono.

426

Maurice, seigneur de Craon et de Sablé, reconnaît n'avoir aucun droit sur la ville et château de Ploërmel, qu'il prétendait avoir appartenu à ses ancêtres. Il annule tout acte contraire.

Arch. dép. de la Loire-Inférieure. Fonds du Trésor des Chartes. Orig. parch. scellé sur double queue de parch. du sceau du seigneur de Craon.

2 Décembre 1289.

A touz ceus qui cestes présentes lètres vœrront et orront Moryce, seignour de Craon é de Sablé, saluz en Nostre Seignour. Sachient touz que, come contenz feut entre nous, d'une partie, é très-haut home nostre chier seignour Jahan, duc de Bretaigne, conte de Richemont, d'autre, sus ce que nous disions que le châtiau é la vile de Ploearmael o touz lour fiez, homages, obéissences, terres, demaines, é o toutes lour autres apartenences nous apartenoient, pour ce que éles avoient esté à monsour Amalry de Craon, nostre ançaisour, cui nous suimes heir, é desquiels châtiau, vile et apartenences ledit Amalry, nostre ançoisour, avoit esté long temps é souffisent en bone saisine et paisible, en bone foy, par veroi titre, bon é loial, à seignourie acquerre, é lesquiels châtiau [et] vile, o toutes lourdites apartenences, avoient esté paravant à monsour Moryce de Craon, frère jadis audit Amalry, é, enprès sa mort, estoient venuz é descenduz audit Amalry par droit de héritage é de succession ; é par plusours autres raisons disions-nous que lesdiz châtiau, vile é toutes lour apartenences nous apartenoient ; pour quoy nous requérions à nostredit seignour de Bretaigne que il les nous rendist, é délivvrast ledit châtiau, vile é toutes lour apartenences, o les fruiz é o les leveies que ils é ses ançoisours en avoient eu é levé ; é nostredit seignour de Bretaigne disoit que nous n'i avions ne ne devions avoir droit de propriété ne de saisine ne autre a èsdiz châtiau, vile é apartenences, é que ledit Amalry, nostre ançoisour, n'i avoit eu droit de seignourie ou autre aèsdites choses, ne ledit Morice ; é que, si ils ou auscun de aus i avoient auscun droit, ils le avoient quité é transporté au conte Pierres, ayoul à nostredit seignour de Bretaigne, à cui il est heyr ; pour quoy é par plusours autres raisons disoit nostredit seignour que il n'estoit pas tenuz à nous rendre é délivvrer lesdiz châtiau, vile é lour apartenence ; à la parfin nous, enquis diligeomont la vérité, trovasmes que nous n'avions droit de seignourie ne autre aèsdiz châtiau, vile é apartenences, é que ledit Amalry avoit donné, déleissé é quité audit conte Pierres tout le droit de propriété é de saisine é autre que il avoit aèsdiz châtiau, vile é apartenences é avoir i poait, par quielque raison, é transporté en lui. É pour ce nous nous déleissasmes de ceste requeste fère à nostredit seignour de Bretaigne, é encores donons, déleissons é quitons de tout en tout à nostredit seignour de Bretaigne touz les droiz é toutes les accions é demandes que nous avions é poions avoir é devions aèsdiz châtiau, vile é toutes lour apartenences ; é li promètons que nous ne noz heir, ne cils qui auuront (*sic*) cause de nous, jamais riens ne li demanderons ne à ses heirs, ne à ceus qui i auuront cause de lui, desdiz châtiau, vile é lour apartenences. É, si nous avions auscunes lètres qui nous peussent aider, quant à ces choses desus dites, é nuire à nostredit seignour, nous voulons que èles soient cassés é annullées é de nule valour, é les anullons desjà de tout en tout, é les li promètons garenter é deffendre des noz é de touz autres é encontre touz qui auuroient (*sic*) cause de nous é des noz é de touz ceus qui li en feroient demande ou porroient é fère par raison de nous. É à toutes ces choses tenir, é chascune par soy, senz venir encontre, nous li en obligons nous é noz heirs, é noz successors é touz noz biens, moibles é immoibles. En testemoine desquiels choses nous li en donons cestes lètres saiellées en nostre propre saiel. Donné le vendredy enprès la Sainte-Katerine, l'an de graice mil dous cens quatre-vignz é nœuft.

427

1289.

Accord à la cour de Ploërmel entre Alain, vicomte de Rohan, et Alain, son fils aîné, d'une part, Hervé de Léon et Hervé son fils aîné, d'autre part. Hervé réclamant d'Alain 100 livres de rente avec les arrérages depuis 22 ans, rente que ledit vicomte lui avait donnée et pour laquelle il lui rendait hommage. Hervé avait abandonné et abandonne encore au vicomte et à ses hoirs tous les droits qu'il avait eus et pouvait avoir en la paroisse de Noyal, droits qu'il avait autrefois réclamés comme étant son héritage ; le vicomte reconnaît, de son côté, qu'il avait autrefois « pris à home » ledit Hervé moyennant 100 livres de rente, et consent à ce que la cour de Ploërmel les lui assigne sur ses terres de Plusulien et terres environnantes « exceptéz toutevois les « viles marchandes doudit vicenté e ses fieuz gen- « tiulx e ses forez et ses boes qui anciennement ont « esté gardéz pour forest ou pour garane. » En outre, pour les arrérages et toutes autres réclamations du seigneur de Léon, le vicomte est tenu lui payer 500 livres, savoir moitié dedans avant l'Angevine prochaine, et moitié dedans l'autre Angevine suivante.

Archives de Kerguehennec. V. dom Mor. I, 109.

[1] Peu de temps après, d'après un acte de 1296, cette assiette des 100 livres fut transportée sur la paroisse de Melrand pour 85 l. et pour le reste sur la paroisse de Baud.

428

Entre 1289 et 1305.

Accord entre le duc de Bretagne et l'abbé de Redon touchant les privilèges de la juridiction temporelle de l'abbé sur Redon, Brain, Bain, Langon, Broolis[1] en Noyal Muzillac, Ressac[2] en Saint-Vincent, Saint-Gorgon.

Arch. d'Ille-et-Vilaine, Fonds Saint-Sauveur de Redon.

429

Enquête relative aux droits que revendiquait l'abbé de Quimperlé sur la sècherie de Belle-Isle.

Extrait de l'inventaire des Arch. de la Loire-Inférieure E. 72. Trésor des Chartes.

430

Plaintes portées devant le Parlement de Bretagne par le vicomte de Rohan contre le duc de Bretagne, qui ne cessait d'empiéter sur sa juridiction.

Bibl. de la ville de Nantes; arch. Bizeul.
Orig. parch.

27 novembre 1291.

Dicit vicecomes de Rohan contrâ nobilem virum comitem Britanie quod idem comes, per se vel suos, fecit et facere nititur capi costumas et celeragia ac pignora dicti vicecomitis et ejus gentium pro vinis emptis et ductis et que solent duci ad ejus domos pro ipsius et suorum usagio, contrâ jus eclesie, ejus libertatem et possessionem libertatis ab hujusmodi exactionibus, et contrâ usum et consuetudinem patrie, et impediendo ipsum in possessione libertatis qua fuit, et ejus predecessores, hujusmodi non solvendi, et est. Quare petit eum sibi condempnari et compelli ad amovendum dictum im-

[1] Broolis, aujourd'hui *Breulis*.
[2] Ressac, aujourd'hui *Saint-Perreux*.

pedimentum et desistendum a predictis et ad reddendum sibi exacta ratione hujusmodi, que extimat quadraginta libras. Item dicit contrà dictum comitem, filium et heredem deffuncti Johannis, quondâm comitis Britanie, quod idem Johannes tenuit et habuit ratione bali terram dicti vicecomitis et parrochias ac terras de Plœrae et de Meillonec, que erant de terris dicti vicecomitis et de quibus erat in possessione pater dicti vicecomitis, cùm decessit, quoad dominium directum et obedientias; quare, cùm dictus Johannes retinuerit dictas parrochias, terras et obedientias earum nec ipsi eas reddiderit, licet finierit baillum, petit dictum comitem heredem, ut supprà, sibi condempnari et compelli ad predicta sibi reddenda cum fructibus et interesse, quos fructus et interesse extimat mille marchas, maxime cum hec debeant fieri de consuetudine. Item dicit contra dictum comitem, heredem dicti Johannis, quod idem Johannes, per se vel suos, fecit chauceiam seu aggetum et stagnum quoddam, vocatum de Pontchaellec, restiniens (sic) et inundens in terris et rebus dicti vicecomitis et suorum injuste et [ad] maximum prejudicium ipsius et suorum; que adhuc ita tenet idem comes contra voluntatem dicti vicecomitis; quare petit dictum comitem, etiam heredem, ut suppra, sibi condempnari et compelli ad ea demolienda et in pristinum statum reducenda, et ad satisfaciendum sibi de dampnis et interesse eum contingentibus ob predicta, que extimat mille marchas. Item dicit contra dictum comitem quod, quamvis de jure communi et secundum consuetudinem et statuta regalia servientes superiorum non debeant commorari in terris subjectorum nec ibi exercere officium juridictionis, idem comes tenuit et habet commorantes plures servientes officium juridictionis exercentes et impedientes dictum vicecomitem in vicecomitatu dicti vicecomitis uti juridictione libere, ut consuevit facere; que facit et facere nititur idem comes injuste; quare petit ipsum comitem sibi condempnari et compelli ad removendum dictum impedimentum et desistendum a talibus faciendis et reddendum dampna, que extimat centum libras. Item dicit contra dictum comitem quod ipse comes, et sui, injuste recepit et adhuc recipere nittitur contra consuetudinem in terra sua homines talliabiles dicti vicecomitis et etiam impeditos in curia dicti vicecomitis de criminibus, et deffendit eos ne de dictis criminibus punientur per dictum vicecomitem et ne dictus vicecomes emendas et lucra eum contingentia per consuetudinem patrie possit levare; quare petit eum condempnari ad desistendum a predictis et ad reddendum dampna et interesse, que extimat mille marchas. Item dicit contra

dictum comitem quod dictus comes adjornat, per se vel per suos, et
constringit ipsum vicecomitem et suos subjectos litigare alibi quam
apud Ploearmael, ubi consuetum est hoc fieri et non alibi, de aliis
captionibus factis per dictum vicecomitem et suos alibi quam in
villis de Vennes et de Aureio, et sic tenet et consuevit tenere
terram suam sub ista libertate ad fidem et homagium dicti vicecomitis (*sic*); quare petit eum condempnari et compelli ad desistendum a predictis. Item, quod, quamvis consueverit ipse constringi,
in casibus quibus debet fieri, per senesscallum de Ploearmel et ejus
generalem allocatum, et non per servientes alios vel substitutos ab
eis, et sub ista libertate tenuerit et teneat terram suam ad fidem, et
fuerit et sit in possessione hujusmodi, idem comes nichilominus
fecit et facit eum constringi injuste aliter et per alios, impediendo
possessionem suam ; quare petit amoveri dictum impedimentum et
sibi emendari. Item, dicit contra ipsum quod, quamvis non debeat
habere dictus comes nisi unum hominem de dicto vicecomitatu nec
de terris dicti vicecomitis, ad quantascumque manus vel personas
devenerint, et sic in hujusmodi libertate tenuerit, et ejus predecessores, et teneat dictum vicecomitatum ad fidem et homagium dicti
comitis, et fuerit et sit in hujusmodi possessione, et capiendi fidem
et homagium tenentium terras et feoda in dicto vicecomitatu, idem
tamen comes injuste recepit Herveum de Leonia ad fidem et homagium suum de terris et feodis quas tenet in dicto vicecomitatu,
inrequisito dicto vicecomite et contra ejus voluntatem ; quare petit
dictum comitem dictum impedimentum a se removeri, et petit
omnia predicta sibi emendari, secundum consuetudinem patrie.
Supplicando proponit et dicit vicecomes de Rohan in Britania contra
nobilem virum comitem Britanie quod, quamvis dictus vicecomes
de Rohan cepisset, per se vel per suos, secundum et exequando
statutum regium, et teneret ac expletaret, infra vicecomitatum
suum de Rohan et alias terras suas castellaniarum de Porenquoet,
de Kemenet-Guegant et de Gormeneio, terras et possessiones exis-
tentes in sua juridictione alte et basse acquisitas per costumarios
viros et quasdam per ecclesias et nomine ecclesiarum, vicecomitatum et terras suas de Porquoet, de Kemenet-Guégant et de Gormeneio et juridictiones tenebat a dicto comiti fide et homagio et esset
in possessione, per se vel per suos, de predictis, idem actor dictus
comes, per se vel per suos, eum spoliavit de predictis et de novo
injuste et adhuc detinet spoliatum ; quare supplicat petens dictum
comitem sibi condempnari et compelli ad sibi faciendum plenariam
restitutionem de premissis, cum fructibus et exitibus predictorum

et dampnis eum contingentibus ab predicta a tempore spoliationis predicte, que extimat mille marchas, et quod sibi emendet secundum consuetudinem patrie. Hec petit et supplicat salvo sibi juris beneficio in omnibus protestato quod non se abstringit probare nisi que poterit de predictis, et super hec est assignata dies monstre seu inspectionis apud Ponctevi, ad diem martis in feriatis Pasce partibus antedictis. Actum in presenti parlamento, anno Domini M° CC° nonagesimo primo, die martis post festum Beati Clementis.

431

Accord entre Sibille, abbesse du monastère de la Joie, près Hennebont, et Hadenèse Pantonath, fille de Jean Guernery, et épouse de Dérien Donasroen, au sujet de la chaussée et de l'étang des moulins de Kersol dans la paroissse de Languidic.

Arch. dép. Fonds de l'abbaye de la Joie.
Orig. parch. était scellé sur simple queue.

28 Janvier 1292.

Universis presentes litteras inspecturis et audituris Hadzenisia dicta Pantonath filia Johannis dicti Guenery, cum auctoritate Deryani dicti Donazroen mariti mei, mihi ab eodem captum ad ea que secure et prestita, nec non et idem Deryanus salutem in Domino Noverint universi quod cum contencio verteretur inter nos ex una parte et sororem Sibillam, humilem et religiosam dominam abbatissam de Gaudio Beate Marie prope Henbont, conventum dicti loci, ex altera; supra hoc quod nos dicebamus, proponebamus contra dictas abbatissam et conventum quod ipsi aut alius nomine suo non poterant nec debebant facere chauceyam seu stagnum prout jam sit alte ad opus seu negocium molendinorum suorum juxta villam que vulgaliter appellatur Kervercol[1], in parochia de Languidic, nec habere ibidem chauceiam nec arrestare seu arrestari facere aquam ibidem ad opus dictorum molendinorum eo videlicet quod dicta chanceya, seu stagnnm fiebant in terra nostra propria; quare ab eisdem abbatissa et conventu tenebamus de feodo suo et etiam quam et terram modo quo supra asserebamus esse nostram qua sit dicta chauceya et super hoc quod dicta abbatissa et con-

[1] Aujourd'hui Kersol, ferme et moulin à eau sur le Pont-du-Roch, commune de Languidic.

ventus e contrario dicebantur et proponebant contra nos quod talis erat possessio antecessorum dominorum dicti feodi et sua quod ipsi et sui poterant et debebant facere et habere chauceyam seu stagnum ad opus et negocium dictorum molendinorum et arrrestare seu arrestari facere aquam ibidem prout jam sit et hec similiter probarentur per probos viros fide dignos ad hoc..... tos et juratos quare tandem inquisita et scita a nobis super hoc veritate dimisimus super premissa conte..... et hoc de..... seu jure suo dictam contencionem penitus amoventes super premissa nec vi, dolo, metu, fraude minasve quo ad hoc inducti volentes etiam et concedentes quod chauceia seu stagnum et aque arrestacio fiant ibidem prout jam faciunt ad opus et negocium molindinorum suorum renunciantes eciam quoad hec singula omni privilegio indulto et indulgendo omni exceptioni decepcioni utra medietatem justi precii et omnibus aliis que contra presentes literas possent allegari, proponi atque dici, jurantes eciam quod contra premissa et singula non veniemus in futurum nec venire procurabimus obligavimus nos et omnia bona nostra et a nobis causam habentibus quoad hec omnia et singula tenendo, adimplindo, observando et de non veniendo contra ; volentes etiam quod dicta abbatissa et conventus habeant consimiles literas super premissa a curia Domini ducis Britannie sigillatas ad contractus de Elrayum expensis suis propriis quadocumque voluerint et sibi viderint expedire. In cujus rei testimonium et fidem dedimus dictis abbatisse et conventui presentes litteras sigillo dicti Deryani pro nobis ambobus sigillatas ; datum eisdem....... die lune ante Purificacionen beate Marie Virginis. Anno Domini, M° CC° monagesimo primo.

432

Payen de Malestroit donne 12 livres de rente à l'abbaye de Lanvaux pour l'entretien d'un moine qui dira à perpétuité une messe dans la chapelle des saints apôtres Pierre et Paul.

Arch. dép. Fonds de l'abbaye de Lanvaux. —
Vidimus du 7 septembre 1316. Scellé d'un sceau sur double queue.
de parchemin

11 Juin 1292.

Universis presentes litteras inspecturis et audituris Officialis curie Venetensis salutem in Domino sempiternam. Noveritis nos vidisse, legisse, palpasse et diligenter inspexisse litteras Pagani domini de Malastricto, militis, non cancellatas, non abolitas, nec in aliqua parte ipsarum viciatas, sigillatas, prout nobis constitit atque constat, sigillo domini Pagani militis et cum cera viridi, omni suspicione carentes, formam, que sequuntur continentes : Universis presentes litteras inspecturis, Paganus, dominus de Malastricto, miles, salutem in Domino sempiternam. Cum ego anime mee miserens et Deo placere cupiens et devocione caritativa, quam habeo erga monasterium beate Marie de Lanvaux, cisterciensis ordinis, et religiosos viros abbatem et monachos ibidem Deo et predicte gloriose Virgini servientes, ipsos abbatem et monachos rogassem quatenus assignarent michi et statuerent in monasterio supradicto quamdam capellam in qua unus eorum in perpetuum missam celebraret pro me et predecessoribus et successoribus meis predicti religiosi Deum pre oculis habentes devocioni peticionique meis, obtemperantes acquitaverunt et assignaverunt michi quamdam capellam in monasterio supradicto in qua est altare in nomine et honore beatorum Apostolorum Petri et Pauli consecratum super quo grataverunt dicti religiosi quod unus eorum celebrabit missam pro me et pro predecessoribus et successoribus meis supradictis in perpetuum. Ego vero nolens quod ipsi religiosi de mera voluntate sua, quam michi ostendunt et de gracia quam michi humiliter faciunt incommodum sustineant vel gravamen cum nullus teneatur propriis stipendiis militare, ymo qui deservit altari altaris emolumento debet vivere, do et concedo, pro remedio anime mee et pro remedio animarum predecessorum et successorum supradictorum, predictis monasterio et monachis ad sustentacionem predicti monachi qui in dicta capella perhenniter celebrabit prout superius est expressum duodecim libbras monete curentis annui reditus quas percipient annis singulis in villa de Malestricto in octava beati Egidii super tallia seu censu meo, quem ibidem in quarum duodecim librarum possessionem et saesinam predictos religiosos pono et induco transferens in ipsos possessionem, dominium, proprietatem et saesinam dictarum duodecim libbrarum per tradicionem presentium litterarum cedens eisdem religiosis omnes acciones, jura, raciones, et exercicia accionum michi et meis heredibus seu successoribus competentia in antedictis duodecim libbris quacumque racione et causa, ad quarum duodecim librarum solucionem faciendam annis singulis in octava predictis obligo me et heredes seu successores meos vel causam a me habentes in perpetuum et si contingerit quod nuncius predictorum religiosorum qui pro tempore venerit ad recipiendas predictas duodecim libbras moram fecerit in loco in quo debent solvi videlicet Malestricto ob deffectum solucionis dicte summe ultra dictas octavas volo et concedo quod in expensis meis seu heredum, successorum et causam a me habentium in dicta villa moretur. Et si ego, heredes, successores seu causam a me vel predictis habentes deffecerimus in solucione dicte summe facienda et expensarum si que facte fuerint prout superius est expensum volo et concedo quod predictus nuncius auctoritate sua propria seu per allocatos Domini ducis Britannie cautum capiat seu capi faciat de bonis meis et hominum meorum existencium in dicta villa [de Malestricto] de predicta summa et de predictis expensis se teneat pro pagatum et ad hec omnia perficienda et fideliter integranda obligo omnia bona supradicta. Volo eciam et concedo quod predicti religiosi habeant litteras domini Ducis Britannie ad contractus curie sue de Veneto. Et si voluerint litteras Episcopi vel Officialis Venetensis de premissis promitto eciam bona fide, pro me et pro heredibus et successoribus meis seu causam habentibus, quod contra omnia et singula contenta in ipsis litteris per me vel per alium non veniam in futurum et quod garantizabo et deffendam eos super premissis in perpetuum contra omnes et quod universa et singula supra dicta inviolabiliter observabo. In cujus rei testimonium et munimen istas litteras dictis religiosis sigillo meo proprio tradidi sigillatas. Datum die mercurii prima post octava festi Sancte Trinitatis, anno Domini M° CC° nonagesimo secundo. Datum hujusmodi visionis die martis ante Nativitatem beate Marie Virginis, anno Domini M° CCC° sexto decimo. G. Bort.

433

Aveu du prieur de Rohan, chanoine de Saint-Jean-des-Prez, où il reconnaît estre obligé de deffendre et garentir à ses dépents le vicomte de Rohan et ses fermiers.

Bibl. nat. Mss. fonds franç. 22336.
Cop. pap.

17 Novembre 1292.

Noverint universi quod nos Nicolaüs, prior de Rohan, canonicus ecclesie Beati Joannis de Pratis, macloviensis diocesis, tenemur et debemus garentizare [et] defendere nostris propriis sumptibus et expensis nobilem virum Alanum, vicecomitem de Rohan, militem, allocatos ejus, omnes firmarios omnium decimarum de Rohan et de Gauregouet, de anno preterito ante datam presentium litterarum, ratione et occasione quindecim quartariorum frumenti et avene medietarii, ad mensuram de Rohan, que quartaria debemus percipere et habere super firmariis decimarum dictarum, racione concordie et pacis facte inter nos ex una parte et religiosum virum priorem Beati-Martini de Castro-Joscelini ex alterâ. Et hec omnibus quorum interest significavimus per presentes litteras sigillo nostro proprio sigillatas. Datum die lune post festum Beati Martini hiemale, anno Domini MCC nonagesimo secundo.

434

Judicaël, prêtre de Bottelen, dans la paroisse de Guiscriff, engage au prieur de Pont-Briant toutes les terres qu'il possédait moyennant une rente de quarante-trois livres.

Titre du chât. de Nantes.
Copie du XVIIe siècle.
publiée par M. Le Men.

9 mars 1293.

Noverint universi quod ego Judicellus, presbiter de Botelan, titulo pignoris obligavi cum fratre Eveno monaco, priore de Pont-Briant tunc temporis, omnes terras et possessiones quas habebam apud Bottelen in parrochiâ de Guiscruy, cum suis pertinentiis universis, et quicquid juris domini habebam in eisdem terris, pro quadraginta et tribus libris currentis monetæ traditis et liberatis michi ab eodem monacho in pecuniâ numeratâ. In cujus rei testimonium præsentes litteras dicto monacho sigillo domini ducis Britanniæ ad contractus Kemperelle, unâ cum sigillo Bernardi, archidiaconi secretarii, ad præces meas, quod sigillum proprium non habebam, tradidi sigillatas. Datum die Lunæ post Letare Jerusalem, anno Domini millesimo ducentesimo nonagesimo secundo.

Et estoit scellé.

435

Recongnoissance que font les évesques, barons et autres gens de Bretaigne, au duc de Bretaigne des chevaliers qu'ils doibvent fournir à leur dit duc en les ostz ou armées.

Bibl. nat., fonds franç., 8268.

1294.

Comme monseigneur Jean, duc de Bretaigne, comte de Richemont eût semons ses otz à Ploërmel au jour de jeudy après la my-Aoust qui fut en l'an de grâce mil II°IIII××XIIIJ, ce sont les recoignoissances, etc., etc. . . . .

La baillée *de Nantes* :

ROCHEFORT.

Et par raison de la terre de Rochefort IIJ chevaliers desquelz ... un chevalier doibt venir par le sieur de Rieux, sy comme icelluy sieur de Rocheffort le dit.

RIEUX.

. . . .
Le seigneur de Rieux recogneut qu'il doibt pour sa terre de Rieux cinq chevaliers d'ostz.

ROCHE-BERNARD.

Le seigneur de la Roche-Bernard recogneut qu'il doibt trois chevaliers d'ost, desquelz monsʳ de Rocheffort en doibt un et demy par raison de la terre d'Asérac, et le seigneur de la Roche parfaict l'autre moityé et demy. Et dit que monseigneur doibt un chevalier pour la terre de Vitré. . . . .

La baillée de Ploërmel et de *Bozée* (lisez Broërec).

MALESTROIT

Le seigneur de Malestroit recongneut qu'il doibt cinq chevaliers d'ost, c'est assavoir quatre pour la terre de *Argées?* et un chevalier pour la terre de Malestroit.

ROHAN. — GUÉMENÉ-GUINGANT.

Le vicomte de Rohan, neuf chevaliers et demy, c'est assavoir cinq pour la vicomté de Rohan et un pour le fief de Guémenée-Guingant et deux chevaliers pour le fief de *Portious* (Pontivy?), par la main du comte de la Marche.

436

Autre reconnaissance extraite d'un manuscrit des archives de la Loire-Inférieure.

Arch. de la Loire-Inférieure ;
Cassette 51. Mss, parchemin rel. en bois.

1294.

« Ce sont les oz deuz au duc de Bretaigne :
« Comme monseigneur Jehan duc de Bretaigne comte de Richemont eust semons ses ouz à Ploermel au jour de jeudi emprès la mi-aoust qui fut en l'an de graice mil CCIIII^{xx} et quatorze, ce sont les recognoissances que ses barons et ses autres genz li firent combien ils li devoint d'ost, etc. . . . .

LA BAILLIE DE NANTES :

Le seigneur de Rochefort[1] recognut que il doit..... par la raison de la terre de Rochefort, IIJ chevaliers desquelx J chevalier doit venir par le seigneur de Reux.
. . . .
Le seigneur de Reux recognut que il doit pour sa terre de Reux, V chevaliers d'ost.
. . . .

LA BAILLIE DE PLOËRMEL ET DE BROËREC :

Le seigneur de Malestroit recognut qu'il doit V chevaliers d'ost c'est assavoir IIIJ pour la terre de Arguoet, et J chevalier pour la terre de Malestroit.

[1] Est-ce le Rochefort du Morbihan?

Monsour Normant de Kaer pour iuy et pour ses joveigneurs J chevalier.

Monsour Hervé de Léon pour son flé de Kuemenet-Theboé IJ chevaliers.

. . . .

Le visconte de Rohan IX chevaliers et demy, c'est assavoir V pour la visconté de Rohan et J chevalier pour le flé de Kuemenet-Guingant..... et IIJ chevaliers dou flé de Pourhouët par la main au comte de la Marche.

Monsour Pierre Malor et les autres seigneurs de la parroysse de Séné J chevalier.

Monsour Olivier de Tyntyniac, pour la terre de la Roche-Moysan, IJ chevaliers. »

. . . .

437

Lettre de Jean II, duc de Bretagne, donnant cinquante livres de rente à l'abbaye de Prières, en compensation des vignes que son père leur avait promises et qu'il n'avait pu planter.

Extrait du Mss. de Bellefontaine.

3 Mars 1295.

A tous ceux qui verront et orront cestes présentes lettres Jehan, duc de Bretaigne, comte de Richemont, salut en nostre Seigneur. Sachent tous que, comme nostre très chier seigneur et père Jehan, jadis duc de Bretaigne, comte de Richemont, eust fondée l'abbaye de Prières, de la diocèse de Vennes, au fondement de laquelle abbaie il eust promis et gréé planter vignes souffisantes à la soustenance dou bouire as moines doudit lieu à touzjourz, et ledit nostre seigneur et père n'ait pas accomplie sa dite promesse entièrement, dont l'abbé et le couvent de ladite abbaie se pleigneient à cieux et as exéquuteurs dou testament nostredit seigneur et père, à la parfin Nous et lesdicts abbé et couvent, o l'assentement et la volenté desdiz exéquuteurs, venismes à cette forme de paiz et d'accord : c'est à sçavoir que Nous asseons dez or audroit asdiz abbé et couvent cinquante livres de monnoye courente chasque un an, oultre ce qu'ils avoient par devant, à prendre et à lever desdiz abbé et couvent en la manière qui se ensuit : ce est à sçavoir vingt et cinq livres sus toutes noz rantes et nos levées de Museillac, à la feste monseigneur Saint-

Michiel en Monte-Gargane; et autres vingt et cinq livres sur toutes nos rantes et revenus, présentes et à venir, de Vennes, au terme dessus dit, oultre ce qu'ils vouloient prendre avant ces heures dessus dicts ; lesquels cinquante livres lesdiz abbé et couvent, ou leur commandement, auront et lèveront chasque un an, bien et pèsiblement, si comme il est devisé par avant, à touzjours, jusques à tant que Nous ou nostre héritier les leur auras assises en terre ou en autres rantes en lieu ou en lieus convenables..... Et à toutes lesdites choses accomplir et tenir sommes Nous tenuz et noz hoirs. Et est à sçavoir que l'abbé et le couvent dessus diz, présentz et à venir, ne pourront à nul temps rien demander oultre lesdites cinquante livres, si comme il est devisé par avant, de Nous ne de noz hoirs, ne des exéquuteurs dessusditz, par reson desdictes vignes ne de la provision dudit bouire, ne nuls arrérages dou temps passé, par la cause dessusdicte. Et, pour ce que ceste chose soit ferme et estable, Nous baillasmes asdiz abbé et couvent cestes lettres seeliées de nostre seel. Donné à Penmur, le jeudy d'amprès le dimanche que l'on chante *Reminiscere*, l'an de grâce mil deux cens quatre-vingt et quatorze. — Scellé du grand seau.

438

23 oct. 1297.

Boniface VIII, la troisième année de son pontificat, 10 des calendes de novembre, confirme par une bulle les privilèges de l'abbaye de Prières.

Analysée dans le Mss. de Bellefontaine.

439

Samson du Griffet, Alix, sa femme et ses héritiers, vendent à Geoffroy de Rohan les terres qui leur appartiennent dans la paroisse de Pleugriffet.

Bibl. de la ville de Nantes ; arch. Bizeul.
Orig. parch. était scellé de quatre sceaux sur double queue ; chaque queue porte les mots interlignés dans le texte.

Novembre 1295.

Sachent touz que en nostre court personaulment establiz en droit Sansson dou Griffet et Aaliz sa femme, Loranz son frère, Phelipe

Gorehou, Guillame Garin, Théfaine Capin, Eon Jahan et sa femme et son fiiz é sa fifille (sic), Thomas dou Griffet et Margelie sa femme Pierres Guillorou, la dégrépie Raoul Moesan é Théfaine sa fille, Eon Frétou et Anice sa femme, Guillame Bobyou, la dégrépie Felipe Pichart é Amiot son fiuz, Joan Capin é sa femme, Joane la fille André, le dit Dydaill é sa femme, é Pierres Cadiou, et Robert Panier et Johanne sa femme vendirent é reqonnurent avoir vendu à Jéfroy de Rohan, nostre fiuz, quant que ils avoient é pooient avoir en la closture de nostre vergier dou Griffet; c'est à savoir le dit Sansson dou Griffet et sa femme, é Loranz son frère é ledit Philippe Gorehou, pour cent et oet souz usuaulx et lesdis Sansson et sa femme, Loranz, Phelipe Gorehou, Guillame Garin, Téfaine Capin, Eon Jahan é sa ffemme et son filz et sa fille, Thomas dou Griftet et sa femme, Pierres Guillorou, Perrone la dégrépie Raoul Moesan, é Théfeine sa fille, Eon Frétou et sa femme, Guillaume Bobyou, Théfeine la dégrépie Felipe Pichart é Amiot son fiuz, Joan Capin é Aanor sa feme, é Joane la fille André, le dit Dydaill é Orégon sa feme, Robert Panier à Joane sa feme é Pierres Cadiou, quant que ils avoient é pooient avoir ou pré Morvan sis jouste le Griffet, pour sept livres é quatre souz usuaulx; é Guillaume Garin, Phelipe Gorehou, Théfeine Capin, Eon Jahan é sa feme et son fiiz et sa fille, Pierres Guilorou, Guillaume Bobyou, le dit Didaill é Orégon sa feme, Robert Panier é Joane sa feme, Perrone la dégrépie Raoul Moesan, é Théfeine sa fille, Thépheine la dégrépie Felipe Pichart é Amiot son fiuz, quant que ils avoient é pooient avoir ou pré sis jouste la fonteine dou Griffet, pour seissante é douze souz usuaulx. Derechief vendirent audit jéfroy de Rohan é à ses heirs lesdiz Sansson é Loranz quant que ils avoient é pooient avoir ou sié des noz mareschaucies é de noz clostures dou Griffet, por seissante souz usuaus. Desqueulx deniers dessus-diz é des paiemenz de chesqune des ventes dessus-dites les vendeours é les venderresses dessus-nomez, touz é chesqun d'eulz, se tindrent en nostredite court doudit Jéfroy pour bien paier; é nostre dite court donques, les bans faiz sus ces choses dessus-dites resnablement par nostredite court, les ventes à nous parpaieiés, é toutes autres choses é chesqunes qui à vente é à acha apartiènent segont les usages é les coustumes dou païs de droit parfaites é accomplies, nul home contredisant ne prochein à ces choses dessus-dites retenir venant, ajugea toutes ces choses é chesqunes dessus-dites au devant-dit Jéfroy de Rohan é à ses heirs, é à qui cause de lui aura, à pur é à perpétuel héritage à touz jourzmais en paiz, à posséeir, à tenir é à avoir quités é délivres de toutes rentes, par le devis des ventes dessus-dites. E jurèrent les devant-diz vendeours é lour femes dessus-dites o l'auctorité d'eulx, é lesdites venderresses, é ledit Pierres Amiot o l'auctorité de Guillame Bobyou son tutour doné à lui en droit quant à ces choses, é chesqun d'eulx é chesqune, por tant come à chesqun d'eulx é à chesqune en apartient de chesqune des ventes dessus-dites, les devant-dites ventes tenir en bone fey, por eulx é por les lour, senz venir encontre en nule manière, é garantir audit Jéfroy, é à qui cause de lui aura, ces ventes dessus-dites, sur l'obligacion de touz lours biens, de touz é contre touz, segont la coustume dou païs; é nostredite court les vendeours é les venderesses dessus-dites, présenz é en ce se conssentanz, à ces choses dessus dites é chesqune d'èles tenir é non aler encontre par jugement condempna. Doné sus ce tesmoing nostre seel douquel nous usons aus contraz en noz courz é en noz fez, à la requeste des parties dessus-dites, ensemble o les seiaulx Thomas de Chemillie é Jéfroy de la Roche, chevaliers, é de Thomas Bertram, nostre aloé, en la parroesse de Plooc-Griffet, à maire tesmoing é à maire fermeté; sauf toutevois nostre droit é à chesqune autre ès choses dessus-dites, ou meis de noembre l'an de grâce mil deus cenz quatre-winz é qninze.

440

Les exécuteurs testamentaires de Jean I, duc de Bretagne, prient son successeur Jean II de laisser les religieux de Saint-Gildas de Rhuis jouir en paix du droit d'usage dans la forêt de Rhuis et de la terre de Guernnoedel.

Arch. dép. — Fonds de l'abbaye de Saint-Gildas-de-Rhuys. Orig. parch. était scellé d'un sceau sur simple queue de parchemin.

18 avril 1295.

A tres noble homme lour tres cher seignour Jehan duc de Bretagne conte de Richemont les exequtours dou testament vostre père aparolliez a vouz commandemenz en toutes choses. Sire comme nous enformes sus la demande a religious homes et honestes l'abbé et le couvent de Ruys par enqueste fete diligement de ce lour aions ajugé é rendu la possession de lour usage en vouz boys de Ruis qui lour esteit empesché par les pars et par les clostures que notre seignour votre père dont Dieux ait l'aime fist fere en Ruys; "nous vous prions que vous lessiez joir e user les diz religious dou dit usage en pes et senz enpeschement, apres comme nous lour aions rendu la possession de la terre de Guernnoédel sauff votre droit et vous deffenses en totes choses quant à la propriété de celle terre. Nous vous prions et vous souppleons que vous les lessiez joir de la possession d'icelle terre si vous ne poez trover bones deffenses por vous que vous deffengent et que ils ne deient pas ce fere. Donné le jour de lundi après la quinzaine de Pasques, l'an de grace mil deus cenz quatre ving et quinze.

441

Geoffroy Conain, écuyer, vend à Geoffroy de Rohan sa terre de Cloharec en Querliver, paroisse de Naizin.

Bibl. de la ville de Nantes: arch. Bizeul. —
Orig. Parch. était scellé de deux sceaux sur simple queue.

25 Juin 1295.

Sachent touz que en nostre court en droit personaument establi Jéfroy Conain, esquier, reconut soi avoir vendu é en nom de vente avoir graé é otroié à Jéfroy de Rohan, nostre fiuz, toute la terre que il avoit de droit, de propriété, de seignorie é de sésine, é pooit avoir é devoit, par quelqueonques raison é par quelqueonques cause, ou Cloharec, és apartenances de Querliver, sis entre le Goez-Borre d'une part é la vile de Castel-Berven de l'autre, é de l'autre partie si come le Goez-Borre vait droitement à l'éve qui est apelée Ysus[1], é dou Goez-Borre dusques à la terre de Castel-Berven sise en la parroesse de Neyzin, en la dyocèse de Vènes, c'est à savoir por seissante livres de monoie courante é les bans é les ventes; desquèles seissante libvres se tint en nostredite court ledit Jéfroy Conain doudit Jéfroy de Rohan pour bien paiez en bons deniers nombrez. Nostredite court donques, les bans sus ces choses dessus dites resnablement faiz, les ventes à nous entérinement paieiés, é toutes autres choses é chesqunes qui à vente é à achat apartiènent segont les usages é les coustumes dou païs droitement é resnablement faites, nul contredisant ne prochein à ces choses dessusdites retenir venant, ajuga par jugément audit Jéfroy de Rohan é à ses heirs, é à qui cause de lui aura, toute la terre dessus devisée, si come éle se porssiet, és

---

[1] L'Elvel ou son affluent le Runio.

bonnes dessus devisées, à pur é à perpétuel éritage à touz jourz mais en pez, à pousseoir, à tenir é à avoir, pour les seissante libvres de monoie corante dessus dites, é pour les bans é pour les ventes dessus dites. E jura ledit Jéfroy Conain, touchiez les seinz Euvangiles, que encontre ceste vente é cest achat é encontre la tenour de cestes présentes lètres, par lui ne par autre, ne vendra jamais ne ne procurra venir. Doné audit Jéfroy de Rohan é à ses heirs, é à qui cause de lui aura, tesmoign nostre seiaul douquel nous usons aus contraz en noz feuz é en noz courz, à cestes présentes lètres mis à la requeste doudit Jéfroy Conain, ensemble o le seiaul de celui Jéfroy Conain à maire fermeté, sauf toutevois nostre droit é nostre sésine ès choses dessus dites; le samadi prochein après la Nativité-Seint-Jahan-Baptistre, l'an de grâce mil dous cenz quatre-vinz é quinze.

442

Jean II, duc de Bretagne, donne à l'abbaye de Prières les prés et marais de Lesloc et de Quémer en Muzillac et une parcelle de terre dans leurs bois de Marzan, en échange de 15 livres 2 sous 6 deniers de rente à distraire des 600 livres de rente qu'il doit à l'abbaye.

Arch. départ. de la Loire-Inférieure; fonds du Trésor des Chartes. Extrait d'un vidimus de 1406. — Parch.

1er Mai 1296.

A touz ceuls qui verront et orront cestes présentes lectres Jehan, duc de Bretaingne, conte de Richemond, salut en Nostre-Seigneur. Sachent touz que nous avons baillé et donné en pur et perpétuel héritage à Dieu et à Nostre-Dame de l'abbaïe de Prières et à l'abbé et au couvent de celui leu touz noz prez et noz marès de Lesloc et de Quémer, si comme ilz se poursuivent en lonc et en ley, le tout pour le tout, sis en la parroaisse de Musuillac, ce est à savoir pour quinze livrées de rente, rabatant iceles quinze livrées des sis cenz livrées de rente chascun an que nous leur devons encor dou fondement de ladite abbaïe, au jour que nous leur baillâmes lesdiz prez et marès, et rabatant o *tout* dous soulz sis deniers de rente pour une piécète de terre que nous aviens dedenz leur bois de Marzen, laquelle piécète de terre nous leur livrâmes *ausins* pour iceuls deus soulz et sis deniers de rente; lesqueuls prez et marès et piécète de terre lesdiz abbé et couvent et leur *commandement* auront, tendront et esploiteront à touzjourz mais franchement et pèsiblement en toutes chouses, comme dou fondement de leur abbaïe desusdite. Donné à Penmur, tesmoin nostre seel, le mardi avant l'Ascension Nostre-Soigneur, l'an de grâce mil deus cenz quatre-vinz et sèze.

(Ces lettres sont vidimées et confirmées par lettres du duc Arthur données à Sucinio, le 14 mai 1309.

443

Accord par suite duquel Henri, fils aîné de Henri de Kergoët, et Amou, sa mère, abandonnent à Alain, vicomte de Rohan, et à ses hoirs à perpétuité, toute leur part d'une rente appelée le Trévis... qui se percevait aux paroisses de Pluméliau, Noyal, Naizin, Remungol et ailleurs, dans le fief des O.....

Arch. du chât. de Kerguehennec.
Orig. parch. était scellé de trois sceaux sur double queue.

25 Juin 1296.

Sachent touz qui ces présentes lètres verront é orront que, en nostre court à Plormel en droit personaument establiz, Henri le fiuz einzné Henri de Kargoët é Amou sa mère ont quité é délessié à noble home Alain viconte de Rohan, chevalier, é à ses heirs à jamais, de lours bones volentéz, toute la droiture que ils avoient é pooient avoir é devoient, le tout por le tout, en la rente qui est apelée le Trévisieiz, é en la levée é en la queilleite d'icelle rente ès parroesses de Pléméliau, de Noeal, de Neyzin, de Remungol é aillours, ou feu ès Olivereis, à pur é à perpétuel héritage à jamais à posséeir é à avoir, é ont quité é pardoné ledit viconte de toutes les detes, injures, torz faiz é adecertes de toutes les choses dom ils pooient faire demande audit viconte é ès siens, de tout le temps passé dusques à la date de cestes présentes lètres; é le dit viconte les a quitéz é pardonéz de toutes les choses dom il lour pocit faire demande, de tout le temps passé dusques à la date de ces lètres; é graèrent é sont tenuz les diz Henri é Amou sa mère garantir ledit viconte é les siens, sus ladite pez, des frères é des sours doudit Henri, sur l'obligacion de touz lours biens; que ils ont obligiéz en nostre dite court espéciaument quant à ce; é jurèrent en nostre dite court lesdiz Henri é Amou sa mère, touchiéz les seinz Evvangiles, la tenour de ceste letre é ceste paiz tenir, garder é acomplir é encontre, par eulx ne par autre, par auqune raison, non venir, é nostre court en sourquetout les i condempna par jugement. Doné audit viconte é à ses heirs, sur ce tesmoign nostre seel duquel nous usons à Plormel aus contraz, sauf toutevois nostre droit é à chesqun autre ès choses dessus dites, enssemble o le seel doudit Henri por soi é o le seel de Pierres Thomelin pour la dite Amou, à la prière de ladite Amou, por ce que al n'avoit propre seel, à costes présentes lètres mis le lundi prochein après la Nativité Seint-Jahan-Baptiste, l'an de grâce mil dous cenz quatre winz é seze.

[Au dos est écrit :] Presentibus domino de Broh..., domino G. ejus filio..., domino Oliverio de Tapill..., Radulpho Mandar, P. de Morzele, domino... de G....., Léodat, Guillelmo de Foresta, Roberto de Alneto, Albeot, G..... mo de Vallibus, Oliverio Talhoit, Rag... de Castro, Alano Le Re..., Guillelmo Le Re...,... Forestier.

444

Guillaume Pichot et sa femme Sibille vendent pour soixante sous à Jean Levot cinq sous de rente annuelle dont ils jouissaient, ainsi que Raoul de Coëtlogon sur la maison de ce même Levot sise à la Trinité.

Bibl. de la ville de Nantes; arch. Bizeul.
Orig. parch. était scellé sur double queue.

8 Août 1296.

Universsis presentes litteras inspecturis et audituris frater Johannes dictus Lemoygne, tunc temporis prior de Trinitate, salutem in Domino. Noverint universi quod in nostrâ presentiâ in jure personaliter constituti Guillelmus Pichot, burgensis de Trinitate, et Sibilla, ejus uxor, autorizata à dicto Guillelmo marito suo quoad hoc tenenda que secuntur, recognoverunt et confessi fuerunt coràm nobis se vendidisse et nomine vendicionis concessisse Johanni Savor, burgensi de Lodeac, quinque solidos annuy redditûs quas dicti conjuges et Radulphus de Coyllogon solebant percipere et habere annuy redditûs quolibet anno super domo dicti Johannis Savor, que condem fuit Gaufridi Le Panetier defunti, sitta juxta domum Oliverii Hele, in parrochiâ de Trinitate, sub dominio nostro, videlicet pro sexaginta solidis, duobus minis et bannis et vendicionibus. . . . .

In cujus rey testimonium presentes litteras dicto Johanni, ad requisicionem dictorum conjugum, sigillo nostro dedimus sigillatas, salvo jure nostro in omnibus et quorum aliorum dominorum interest de premissis. Datum die mercurii proximà post festum Beati-Petri-ad-Vincula, anno Domini M° CC° nonagesimo sexto.

445

Acquest fait par Geoffroi de Rohan de Alain de Baut d'une maison sise à Baud.

Bibl. nat., Mss., fonds franç., 22337.
Cop. pap. Titre de Blein, sans sceaux.

4 Novembre 1297.

Sachent tous etc... Alen, le fils Alen de Baut, vendit à Gefroy de Rohan tout tant que il avoit de la maison au Cogn scis en la ville de Baut, o tout son courtil et dous jorniex de terre etc... pour vingt et sept livres et dix sous de monoie corante et les bans et les ventes, etc... Au jor de lundy après la Toussenz, l'an de grâce mil dous cens quatre-vingt et dix-sept.

446

1er Juillet 1298.

Lettres patentes de Jean II, duc de Bretagne, comte de Richemont[1].

Un procès s'était élevé à la cour de Ploërmel entre Alain, vicomte de Rohan et Alain de Lanvaux, fils de Geoffroy ; celui-ci réclamait du vicomte plusieurs terres sises en la vicomté et en Porhoët du chef de son père Geoffroi et d'Alain son aïeul ; à quoi le vicomte répondait qu'il avait bien et dûment acheté ces terres du duc Jean I, père de Jean II (v. acte de 1274),

V. Dom. Morice I. 1120.

*et qu'il était garanti de cette acquisition, par la coutume de
Bretagne* « laquele coustume ledit vicomte disoit qui es-
« toit tele que tout home qui achate en Bretaigne de
« seisi et possiet an et jour en paiz par titre d'achat
« est deffendu des présenz et des absenz. » *Et il mon-
trait les lettres de Jean I. — Alain de Lanvaux prétendait
que le vicomte avait promis à son père et à son aïeul que
s'il acquérait quelqu'unes de leurs terres par quelque voie
que ce fût, il les leur rendrait à eux ou à leurs héritiers*
« pour contant des levées et rabatant ce qu'il en auroit
« levé et en paiant le parsommet, et que ils li en
« avoient relaissié et quittée leur demande et lour
« rayson dou manoir dou Griffet et de la paroisse
« de Pleouc o leurs apartenances. » *La cour de Ploërmel
avait prononcé un jugement en faveur du vicomte de Rohan.
Cependant les débats et altercations continuant, on en avait
appelé au Duc. Alain accusant, entre autres, le vicomte* « de
« parjureté et de trahison »... « et en estoient chooiz en
« gage de bataille » *par devant le Duc, savoir d'une part
le vicomte, et de l'autre, Alain de Lanvaux, avec Guillaume,
Jehan, Raoul et Geoffroi ses frères. Puis,* « par le conseil
» de sages gienz et de lour amis... » *ils* « se compromis-
« trent » *en la décision du duc, après avoir juré sur les évan-
giles* « de tenir haut et bas » *ce qu'il ordonnerait. Après
nouvelle enquête sur tout ce qui précède, et après avoir vu*
« l'estat doudit viconte et la nonpoissance de son
cors » *(il devait en effet être fort âgé?) annule et met* « ledit
« appiau, ledit gage et ladite bataille à noiant dou tout
« en tout » *et en ôte* « tout ley et toute villenie d'une
part et d'autre », *adjuge les terres en questions au vicomte
et à ses hoirs à perpétuité, confirmant tout ce qu' avait fait à
cet égard son père, Jean I.*

Ces lettres sont datées de « Pemur jouste Museillac. »

447

21 Juillet 1298.

Lettres du duc Jean II datées du « mercredi prochain après la feste des apostres Seint Pierre et Seint Poul[1].

Le duc, pour couvrir les « couz e domages » qu'Alain de Lanvaux avait soufferts « par auquns meserremenz de plez » dans son procès contre le vicomte de Rohan, avait ordonné que ledit comte lui paierait (à lui Duc), au lieu que le Duc voudrait, 3000 livres en 3 termes à la Saint-Michel en Monte Gargan et 2 autres Saint-Michel suivantes. Par les présentes « atorne » ces 3000 livres audit Alain de Lanvaux du consentement du vicomte de Rohan qui scelle ces présentes avec le Duc.

Arch. de Kerguéhennec.
Orig. parch. était scellé de deux sceaux sur double queue.

448

Alain, vicomte de Rohan, reconnaît les droits du duc de Bretagne sur la vicomté de Rohan et sur ses autres terres situées en Bretagne.

Arch. dép. de la Loire-Inférieure; fonds du Trésor des Chartes.
Orig. parch. était scellé
d'un sceau sur double queue de parchemin.

10 Juillet 1299.

A touz cels qui cestes présentes lectres verront et orront, Alain, visconte de Rohan, chevalier, saluz en Nostre Seigneur. Sachent touz que nous, confessanz et recognoissanz très-excellent prince Jehan, duc de Bretaigne et conte de Richemond, nostre chier seigneur, avoir droit de prendre les ligences de touz noz jouveignours de nostre viscontée de Rohan et de toute nostre autre terre de Bretaigne, et de avoir touz émolumant et proffiz que souverain seigneur

[1] V. Dom. Morice. I, 1131.

doit avoir par reson de ligences, segont la coustume de Bretaigne, tant en rachaz et en ventes que en toutes autres choses, quant les cas avendront, ce est à savoir de toutes les terres qui sunt et seront tenues de nous et de noz hers, comme jouveignours de ainnez, et lesdiz jouveignours de estre tenuz à les li faire, volons et octroions que ledit duc et ses hers desoresenavant praingent celles ligences et en aient touz les profiz et les émolumanz dessusdiz, sanz nul contredit, et que lesdiz jouveignours facent lesdites ligences à luy et à ses hers, sauve à nous et à nos hers tèle seignourie comme ainzné doit avoir sus ses jouveignours par la coustume de Bretaigne. Et de toutes ces choses, si comme elles sont dites paravant, nous volons que ledit duc et ses hers, usent pléniérement, senz contredit et senz débat que nous ne noz hers i puissions mètre, et renoncions à toutes lectres qui peussent faire encontre, et volons que elles soient nulles et cassés et de nulle vertu, et que nous et noz hers n'en puissions de riens user ne nous en aidier, quant en cest cas. Et quant à ce tenir et non venir encontre nous oblijons nous et noz hers et touz noz biens, quiels que il soient ; et ce signifions-nous à touz par cestes présentes lectres seellées de nostre propre seel. Données à Saint-Jehan, le vendredy emprès la feste Saint-Martin d'esté, l'an de grâce mil deus cenz quatre-vinz, dis et neuf.

449

17 Août 1300.

Le mercredi après la mi-août un procès s'était levé entre Alain vicomte de Rohan d'une part, Olivier de Tinténiac et Ysabeau sa femme d'autre part ; Olivier demandait au nom de sa femme « son avenant et sa porcion » c'est-à-dire ce qu'il lui revenait, par raison de Mme Phellipes, mère de ladite Ysabeau et sœur dudit vicomte, dans tous les fiez du vicomte et en tous les héritages tant à la viconté de Rohan qu'à Porhoët provenant tant du père dudit vicomte que de sa mère qui étaient aussi père et mère de ladite Philippe. Après plusieurs altercations et débats à la cour de Ploërmel, accord en cette cour : le vicomte s'engage à asseoir à Olivier et femme 45 livres de rente sur ses fiefs de la viconté de

Rohan ou de Porhoët « à tenir doudit viconte et de ses « hoirs à la coustume de la terre » *il excepte toutefois ses fiefs gentils, ses forêts et ses villes marchandes.*

Arch. du chât. de Kerguehennec.
Orig. parch. était scellé de trois sceaux sur double queue.
Savoir le sceau des contrats de Ploërmel, et ceux d'Olivier et d'Ysabeau.

450

Enquête au sujet des droits perçus par l'abbé de Sainte-Croix de Quimperlé sur les sécheries de Belle-Ile.

Arch. départ. de la Loire-Inférieure; fonds du Trésor des Chartes.
Orig. parch.

XIIIᵉ siècle.

Seur la demande que l'abbé de Kemperelé fait qu'il doit avoir XIX livres X sous seur la sècherie de Belle-Ysle :

Jehan du Mars, tesmoings juré et requis, dit que il a oï dire que, quant les sécheurs envoient pour sécher à Bele-Isle, que l'en bailoit aucune foiz XX livres et autre foiz XVIIJ livres à l'abbé de Kemperelé ; et, quant les sécheurs n'envoient pas pour sécher, il n'estoient pas tenuz de rien paier audit abbé. Et ces deniers y paioient pour destrèce des hommes de l'abbé et du couvent de Kemperelé. Et dit que une foiz, au temps Bernart......, un vallet que les sécheurs envoièrent à l'isle sécher pour eus en bailla du povre et joiaus au prieur de Belle-Isle, et, l'autre année, il en demanda du poivre et joiaus, et par saisine, et les volt constraindre à ce faire, et pour ce il laisièrent à aler à l'isle une grant pièce.

Item, requis seur la demande à l'abbé de Saint-Guidas-de-Ruis, de Houat et de Heizic, dit que ledit abbé a des sécheurs XVIJ livres en samblable cas que l'abbé de Kemperelé a de Belle-Isle.

Item, Perres Ernaut, tesmoings juré et requis, dit par son sairemant comme Jehan du Mars, mais qu'il ajousta que, par la tain que le prieur de Belle-Isle fist, seur ce qu'il vouloit avoir joiaus de la gent du sécheur, ledit sécheur n'envoia la gent pour sécher à l'isle par l'espace de XIJ anz ou de XIIJ, et ensuit l'abbé en perdit l'argent qu'il souloit avoir des sécheurs dessusdiz par l'espace dessusdit.

Item; Boulic, tesmoings juré et requis, dit que, quant les sécheurs envoieroient leur genz à l'isle, qu'il convenoit, par la destrèce de la gent de l'abbé et du couvent, qu'il paiassent une dixme de deniers, et, quant lesdiz sécheurs n'i envoioient leur gent, lesdiz abbé et couvent n'y prenoient rien. Requis de Houat et de Heidic, dit que l'abbé de Saint-Guidas-de-Rieus doit avoir XVIJ livres.

451

Arthur, fils aîné du duc de Bretagne, reconnaît avoir emprunté diverses sommes aux vassaux du vicomte Alain de Rohan, et s'engage à les rendre.

Bibl. de la ville de Nantes ; arch. Bizeul.
Orig. parch. était scellé sur simple queue.

Septembre 1301.

A touz ceux qui orront é verront ces présentes lettres Artur, ffiuz henné du duc de Bretaigne, chevalier, saluz en Dé. Sachent touz, présenz é à venir, que, comme noble homme Alain visconte de Rohan nous eust soffert de sa grâce par nostre proière querre un prest en ses terres é en ses feuz é rières-ffeuz de la visconté de Rohan, de Porhoyt é du Germené é à ses sougiez desdites terres, nous volons é pramétons que ledit prest que nous avons eu desdiz sougiez, tant de ffeu que de rière-ffeu, tant de gientiux que de demaines, ne porge préjudice ne ssouprise audit visconte ne à ses hers ne à ses sougiez desus-diz ne à lour hers, é que nous ne les noz ne le poon avoer à sésine ne à droiture ne à soprise en auqune manère ; lequel prest nous suimes tenuz à rendre à chescune persoine dom nous l'avons eu, é en avons doné à chescune persoine noz lettres pendantes de tant comme nous avons eu par la réson dudit prest. Doné tesmoign nostre seau à ces présentes lettres mis, ou moys de septembre en l'an de grâce mil é trois cenz é un an.

452

1305-1306.

Inventaire des sommes d'argent, des bijoux, des meubles, des habits appartenant au duc Jean II, trouvés dans la tour du château de Sucinio.

Extrait de l'Inventaire des Archives de la Loire-Inférieure, E. 21.
Trésor des Chartes.

453

Vers 1300.

Il est attesté en 1392, par un témoin octogénaire, qu'il n'avait existé autrefois que 3 passages sur la rivière de Vilaine (à son embouchure), savoir celui de la Roche-Bernard, celui de Tréhiguier et celui de Cran. Depuis cette époque, on établit le passage des Alliers, et enfin celui des Gerbes, ce dernier au commencement des guerres de Bretagne, quand le seigneur Thibaud de Rochefort fit construire une barque pour pouvoir passer de l'un à l'autre de ses châteaux.

Mss. de Bellefontaine.

454

Institution et dotation par Henri, évêque de Vannes, de deux chapelains chargés de desservir la chapelle de la Magdeleine au faubourg de Vannes et l'autel dédié à sainte Catherine dans l'église cathédrale.

Arch. de la fabrique de Saint-Patern de Vannes.
Orig. parch. Les sceaux manquent.

7 juin 1302.

Universis presentes litteras inspecturis et audituris Henricus, permissione divina Venetensis episcopus, salutem in Domino. Gloriosus Deus in sanctis suis in ipsorum glorificacione congaudens, cum a fidelibus honorantur, eo jocundius delectatur. Considerantes si quidem quod in ecclesiâ seu basilicâ beate Marie Magdalene Venetensi, quam de novo construi et edificari fecimus in suburbio Venetensi, ubi basilica ad honorem ejusdem Sancte aliàs edificata diruta erat et omnino destructa, item in altari ad honorem gloriose ac sancte virginis et martiris Katerine dudum in nostrâ ecclesiâ Venetensi erecto, nullus est nec fuit minister hactenus seu capellanus prefectus nec aliqui redditus assignati, recognoscentes tamen nos ab annis teneris bona quam plurima a nostrâ matre Venetensi ecclesiâ recepisse, quia nos ab inicio in sue pietatis gremio collocavit, et postmodum de honore ad honorem gradatim ac de bono in melius exaltavit, et propter hoc cupientes quod in ipsâ nostrâ ecclesiâ Venetensi divini cultus officium augeatur, ad honorem beate Marie Magdalene, cui primo post resurreccionem suam Christus apparuit, item ad honorem gloriose virginis ac martiris Katerine, ordinamus atque statuimus quod dictis basilice et altari duo capellani, unus scilicet cuilibet, perpetuo sint prefecti qui eisdem basilice et altari, necnon et ecclesie Venetensi secundum modum deserviant infra scriptum. Nos enim damus, concedimus et assignamus dictis duobus capellanis et dictis capellaniis terras nostras de Kaerenbelec, sitas in parrochiâ de Theys, nomine quo supra communiter ac perpetuo possidendas, quas in pios usus acquisivimus convertendas. Volumus tamen quod mansionarii in dictis terris veniant ad districtum molendignorum (sic) nostrorum et obediant pro nobis et successoribus nostris futuris episcopis in ecclesiâ Venetensi. Item damus cuilibet dictarum capellaniarum, pro dote et fundacione ipsarum aumentandâ (sic), quinquaginta libras monete currentis in aquisicione decimarum vel aliorum reddituum aut aliàs, cum consilio episcopi qui pro tempore fuerit et Capituli Venetensis convertendas; item quod celebret in dicto altari, quâlibet obdemadâ (sic), videlicet die lune pro deffunctis summo mane, die Jovis de Spiritu Sancto et die sabbati de beatâ Mariâ Virgine, in quâlibet missâ dicat unam oracionem specialem de beatâ Katerinâ. Capellanus vero beate Marie Magdalene celebret die lune pro fidelibus Dei deffunctis, die Mercurii pro salute populi, et die sabbati de beatâ Virgine cum collectâ in quâlibet missâ de beatâ Mariâ Magdalenâ; et quod habeat medietatem oblacionum que offerentur in majori altari ipsius ecclesie, et terciam partem oblacionum que offerentur in tronco et duabus aliis minoribus altaribus ejusdem basilice; residuum vero oblacionum ad fabricam ipsius ecclesie deputamus. Salvo jure nostro et ecclesie parrochialis in aporto (sic) sive magnis oblacionibus sive favente Dei graciâ ibidem miracula crebrescerent et populi devocio augeretur, secundum consuetudinem dyocesis Venetensis. Item statuimus quod predicti duo capellani intersint horis canonicis in predictâ ecclesiâ Venetensi, nisi sint canonice impediti. Datum die Jovis in crastino synodi Penthecostes, in nostro capitulo generali. Teste sigillo nostro, una cum sigillo nostri capituli, anno Domini millesimo trecentesimo secundo.

455

Notice sur la ville de Ploërmel. — Extrait de Ropartz.

1303.

Les deux Carmes amenés de la Terre-Sainte par Jean II avaient été provisoirement logés dans un prieuré situé au faubourg de Ploërmel, sur la route de Josselin et que l'on nomme aujourd'hui l'Hôpital d'En-Bas. — Les Carmes portèrent à Ploërmel leurs habits barrés, depuis leur établissement (1271) jusque en l'an 1285.

Après la conquête de la Terre-Sainte par les Mahométans, les Carmes avaient été obligés de barioler leur cape blanche de larges bandes bleues, la couleur blanche étant exclusivement réservée aux scheiks et aux marabouts. Les Carmes introduits en Europe par saint Louis et par Jean II duc de Bretagne, y apportèrent d'abord leur costume oriental ; à cause de quoi la porte de Paris, située près de leur premier établissement, s'appela longtemps la porte des Barrés, ce nom leur ayant été donné par le peuple. Ce fut en 1285 que le pape Honorius IV leur donna le vêtement plus monastique qu'ils ont porté depuis lors.

Le lieu de l'hôpital d'En-Bas était étroit, malsain ; le comte de Richemont leur fit bâtir au haut du même faubourg, près les murailles et la porte d'En-Bas de la ville, un beau monastère avec une grande et magnifique église et un pourpris contenant pour le moins, le tout ensemble, 7 journaux ou environ.

Le corps de Jean II fut apporté de Lyon au couvent des Carmes de Ploërmel où il fut inhumé deux ans après l'avoir fondé (1305).

L'acte de fondation du couvent des Carmes daté du 28 mars 1304 est donné par un manuscrit du commencement de 17º siècle[1].

Confirmation de cette donation par le testament de Jean II.

Preuves de dom Morice I, 1185 et suiv.

Lettres de confirmation par Jean III, en 1318 ; par Jean IV, en 1365 ; par Charles VIII, en 1492.

Nombreuses fondations particulières en faveur des Carmes de Ploërmel.

456

1303.

Alain Conan, écuyer, permet à Alain de Quénécan, à Geffroy et Rolland ses fils, de prendre du bois sec et vert, et de la fougère, et de l'herbage au bois de Coetrivalen, seulement depuis la terre de Coetrivalen, jusqu'à Ménoray ? ce qui leur sera nécessaire « à leur estoaer à lour meson ».

Arch. des Salles.

457

1304.

Echange à la Cour de Ploërmel, entre Alain, vicomte de Rohan, et Guillaume, Henri, Pierre et Alain, tous quatre fils de Pierre des Forges.

Ceux-ci réclamaient du vicomte diverses possessions de feu Hamon Hydous, savoir un manoir en la paroisse de Noyal près de la forêt de Branguily ; trois tenues à Rest-Audreyn,

---

[1] Voir nº 344, page 277 et suiv.

et tout ce que le dit Hamon possédait à la Ville-au-Querre, à Querreven et à Quelvinec le tout en Noyal. — Après plusieurs débats, accord devant la cour de Ploërmel; le vicomte leur donne, en échange de ce qu'ils demandaient, le village de Lenes (?) en Pluméliau, à la charge à eux de payer chaque année, à Noël, au vicomte et à ses hoirs « une demee livre de peivre » et de leur obéir comme à leurs seigneurs.

Arch. de Kerguehennec.
Orig. parch. était scellé de trois sceaux
sur double queue.

458

Alain Kersach reconnaît tenir ligement de Jean de Syochan, à cause de Marguerite de Saint-George sa femme, le manoir de Kersach.

Arch. départ. Fonds de l'abbaye de la Joie.
Orig. parch. était scellé d'un sceau
sur simple queue.

23 août 1305.

Ge Alain Kaersach congneis tenir ligement de Jehan de Syochan à cause de Margarite de Saint-Jorge sa femme le menoir et herbergement de Kaesach avecques toutes ses appartenances et congnois debvoir au dit Jehan à cause de sa dicte famme dessur le dit herbergement et ses appartenances saize soulz de chieffue rente a estre paiez au dict Jehan par deux termes l'an, savoir ouyt soulz en checun mois de janvier par checun an et ouyt soulz à checune feste de Saint Gile par checun [an]. Item congnois debvoir au dit Jehan à cause des diz heritages quatre caignareées de seill et doux caignareées d'avoene, à estre paiez à checune feste de la saint Gile par checun an. Et lui doy obeir pour et à cause de ce comme homme lige doit obéir à son seigneur. Donné tesmoign le seel Alen Saudiel pour moy à ma prière et requeste, le XXIII° jour de aoust l'an mil et III C cinq.

459

1305.

La chambre des comptes de Bretagne est à Muzillac.

460

1305.

Jean II, fondateur des Carmes de Ploërmel, mourut à Lyon l'an 1305. Son corps fut apporté à Ploërmel et ensépulturé dans l'église des Carmes sous un riche tombeau de marbre, avec son effigie dessus et autour duquel est l'épitaphe suivante :

« Cy-gist Jean, jadis duc de Bretagne, qui trépassa à Lyon sur le Rhône le jeudi ès octaves de la feste de Saint-Martin d'hyver, l'an 1305. Priez Dieu pour son âme. »

Bibl. nat. ; Blancs-Manteaux, f. franç., n° 22,325.

461

Geoffroy de Kerdrès donne quittance d'une somme de 576 livres 15 sous 5 deniers, pour des travaux exécutés par lui au château de Sucinio.

Arch. dép. de la Loire-Inférieure. Fonds du Trésor des Chartes.
Orig. parch. était scellé sur simple queue.

17 avril 1306.

Sachent touz que je, Jeffroy de Kaerdreis, ay eu et repceu des exéqutors monsègnour qui mort est, dum Deux aeit l'arme, cinc cenz sexante et sèze livres quinze soulz et cinc deniers, lesqueux ils me deveint de mon daren conte que je fis o eux des acomptes qui furent enprès Pasques de la mise entour les èvres du Suchunyou et pour mon servige entour lesdites èvres. Doné à Vannes, le lundi enprès Misericordia Domini, tesmoig mon sceau, l'an de graice mil tres cent et sex.

462

Geoffroy de Kerdrès donne quittance d'une somme de 40 livres, pour des travaux exécutés à Sucinio.

Arch. dép. de la Loire-Inf.; fonds du trésor des Chartes.
Orig. parch. était scellé sur simple queue.
Titre détérioré.

Avril 1306.

Sachent touz que ge, Geffroy de Kaerdrès, é eu et receu des.....
de Mesuillac quarante livres, por les èvres do Suchunyou. Tegm[oin]...
avant Judica me, l'an de graece mill tres cenz et cinc.

463

Lorans le Vitrier donne quittance des sommes reçues pour tous les travaux exécutés par lui au couvent des Carmes de Ploërmel.

Arch. départ. de la Loire-Inférieure; fonds du Trésor des Chartes.
Orig. parch. scellé sur simple queue. — Titre détérioré.

22 juillet 1306.

Sachent touz que ge, Loranz le Vitrier, de Redon, ay eu et receu, por totes les vitres du Carme que ge ay mis en l'église du Carme et en l'enfermerie, trente et set livres dez souz, par la men Joan Le Roy, borgois de Plormel, conte fet au jor de vendredi, en la feste de la Madeleine, o monsour Bertran de la Haye, châteleen monsegnour le Duc, et o métre André de Joé, asdites trente et set livres dez souz por... totes chouses; de laquelle some d'argent d'avant dite ge me tienz à bien payé.

En tesmoyng de laquelle chouse ge done ces lettres scelées du seaul Pierres Baluchot, à mes prééres, por quoi ge n'avoye propre seaul. Doné au jor avant derroin, l'an de graece mil treis cenz et ses. Item je receux pour celle besoigne neuf livres diz et oict solz. Donné comme dessus.

[Sur une bande de parchemin, attachée au présent titre est écrit:]
Deficit littera Laurencii Vitriarii de IX libris XVIII solidis.

464

Guillaume le Borgne, chevalier, donne quittance d'une somme de 450 livres, pour la tombe de la duchesse Blanche de Bretagne[1].

Arch. dép. de la Loire-Inférieure. Fonds du Trésor des Chartes.
Orig. parch. scellé sur simple queue.
Titre détérioré.

1306 ?

Sachent touz que nous, Guillaume Le Borgne, chevallier, avons heu et receu des exéqutors de nostre chier ségnour de bone mémoyre, Jahan, jadis duc de Bretaygne, conte de Richemond, défunt, quatre cenz et cinquante livres, pour la feçon de la tombe et de la sépulture nostre chère dame, dom Deux ayt l'arme, madame Blanche, sa mère, jadis duchesse de Bretaygne, que ledit nostre cher ségnor aveyt convenu de faire à Limoges, au temps que il viveyt, é suymes tenuz de délivrer lesdiz exéqutors envers ceux qui font ladite tombe........ Jusques à la somme desdites quatre cenz é cinquante [livres].... A Vènes, tesmoyng nostre seaul, le jour..... [Quasi] modo, l'an de grâce mil treys cenz......

465

10 janvier 1307.

Accord entre Olivier vicomte de Rohan et Geoffroy d'Avaugour, chevalier.

Malgré les paix faites à ce sujet entre ledit Geoffroi et Alain son père, Jocelin, vicomte de Rohan, avait par testament accordé que ledit Geoffroi aurait, de par sa mère sa portion de la vicomté de Rohan, de Porhoët et de Guémené, Geoffroi ne voulant pas exiger du vicomte Olivier, l'exécution dudit testament par les voies de rigueur, l'en avait supplié comme seigneur et ami, Olivier avait rappelé la

---
[1] Blanche de Navarre, duchesse de Bretagne fut enterrée dans l'église de l'abbaye de la Joie, près Hennebont.

paix, faite entre Geoffroy et Alain de Rohan, d'après laquelle Geoffroi ne pouvait rien demander sur les terres dessus dites de plus que ce qu'il en avait eu, à savoir 125 livres de rente ; que le testament de Jocelin son frère était de nulle valeur etc., Geoffroy se désistant suppliait alors seulement Olivier de lui faire aucune courtoisie. Il renonçait pour lui et ses hoirs à tout, sauf aux 125 livres de rente, *sauf à nous* l'obéissance des heirs ma dame Ysabeau nostre seur, quant le cas y avendra, comme esné sus joveignour.

Arch. de Kerguehenec.
Orig. parch. était scellé sur 2 sceaux de double queue.
(V. D. Morice, I, 1209).

466

Hanis, veuve de Jean Joubaut, donne quittance de 60 sous, pour travaux faits au couvent des Carmes de Ploërmel.

Arch. dép. de la Loire-Inférieure; fonds de Trésor des Chartes.
Orig. parch. scellé sur simple queue.

18 janvier 1307.

Davant nous, arcédiacre de Porhoet, en dreit establie Hanys, dégrepie Jahan Joubaut, requonut é confessa le aveir eu et receu des exécutours dou testament de treis-noble récordacion Jahan, jadis duc de Bretaigne, conte de Richemont, seixante souz de bone monnoie pour le restor d'un clos qui fut mis ou herbergement és frères dou Karme ; desqueux seixante souz ladite Hanis se tint pour bien paié é quita ledit Duc é lesdiz exécutours, par réson desdites chouses, é lour pardona dévotement é de bon gré ; é jura par sains ladite Hanis que jamès esdiz exécutours, par réson des chouses desusdites, riens ne demandera ne ne fera demander par le ne par autres. Doné tesmoign le sceau de nostre court, ou jour de mercredi emprès la Saint-Hylayre, l'an de graece mil treis cenz é seiz.

[Au dos est écrit] : Ge, Le Mestre de Ploërmel, vous prie que vous restorciez cest sceau en la meilloure manière que vous pourrez.

467

Joan donne quittance de 30 sous pour travaux exécutés au couvent des Carmes de Ploërmel.

Arch. dép. de la Loire-Inférieure. — Orig. parch, fonds du Trésor des Chartres.
scellé sur simple queue.

18 janvier 1307.

Par davant nos, arcediacre de Porhoit, [en dreit establi Joan requonut] lui aveir eu é receu des exéqutours du testament de treis-noble prince Jahan, [jadis duc de] Bretaigne, mort, trente souz de bone moneye corante, c'est assavoir por le restor d'une pièce de terre mise en herbergement ès frères du Querme de Plormel; de laquelle somme d'argient le dit Joan se tint pour bien paé; é quita ledit Joan por lui é por ses heirs ledit Duc et touz les aumosniers desus-diz é iour heirs sus les choses desus-dites; é pardona ensorquetou ledit Joan audit Duc é à ses heirs é èsdiz aumosniers sus les choses desus-dites, é jura sus saenz que james ès heirs audit Duc ne èsdiz aumosniers riens né demandera ne ne fera demander par réson des dites chouses. Doné tesmoing nostre sceau de nostre court, eu jour de mercredi après la feste Saent-Hyllaere, en l'an de grâce mil é treiz cenz é seis. H.

468

La veuve et les héritiers de Guillaume Flori, forgeron, donnent quittance de 60 sous pour travaux exécutés à l'église des Carmes de Ploërmel.

Arch. dép. de la Loire-Inférieure; Fonds du trésor des Chartes.
Orig. parch. scellé sur simple queue. — Titre détérioré.

18 janvier 1307.

Sachent touz que par-davant nous, arcediacre de Porhoët, en dreit [establis N..., dégurepie] Guillaume Flori, é ses effanz requonurent é confessèrent lex (*pour elx*) avoir euz é receuz des exécutors dou [testament de très noble] récordacion, Jahan jadis duc de Bretaigne conte de Richemont, seixante souz [de bone monnaie], assavoir pour restor de forgeure que ledit Guillaume, ou temps que il viveit, fist ès ovres de l'iglise Nostre-D[ame] dou K]arme ; des[queux] seixante souz is se tindrent à bien paieez é quitèrent ledit Duc é les exécutours desusdiz [par réson desdites chouses et] pardonèrent ensourquetout audit Duc é èsdiz exécutours bénignement [é de bon gré, et jurèrent] sus sainz par-davant nous que jamès, par réson desdites chouses, audit Duc ne ès exécutors desusdiz riens ne demanderont par lex ne par autres. Doné tesmoign nostre seau de nostra court, ou jour de mercredi emprès la Saint-Hylayre, l'an de graece mil treis cenz é s[eix].

[Sur une bande de parchemin attachée au précédent titre es écrit] : Deficit littera vidue Guillelmi Flori de LX souz[1].

469

Alain de Tressay, Guillaume de Porzou et Jean, fils de Conan le Floch, donnent quittance de 50 livres pour bois fournis aux ouvriers qui travaillaient au château de Sucinio.

Arch. départ. de la Loire-Inférieure ; fonds du trésor de Chartes. Orig. parch. scellé de deux sceaux sur simple queue.

28 janvier 1307.

Sachient touz que nous, Alen de Tressay, Guillaume dou Porzou é Jahan le fiulz Conen Le Floch, compaignnons, sus le boes que nos achatèmes à Donnouaut d'o le seignour de Kadoudal, recognessons nos avoer eu é receu d'o les exéqutours nostre chier seignour le Duc de Bretane qui darènement trespassa, dont Deux aet l'arme; vint libvres de la feuble moneye, par la maen Rollant Le Lombart, outre traente libvres de ladite moneye feuble que nous avions eu é receu par la maen Jeffrey de Kaerdreys, chastelen au temps de Suchunyou, pour toutes les demandes que nous fesions envers lesdiz exéqutours de tout le meirrein é les chevrons que la gient audit Duc avoient pris oudit boes ; é desdites sommes de peccune é desdiz meyrrein é chevrons nos tenons bien à paiez, é quitons é délivrons, ci é par davant Deux, ledit Duc é l'arme de luy, ses exéqutours, ses hers, ses sucessours ; é parsoumet octreyons é semes tenuz, chacun de nos pour le tout, garantir é deffendre é rendre sainz domage contre touz à jamès lesdiz exéqutours, hers é

[1] Et cependant c'est la lettre elle-même.

sucessours doudit Duc, en noz propres desppens é couz, sus toutes lesdites choses, quant à ce obliganz nos é chacun de nos, nos hers, nos sucessours é touz nos biens, meubles et non meubles, le sèrement de chacun de nos de non venir encontre baillé corporaument. Doné tesmoignz le seel de mey, Guillaume, pour mey é aès preyères é à la requeste de mey, Alen de Tressay, pour ce que ge n'é, quant à ores, propre seel o mey; ensemble o le seel de mey, Jahan desusdit, le semadi avant la Chandelour, l'an de grayce mill tres cenz é sex anz.

470

Petronille, veuve de Jocelin Pierre-Etienne, donne quittance de 40 sous, pour des pierres extraites de la carrière dudit Jocelin, et emploiées à la réparation des murs de la ville de Vannes.

Arch. départ. de la Loire-Inférieure; fonds du Trésor des Chartres. Orig. parch., scellé de deux sceaux sur simple queue.

6 février 1307.

Coram nobis, archidiacono Venetensi, in jure personaliter constituta Petronilla, relicta Jocellini Petri Stephani, tâm nomine suo quàm tutorio seu curatorio liberorum suorum, recognovit se habuisse et recepisse ab exequtoribus testamenti seu ultime voluntatis inclite recordacionis domini Johannis, nuper ducis Britannie, comitis Richemondie, de mandato discreti viri gardiani Venetensis, per manum Eudonis Benedicti, quadraginta solidos bone monete currentis, pro lapidibus extractis de lapidicinâ dicti Jocellini et pro omnibus dampnis illatis dictis Petronille et dictis liberis in orto suo, in defferendo dictos lapides, ad murum civitatis Venetensis reparandum, et pro omnibus aliis peticionibus suis à dictis exequtoribus, nomine exequtorum predicto, usque ad datam presencium licterarum; et dictum dominum Ducem, ejus heredes et dictos exequtores super premissis quitos et liberos penitus reclamavit. Datum teste sigillo nostro quo utitur ad causas, die lune post festum Purifficacionis Beate Marie Virginis, anno Domini millesimo trecentesimo sexto. P. Bordiec.

471

Eon l'orfèvre, de Vannes, donne quittance de 30 sous pour des pierres extraites de son courtil et employées à la réparation des murs de Vannes.

Arch. départ. de la Loire-Inférieure ; fonds du Trésor des Chartes. Orig. parch. Scellé sur simple queue.

6 février 1307.

Sachent touz que je, Eon l'Orfèvre, de Vènes, ay eu et repceu, par la men Eon Benoet, par la délivrance au guardien de Vènes et Henri Guéhenec, trante soulz de bone monaie corante, pour la demande que je fesay aès exéqutors à très noble prince Jehan, jadis duc de Bretaigne, conte de Reichemond, de ce que sa gent avoent faet traère perres en un men cortyll à Faruel, pour faire les murs de Vènes, ouquel cortyll je suy par ce endomagé, et de ce et de totes autres choses que je peusse aveer demandé èsdiz exéqutors, ou temps passé juques à la date de cestes lectres, je pardone et quite ledit Duc et l'arme de luy, ses hers et ses exéqutors. Doné tesmoign le sael Benoet Guarric, de Vènes, à mey presté, à mes preières, pour ce que je ne avoy propre sael, le jour de lundi après la Chandelour, l'an de graice mill trois centz et seis anz.

472

Jean le Maçon, de Sarzeau, donne quittance de 25 livres pour travaux exécutés au château de Sucinio.

Arch. départ. de la Loire-Inférieure ; fonds du Trésor des Chartres. Origin. parch. Scellé sur simple queue.

9 avril 1307.

Sachent touz que Jouhan le Maçon de Sarzeau, é euz é receuz, par la maen Rollant le Lombart, de le exéqutiour à monseingnour Jehan, jadis duc de Bretangne é conte de Richemond, c'est assavoer quinze libvres de la feble monnaie, pour fère un pingnon de nefz en la garde-robe audit seingnour le Duc à Suchunyou, parsomeit dez libvres de ladite monaeie que ge, davant dit Jouhan, avey euz paravant, pour la réson du dit pingnon fère ; é faz quites é délivres les exéqutors de le exéqucion audit seingnour le Duc mort a jamès de totes ressons é demandes, é pardone monseingnour le Duc mort en cest sècle é davant Deux. Doné témoing mon propre seel, le samady amprès Misecordia Domini, à Vanes, an l'an de grèce mil tres cenz é seipt.

473

Dérien le Maçon, Hervé le Compagnon et Nicolas Le Grant, maçons, donnent quittance de 10 livres pour travaux exécutés à l'église des Carmes de Ploërmel.

Arch. dép. de la Loire-Inf.; fonds du trésor des Chartes.
Orig. parch. scellé de deux sceaux sur simple queue.

16 avril 1307.

Sachent touz que nous, Déryan Le Maçon, Hervé Le Compaignon et Nicholas Le Grant, maçons, avons eu et repceu des exéqutors dou testament ou de la darrère volenté à très-noble prince Jehan, jadis duc de Bretaigne, conte de Richemond, par la men Rollant Le Lumbart, dix livres de bone monaie corante, pour le plusage que nous feismes ès èvres de l'iglèse de Karme de Ploermoel, en outre la covanance que nous feismes o Jouhan Le Ray de Ploermoel et mestre Guillaume Piron, douquel plusage nos pardonons et quitons ledit Duc, ses exéqutors, ses hers et ses successours. Doné tesmoign le propre sael de mey, Dérian, pour mey, et à nous, Hervé et Nicholas davant-diz, presté, à noz preières, pour ce que nous ne avions propre seiaux, le jour de dymeine ouquel l'an chante Jubilate, l'an de graice mill trois centz et sept anz.

474

Henry, évêque de Vannes, confirme au chapitre de Vannes la dîme que celui-ci percevait sur la paroisse de Languidic.

Arch. départ. Fonds du chap. de Vannes.
Orig. parchemin, scellé d'un sceau sur simple queue.

Novembre 1307.

Universis presentes licteras inspecturis et audituris Henricus, permissione divina episcopus Venetensis, salutem. Noveritis quod nos cofisiderantes et attendentes paupertatem et tenuitatem communi .. Capituli Venetensis diminutionem reddituum et obvencionum ipsius per adversariorum et dimicorum ecclesie malicias acquisitas, considerantes eciam exactiones, extorisiones et onera sibi incumbentia et maxime de novo disposita queque ecclesia de Languidic nostre dyocesi fuit et est pensionaria dicti Capituli, nos ad relevacionem onerum ipsius Capituli conferimus integraliter eidem Capitulo dictam ecclesiam cum suis juribus et pernitenciis universis sustentacione congrua per nos moderanda et pure conferenda vicario qui ibidem instituitur pro tempore reservata, salvo etiam jure Gauffridi Mayec nunc vicarii dicte ecclesie, volumus tunc quod ipso cedente, decedente seu recedente ab eo dictum Capitulum percipiat et habeat fructus, obvenciones predicte ecclesie salva vicaria supradicta. Datum mense novembris anno Domini M° CCC° septimo sub sigillo nostro datum ut supra.

475

L'abbaye de la Joie cède à Olivier, vicomte de Rohan, le manoir de Morfouesse et le pré dit la Noé de Bodiel moyennant une rente annuelle de quinze quartiers de froment à percevoir sur les dîmes de Pleugriffet.

Arch. dép. Fonds de l'abbaye de la Joye. — orig. parch. — Scellé de deux sceaux sur double queue.

30 avril 1308.

Sachent touz que en nostre court à Ploermel en dreyt personaument establiz noble homme Olivier viconte de Rohan d'une partie e religiouses dames et honestes l'abbasse et le covent de Henbont de l'ordre de Citeaux en le diocèse de Vennes, o l'autorité et o l'assentement de religious home et honeste l'abbé de Béguar de l'autre, lequel abbé aveit assentement dou père abbé de l'aoumousne de l'aoutorité dou chapitre general de Cyteaux si comme il nous aparut par bones lettres dou Jean à l'abbé de Cyteaux e de l'abbé de l'aoumousne, aont faeyt e firent eschange et permutation dou fonz dou manaeir de Morfouace et des terres apartenantes audit manaeirtant en terres arables que non arables prez que en toutes autres choses sises jouste la ville de Ploermel en le dyocese de Sainct-Mallou, ensemble o le pré qui est apelé la Noé de Bodiel o ses apartenances, que lesdictes religiouses oront de Guion Cheuroul, lequel manaeir o ses dites apartenances lesdites religiouses tenaent et poursaeint comme lour héritage, présagie le fonz de l'éritage dou dit manaer e des apartenances les desus nomées e doudit pré a quinze livrees de rente annuel par bones gens sur ce juré et. graez des parties. C'est asavaeir mons. Alaein de Quedillac, Pierres Mel, Pierres Lestent et plusours autres dines de fey, lesqueuls rendirent le présage en la manière desusdite, lequel presage fut prins et receu à gré des parties. Et pour ladite eschange ledit viconte a baillé e otraié, baille e otraie desorendreit en pur et perpetuel héritage es dites religiouses et à ladite abbaie à touz jours mes quinze quartiers de fourment bon e souffesant le plus bel après un à la mesure de Pontivy par chescun an de rente sur ses desmes de Pleouc-Griffet de la parroesse de Pleouc-Griffet à estre rendu dou dit viconte et des sens esdites religiouses e à ladite abbaie à toujours mes ou chescun feste de saent Michiel en Monte-Tumbe en l'iglese de Pleouc-Griffet, e ledit paement dou dit fourment paie, fet e aconpli es diz jour e leu par chescun an de la partie audit viconte ou des sens esdites religiouses e à l'abbaie, ledit viconte et les sens seront partout quites par chescun an. dou paement desus dit. E si il aveneit que ledit viconte ou .es sens defailleissent en tout ou en partie, ledit viconte e les sens sont tenuz paier es dites religiouses e à l'abbaie ou a leur commandement un quartier de fourment à ladite mesure par chescun jour que il deffaudra lui ou les sens de fère ledit paement au jour e au leu desuz diz de paine jà commise, pour lequel paement fère es diz jour et leu de la partie audit viconte ou des sens e de ses heyrs tant dou principal de la paine, si comme desus est devisé, ledit viconte pour lui et pour ses heyrs obligea es dites religiouses et à l'abbaie toutes ses desmes de la parroesse de Pleouc-Griffet e toutes ses autres desmes de la vicomté de Rohan si celles ne souffesaeint. E pour oster touz enpeschemenz qui pourraent estre mys, obicez ou opposez par que y le paement ne fust fet, ez diz jour e leu esdites religiouses é à l'abbaie es propres despens dou dit viconte ou de ses heyrs, estre lesdiz enpeschemenz si nul emaneit ostez, et promist, otrea e est tenu ledit viconte pour lui e pour les sens e ses heyrs, guarantir e deffendre ladite eschange esdites religiouses et a l'abbaie de touz e contre tous en perpetuaute a james a fin et à heritage, e lesdites religiouses guaranteront audit viconte ledit eschaniage que elles li baillent e toutes les choses desus dites e chescune si come ils sont exposés e devisées par avant; ledit viconte pour lui e pour les sens e pour ses heyrs jura tenir, guarder e leaument acomplir senz venir encontre ne par eux ne par autres a nul jour mès sauf toutenaies que il n'est pas lié par serement de fere le paement ou terme devisé fors que il ne vendra encontre la tenour de cestes lettres ne n'enpeschera l'exeqution de elles ne dou principal ne de la paine, si il defaillet dou paement fere, en nule maniere ne par lui ne par autre ou temps à vener. E voult et otrea le dit viconte que nostre dite court face exequter la tenour de cestes lettres par touz poinz si il esteit en aucun deffaut des choses desus dites en tout ou en partie. E les dites religiouses sont tenues délivrer a jamès le dit viconte et le guarantir envers les heyrs et les amys mestre Guillaume le Rey de qui elles auront le dit maneir de Morfouace e de touz autres e de toute obligacion de messes e de autres choses espiritueux; e jura la dite abbasse pour sey e pour son covent e pour son moustier guaranter le dit viconte et les sens sus le dit eschaniage que elles li baillent en la manière desus dite. E nous, les dites parties e chescun a toutes les choses desus dites tenir leaument guarder et acomplir en bone fey, a tant comme o chescun en tousche e apartient, avon sentenciaument condempnez en ces escriz le jugement de nostre dite court maenant. Ce fut fet e doné le mardi avant la feste des Apôtres saeint Phelippes e saeint Jacques, tesmoign nostre seau establi es contraz de Ploermel ensemble o le seau au dit viconte appousé à cestes lettres à mère fermetez de toutes cestes choses sauf nostre dreyt e a touz autres l'an de graeice mil treys cenz e ouyt.

Vidimus de ceste charte. — Doné de ceste vision tesmoing nostr. seel aus contraz d'Auray le mardi avant la feste Saint-Denis en l'an de grace mil trois cenz e diz. — G. de Mente.

476

Plusieurs habitants de Nostang vendent à l'abbaye de la Joie ce qu'ils possédaient au village de Locmaria en Nostang et au village de Coët-Ulaire en Plouay.

Arch. dép. — Fonds de l'abbaye de la Joie.
Orig. parch. était scellé de deux sceaux.

21 août 1308.

Sachent tous qu'en notre court en droit peronaument establiz Robert le fuiz Tangui dit Audot comme tutour ou curatour à ses filles, Guillème le fuiz Daniel le Doblaen comme tutour ou curatour à ses enfanz et Gueguen le fuiz au Crazot et Alen son frère donèrent, livrérent, otroiérent et assignèrent de lour bone volante et encore donent, livrent, otroient et assignent à religiouses dames et honestes l'abeesse et le covant de la Joie Nostre Dame coste Henbont tout queconque de droit de propriété, possession, reson, action, seignorie et sesine ils et chacun de eux pour le tout avoient et pooient devoient avoir par checune reson, title et cause ou flé Pierres Portepener, escuier, à Notre-Dame de Laustenc et en son teroer o toutes ses apartenances, entierement le tout pour le tout [et en la vile au fiuz Alen au Fretein] en pur et perpetuel eschange non revocable [exempte la sucession qui est descendu a iceux Gueguen et Alen de Peralarun lor suer] c'est à savoir pour toutes les terres, actions, resons, seignories et sesines que icelles religiouses avoint en la vile qui est apelée Quoetguiler enterinement et en son teroer o toutes ses apartenances sis en la paroisse de Ploroe excepté le froment gluez et l'obeissance esdites religiouses tant solement, les bans fez dou dit eschange par nostre court et en nostre dite court soufisaument recordez, sur lequel eschange gréèrent et sunt tenuz iceles parties pour eles et ou nom comme pardesus garantir et deffendre les dites religiouses et lour mandataire contre touz et en checun leu segont l'usage et la coustume dou pais souz l'obligance de touz lour biens mebles et imebles presenz et futurs. Lesqueles choses eschangées en la manière desus dite se despoillèrent les dites parties comme il est dit pardesus et en vestirent les dites religiouses et la dite abaie par la baillée de cestes presentes lettres, nul contre disant sur les diz bans, ne a retenir les dites choses par presmece ne autrement soy offrant; pourquoy nostre dite court juga par jugement que le dit eschange se devoit tenir comme il est dit par desus et vouldrent iceles parties estre quant à ce tenir et acomplir destraintes segont la plus estreite forme dou sale de nostre court, et les seremenz d'iceles parties baillez corporaument de non venir encontre a james par eux ne par autres, esqueles choses tenir et acomplir nostre court, les dites parties présentes et consentantes en ces escritz par sentence condempné, sauff nostre droit et à touz autres. Doné tesmoing nostre scel aus contraz d'Auray o le seel Raol Richart escuier presté esdites parties à lour prières pour eles et ès noms comme pardesus pour ce que eles n'avoient seaux propres, à mère fermeté des dites choses, le mercredi amprès l'Assumpcion Nostre Dame Virge en l'an de grace mil trois cenz et oyct. G. DE MENTE.

477

Nicolas, fils de Guillaume le Borgne, et sa femme Madou vendent à l'abbaye de la Joie pour sept livres tout ce qu'ils possédaient au village de Locmaria en Nostang.

Arch. dép. Fonds de l'abbaye de la Joie.
Orig. parch. était scellé de trois sceaux.

9 novembre 1308.

Sachent tous que en notre court en droit personaument establiz Nicolas le fuiz Guillaume le Borgne et Madou sa femme espouse fille jadis au fuiz au Pober, d'icelui Nicolas son mari saufisaument auctorizée quant es choses qui s'en sevent, vendirent et reconnurent eux et checun de eux pour le tout avoir vendu, baillé, livré, otroié et assigné en non de pure et perpetuele vançon non revocable à religiouses dames et honestes l'abeesse et le covant de la Joie Nostre Dame de les Henbont tout gusque de droit, de propriété, possession, action, reson, seignorie et sesine ils et checun de eux avoient, avoir pooient et devoient avoir par checune reson, title et cause ou fié Pierres Portepenier escuier en la ville de Locmaria de Laustenc et en son teroer o toutes ses apartenances en bois, eues, molins, landes, prés, froz, terres arables et non arables et en toutes apartenances queuxque ils soient pour sept livres de la monoie corante, a eux des dites religiouses desja paiées, et pour les vantes et les autres despens mis en cour les dites choses, les bans fez par la court audit Pierres Portepenier sur les dites choses et en notre court soufisaument recordez les vantes paées audit Pierres comme il le reconnut en notre dite court et toutes autres choses acomplies droitement et leaument qui en cour ou teles choses apartient en manière deue segunt l'usage et la coustume dou pais, nul contredisant ne par nule premece ne autrement soy offrant à retenir les dites choses. Pour quoy fut jugé par le jugement de notre court que les dites choses doivent demorer as dites religiouses à james et à la dite abaie comme lour propre heritage ; et sur les queles choses gréèrent et sunt tenuz iceux espous garantir et deffendre les dites religiouses contre touz et en checun leu segont l'usage et la coutume dou pais sous l'obligacion de touz leur bien. Et vouldrent iceulx espous que ils soient quant à ce tenir et acomplir destrainz segont la plus estroite forme dou sale de notre court, les seremenz d'iceux espous baillez corporaument de non venir encontre à james par eux ne par autres ; esqueles choses tenir et acomplir notre court iceux espous presenz et consentenz et eux à nostre juridiction sozmetanz en ces escriptz par sentence condempné sauff notre droit et a touz autres. Doné tesmoing notre seel aus contraz d'Auray o le seel Eon Pen escuier pour les diz espous à eux presté à lour prieres pour ce que ils n'avoient seaux propres et o le seel audit Pierres en reconoissance d'avoir les dites vantes receues et des diz explez avoir esté fez. Le samedi avant la feste Saint-Martin d'iver eu l'an de grace mil trois cenz et oyct. G. de Mente.

478

Pierre Danizou de Nostang ayant mis en vente cent sous de rente dont jouissait Jean Panner, au village de Locmaria, l'abbaye de la Joie se porte comme acquéreur de cette rente.

Arch. départ. Fonds de l'abbaye de la Joie.
Orig. parch. scellé de 3 sceaux sur simple queue[1]

21 novembre 1308.

Sachent touz que comme Pierres le fuiz Danizov de Laustenc meist en bans et en vant es tout queusque de droit, de propriété, possession, action, reson, seignorie et sesine Jahan le fluz Elixandre Panner, sa famme espouse avoient et pooient ou devoient par chacune reson title et cause en la vile de Locmaria de Laustenc en son terouer et toutes ses apartenances queusque ils soient ou flé Pierres Portepenier escuier pour cenz soulz de la monoie corante esqueux ils le estoient tenuz par les lettres de nostre court, trois bans fez sur les dites choses ou nom d'icelui Pierre Danizov, sur le tiers des queux bans religiouses dames l'abése, le covant la Joie Nostre-Dame de lez Henbont se tandirent et soy offrirent à presmes à retenir les dites choses pour ce que eles disoient que les dites choses estoient de lour fies espéciaument que comme iceux espous leur fussent tenuz en quarante soulz de bonne monnoie et en quarante libre de fèble monoie, comme nostre court vit contenir en nos letres ; laquele presméce lour fut coneue dicelui Pierre Danizov et ajugée par nostre

[1] Il reste du premier seeau un échiquier au franc quartier d'hermines.

court ; lesqueles religiouses paièrent au dit Pierre Danizov les diz cent soulz que il le requist en nostre court ; et requist aussi le dit Pierre que la dete es dites religiouses estoit avant la soüe ; ? sur ce les dites religiouses firent fere trois autres bans par la court au dit Pierres Portepenier sur les dites choses pour leur première dete et pour la dete qui estoit deue au dit Pierre Denizov et le quart ban à la fin de savoir si nul se rendeist à presme que eles ne que rien deist encontre, lesqueux bans furent en nostre court soufisament recordez nul contredisant ne par nule presmese ne outrement soy offrant à retenir les dites choses ; pour quoy notre court par nostre aloué juré et par le dit Pierre Portepenier et par plusors autres bones genz dignes de foy avananta et fist avananter es dites religiouses é à lour abaye toutes les choses que les diz espous avoient es diz leus et flé, excepté une mazière censine o son cortill à le atenant qui fut jadis à Moder le fluz Robert des queles choses furent les vantes paiées audit Pierres Portepenier des dites religiouses comme il le reconnut en nostre court souff nostre droit et l'autrui. Doné tesmoign nostre seel aus contraz d'Auray o les seaux d'iceux Pierres le fluz d'Anizov et Pierres Portepenier en les tesmoignages des dites choses et des diz explez en tant que à chacun d'eux apartient, le jeudi avant la fête sainte Catherine vierge en l'an de grâce mil trois cenz et oyct. — G. de Mente.

479

Arthur II, duc de Bretagne, donne à l'abbaye de la Joie plusieurs mesures de froment valant 67 livres à percevoir sur la chatellenie d'Auray ; cette somme sera déduite des cent livres de rente qu'il devait à cette abbaye.

Arch. dép. Fonds de l'abbaye de la Joie.
Orig. parch. scellé d'un sceau sur double queue.

19 mai 1309.

Nous Artur duc de Bretaigne conte de Richemont baillons et assignons à religieuses dames l'abbaesse et le couvent de l'abbaie de la Joie de Nostre Dame de Henbont de l'ordre de Citeaux en le diocèse de Vannes dix et out quartiers et quatre tiercelées de froment à la mesure de Elray et unze quartiers et cinc tiercelées de seille à la mesure desusdite, et est assavoir que chascun quartier doit tenir out tiercelées, c'est à savoir chascune tiercelée de froment pour sis solz chascun an de rente et chascune tiercelée de seille pour cinq soulz chascun an de rante à avoir et à prandre sur nostre censine de Elray par la main nostre chastellain d'Auray par chascun an en nostre ville d'Auray à la feste de la Touz-Saintz. Et est la somme dou pris d'icels blez sexante sept livres et treze soulz, lesquels treze solz nous leur quitames, et ainsin demorent sexante et sept livres pour les quèles nous leur assignons et baillons les blez desus diz à jamès, à rente perpétuel en rabatant de la summe de cent livres de rente que nous leur devons par chescun Noel an deniers. Et voulons et otroions que le jour de la Touz-Sainz passé, que si nostre chastellain d'Aurey ou celui qui recevra la dite censine estoit en deffaut de rendre les diz blez dedenz la feste de Touz-Sainz chascun an ausdites religieuses ou à leur commandement que il paege chescun jour à icelle religieuses cinc soulz de paine de tant comme il en sereit en defaut passé ledit terme. Et si nostre censine ne monteit la summe des blez desus diz nous suimes tenuz à lour parfaire juque à la summe desus dite et à les garantir sur les blez desus diz. Donné au Succeniou nostre seau tesmoign, lendemain de la Penthecouste l'an de grace mil trois cens et neuf.

480

9 novembre 1309.

Quittance générale de toutes dettes et de toutes réclamations entre Hervé de Léon, seigneur de Noion et Geoffroy, seigneur de Malestroit; sauf que Geoffroy promet de faire son possible pour trouver et rendre à Hervé une rente que le père de Geoffroy avait eue du père d'Hervé.

Arch. de Kerguehennec.
Orig. parch. était scellé de 2 sceaux sur simple queue[1].

V. D. Morice, I, 1224.

---

[1] L'un des sceaux existe encore presque entier, de 15 c. de diamètre environ. Il porte un quatrefeuille croisé par un carré. — On y voit encore figuré assez distinctement un cavalier armé tenant de la main droite l'épée levée, de la gauche un écu où se voient les besants des Malestroit. Le cheval lancé est également carapaçonné de besants.

481

Christine Plancot et sa sœur Florance, vendent à Guillaume fils d'Henri Guerngolin, écuier, leur maison en Languidic avec son jardin et ses dépendances, pour 42 sous ; ce contrat est passé devant Sibille, abbesse de la Joie.

Arch. départ. Fonds de l'abbaye de la Joie.
Orig. parch. détérioré, deux copies du XVII° siècle portent la date 1310.

Juin 1310.

Universis presentes litteras inspecturis et audituris soror Sibilla humilis abbatissa monasterii de Gaudio Beate Marie propre Henbont et conventus ejusdem loci salutem in Domino. Noveritis quod in nostra curia in jure personaliter constitute Christiania filia dicta Plincot et dicta Florance ejus soror se vendidisse, concessisse et assignasse et adhuc vendunt et concedunt et assignant Guillelmo Henrici de Guerngelin scutario et suis post ipsum et ab ipso causam habentibus et habituris, in puram et perpetuam hereditatem, domum suam in qua morantur ad presens in villa de Languindic cum orto eidem adiacenti et aliis pertinenciis et exitibus ad domum adjacentibus et ibidem existentibus in dicta villa de Languindic in nostro feodo, sitam pro quadraginta et duobus solidis currentis monete jam solutis dictis sororibus, prout confesse fuerunt in presente coram nobis et probandis insuper et aliis expressis circa premissa banis supra premissis rite et juste factis et in nostra curia sufficienter recordatis, venditionibus nobis solutis et omnibus aliis que ad propriam venditionem et hereditatem pertinere adimpletis et perfectis secundum usum et consuetudinem patrie ; volentes et precedentes dicte sorores se rem eamdem deffendere et tueri dictum Guillelmum supra premissis omnibus et singulis venditionibus et concessionibus secundum usum et consuetudinem patrie. In premissis transferre dictum Guillelmum et suos.

Datum eidem Guillelmo ad petitionem et requisicionem cujuslibet dictarum sororum, salvo jure nostro et cujuslibet alterius, teste sigillo …. una cum sigillo Oliverii Jocelini scutarii cuilibet dictarum sororum accomodato ad preces suas proprium sigillum non habentium.

… Apostolorum Petri et Pauli anno…. M° CCC°.. O ? G. Quennas.

482

7 Septembre 1310.

Accord entre le vicomte de Rohan et Pierre de Kergorlay au nom de sa femme Jehanne de Rohan sœur dudit vicomte. Pierre réclamait la part de sa femme dans les héritages de son père et de sa mère en la vicomté de Rohan, en Porhoët et en Guémené, en Normandie et ailleurs ; le vicomte lui baille 360 livres de rente à asseoir en la vicomté, toujours à l'exception de ses forêts, fiefs gentils, manoirs et villes marchandes.

Arch. de Kerguehennec.
Copie de 1312, parch., était scellé de 3 sceaux sur simple queue.
Autre copie de 1312, aux archives des forges de Lanouée.
(V. Dom Morice I. 1232).

483

Arthur II duc de Bretagne établit sur les fermes d'Auray, Caudan, Nostang, Plouay, Pontcallec, Lochrist, Hennebont, 430 livres de rente tant en blés qu'en argent pour l'entretien de l'abbaye de la Joie.

Arch. dép. — Fonds de l'abbaye de la Joie.
Orig. parch. scellé de trois sceaux[1].

5 février 1311.

Nous Artur duc de Bretaigne, conte de Richemond, faisons savoir à tous que nous baillons et assignons à religieuses dames l'abbesse et le couvent de la Joaie Notre Dame près Hannebon de l'ordre de Citeaus en la dyocèse de Vennes diz et neuf quartiers de froment et

[1] Cette charte porte encore les lacs de soie jaune qui soutenaient le sceau du duc Arthur II.
La première sédule est scellée sur simple queue du petit-sceau d'Arthur II en cire rouge, on y voit encore l'échiquier de Dreux, au franquartier d'hermines.
Un cordon de soie rouge qui relie la charte et les deux sédules soutient le sceau de Jean III en cire brune. Il porte un cavalier armé, le cheval est caparaçonné d'hermines. Il ne reste plus de l'inscriprion que les lettres IOH., NIS. Au revers le contre-sceau porte l'écu d'hermines plein avec l'inscription : CONTRAS : JOHIS DVCIS BRITANNIE.

douze quartiers et une tercelée de saile à la mesure d'Aurrai ; item cinquante mesures de froment à la mesure Queignart à Caudan valent deux quartiers et quatre tercelées et demée à la mesure d'Aurrai ; item trois tercelées e demée de froment à la mesure de Laustainc valent quatre tercelées e demée à la mesure d'Aurrai ; item à Laustainc quatre tercelées e demée saile à la mesure de Laustainc valent à la mesure d'Aurrai cinq tercelées, c'est à savoir chacune tercelée de froment à la mesure d'Aurrai pour sis soulz chacun an, et chacune tercelée de saile à la mesure d'Aurrai pour cinq soulz chacun an de rente à avoir et à recevoir par la main de nos chastellains des leus ou les diz bleiz nous sont deuz es leus desus nommez chacun an à la feste de Touzsainz ; et est la summe dou pris d'iceulx bleiz rabatuz treze soulz que nous leur enquitames saixante dix et sept livres seze soulz. Item nous leur baillons et assignons sept vinz livres en deniers à prendre et à recevoir sur noz fermes et rentes de Plozai et au plus près si ce ne valoir, chacun an à la feste de saint Jahan Baptiste quarante livres, à la saint Michiel cinquante livres, et à la Chandeleur cinquante livres par la main de notre chasteillain de Pontcalleic qui sera pour le temps ou de noz fermiers d'icelui leu. Item doze livres quatre soulz sus noz fermes de noz pescheries de Saint-Crist par la main des fermiers d'icelles fermes à la dite feste de sainct Michiel. Item nos leur baillons et assignons deus cenz livres à prendre et à recevoir chacun an sus nos fermes de Hambont et de Laustainc moitié par moitié au termes qui ensevent ; c'est à savoir à chacune feste de saint Jahan-Baptiste cinquante livres et à chacune feste de saint Michiel cent livres, et à chacune feste de la Chandeleur cinquante livres par la main des fermiers des diz leus. Et est la summe de totes ces parties quatre cenz trante livres pour laquelle somme nous leur baillons et assignons les choses dessus dites es leus et es termes desus nommez par les mains es diz chastelleins et fermiers à prandre et à lever chacun an si comme desus est dit. Et n'est pas notre entente que les dites religieuses aient nulle droiture sus les choses desus dites fors tant soulement les bleiz et les summes de deniers desus dites par les mains de noz gens desus diz sanz plus i poir demander ; et ont prins les bleiz desus diz absolument pour le pris desus dit. Et si les fermés desus dites ne poaient valoir les summes de deniers et de blez dont nous les avons chargées par desus, par quoi les dites religieuses ne peussent estre paiées au termes desus nommez, nous serions tenuz à leur fere restor sus noz autres pièces. Et volons qui si ceulx qui nos fermes tendront et receyront les dites choses pour le temps, qui seront en deffaut de paier es dites religieuses les diz bleiz et deniers et es termes desus diz depuis que ils en seront requis souffisaument desdites dames ou de leur commandement, que pour chacun jour que ils en seront en desfaut les dites dames puissent lever et avoir d'iceulx de paine cinq soulz chacun jour, jusques à tant que les dites dames soient paiées à plainz des diz bleiz et deniers. En tesmoin de queles choses nous avons mis notre sceau en ces présentes lettres. Donné à Succhiniou le vendredi anpres la Chandeleur l'an mill trois cenz et diz.

Et voulons que ceste assiete, ceste asignance et baillée de ces chouses contenues en ceste lettre a laquelle ceste cedule est annexee en la maniere et en la forme qu'il est contenu en icelle dement tant pour nous que pour nos heirs ou temps avenir en fermete avecques a tant que nous ou nos heirs aions baille es dites dames et assigne autant comme les dites choses se montent à heritage. Le vendredi ampres la Chandeleur en tesmoin de ce notre seau l'an mil trois cenz et diz.

Et ceste baillee que nous avons faite et assignance qui est contenue en ceste lettre à qui ceste cedule est annexée de quatre cent et trante livres, est c'est à savoir quatre cent livres pour le fondement et le \doaire de la Joaie de Notre Dame pres Hannebont qui fut fondée de tres-haute tres-puissante princesse madame Blanche jadis duchesse de Bretaigne o la volente et o l'assentiment de noble prinpce haut et puissant Jahan jadis duc de Bretaigne conte de Richemond, et trante livres qui demorent pour Marie de Savonnières. Donné à Succhiniou tesmoin sus ce notre seau le vendredi amprès la Chandeleur l'an mill trois cenz et diz.

484

27 octobre 1312.

En la cour de Ploërmel, Olivier vicomte de Rohan, reconnaît être tenu de bailler à Eon, son frère 300 livres de rente sur la vicomté de Rohan, ou en Porhoët ou en Guormené, moyennant quoi ledit vicomte reçut ledit Eon « en homme » pour tenir de lui la dite rente « comme joucgnor de einzné » et ne pas réclamer autre chose de sa part d'héritage. La dite assiette à faire sur les terres dudit vicomte, excepté ses châteaux et manoirs, ses bois et forêts, ses villes marchandes, ses étangs et ses moulins et ses fiefs nobles (gentilz).

Arch. de Kerguéhennec.

(Voir dom Mor. I, 1234).

485

Extrait du martyrologe du Couvent des Franciscains de Vannes.

Bibl. nat. Mss. arm. de Baluze, t. 41.

27 août 1312.

Obiit Arthur dux Britannie..

486

Hostilités des Anglais contre Belle-Ile en 1313.

487

Jean, évêque de Vannes, nomme recteur de Languidic Guillaume de Belleville.

Arch. dép. Fonds du Chapitre de Vannes, copie parchemin de 1374.

24 avril 1313.

Johannes permissione divina Venetensis episcopus Guillelmo de Bella-Villa presbitero salutem. Ecclesiam de Languendic liberam et vacantem per mortem Radulphi de Guelen nuper rectoris ejusdem ecclesie tibi caritatis intuitu conferimus cum omnibus juribus et pertinenciis suis universis ; et te in possessionem corporalem dicte ecclesie una cum omnibus juribus et pertinenciis suis universis per tradicionem anuli nostri inducimus, salva pensione venerabili Capitulo nostro Venetensi ab antiquo debita et solvi consueta ; tecum autem ut dictam ecclesiam una cum juribus et pertinentiis suis universis valeas retinere una cum aliis beneficiis ecclesiasticis jam tibi collatis vel etiam conferendis, dum tamen curam non habeant animarum, anexam tenore presentium de speciali gratia dispensamus, mandantes vobis archidiaconus Venetensis quatinus ipsum Guillelmum in possessionem corporalem predicte ecclesie de Languindic una cum omnibus juribus et pertinentiis suis universis per vos vel per alium idoneum indicatis seu induci faciatis; et in signum hujusmodi mandati nostri a vobis recepti et exequcionem demandati reddite litteras in secunda camera sigillatas. Datum teste sigillo nostro die martis post Quasimodo, anno Domini M° CCC° tredecimo.

488

Lettre de Philippe, VI roi de France, priant, à la requestre de l'abbé de Quemperlé, le roi d'Angleterre de publier dans ses États que tous les pirates qui viendraient piller Belle-Ile et les possessions de l'abbaye, seraient punis de mort et leurs biens confisqués.

Arch. départ. de la Loire-Inférieure ; fonds du Trésor des Chartes.

Registre en papier contenant plusieurs chartes relatives aux privilèges de l'abbaye de Sainte-Croix de Quimperlé, sans signature ni date; écriture du XV° siècle.

20 octobre 1313

Philippus, Dei gratiâ Francorum rex, magnifico principi carisimo filio Eddoardo, eâdem gratiâ regi Anglorum, illustri duci Aquitatanie, fideli nostro, salutem et prosperos ad vota successsus. Cùm, prout ex parte dilectorum nostrorum abbatis et conventûs monachorum Sancto-Crucis de Kemperelle, Corisopitensis diocesis, in nostrâ speciali gardiâ existencium accepimus conquerendo, nonnulli malefactores de regno vestro ad quandam ipsorum religiosorum insulam, vocatam vulgaliter Bellam-Insulam, nuper accesserint, [quedam] que de bonis in dictâ insulâ existentibus et ad ipsos religiosos et incholas dicte insule pertinentibus rapuerint, quosdamque de monachis dicte abbacie ac de incholis ipsius insule ceperint et secum per violenciam nescitur quó duxerint, nonnullasque violencias eisdem incolis ac monachis ibidem Deo deservientibus incessanter inferant et jacturas, Celsitudinem regiam [Vestram] attente requirimus et rogamus contrà universos portus regni vestri et alia loca ipsius regni vestri insignia publice faciatis proclamari, ad requisicionem procuratoris dictorum religiosorum, ne quis, sub penâ corporis et bonorum, aliquam violenciam in predictâ insulâ, incolis et monachis ibidem existentibus aliquam inferant molestiam vel jacturam, et ipsos quos predicta noveritis perpetrâsse senescallo nostro Xanttonensi remictatis, sub fidâ et securâ custodiâ, per eum pro demeritis puniendos. Datum die XX^a octobris anno Domini millesimo CCC° tercio decimo.— Et estoit sellé.

489

1314.

Alain de Lanvaux, chevalier, acquiert par échange d'avec dame Thomasse de Lanvaux veuve de Henri de Bodrimon, chevalier, des biens aux paroisses de Stival, Cléguérec, Malguénac, Bieuzy et Guern (?), et lui cède des biens aux paroises de Savenay et Laval.

Arch. des Salles.

490

Un procès s'étant élevé entre le Chapitre de Vannes et le recteur de Languidic au sujet des droits du Chapitre sur cette paroisse, Jean évêque de Vannes, condamne le recteur de Languidic à payer une pension annuelle de quarante livres au Chapitre.

Arch. dép. Fonds du chap. de Vannes, cop. pa..ch. de 1374.

23 août 1315.

Universis presentes litteras inspecturis et audituris Johannes, permissione divina episcopus, et Oliverius Senescalli, scolasticus, Salutem. Noveritis quod cum venerabiles viri Capitulum Venetense ex una parte et Guillelmus de Bella-Villa vicarius ecclesie de Languidic ex altera, super pensione et jure que dicebant dicti venerabiles viri se debere habere et percipere de fructibus et super fructibus ecclesie predicte in nos tanquam arbitros, arbitratores, amicabiles compositores et ordinatores, compromisissent sub tenore qui sequitur in hec verba : Universis presentes litteras inspecturis et audituris Johannes, permissione divina episcopus Venetensis, salutem in Domino sempiternam. Noveritis quod ortis et motis contencione et controversia inter venerabile Capitulum Venetense ex una parte et Guillelmum de Bella-Villa gerentem se pro rectore seu vicario ecclesie de Languidic ex altera, racione et occasione pensionis et juris quam et quod dictum Capitulum asserit se habere et debere percipere anno quolibet super dictam ecclesiam et suis juribus, obvencionibus et pertinenciis universis, extitit in jure Venetensi coram nobis a Henrico de Pontivi, canonico, procuratore dicti venerabilis Capituli, habente super hoc speciale mandatum ex una parte, et a dicto Guillelmo nomine quo supra ex altera, compromissis in nos Johannem, permissione divina episcopum Venetensem et in venerabilem virum et discretum magistrum Oliverium Senescali, scolasticum Venetensem, arbitros, arbitratores seu amicabiles compositores communiter electos onus compromissi hujus modi in nos assumentes; ita quod quidquid nos et idem magister Oliverius scolasticus pace, concordia et ordinacione, judicio, arbitrio, amicabili composicione vel quomodolibet aliter alte et basse semel vel pluries aut quociescumque nos duo voluerimus, duxerimus, ordinaverimus, decernerimus aut statuerimus quibuscumque temporibus aut locis ratum et stabile a partibus habeatur et inviolabiliter observetur et debet observari, absque hoc quod aliquis per quamcumque excepcionem vel opposicionem possit impugnare vel mutare dictam sententiam, ordinacionem aut quidquid nos Episcopus et Scolasticus duxerimus, statuerimus vel ordinaverimus de premissis, nec petere quod dictum decretum vel ordinacio predicta reducatur ad arbitrium boni viri, ymo quod nos predictus Episcopus ut pote loci diocesis diocesanus possimus dictam sententiam, ordinacionem et statutum de premissis et supra premissa facere observari, ymo, quod dictus Guillelmus ex nunc sponte renunciat rescripto apostolico ex parte ipsius contra dictum Capitulum super premissa impetrato, sequelis et processibus virtute ipsius sequtis. Itaque de cetero non poterit uti et de alibi quam coram nobis et quod nihil attemptetur durante hujus compromisso fide hinc inde videlicet a dictis Henrico procuratore et Guillelmo, nominibus quibus supra, prefata corporali de tenendo, adimplendo ac fideliter observando et de non veniendo contra premissa racione aliqua sine causa; ad quam formam compromissi tenendam, adimplendam, fideliter observandam et non veniendam contra dictum Henricum procuratorem nomine predicto et predictum venerabile Capitulum per predictum procuratorem eorumdem et dictum Guillelmum vicarium presentes in jure Venetensi coram nobis volentes alterum alteri in scriptis condampnamus. Datum die sabbati post festum Assumpcionis Beate Marie

Virginis, teste sigillo nostro quo utimur ad causas in visitacionibus nostris unà cum sigillo proprio predicti Capituli et sigillo dicti Guillelmi presentibus appositis, anno Domini M° CCC° quarto decimo. Predictis venerabilibus viris contra dictum Guillelmum proponantibus coram nobis quod tempore vicarie dicte ecclesie predicto Guillelmo a nobis Episcopo collate, ipsi, viginti annis et amplius elapsis, fuerant et adhuc erant in possessione vel quasi percipiendi et habendi ex justo titulo de fructibus et super fructibus dicte ecclesie a vicariis ipsam ecclesiam pro tempore detinentibus pensionem annuam quadraginta librarum monete currentis ritte et canonice institutam ; quidquid dicte ecclesie cum suis fructibus et pertinenciis universis pleno jure ad dictum Capitulum pertinebat, salva vicaria per episcopos Venetenses qui essent pro tempore moderanda et conferenda vicario sive vicariis in ipsa ecclesia servituro super quibus pensione et jure subtrahendo dictam possessionem vel quasi ac in solucione dicte annue pensionis cessando et alias minuebatur eisdem, quare petebant jus suum per nos super premissis declarari seque in dictam possessionem reduci et tam super arreragio quam super possessione vel quasi et proprietate et omnibus premissis sibi contra dictum Guillelmum per nos justiciam exhiberi lite super premissa legitime contestata per affirmationem Henrici de Pontivi clerici procuratoris dicti Capituli asserentis omnia premissa et singula esse vera : Et responsionem dicti Guillelmi eamdem litem contestantem jurato de calumpnia et de veritate danda posito et reverso testibus productis, receptis, juratis et examinatis eorum attestacione prout invenimus probatum per testes ydoneos dictam pensionem quadraginta librarum annuam canonice et ex causa legitima, diu est, constituta fuisse; recolimus eciam nos predictus Episcopus dum eramus in minori officio constitutus tanquam unus canonicus collegii sive capituli supradicti dictam pensionem annuam quadraginta librarum ex justis titulo et causa pluries fuisse solutam vidimus, et quasdam litteras sigillo bone memorie Domini Henrici immediati predecessoris nostri continentes quod ipse ex causis legitimis predictam ecclesiam cum suis juribus et pertinenciis universis conferebat et assignabat integraliter Capitulo memorato salva vicaria per episcopos Venetenses ut supra scriptum est moderanda. Idirco nos attendentes et considerantes premissa et quod tam tempore bone memorie Domini Hervei quam tempore Domini Henrici quondam episcoporum Venetensium predecessorum nostrum episcopi supradicti predictum Capitulum quatuordecim canonicos uno habens duntaxat ab antiquo de duobus canonicis duobus canonicibus et duabus prebendis perpetuis ultra predictum nunerum predictum solitum et antiquum extitit oneratum declaramus ordinando et ordinamus declarando dictam pensionem quadraginta librarum predicto Capitulo fuisse et esse debitam, condempnantes eumdem Guillelmum ad reddendam et solvendam eidem Capitulo dictam pensionem quadraginta librarum annuam tam quitam tam et liberam ab omni onere tam pro tempore preterito ex quo dictam pro futuro vicariam adeptus est quam prefuturo quandiu ipsam vicariam detinebit, decernentes nos predictus Episcopus residuum posse et debere sufficere ad congruam sustentacionem vicarii et omnia onera supportando reservantes quod propter onera prelibata et alia sepe ipso Capitulo incumbencia jus ejusdem Capituli super dictam ecclesiam et in ipsa et ejus fructibus possimus nos predictus Episcopus aut successores nostri impinguare et augmentare cum viderimus aut successores nostri viderint expedire. Datum et actum cum predictis Capitulo et vicario, tractatu diligenti et deliberacione habitis, nostroque predicti Episcopi decreto interposito super premissa die sabbati ante festum Sancti Bartholomei apostoli sub sigillo nostro Episcopi et Scolastici predictorum injunximus et predictorum Capitulo et vicario quod sigilla sua comppenderent presenti scripture. Anno Domini Millesimo CCC° quinto decimo G. Seriant ; collatio est facta

491

Les enfants de Tangui Le Médec donnent à l'abbaye de la Joie tout ce qu'ils possédaient dans la paroisse de Bubry, moyennant une rente viagère.

Arch. départ. Fonds de l'abbaye de la Joie.
Orig. parch. était scellé de deux sceaux sur simple queue de parchemin.

1316.

.... en droit personaument establiz Alain et Guillaume les effanz Tanguy le Medec Perina et Clezguen leur suez..... Blezguen autorisées soffesaument de Jegou le fiuz Cillebert son mari quant à toutes les choses qui sont contenues..... et par titre de doneison non revocable faete entre les genz viffs livrêrent, ostreièrent et assignèrent et recognurent...... de pure et perpétuelle doneison aveir livré, ostrelé et assigné de lour bone volente non pour forcez ne par force....... de lour commun assentement à l'abbesse et au covent de l'abbaie de la Joie Nostre Dame joste Henbont a con.,.... héritage,

c'est a savoer les diz Alain, Guillaume, Perina et Blezguen toutes les terres et tout quant que de dreit de propriété..... et de saesine ils aveint, aveir poeint et deveint de par le dit Tanguy leur père en la ville de Beubri et en toute la .... que les dites choses devent demorer ès diz Alain, Guillaume, Perina et Blezguen en leur vie tant solement paiant..... te souz de monaie corante chacun an tant come ils tendront les dites choses et la dite Haeuys toutes les ter..... de propriété, de possession, de action, de seignourie et de saesine que ele aveit de par sey et par raison de....... jadis son mari en la paroisse de Beubri et ailleurs et ou frere Henri le Goeff pour les bons serviges de la dite abbaie..... diz Alain, Guillaume, Perina, Blezguen et Haueys ja faez espéciaument pour la bone cure pour la bone diligance..... que la dite abbaesse mist et fist entour la délivrance des diz Alain, Guillaume, Perina, et Blesguen de leur propres con..... ausonent dont ils esteint accusez desquelx serviges, de la quele cure, de laquele diligance et dou quel..... eut a bien paiez et reportant ez diz abbaesse et covent pour eux et pour touz ceux qui cause auront des..... abbaie la propriété et plene possession et saesine des dites choses par la baillée de cestes lettres et promistrent et sunt..... Guillaume, Perina, Bleizguen et Haueys garanter et deffendre la dite abbaesse et le dit covent et qui d'eux auront cause les dites choses de touz et contre touz et en touz leus segont l'usage et la costume d'où pais obliganz quant a ce eux... establi es contraz d'Aurai o le sael ....
.... Tesmoign nostre sael establi ès contraz d'Auray o le sael Raoul Richart pour les,.... Blezquen et Haeuys à eux presté à lour prieres pour ce qu'ilz n'aveint propres ; le jour de vendredi..... l'an de grace mil treis, cent. seize.

492

Acte par lequel Guillaume, fils de Jégou de Séné, donne à Olivier, vicomte de Rohan, le manoir de Balgan et ses dépendances, en la paroisse de Séné, en échange de terres à Quénet-Yssac et aux environs.

Arch. de Kerguehennec.
Orig. parch. était scellé de 3 sceaux sur simple queue ; sur chaque queue sont répétés les mots écrits dans l'acte en interligne.

22 Décembre 1316

A touz ceulx que ces présentes lettres verront é orront Guillaume, fluz Jégou de Séné, salut en Dé. Sachent touz que ge, Guillaume desus dit, hé fait é faz eschange é permutacion, terre pour terre purement é léaument, é en nom de pur é léal eschange hé baillié é dès ore baille à noble home Monsour Olivier viconte de Rohan, en sésine tout le fonz é l'éritage de mon manoir de Balgan, o totes les terres é apartenances dudit manoir, au prisage é à la value que les dites terres é héritages seront prisagiées par Alen de Salarun é Guillaume des Déserz, esleuz à ce faire dudit noble home é de moy ; é si les diz prisageors estoient à descort dudit prisage, ge voil é otreie que ledit descort sait apécié é acordé à le esgart é à la volenté Alen Coguen, senz nul autre resort. E est à savoir que ge, Guillaume desus dit, hé vendu é en nom de vente otreié audit noble home totes les mesons é édifices dudit manoir é de ses apartenances, é tout le bois d'environ é d'emprès ledit manoir, quant au sorfonz, au tel pris é à tel value comme les diz mesons é édifices é bois seront prisiées par les prisageors desus nomez, o le conseil de ceux que ilx voudront apeler à ce faire. E est à savoir que ledit noble home me doit laidre, en récompensacion é en eschange dudit prisage desdites terres é héritages, autant valant de ses terres, començant en la vile de Quenet Ysac é ès apartenanc (sic) de la dite, é, si ce ne sofesoit, de prochein en prochein, à l'esgart et au prisage desdiz prisageors, guque le prisage des desus dites meies terres me sait parfet é accompli. E doi é sui tenu guarantir audit noble home, é à qui cause aura de luy, les choses desus dites, totes é chescunes, pour Olive ma mère é pour toz autres, à la costume du païs, é amener la dite ma mère à totes ces choses graer é tenir é non venir encontre ; é en baidrons, ge é ladite ma mère, audit viconte lettres des contraz monseigneur de Bretaigne, totes, feiz que il li plera les prendre. E totes les choses, é checunes, desus escrites ge, Guillaume desus nomé, hé juré en bone foy tenir é encontre non venir. Doné tesmoing mon propre sael, emsemble o les seaux Raoli de Trégarantec é Thébaut Gaupichier, en tesmoing de vérité, le jour de mercredi emprès la Saint Thomas apostre, l'an mil trois cenz é seze.

493

Acte par lequel Perrone, veuve de Jacques de Rohan, donne à Olivier de Rohan et à ses hoirs un clos et des terres situés à Rohan, au-delà de la rivière d'Oust, en échange de biens équivalents en la paroisse de Plélauff.

Arch. de Kerguéhennec.
Orig. parch. était scellé de 3 sceaux sur simple queue.

9 décembre 1316.

A touz ceux qui verront et orront cestes présentes leittres Perrone, déguerpie fou Jaquot de Rohan, saluz on Dex. Sachent touz que nous, de nostre bone volenté sanz aucun par forcement à ce amenée, avon parlé et fait pur eschange et clère permutacion, sanz fraude, entre nous d'une partie é Olivier de Rohan de l'autre, en la manière qui se ensoit, c'est à savoer que nous, de mentenant, baillons, livrons et asignons en manière de eschange, comme est davant dit, audit Olivier et à ses heirs, nostre clos de oultre l'eve qui est appelé Oust, à Rohan, si comme il est clos et amuré, et les mesons et édifices qui audit clos appartiennent et qui dedenz ledit clos sont et appartienent, le tot pour le tout, et les terres qui sient au-desus dudit clos, qui contienent trois dozeines de terre ou environ, et un champ dom le chieff descent sus le cimeterre aux juex de Rohan ; desqueles choses nous, de mentenant, livrons, baillons et asignons audit Olivier, et à qui cause aura de luy, et tranlatons la sesine par la baillée de cestes présentes leittres ; nous baillant et rendant pure et léale permutacion et eschange des davant dites choses en la parroisse de Ploilau, de la diocèse de Venes, au prisage et à l'esgart de Olivier des Boes et de Jégou Bedart, lesquiex nous metons et livrons, de mentenant, au prisage et à l'avenantemant fere dudit eschange, sanz aucun resort ne renove ; e nous, davant dite Perrone, ledit eschange aconplir, tenir et aconplir, sanz james venir encontre, par nous ne par autres, avon juré sus les saintes Ewangiles. Testmoing sus ce les saiaux Geffrey Déen, Hamon Bagnes et Johan des Boes, à nous prestez, à nostre requeste, à mère fermeté. Doné le jour de juidi après la Conception Nostre-Dame Virge, l'an de grâce mil trois cenz et seze ans.

(Au dos est écrit) : Présenz Alain Lostelier, Jeffroy Even l'Escorchor, giendre au Bastart, dom Guillaume des Loges, Eon Le Barbier de Corlé.

494

Charles, comte de la Marche, rend hommage à Jean III, duc de Bretagne pour les terres de Fougères et de Porhoët.

Arch. départ. de la Loire-Inférieure ; fonds du Trésor des Chartres. Cartulaire. — Parch.

11 mai 1316.

A tous ceux qui ces lectres verront et orront, Charles, filz de roy de France, comtes de la Marche et de Bigorre et sires de Crécy, salut. Savoir faisons à touz que nous de la terre de Fougières, de Porthoët et des appartenances avons fait foy et hommage à nostre cher cousin monseigneur Jehan, duc de Bretaigne, aussi comme le fé le doit, selont les usages et les coustumes de la terre et selont ce que noz davanciers, seigneurs desdictes terres, ont acoustumé affaire enciennement; et recognoissons à tenir lesdictes terres du davant dit Duc nostre cousin en féaulté et en hommage, c'est assavoir un homage et une féauté pour ladicte terre de Fougières, et un autre pour ladicte terre de Porthoët et des appartenances, sauve en toutes choses son droit, le nostre et l'autruy. En tesmoign de laquelle chose nous avons fait mètre nostre seel en ces présentes lectres. Donné à Saint-Germain-en-Laye, le onziesme jour de may l'an de grâce mil trois cens et seze.

Donné par vidimus par nostre court de Nantes, tesmoign le seel establi ès contraz d'icelle, le neuffyesme jour du mois de may l'an mil quatre cenz et cinq.

Collacion faicte o l'original et passé par copie o vidimus par Jehan Halouart.

Je, Jamet et Lamoroux, fu présent à la collacion et examen dessus dits.

495

Extrait d'un manuscrit in-4°, paraissant provenir des Carmes de l'Observance de Rennes[1].
Arch. dép. d'Ille-et-Vilaine.

1318.

Fondation du couvent de Nostre-Dame des Carmes du Bondon-les-Vanes, sittuée sur le chemyn de Hannebont, environ d'ung quart de lieuz.

CHAIPTRE PREMIER

Le couvent des Carmes du Bondon a esté anxiennement basty en terres vaguez et descloses, propres pour recepvoir ung grand concour de peuple qui y affluoict au festes de Nostre-Dame, à cause de la chapelle du non de Nostre-Dame du Bondon, qui estoit là bastye

---

[1] Voir page 277, notice sur les carmes de Ploërmel.

dès l'an mil troys centz dix-huict, comme il se voict escript en l'architrabe du cœur, du costé des cloistres en ses termes : « Ceste chapelle fut commanzée en l'anour de Nostre-Dame du Bondon le lundy quatorziesme jour de may l'an mil troys centz dix-huict »; mais on ne sçait par qui ny pourquoi on lui donna ce nom. Elle est d'environ seix-vingtz pieds de long et vingt et troys de large ; et au millieu d'icelle y a unne grosse tour quarée par en bas et voustée par en hault, de laquelle les quatre pilliers qui la porte divissent le chœur de l'église d'avecq la neft et deux chapelles collateralles qui rendent l'églisse en forme de croix, tant par le dedans que par le dehors ; et la poincte de la tour, couverte d'ardoisse, estoit bien d'environ 4^{tre} vingtz pieds de hault, mais par laps de temps a esté rabaissée environ de la moytié. Le chœur est fort petit, et n'y a que cinquante chesres, tant haultes que basses. En ces places vides d'alentour se tenoint troys foires par an, la 1re le lundy de devant la mi-caresme, la 2e le 1er jour d'augst, et la troisiesme le jour de Sainte Caterine, et qui s'y tiennent uncors à présent. Le Duc en donna les droictz aulx religieux qui en jouissent uncors à présent. A cause de quoy il y a de grandes portes entre le chemin et les terres, qui sont maintenant closses et qui s'ouvrent ausditz jours de foires, tant pour recepvoir les bestes vénables que aultre marchandise. Il s'y jeictoit aussy anxiennement unne soulle le premier dimanche d'après la Purification, que debvoint les religieux, ayant le droict du seigneur, mais cela est supprimé depuis peu de temps, n'estant ny utille ny desçant à des religieux.

CHAPITRE SEGOND.

Les seigneurs barons de Kaer, qui anxièrement se nomoinst de Malestroict, s'en dissent fondateurs, d'aultant que la chapelle et les terres adjacentes estoint en leur fieff ; et y a apparence que à eulx appartenoint les droictz des foires et de la soulle, combien qu'il ne ce trouve auchun anxien acte qui en face mention, ny si le Duc leurs en fist récompance, mais bien un acte du 4e avril mil cinq centz dix, par lequel noble et puissante dame Marye du Pont, femme et espouze de Jan de Malestroit, sieur baron de Kaer, ce contient ces mots : que le lieu où est basty le couvent, pour prins et terres adjacentes, estoint anxiennement de ladicte signeurye ; ladicte dame Marye choisit sa sépulture dans l'église et donna trantte et seix livres tournois de rente en partye franchissable, tellemant qu'il n'en reste plus que trante ungue livres seze sols tournois. Le pourprins, tant en jardins, presrye, terres arables, bocages et pastouraiges, est bien de dix arpenz; et, sur l'advenue de la ville de Vanez, il y a ung beau boucage bien clos, en forme de triangle, qui environne l'église du costé du mydy, planté de grands arbres, comme fresnes, ormez, chesnez, oultrepassant la haulteur de l'église et du couvent, pour rompre la véhémence des ventz qui y sont fortz violentz, à cause de la proximitté de la mer.

CHAPITRE TROISIESME.

De la fondation par le duc Jean cinquiesme.

Le couvent fut fondé par hault et puissant prince Jean, cinquiesme du nom, duc de Bretaigne, comte de Montfort et de Richemont, le douziesme jour de febvrier l'an 1424, estant ses Estatz (qu'ils appeloinct pour-lors Parlemantz) assemblés en la ville de Vannes où estoint présentz les prélatz, contes et barons de la province, par l'advis desquels ce fist la fondation ; et grand nombre d'iceux, tant eclésiastiques que laïcqs, tant de la haute que de la basse Bretaigne, avec les officiers du Duc, ont signé en l'original après le duc leur seigneur. Il donna doncq aux religieus carmélites (comme ainsin porte l'acte), pour bastir ung couvent de leur Ordre, avec le consentement de l'évesque de Vannez, nomé Amaury, du chapitre et des curés de Sainct-Paterne, qui se nomoinct dom Pierre Hervon et missire Hervé Albin, la chapelle de Nostre-Dame du Bondon, avecq tous les lieux, communz et places adjacentes nécessaires et profitable (sic) pour ladicte fondation ; lesquels évesque, chapitre et curés cédèrent au Duc tout droict, raison et action qui leur pouvoict compéter et appartenir en icelle chapelle et ès dictes places adjacentes et contiguëues et touttes autres terres que le Duc promettoit bailler pour l'amplification du couvent en fous propriettaires (sic), et tous les callices, chassubles et autres ornemantz et paremantz qui estoinct ou seroinct après donnez à ladicte chapelle. Et, pour récompance de leurs droictz prétenduz, le Duc leur assigna cinq toneaux de fourmant, chasque tonneau estant de dix pesrée et chasque perrés faisant la charge d'ung cheval, sur ses moullins qui sont au bout des forbourgs de Sainct Pataran, ordinèremant appelez les moullins au Duc, attendant les leurs assigner allieurs, sy bon luy samblait ou à ses successeurs, pourveu que ce feust dans la banlieu, et seroinct tenuz de les y aller quérir ; mais sy c'estoit hors la banlieu, on seroict tenuz de les leurs randre sur le lieu. D'où il est manifeste que les dictz ecclésiastiques n'ont auchun droict de disme en leur couvent ny auchuns aultres, comme quelques-uns ont prétandu. Plus y a vingt et quattre escuz, qui font sexante et douze livres tournoiz, de fondation par argent sur la recepte générale du païx, que le roy Françoys, premier du nom, comme tutteur et administrateur des biens de son filz Hanry, deuxième dauphin et signeur propriétaire du duché, commenda estre bien fidellement payé anuellement, par acte donné à Sainct-Germain-en-Lays, le vingt et huictiesme jour de janvier mil cinq centz vingt et seix.

CHAPITRE QUATRIÈME

De l'amplification de l'église.

N'y ayant que le grand corps de l'église et les deux chapelles en forme de croix, comme dict a esté, il y eut des indulgences de Rome pour l'amplifier, preschés par tout le païx, pour bastir unne chapelle joignant le cœur de l'églisse, du nom de Nostre-Dame-de-Paradys, bastye de mesme haulteur que les chapelles anxiennes, avecq ce beau frontispice qui est en celle du costé du midy, et de mesmes estofes que la chapelle. Voicy l'inscription qui en faict foy, qui est en l'architrabe d'entre la chapelle et le chœur : « Ceste chapelle fut levée en l'onnour de Nostre-Dame-de-Paradys le vingt et quatriesme jour de juillet l'an mil cinq centz vingt et huit. »

CHAPITRE CINQUIÈME

Des fondations.

Oultre la fondation du Duc et celle de Kaer, il y a unne de plus grande valleur que touttes les aultres, sçavoir de Béatrix de Rostrenan qui peut bien estre appellée la mère nourrice des Carmes du Bondon ; car elle choissit sa sépulture au costé de l'Evangile, en la muraille d'entre le chœur et la sacristye, où elle fist faire unne casve où elle est enterrée ; et voyez ce qui est escript en la muraille : « Cy gist le corps de haulte et puissante dame Béatrix de Rostrenan dame d'Assigny du Coydor et de la Chesnays laquelle trépassa le vingt et cinquiesme jour de mars l'an mil cinq centz. » Elle donna pour sa fondation le fieff congéable que elle avoict en la paroisse de Nouail près Pontivi, avecq tous ses droictz et dépendances, et en minps les religieux en possession durant sa vie, sans touttefois se réserver aulchun droict prohibitiff, ny à elle ny à ses successeurs, au lieu de sa dicte sépulture. Le filz d'icelle, Jean d'Asigné, reprint ledict fieff de Nouial et assigna aux religieux, pour juste récompance, trante et seix perrés de fourmant, qui sont aultant de charges de cheval, et semblable nombre d'avoyne, sur la maison de la Chesnays située en la paroisse de Grand-Champ, troys lieux près de Vannes, qui doibvent estre rendus au couvent par les détenteurs de ladicte terre le jour Saint-Michel de septembre...... .... Il y a uncore quelques aultres fondations ès chappelles, comme celle du Garro en la chapelle de Nostre-Dame-de-Paradys, fondée par André de Loignon dont suist l'épitafe : « Cy gist le cœur de noble home André signeur de Loignon de Boismoraut et de Clégaieret premier escuyer tranchant de la Royne capitaine de Vannes en son vivant lequel décéda à Moullins en Borbonoys le mardy douziesme jour d'augst l'an mil cinq centz sèze. Dieu en aict l'âme. » Ceste maison de Loignon est aujourduy possédée par le signeur du Garro. Et le couvant fut mimps de l'Observance des Carmes de Rennes, à la congrégation annuelle tenue à Plermel le jour de Saint-Michel l'an mil cinq centz vingt et cinq. Et, l'an mil seix centz vingt et sept, ont esté réparez tout de neuff tous les dortoirs, et au bout d'iceus faict le cœur de l'églisse ; et beaucoup d'aultres réparations.

496

1318.

Grille du tombeau du duc Jean II aux Carmes de Ploërmel.

Archives de la Loire-Inf. Trésor des Chartes. Q. F. 11.
Ropartz, 1318, 6 juin. Orig. parch.
et : 1318, 28 juin. Orig. parch. (id. ibid.)

497

Lettres de confirmation de Jean III en faveur des Carmes de Ploërmel.

498

Jean, évêque de Vannes, et Nicolas de Redene, recteur de Plœmeur et chanoine de la cathédrale de Vannes, supplient l'archevêque de Tours de confirmer la lettre de Henri, évêque de Vannes, donnant au chapitre la jouissance de la paroisse de Plœmeur.

Arch. dép. Fonds du Chapitre.
Orig. parch. était scellé de trois sceaux sur double queue.

2 juin 1319.

Reverendo Patri ac Domino suo Domino Gaufrido Dei gracia Archiepiscopo Turonensi, Johannes ejusdem permissione episcopus et Capitulum Venetense, cum reverentia et honore, debitam obedienciam et devocionem ; quasdam litteras sigillis bone memorie Henrici qvondam episcopi Venetensis et Capitulo dicti loci necnon et Nicholai dicti de Redene presbiteri rectoris ecclesie de Plœmer, Venetensis diocesis, nuncque canonici Venetensis, vidimus et inspeximus sigillatas tenorem qui sequitur continentes : « Universis presentes etc[1].

Nos vero predecessorum nostrum vestigiis precipue in hoc casu merito inherendo premissa omnia et singula approbamus, laudamus, et eciam confirmamus quantum de jure possumus, et memorati Nicholai rectoris dicte ecclesie, ad hoc interveniente assensu reverende Paternitati vestre, humiliter supplicantes quatenus predicta omnia et singula prout superius sunt expressa metropolitana auctoritate dignemini confirmare et per vestras litteras communire. Et ego Nicholaus predictus, rector ecclesie de Plœmer predicte, predictis omnibus et singulis in eum adhibui et adhibeo consensum ; et hoc reverende Paternitati vestre ac omnibus quorum interest significamus per presentes litteras sigillis nostris una cum sigillo Nicholai sigillatas in testimonium premissarum. Datum Veneti supplicacionis hujusmodi, sabbato post festum Penthecostes in Capitulo Venetensi, anno Domini M° CCC° decimo nono.

499

Geoffroy, archevêque de Tours, confirme au chapitre de Vannes la possession de la paroisse de Plœmeur.

Arch. dép. Fonds du chapitre de Vannes.
Orig. parch. était scellé d'un sceau sur double queue.

24 août 1319.

Universis presentes litteras inspecturis et audituris Gaufridus permissione divina Archiepiscopus Turonensis, salutem in Domino.

---
[1] V. p. 340, n° 416.

Confirmacionem presencium desideria compleantur cum nichil subsit quod id debeat impedire, veniens si quidem ad presenciam nostram dilectus in Christo magister Radulphus Guarini, Canonicus Venetensis, ex parte venerabilis fratris nostri Johannis episcopi et Capituli Venetensis cum litteris eorumdem, quasdam nobis supplicatores litteras exhibuit et eciam presentavit sigillis ipsorum, unâ cum sigillo dilecti in Christo magistri Michaelis de Redene Canonici Venetensis, ut prima facie aparebat sigillatas in quibus dicti Espiscopus et Capitulum Venetense inter cetera supplicabant ut, cum recolende memorie Henricus quondam Episcopus Venetensis considerans et attendens prebendas et distribuciones ecclesie Venetensis adeo esse pauperes, tenues et exiles quod canonici dicte ecclesie non poterant exinde congrue sustentari propter quod aliquociens contingebat quod se ad loca alia transferebant et dictam ecclesiam Venetensem dimictebant debito servitio desolatam, ob causam predictam et alias, Henricus supra hec, diligenti tractatu cum peritis, parochialem ecclesiam de Ploemer in decanatu de Kemenetteboy, Venetensis dyocesis, de expresso assensu dicti magistri Michaelis tunc rectoris ejusdem et spontanea voluntate, eidem Capitulo contulisset, concessisset et assignasset cum suis juribus et pertinenciis universis, vicario ipsius ecclesie qui pro tempore esset, retenta ydonea et competenti provisione ; dictusque modernus Episcopus dicti loci collacionem et concessionem predictas laudaverit, approbaverit et quantum in ipso erat duxerit confirmandas propter causas predictas prout hec in dictis dictorum Episcoporum et Capituli litteris continetur. Nos collacionem, assignacionem et concessionem predictas auctoritate metropolitana confirmare digniremur et fateremus per nostras litteras communiri. Nos vero, dictorum Episcopi et Capituli supplicacionem ad exaudicionis graciam admittentes, collacionem, assignacionem et concessionem et alia contenta in litteris supradictis rata habentes et grata, ea, prout rite et juste habita sunt et facta, auctoritate metropolitana predicta confirmamus. In cujus rei testimonium sigillum nostrum presentibus litteris duximus apponendum ; datum apud Lartayum manerium nostrum die Veneris in festo Beati Bartholomei apostoli anno Domini M° CCC° decimo nono.

500

1320.

Construction du pont de la Gacilly en 1320, par Olivier, sire de Montauban, mari de Julienne de Tournemine, seigneur

*de la Gacilly. Le moulin seigneurial existait déjà depuis
plus de 20 ans; on traversait la rivière à gué au-dessous de
la chaussée. Les frères hospitaliers de Saint-Jean avaient
construit une aumônerie sur le rivage opposé, pour les ma-
lades et les pèlerins, avec l'autorisation d'Olivier. Le pont
de pierre conduisait à l'aumônerie qui a sans doute donné
son nom à la hauteur dite aujourd'hui la Grée de Saint-Jean.
Dans ce temps-là, il y avait à Mabio des forges à bras où
l'on travaillait le fer, comme dans celles de la forêt de
Loudéac.*

Hist. de la Gacilly, Ducrest de Villeneuve.

501

*Jean, évêque de Vannes, nomme Jean Bardoul recteur de
Plœmeur et confirme les droits du chapitre de Vannes sur
cette paroisse.*

Arch. dép. Fonds du chapitre de Vannes.
Orig. parch. était scellé sur simple queue.

16 août 1321.

Universis presentes litteras inspecturis et audituris Johannes, permissione divina, episcopus Venetensis salutem in Domino et pacem. Cum olim bone memorie Dominus Henricus quondam episcopus Venetensis predecessor noster deliberatione super habita diligenter et habito tractatu presertim cum venerabili Capitulo ecclesie Venetensis, ex certis causis legitimis et veris ecclesiam parrochialem de Ploemer apud Kmenetheboy, Venetensis diocesis, ad usus proprios ejusdem Capituli Venetensis deputasset, ipsamque ecclesiam parrochialem eidem Capitulo donasset et perpetuo assignasset, ipsumque Capitulum investivisset, de ipsa retenta tamen et reservata recta et sufficienti portione de bonis et redditibus ipsius parrochialis ecclesie pro una vicaria ibidem et vicario qui in ipsa ecclesia pro tempore perpetuo deserviret, magistri Nicholai de Redene tunc ejusdem ecclesie rectoris ad hoc expresso interveniente consensu, disposuisset insuper et eciam ordinasset de consensu

Capituli et rectoris predictorum, diligenti super hoc prehabito tractatu jurisque solemnitate adhibita, quod predictum Capitulum omnes decimas prediales et premicias predicte parrochialis ecclesie de Plœmer et omnia alia jura ejusdem parrochie ecclesie que in blado et tritico et segetibus percipi consueverunt et perpetuo percipientur et percipi, levari et haberi poterunt et debebunt et habere consuerunt et possiderent perpetuo ab omni onere imunes, libere in usus proprios convertende; et quod residuum proventuum, obventionum, jurium, reddituum ipsius ecclesie de Plœmer duntaxat vicario, qui in eadem ecclesia institueretur pro tempore, remaneat. Quodquidem residuum censuit et decrevit idem dominus Henricus, de consilio et consensu Capituli rectorisque predictorum, sufficere abundanter ad sustentacionem vicarii prelibati omni solemnitate juris in premissis observata. Que premissa omnia et singula, predecessoris predecti vestigiis inherendo, approbavimus et adhuc etiam approbamus rataque et grata habuimus et habemus, que etiam postmodum auctoritate metropolitana Turonense approbata fuerunt et eciam confirmata, prout in litteris reverendi Patris et Domini, Domini Gaufridi Dei gracia archiepiscopi Turonensis super hec confertis, ipsiusque sigillo sigillatis plenius videmus contineri. Ac postmodum tempore precedente sepedicto Nicolao rectore quondam ecclesie prelibate viam universe carnis ingresso, predictam vicariam ipsius ecclesie ut premititur fundatam, dotatam et creatam juxta disposicionem et ordinacionem predictas, Johanni Bardoul presbitero contulerimus, intuitu caritatis, predictis decimis, et premiciis et aliis juribus quod in blado et segetibus crescerent ibidem sepedicto Capitulo Venetensi salvis et remanentibus ad usus proprios eorumdem, eodemque Johanne predictam ut premittitur taxatam, limitatam et ordinatam gratanter nec immerito acceptante. Notum facimus igitur per presentes quod intentionis nostre non fuit, nec est, eidem Johanni ipsam vicariam concedisse nisi secundum disposicionem et ordinationem predictorum quas simper volumus et adhuc volumus salvas et ratas haberi, nec jus aliquod eidem tribuisse, nec etiam possessionem in decimis et premiciis antedictis sed duntaxat in residuo bonorum aliorum dicte ecclesie juxta disposicionem et ordinacionem antedictas, quod omnibus quorum interest et interesse potest significamus per predictas litteras sigillo nostro proprio sigillatas in testimonium veritatis. Datum apud villam Fabri in manerio nostro Venetensis dyocesis, dominica post festum Assumpcionis Virginis gloriose, anno Domini millesimo CCC° vicesimo primo.

502

Alain Chabot vend à Olivier de Rohan, pour trente livres, cinquante sous de rente à percevoir sur les bois de Quenquis-Hannois en Silfiac.

Bibl. de la ville de Nantes ; arch. Bizeul.
Orig. parch. était scellé de deux sceaux sur simple queue dont l'une existe encore, aux armes de Rohan.

12 septembre 1324.

Sachent touz que en nostre court personaulment establi Alen Chabot vendit é recognut luy avoir vendu é en nom de vente luy avoir otraé à Olivier de Rohan, nostre fiulz, à pur é à perpétuel héritage, à luy é à qui cause aura de luy, cinquante souldées de rente que ledit Alen avoit sur le terroer é sur le boes de Quenquis-Harnois sis en la parroesse de Silliviac, de la dyocesse de Vênes, pour trente libvres é les bans é les ventes ; desqueulx ledit Alen doudit Olivier en nostre dite court se tint pour bien paé, é s'en désessit ledit Alen é en sésit ledit Olivier é qui cause aura de luy, é les en mist en corporelle posession par la baillée de ces lètres ; lesquelles cinquante souldées de rente ledit Alen avoit eu de nous en récompensacion é en eschange de autres cinquante souldées de rente que ledit Alen nous a baillées é livrées sur ses feuz é sur ses terres de la paroisse de Plémiout, de la dyocesse de Saint-Briouch. E porra ledit Olivier mètre en bans é en ventes, toutes foiz que i li pléra, lesdites cinquante souldées de rente sur ledit terroer é boes de Quenquis-Harnois é s'en héritager à la costumme, senz ce que ledit Alen, ne autre par réson de luy, i puisse riens demander ne réclamer ou temps à venir ; é est tenu ledit Alen garantir é deffendre audit Olivier é ès seins ladite vente pour touz é contre touz, sur la obligacion de touz ses biens audit Olivier obligez expresséement. E jura ledit Alen, pour luy é pour ses heirs é ceulx qui auroient cause de luy, en nostre dite court, touchées les saintes Euvangilles, la tenour de ceste lètre tenir, garder é acomplir é en contre non pas venir, par luy ne par autres, en temps à venir, à la costumme dou païs ; é nostredite court ledit Alen présent é en ce se consentant à ce tenir o jugement condampna. Doney, sauf noz dreiz é à touz autres ès chosses dessus dites, tesmoing le saeell douquel nous usons aux contraz en noz courz é en noz feuz en la vicontez de Rohan é en Porhoit, ensemble o le propre saeell audit Alen à mère fermetey mis à ces lètres, ou jour de samadi prochain après la Nativitey Nostre-Damme, ll'an mill tres cenz é vignt é un an.

503

Jean Hallart et Sibille, sa femme, vendent à Olivier de Rohan, pour trente livres, cinquante sous de rente à percevoir sur les bois de Quenquis-Hamois en Silfiac.

Bibl. de la ville de Nantes ; arch. Bizeul.
Orig. parch. — Les sceaux manquants.

5 janvier 1322.

Sachent touz que en nostre court en droyt personament establiz Joan Hallart é Sébille sa fame, de luy auctorizée par nostredicte court soufossament quant ès chousses qui ensèvent, recognurent é confessèrent eoux avoer vendu é par nom de vente avoer ballé, é octréé à jamès, en pur é perpétuel héritage, à Olivier de Rohan, nostre fiulx, cinquante soudés de rente annuel que ils avoent par eschange sus les boaes de Kenquis-Hernaes dudit Olivier, pour trente livres de monnoie corante é les bans é les ventes é les couz é les missions ; desquelles trente livres lesdiz mariez se tindrent par nostredicte court dudit Olivier à bien paez ; lesquelles cinquante soudés de rente y ceoux mariez, é checun pour le tout, sont tenuz, sus l'obligacion de touz lour biens mobles é inmobles, présens é futurs, garentir é défendre audit Olivier é à ses heirs, à la costume du pays. E volirent é octrèrent lesdiz mariez que ledit Olivier face banir par nostredicte court les chousses desus-dictes é s'en héritager à la costume de la terre, sans nul enpeschement mectre ne aporter ne procurer venir contre la tenor de cestes, par eoux ne par autres, u temps à venir ; é, si nul enpèchement sourdeyt par aucune court laye ou de yglesse contre la tenour de cestes lectres, lesdiz mariez, é checun pour le tout, sont tenuz, sus l'obligacion desus-dicte, à l'oster à lour propres couz ; é jurèrent par nostredicte court lesdiz mariez, les saintes Evangiles atouchées corporament, que jamès ès chousses desus-dictes riens ne demanderont ne feront demander ne réclamer, par eoux ne par autre, en nulle manière u temps à venir. En tesmoing de laquelle chosse nostredicte court a doné audit Olivier cestes présentes lectres saellées u sael establi ès contraz dom l'en use en nostre court de Porhoet à la

Trinité, emsemble o le sael Eon de Lascoet mis à cestes lectres pour lesdiz mariez, pour ce que il ne avoent propres seaux, é à mère fermeté. Doné le jour de mercredi après la Saint-Hylaere, l'an M. IIIe vint é un an.

504

Jean, évêque de Vannes, fixe à six tonneaux de froment et deux tonneaux de seigle la part du vicaire de Plœmeur dans les revenus de cette paroisse.

Arch. départ. Fonds du chapitre de Vannes.
Orig. parch.

3 juin 1322.

Universis presentes litteras inspectutis et eciam audituris, Johannes permissione divina episcopus Venetensis salutem in Domino sempiternam. Noveritis quod nos considerantes perpetuam vicariam ejus facultates fundatam, factam, ordinatam et taxatam per bone memorie Henricum episcopum Venetensem predecessorem nostrum in ecclesia parrochiali de Ploemer in decanatu de Kaemenetheboy nostre diocesis Venetensis non sufficere ad congruam sustentacionem vicarii pro tempore in ipsa ecclesia instituti ad hospitalitatem tenendam, ad presbiterum sustinendum et procuraciones nostras archidiaconi et decani solvendas, ad questas, censalia, decimas et alia onera supportanda, decrevimus et discernimus ipsam vicariam sic fundatam per dictum predecessorem nostrum, taxatam et limittatam fore augmentandam.. Inde est, deliberacione cum pluribus sapientibus in hoc casu habita diligenter et finaliter cum nostro Capitulo Venetensi, consideratis omnibus et pensatis que circa hec erant et fuerant opportuna, de voluntate et assensu dicti Capituli, necnon et Johannis de Breubis vicarii ejusdem ecclesie ad presens, qui eamdem vicariam ..... acceptaverat prout ab olim fundata per eumdem predecessorem nostrum fuerat, de six doliatis frumenti et duobus siliginis, paleaque competenti ad usum et sufficienciam vicarii pro tempore et presbiterii dicti loci, annis singulis de decimis et premiciis dicte ecclesie per manum procuratoris dicti Capituli vicario dicte ecclesie pro tempore in eamdem canonice instituto solvendis, exnunc in antea, et ab eodem vicario per manum dicti procuratoris Capituli levandis et percipiendis singulis annis in tempore Augusti dictam vicariam perpetuo augmentamus; et hujusmodi augmentacione idem Johannes vicarius fuit et est contentus, et juravit nichil amplius in perpetuum petere occasione premissorum, nec aliter quoquomodo, nec litem movere contra dictum Capitulum ratione vel occasione premissorum. Et nos hujusmodi augmentacionem dicte vicarie sufficere decrevimus et eciam adhuc decernimus. Et de consensu ejusdem Capituli et vicarii memorati et eumdem vicarium ad hec omnia in his scriptis condempnamus. Datum teste sigillo nostro una cum sigillo Archidiaconi Venetensis ad preces ipsius et eciam sigillo ipsius Johannis vicarii pro se et ecclesia predicta ipsiusque vicaria, in testimonium veritatis et omnium permissorum die Jovis post sinodum Penthecostes, anno Damini millesimo CCC° vicesimo secundo — Gallic.

505

Lettres du roi Charles IV le Bel ajournant le duc Jean III devant le bailli de Tours pour répondre aux griefs de Jean de Rieux.

Extr. de l'inv. des arch. de la Loire-Inférieure E. 113.
Trésor des Chartes.

Entre 1322 et 1328.

506

Jean, évêque de Vannes, établit dans la cathédrale de Vannes la confrérie du Saint-Sacrement.

Arch. dép. Fonds du chapitre de Vannes.
Orig. parch. était scellé de vingt et un sceaux sur double queue de parchemin.

31 mai 1323.

Universis presentes litteras inspecturis et eciam audituris. Johannes permissione divina episcopus Venetensis salutem et gloriam assequi sempiternam. Noveritis quod nos et quidam nostri canonici et cives Venetenses, fratres confrerie infrascripte, considerantes quod qui seminat in benedictionibus de benedictionibus et metet vitam eternam, unam capellaniam fundavimus et altare fieri et construi fecimus in nostra ecclesia Venetensi in honore Sanctissimi Corporis Nostri Domini Jhesu-Christi et confreriam unam fecimus in quo fratres et sorores ejusdem confrerie semel quolibet anno ex nunc in antea, videlicet in die festi ejusdem Corporis, saltim qui in eadem civitate presente fuerint et comode interesse potuerint, conveniant et discumbant in memoriam et honorem cene dominice in qua idem Dominus Jhesus-Christus benedixit fregit et dedit suis discipulis corpus suum. In qua confreria inter cetera perpetuo est statutum quod capellania hujusmodi persone ydonee conferatur nobis et nostris successoribus pro tempore a fratribus ejusdem confrerie presentande, et quod ipsius capellani nobis et dictis fratribus qui pro tempore fuerint presentacio et ad nos collacio et successores nostros pro tempore tociens quociens eamdem capellaniam vacare contigerit in perpetuum pertinebit. Idem vero capellanus tenebitur sub debito juramenti et sub pena amissionis duodecim (?) denariorum in deffectu misse cujusbibet convertendorum in utilitatem dicte confrerie celebrare missas quatuor super altare hujusmodi vel celebrari facere per ydoneum substitutum qualibet septimania, videlicet : unam singulis diebus dominicis cum cantu de officio ejusdem Corporis durante pulsacione prime in eadem ecclesia Venetensi, in qua fratres et sorores ejusdem confrerie conveniant, pro sua devocione videlicet quo voluerit et comode potuerit interesse ; et aliam missam de requiem die lune pro fratribus et fidelibus universis ; terciam vero missam die Marcii, que incipit *salus populi*, pro divinis suffragiis vivis fratribus et sororibus impetrandis ; quartam vero die sabbati in honorem Genetricis ejusdem Corporis Jhesu Christi. Ad cujus capellanie sustentacionem et ceteros redditus pro eadem capellania emendos et aliter acquirendos, Nos et predicti canonici et cives predicti dedimus sexagenta libras monete currentis parvorum turonensium, videlicet : Nos viginti solidos et frater quilibet decem solidos et qualibet soror tantumdem videlicet decem solidos monete supradicte. Statuimus ulterius quod quicumque frater vel soror super venerit in confreria supradicta solvat primitus decem solidos convertendos ad augmentacionem reddituum predictorum ; et quotienscumque frater vel soror in eadem confreria recepti excierit de confreria antedicta morte vel aliter et qui solvendo fuerit verisimiliter, solvat quinque solidos dicte monete in utilitatem dicte confrerie convertendos ad ordinacionem fratrum confrerie memorate. Et quia multitudo confusionem generat Nos, volentes sedare discordias et amputare materiam litum, ordinavimus et ordinaverunt fratres et sorores ejusdem confrerie de nostris voluntalibus et consensu quod quotiescumque capellaniam hujusmodi vacare contigerit duo canonici fratres dicte confrerie et duo cives ejusdem confrerie fratres ab aliis fratribus qui presentes fuerunt in civitate Venetensi ad hoc electi, una cum abbate dicte confrerie qui pro tempore erit, aut duo ipsorum in casu discordie cum quibus abbas ejusdem confratrie consenserit possint nobis et nostris successoribus qui pro tempore erunt presentare personam ydoneam ad eamdem capellaniam obtinendam infra mensem a tempore vacacionis hujusmodi computandum. Et si atingat quod nullus canonicorum sit frater dicte confrerie quatuor aliorum fratrum dicte confrerie ad hoc electi poterunt presentare prout superius est expressum. Quiquidem fratres et fundatores ejusdem capellannie sic vocantur : Magistri Silvester Parisi, Oliverius Senescalli, Oliverius Chasnaya, Henricus le Camus, Petrus de Talenhoet junior Eudo Nizou, Radulfus de Becin, cannonici Venetensis ; Petrus de Breheguay ejus uxor, Thomas le Guall ejus uxor, Rupere ejus uxor, Petrus Bordiec ejus uxor, Johannes Venatoris ejus uxor, Baudetus ejus uxor, Petrus Bertou ejus uxor, Radulfus Nizou ejus uxor, Dordetus ejus uxor, Guillemetus Benedictus ejus uxor, Johannes Pentin ejus uxor, Gaufredus de Sancto-Johanne ejus uxor, Martinou ejus uxor, Johannes de Haya ejus uxor, magister Petrus Apothecarius ejus uxor, Guillotus Guillemeti ejus uxor, Guillelmus le Grant ejus uxor, Eudo Cerzin ejus uxor, Petrus Barnec ejus uxor, Eudo Adest ejus uxor, Mauricius de Loco-Marie ejus uxor, Guillemotus de Tuau, Gaillardus Guego, Tanguyis, ejus uxor ; Dominus Guillelmus Senescalli, Dominus Eudo Benedicti, Dominus Johannes Guioti, Dominus Oliverius Gunec, Dominus Donualus Sacrista, Dominus Rotaldus, Dominus Guillelmus de Crach ; Herveus Gregorii ejus uxor, Gaufredus de Sendou ejus uxor, Guillelmus de Quoet-Lagat ejus uxor, Petrus Malhoste ejus uxor, Gaufridus Guasic ejus uxor, Petrus Bacerine, ejus uxor, Guillorus nepos Gaufridi Prioris ejus uxor, Judicellus Meryani ejus uxor, Katarina filia Rozandou, Hazevisia filia Eudonis Magni de Ploeaudren, Guillotus Aurifaber ejus uxor, Guillelmus Coyllart ejus uxor, Bercherus Falconarius, Alanus Guasic ejus uxor, Johannes Tirelle (?) ejus mater, Johannes Barberius ejus uxor, Guodardus ejus uxor, Gauterius Cherel ejus uxor, Jocic de Haya, Guillelmus Tort ejus uxor, Petrus Bloy ejus uxor, Guillelmus de Besco, Radulfus Pelenache, Gaufridus Costenec ejus uxor, Johannes Saux ejus uxor, Petrinus Militi ejus uxor, Guillelmus Silvestri et Manchay. Datum teste sigillo nostro una cum sigillo venerabili Capituli Venetensis et sigillis predictorum virorum nobilum et discretorum magistrorum Silvestri Parisi, Oliverii Senescali, Petri de Talenhoet junioris, Henrici le Camus, Oliverii de Chasnaya canonicorum nostre ecclesie Venetensis ; nec non et sigillis Petri de Breheguay, Thome Guall, Petri Bertou, Petri Bordiec, Dordeti, Eudonis Benedicti presbiteri, Guillemoti Benedicti, Magistri Petri Apothecarii, Guilloti Guillemeti, Mauricii de Loco-Marie,

Henrici Gregori, Johannes Pentin, Guillelmi de Cohetlagat et Baudeti, civium ejusdem civitatis Venetensis, die Martis post festum Sacramenti, anno Domini millesimo CCC° vicesimo tercio.

507

Accord entre Hervé de Léon et Gauvin de la Roche-Moisan touchant la succession de Guillaume de la Roche-Moisan.

Bibl. de la ville de Nantes ; arch. Bizeul.
Vidimus délivré par la châtellenie de Chartres en 1324.
Parch. — Scellé sur double queue.

8 juin 1323.

Sachent touz que en nostre court en Léon, en la chastelenie de Lesneven en droit personelment establiz noble home et puissant Hervé de Léon, chevalier, sire de Noion, d'une part, et Monseigneur Estienne Gauvein de la Roche-Moisan, chevalier, de l'autre, emprès pluseurs contenz et attercations meuz entre eux, comme ils disoient, sur ce que ledit Monseigneur Hervé de Léon requéroit de devenir à la sésine de la succession feu Guillaume de la Roche, que ledit Guillaume ot et pourfist ou temps que il trespassa de vie à mort, par la reison de Madame Amice Séole, seur au père audit Monseigneur Hervé de Léon, comme principal eir et ysue de le enné à ladicte dame Amice, et par les conditions de la baillée de largeter à ladicte damme Amice ; que par pluseurs autres reisons, à finale transaction à bonne paiez en la menière qui s'ensieut devindrent : c'est assavoir que ledit Monseigneur Estienne Gauvein donna, assit et livra audit Monseigneur Hervé de Léon, pour eschever ledit débat et considérant o tout son grant proufit de ses reintes qui estoient espandues et diffuses en lointaingnes marches de ses autres rentes, et costuses à seuvir, par preuchaine assiète de ses autres rentes auver et apreucher à ses autres rentes, c'est assavoir : le manoir de la Roche-Moisan, le manoir de Botbleiz, la ville de Pont-Scorf, sa partie à l'île de Groée, ce que il a en la paroisse de Plœmor en la parroisse de Guidel, en la paroisse de Lébin, à Locmaria de Mezlan, à Guele-Coumarho, la forest de Botbleiz, la forest de Combout, Botdrioc, Queondouerz et tout quanqu'il a et puet avoir et doit et attent à avoir en toute la duchée de Bretaingne, que en fié que en arrière-fié que en demaine, haute seigneurie et basse, et simple juridiction, propriété et saisine et possession, prémace, eschoaite, reison, action et toutes ses libertez, franchises et noblèces et privilèges, à lui et à ses subgez par là reison de lui en tant comme il les peut livrer, tant par espéciauté que en générauté, recognessant que il n'a riens aliéné des chouses dessus dictes, réservé et retenu audit monseigneur Estienne Gauvein les demandes que l'an li fat par espéciauté et le montement des demandes généraux que l'an li fet par la court au Duc et par les cours saiziriennes, et tout le remanant que en terres que en bois, en prez, en èves et que en autres chouses, en espécial et en général, puissent choier et puissent estre nommez, excepté la tonture de ses bois et de ses forez que ledit monseigneur Estienne Gauvein a vendues, comme il dit ailleurs, audit monseigneur Hervé de Léon et à ses heirs, en récompenssation et en eschange de tel droit et de tèle reison et action comme ledit monseigneur Hervé a, doit et puet avoir à la demande dessus-dicte de la succession doudit feu Guillaume de la Roche, par la reison de ladicte madame Amice, en la parroisse de Senunches en l'éveschée de Chartres, et en eschange de quatre cens livres de rente à asseoir en la terre audit monseigneur Hervé et ses fieux à Sorel, se ledit monseigneur Hervé de Léon le peut fère sanz empeschement, ou en la terre audit monseigneur Hervé en Normandie, là où ledit monseigneur Hervé de Léon voudra, en lieu convenable, et se ladicte assiète soit fecte, par le gré doudit monseigneur Hervé de Léon, à Sorel-le-Châtel et la Viller, les autres édifices seront prisagiez à toutes values par les prisageurs qui seront desouz escripz. . . . .

Donné tesmoing nostre seel aus contrautes au Duc de Lesneven au temps demourant o Jehan Gouzillon, ensemble o le seel doudit monseigneur Hervé de Léon et o le seel audit monseigneur Estienne Gauvein mis à ces lettres, le mercredi avant la feste Saint-Barnabé l'apoustre, en l'an de grâce mil trois cens vint et trois.

508

Alain de Saint-Diel, vallet, échange contre 40 sous de rente à percevoir dans la paroisse d'Inguiniel le tiers du moulin de Loc-Jean et de ses dépendances, situé dans la paroisse de Riantec.

Arch. Dép. Fonds de l'abbaye de la Joie.
Orig. parch. était scellé de deux sceaux sur simple queue.

12 septembre 1323.

Sachent touz que en nostre court en drest personement estabil Alen de Saint-Diel, vallet, recogneut et confessa sei aveer exchangé et en nom de pure et perpetuel eschange non revocable avoer livré, otréié et asigné et encore livre, otreie et asigne à humble abbaesse damme Jouhaenne Bizian abbaesse de la Joae Nostre-Dame damprès Henbont et au covent dou dit leu ou nom de la dite abbaie a héritage pour la dite abbaie et pour qui cause aura de le à jamès le erz dou molin de Loc-Johan et de l'estanc dou dit molin et de ses apartenances ilecques ; lequel molin est sis ou feu Guillaume Goriouc en la paroisse de Riantec, c'est à savoer en échange et en recompensacion de quarante souldées que la dicte abbaesse ou nom dou dit covent et de la dicte abbaie a livré par exchange perpetuel au dit Alen et ès siens en la paroesse de Ynginhiel, lesquels quarante souldiés de rante ost autrefaez la dicte abbaesse par exchange comme lau dest de l'arcediacre de Vennes, qui hores est de la conqueste de monsieur Jahan de Bochelier jadis archidiacre de Vennes fit en la dicte paroesse. Et pour la manière de l'exchange desus dit det ledit Alen delivrer le dit tierz dou dit molin et de l'estuere et de ses appartenances ilecques à la dite abbaie de touz couz et par reson de doére de Guillaume Guriou et de touz autres et le garentir de touz...... à la costume dou paeis en touz leux le touz à touz empêchement quant euses propres despans et auxi en cele manière la dite abbaesse par sei et par le dit........... aie premist et est tenu le guarantir à qui cause aura de luy sur les dites quarantes souldées de rante de touz et contretouz à la costnme dou paeis et translater les uns es autres sesine de fest des exchanges desus diz par la baillée de cestes lettres et des exchanges desus diz tenir accomplir et loyaument garantir obligèrent ledit Alen et Adliz la fille Pierres Chaucereau fame expose[1] audit Alen, o l'auctorité de luy à le baillée, à conter à checune choses contenuz en cestes présentes lettres à checun jour le tout aux lours heirs et lour successours queuxconques o touz leur biens mesble et immesbles présenz et avenir et lour corps reaument et corporaument segont la maere forme de noz contraz tant par hostage que autrement et pour touz les couz, maux-mises et domages par faute dou garantage ou si débat venoit encontre à les declarer pour toute preve au simple serment dou porteor de cestes lettres por toutes precaucion, et renuncèrent quant à touz les diz conjouz à excepcion de fraude, de barat, de tricherie et decepvance en oultre la meité de decret prins, à privileges de croez prinse et à prendre à douaere et doneson par nous au decret de Velleiran à l'espitre de dive Adrian a touz decrez escriptz et non escriptzs à tous privileges, be-

[1] Pour espouse.

neffices, establissemenz de rois et de princeps fez et à fere, à toute costume et autres choses contreres et maemement au décret qui dist renunciation gènerale non mise à valer eux sur toutes bien a certaenez et à toutes les dites choses tenir, acomplir et layaument garantir et rendre nostre court sanz domages par la reson des dites choses, jurèrent les diz conjouz touchant les seintes evangiles Nostre Seigneur et à ce furent condampnez par notre court o jugement sauff notre dret et l'autruy. Doné tesmoing notre seel establi aés contraz de Henbont et de Kemenet ensemble o le propre seel audit Alen pour seil presté à la dite Alliz à maere fermeté à ses prières, le lundi avant l'Exaltation Seinte Croez ou quel jour les diz conjiouz volurent que ladite abbaesse ou qui cause aura de la dite abbaie puisse si veut besser ledit molin desoui en baillant lazal ezchange à Saint Jehan en la paroesse de Riantec de ce que ele prend.... dou lour audesouz dou dit molin l'an M. IIIᵉ vignt trois.

509
22 mars 1324?

Accord entre le vicomte de Rohan et Eon de Quénécant. Ce dernier possédait sous la seigneurie de Rohan les moulins et pêcheries de Guerneuhal à Pontivy; ils étaient noyés et submergés par les moulins de Pontivy appartenant audit vicomte. Le vicomte les reprend et donne en échange audit Eon 7 livres de rente et autre somme pour la moûte, à tenir aussi sous sa seigneurie, lui et ses hoirs.

Archives de Kerguéhennec.

22 mars 1324.

Plusieurs habitants de Josselin donnent leur procuration à plusieurs clercs pour les représenter devant 2 chanoines de Tours au sujet d'un procès qu'ils ont avec l'abbaye de Marmoutiers.

Arch. départ.; Fonds de prieuré de St-Martin de Josselin.
Orig. parch. était scellé d'un sceau
sur simple queue de parchemin.

8 octobre 1324.

Universis presentes licteras inspecturis et audituris, archidiaconus de Porhoit in ecclesia Macloviensi salutem in Domino. Noveritis quod coram nobis personaliter constituti Gaufridus Ardenes, Colinus Nyvet, Thomas et Alanus ejus fratres constituerunt et ordinaverunt Guillemum Luce, Guillemum de Valea, Rolandum de Bocahon,

Radulfum de Nemore, Alanum de Riperia et Johannem Goion, clericos, et quemlibet eorum in solidum, ita quod non sit melior condicio ocupantis, procuratores suos generales ad omnes.... et causas quos et quas habent et habituri sunt tam conjunctim quam divisim coram venerabilibus viris magistris Petro Fretaut et Petro Dayo canonicis Turonensibus et coram quolibet ipsorum judicibus ut dicitur a Domino Papa datis et quacumque auctoritate fungantur et coram aliis judicibus quibuscumque contra religiosos et honestos viros abbatem et conventum Majoris-Monasterii Turonensis et contra omnes alios adversarios suos, dantes eisdem procuratoribus et cuilibet in solidum speciale mandatum et plenam potestatem agendi pro ipsis, ipsos deffendendi, jurandi pro ipsis, et in animabus ipsorum de malicia, de calumpnia et quodlibet aliud genus juramenti quod postulat ordo juris ponendi procuratoribus, tradendi, appellandi, provocandi opposicionem, prosequendi et causam innovandi, expresse petendi probandi, jurandi et retinendi et omnia alia et singula faciendi quod ipsi constituerint, facerent, et facere deberent si contra presentes et quod potest et debet facere procurator canonice constitutus, etiam si mandatum exigant aliàs speciale, et alium seu alios procuratores loco sui substituendi qui in omnibus presentium et singulis cum procuratione predicta similem habeant potestatem et eos revocandi quotienscumque viderit expedire. Ratum et gratum habent et habituri debent constituentes quicquid per procuratores et substitutos predictos tam pro ipsis quam contra ipsos factum fuerit, seu etiam procuratores et per quemlibet eorumdem ..... pro dictis procuratoribus et ipsorum quolibet et pro dictis substitutis ipsi constituentes et ipsorum quilibet sub ypotheca rerum suorum judices solvi. Actum teste sigillo curie nostre die lune ante festum beati Dionisii, millesimo CCC° vicesimo quarto — G. Moth.

510

Accord entre Paien de Malestroit et Renaud Braccoux, prieur de Trédion, au sujet des droits que le seigneur de Malestroit prétendait avoir sur les habitants de Trédion.

Arch. dép. fonds du prieuré de Saint-Nicolas de Ploërmel.
Orig. parch. était scellé de 2 sceaux sur double queue.

14 novembre 1324.

Sachent touz que comme contenz fust esmeu par nostre court de Vennes entre Paien, seignour de Malestroit d'une partie, et frère

Reynaut de Braccoux priour en celuy temps de la prieurté de Tredyon tant en son nom que ou nom de sa dite priourté de l'autre partie sus ce que ledit seignour disoit et pourpensent que le dit priour ou son compaignon devoyent et estoyent tenuz dire et célébrer à touzjourzmês une messe checun jour en la dicte priourté ; é disoit plus ledit seignour que il devoyt avoir luy et les souns par son droit sus les hommes dudit priour de la dite priourté corvées, avenages, gelinages et tailles ; le dit priour disant de l'encontre pluseurs resons ; après pluseurs debaz euz entre iceux, à bone pez et à acort vindrent par nostre dite court les diz seignour et priour en son nom et de sa dite priourté, segont que il est contenu en unes leittres saellées dou seaux religioux home et honeste frère Johan abbé en celuy temps de l'abbaye de Marmoutiers de Tours ensemble et dou seau dou couvent de la dite abbaye, si comme il appareissoit en première face, contenantes la forme qui en suyt. Universis presentes licteras inspecturis et audituris fratres capituli Majoris-Monasterii Turonensis et frater Johannes permissione divina minister humilis eorumdem salutem in Domino. Cum.... ex parte nobilis viri Domini de Malestricto diceretur contra priorem nostrum de Tredyon quod ipse prior vel ejus consocius tenebatur die qualibet unam missam in prioratu de Tredyon celebrare et quod homines dicti prioratus omnes et singuli tenebantur corveyas facere pro eodem quoque quoddam conservatorium aquaticum ab antiquo in territorio dicti prioratus constructum ad eumdem pertinebat, volens ob hoc ipsum priorem compellere ad celebrandam dictam missam die quabibet et ad dimictendum sibi dictum reservatorium et dictos homines ad reddendum eidem Domino corveyas antedictas dicto priore nostro contrarium asserente et dicente se et dictos homines suos ad premissa non teneri nec faessa ad premissa aliquatenus obligatos, prefatusque nobilis ex una parte et dictus prior noster suo et dicti prioratus sui ac hominum suorum nomine ex alia, super controversiis et contencionibus que movebantur et moveri poterant inter ipsos occasione premissorum de proborum virorum consilio ad pacem et concordiam devenerunt in hunc modum, videlicet quod idem prior duas missas in duabus diebus cujuslibet ebdomade in dicto prioratu celebrabit seu celebrari faciet in futurum, missa diei dominice in numero dictarum duarum missarum minime computata, et ad celebrandas... dictas duas missas qualibet ebdomada non poterit idem prior vel ejus socius compelli aliqua racione, quodque homines dicti prioris omnes et singuli presentes et futuri de dicta corveya et omni peticione, exactione et molestacione ejusdem quiti et liberi remanerent et eciam per dictam composicionem remanebunt, et idem Dominus et sui heredes a premissis omnino separati, reservatorium insuper antedictum ad dictum priorem nostrum quitum et liberum remanebit et remanet et ab omnibus peticionibus quas habebit et habere poterat idem Dominus in premissis et eorum quolibet si que essent desistant et desistit idem Dominus ac eas dimisit prioratui nostro antedicto et priori ejusdem per pacem et concordiam antedictas. Hoc acto in pace et concordia hujusmodi quod dictus Dominus in territorio prioris predicti videlicet in quadam valle partim ad priorem predictum, sitam inter prioratum predictum et manerium Domini supradicti poterit duorum stagnorum caligas elevare seu eciam reformare et aquam suam extendere certa ipsa in territorio dicti prioratus in longum et latum in quantum poterit et sibi viderit expedire; poteritque in loco ipso in exitu videlicet stagnorum seu alibi supra riperiam fluvii de Clees construere molendinum ad cujus districtum venient homines dicti prioris sine deffectu, ita quod si deffecerint et alium adierint molendinum dictus Dominus multuram ab ipsis defficientem habebit per dictum priorem tamen vel ejus servientibus et non aliter, ac idem prior emendare habebit similiter ab eisdem nec poterit idem Dominus homines ipsos occasione dicte multure vel molendini aliter molestare. Acto eciam quod non solverent dicti homines multuram nec pro tanta nec tali mensura quam ipsi antiquitus solvere consueverant ad molendinum ipsius prioratus, ita quod homines ipsi molas aliquas habere non poterunt penes ipsos, et quod animalia prioris et hominum prioratus predicti semper in retractu aquarum ipsorum stagnorum quantum late duraverit territorium prioratus predicti ut sine contradictione pascuare poterunt, nec poterit idem Dominus in dicto loco construere nec tantum unum molendinum ad quod ibunt homines predicti ut est dictum absque eo quod idem Dominus ipsos ab molendinum aliud valeat contraire, ac quod dictus Dominus vel sui successores aut heredes aut eorum aliquis super territorio vel hominibus prioratus predicti aliquam justitiam, obedienciam, exactionem redibentur aut aliquid aliud obnoxium per se vel per alium de cetero non poterit exigere vel habere nisi tantummodo gallenas, avenas et taillias suas a quibus et ubi eas percipere consuevit prout hec omnia nobis retulit idem prior noster viva voce et etiam in scriptis. Noveritis quod nos pacem cujuslibet et maxime dicti Domini acquirere cupientes, volentes etiam omnes lites, jurgia in quantum possimus evitare, premissis consideratis et attentis de communi assensu pacem et concordiam hujusmodi ac omnia et singula supradicta ratifflcamus, approbamus, laudamus ac tenore presentium confirmamus, bona fide promictentes premissa pro parte nostra tenere et inviolabiliter observare quoad hec et omnia supradicta firmiter tenenda et inviolabiliter in futurum observanda dictum prioratum nostrum et bona ejusdem ubiconque existentia obligantes. In cujus rei testimonium sigilla nostra hiis presentibus licteris duximus apponenda. Datum apud Majus-Monasterium in nostro Capitulo, die mercurii post festum Beati Martini hyemalis anno Domini Millesimo trecentesimo vicesimo quarto. Adecertes, par nostre dite court de Vennes en droit establi ledit seigneur de Malestroit requonut et confessa à tant com à luy en appartient et peut appartenir toutes les dites chouses et chescune contenues et desclorées esdites leictres estre vraies et se y assentit ; é voult que elles soient fermes et estables à tenir et à durer à héritage à touzjourmès ; é quant à tenir la pez et l'acort et la tenor des dites leictres ledit seigneur de Malestroit a obligié et uncores oblige soy et ses hers et touz ses biens meubles et immeubles présenz et futurs en quel leu et souz quelconque seignorie que ils soient, promentant le dit seigneur tant en son nom que de ses hers que si de sa partie venoit ou sourdeit ou temps avenir aucun empeschement à empescher, enfreindre ou retarder en tout ou en partie la tenour de ces leictres, à l'oster au soun propre nom senz aucune dilacion, que ne porchacer é à garder le prior de la dite priourté qui pour le temps sera de touz domages, é est bien assavoir que si ou temps avenir aucuns ou aucun des hommes au dit priour fesoint tant de leur volentez que autrement corvées au dit seignour ou à ses hers, iceluy seignour ne les souns ne le pourraient avener à sésine. Et voult que au dit priour ne à la dite priorté ne lour portége poeint de préjudice au temps avenir, é toutes ces chouses et chescune promit le dit seignour tant pour luy que pour ses hers en bòne fay à tant comme à soy en appartient tenir, garder et leaument acomplir senz jamès la dite pez et acort é la tenour de ces leittres enfreindre ne venir en contre par aucune rezon, esquels chouses tenir et accomplir senz venir en contre, nous le dit seignour présent et consentant en ces escripz à ce tenir jugions et condempnons. Doné tesmoign nostre seau establi à noz contratz de Vennes, sauff nostre droit et à tous autres, ensemble o le seau audit seignour de Malestroit à mère fermeté ; ou meis de février l'an de grace mil troiz cenz vint et quatre.

511

Jean, évêque de Vannes, donne à Guillaume de Kramsquel la paroisse de Languidic, en réservant les droits du chapitre.

Arch. dép. Fonds du chapitre de Vannes.
Orig. parch.

19 avril 1327.

Johannes permissione divina Venetensis episcopus Magistro Guillelmo de Kramsquel presbitero salutem in Domino sempiternam. Parochialem ecclesiam de Languidic nostre diocesis liberam et vacantem per mortem Guillelmi de Bella-Villa presbiteri nuper rectoris ejusdem ecclesie, salva annua pensione quadraginta librarum monete currentis debita a dicta ecclesia venerabili Capitulo Venetensi et deducta cum ceteris juribus et pertinenciis suis, tibi conferimus, intuitu caritatis, investientes te per procuratorem tuum nomine procuratorie hujusmodi de predicta ecclesia cum pertinenciis suis predictis per tradicionem nostri anuli sibi factam ; mandamus vobis Archidiacono Venetensi quantum ipsum magistrum Guillelmum rectorem per se vel procuratem suum in corporalem possessionem dicte ecclesie de Languidic cum pertinenciis predictis per vos vel per alium inductum seu induci faciatur. Et in signum indicionis hujusmodi per vos, vel per alium loco vestri, facite sigillum vestrum in secunda camera presencium apponatur. Datum Veneti die sabbati ante festum beati Thome apostoli, anno Domini M° CCC° vicesimo septimo.

512

3 septembre 1328.

Jean, évêque de Vannes, donne à Jean de Kramsquel la paroisse de Languidic, vacante par la mort de maître Guillaume de Kramsquel.

La charte est ainsi datée : Datum apud manerium nostrum de Villa-Fabri die lune ante festum Nativitatis Virginis gloriose, anno Domini millesimo CCC° vicesimo octavo. G. Britonis.

Arch. dép. Fonds du chapitre de Vannes.
Orig. parchemin.

513

Jean, évêque de Vannes, fonde une seconde chapellenie en l'honneur du Saint-Sacrement, du consentement des membres de la confrérie du Saint-Sacrement.

Arch. départ. Fonds du chapitre de Vannes.
Orig. parch. était scellé de dix sceaux sur double queue de parchemin.

19 Juin 1329.

Universis presentes litteras inspecturis et etiam audituris Johannes permissione divina episcopus Venetensis salutem et gloriam asequi sempiternam. Noveritis quod nos et quidam nostri canonici et cives Venetenses, fratres confratrie introducte in honorem Corporis Nostri Domini Jesu-Christi, cupientes in omnibus cultum augmentare divinum, atendentes quod ad altare ejusdem Corporis Nostri Domini Jesu-Christi aliter fundatum in nostra ecclesia Venetensi per nos et alios nostros fratres ejusdem confratrie, una capellana fundata fuerat cujus capellanie capellanus ad quatuor missas celebrandas certis diebus tenetur, prout in fundacione et in institutione hujusmodi capellanie continetur ; volentes ulterius ut premittitur, cultum divinum ad altare hujusmodi inter cetera recipere incrementum, unam aliam capellaniam ad altare hujusmodi fundavimus, creavimus, fundamus et creamus in honorem Corporis ejusdem Nostri Domini Jhesu-Christi, volentes, statuentes et ordinantes quod capellania hujusmodi persone ydonee conferatur nobis et nostris successoribus pro tempore et fratribus ejusdem confratrie presentande ; etiam quod ipsius capellani dictis fratribus qui pro tempore fuerunt presentacio etiam ad nos et successores nostros pro tempore collacio, quociens eadem capellania vacare contigerit, in perpetuum pertinebit. Idem vero capellanus tenebatur sub debito juramento et sub pena amissionis duodecim denariorum in deffectu misse cujuslibet convertendorum in utilitatem dicte confrerie celebrare missas quatuor super altare hujusmodi vel celebrari facere per ydoneum substitutum qualiter septimania, videlicet : missam de requiem qualiter die lune satis mane pro deffunctis fratribus et fidelibus universis ; aliam missam die Martis de Apostolis : *Michi autem* ; aliam missam die Jovis de Sancto-Spiritu : *Spiritus Domini* ; et quartam missam qualiter die Veneris in honorem Sancte-Crucis : *Nos autem gloriari oportet*. Ad cujus capellanie sustentacionem et ceteros redditus pro eadem capellania emendos et aliter aquirendos, Nos et predicti fratres dedimus et adhuc damus sexaginta libbras monete currentis parvorum turonum de quorum fructibus, salva tamen retoris? substancia, sustinebitur capellanus. Et quia multitudo confusionem generatur, nos, volentes sedare discordias et amputare materiam litium, ordinavimus et ordonaverunt fratres ejus confratrie de nostris voluntate et assensu quod quocienscumque capellania hujusmodi vaccare contigerit duo canonici fratres dicte confratrie et duo cives ejusdem confratrie ab aliis fratribus qui presentes fuerunt in civitate Venetensi et ad hoc electi, una cum abbate dicte confratrie qui pro tempore erit aut duo ipsorum in casu discordie, cum quibus abbas ejusdem confratrie consenserit, possint nobis et nostris successoribus qui pro tempore erunt presentare personam ydoneam ad huiusmodi capellaniam obtinendam infra mensem a tempore vacacionis cito hujusmodi computandam. Et si contingat quod nullus canonicorum sit frater dicte confratrie quatuor alii fratres dicte confratrie cum abbate ad hoc electi poterunt presentare prout superius est expressum. Datum et actum die lune ante festum Sacramenti Altaris. Teste sigillo nostro una cum sigillis venerabilium virorum, Archidiaconi Venetensis, Thesaurarii ecclesie predicte, Oliverii Senescalli, Yvonis de Bestou, canonicorum Venetensium ; et una cum sigillis Petri de Ponte, abbatis dicte confratrie tunc temporis, Petri de Brehegay, Dominici Dordeti, Johannis de Haya et Petri Bordier burgensium Venetensium in testimonium premissorum presentibus litteris apponuntur, anno Domini M° CCC° vicesimo nono. — E. Borbier.

514

En 1330, la seigneurie de la Gacilly, avec ses dépendances qui s'étendaient dans les paroisses de Ruffiac, la Chapelle-Gaceline, les Fougerêts et autres, fut léguée comme douaire par Olivier, chevalier, seigneur de Montauban, à Julienne de Tournemine, son épouse.

Hist. de la Gacilly, Ducrest de Villeneuve.

515

9 mai 1332.

Le samedi après la Saint-Michel en Monte-Gargane, l'an 1332, devant la cour de Vennes, Sévestre du Guarau[1] afferme à Jouhan de la Haie, les finz (ou fiuz), issues et levées du botaille qui lui appartenaient au port de Vennes, pour le temps de 15 années, pour la somme de 90 livres.

516

Procès verbal de la prise de possession de la paroisse de Saint-Avé par le Chapitre de Vannes.

Arch. dép. Fonds du chapitre de Vannes.
Orig. parch.

27 novembre 1333.

In nomine Domini Amen. Anno ejusdem Millesimo CCC° trecesimo tercio per hoc presens publicum instrumentum cunctis pateat evidenter quod die vicesima septima mensis novembris, Pontificatus Sanctissimi in Christo Patris ac Domini Domini Johannis divina permissione papa XXII anno decimo octavo, indiccione secunda, in mei presencia notarii et testium subscriptorum presentium personaliter constitutus in ecclesia parrochiali de Senteve Venetensis diocesis parum post horam meredieï illius diei Johannes de Restor rector ecclesie de Bignan dicte diocesis virtute mandati eidem directi ex parte venerabilis viri et discreti decani de Poubels dicte Venetensis diocesis subexecutoris seu commissarii deputati una cum quibusdam aliis cum illa clausula et omnibus vestrum insolidum a Reverendo in Christo Patre ac Domino, Domino Guillelmo Dei gracia episcopo Lucano judice seu executore una cum quibusdam aliis colegis suis cum clausula quatenus vos .... duo aut unus vestrum per vos vel per alium seu alios dictorum de sede apostolica deputatos scilicet gracia venerabilibus viris et discretis Capitulo Venetensi a dicta sede apostolica facta de beneficiis ecclesiasticis Venetensis diocesis cum cura vel sine cura spectantibus ad provisionem, collacionem, seu quonimus aliam disposicionem Reverendi in Christo Patris

---

[1] Le Garo en Ploeren près Vannes.

Domini Episcopi Venetensis et Capituli predictorum usque ad certam summam prebendis ecclesie Venetensis in augmentum earumdem secundum tenorem dicte gracie perpetuo vivendi ; cujus mandati tenor sic incipit: Universis presentes litteras inspecturis et audituris Decanus de Poubels Venetensis diocesis subexecutor seu commissarius una cum quibusdem aliis cum illa clausula vobis et vestrum omnibus insolidum et etiam deputatus a Reverendo in Christo Patre ac Domino, Domino Guillelmo Dei gracia Episcopo Lucano judice, executore seu provisore una cum quibusdem aliis.... et etiam sic vero terminatur : mandantesque vobis Johanni de Restor rectori ecclesie de Bignan quatenus dictos venerabiles viros Capitulum Venetense per magistrum Oliverium de Parietibus clericum eorum procuratorem ad hec legitime constitutum in possessionem corporalem ipsius ecclesie cum suis juribus et pertinenciis universis ut premittitur inducatis et institutis in eadem, et in signum inductionis et institucionis hujusmodi per vos factarum sigillum vestrum in secunda camera presentium apponatis. Datum die sabbati post festum Beate Caterine Virginis anno Domini millesimo CCC° trecesimo tercio. Predictum Magistrum Oliverum de Parietibus clericum procuratorem ipsorum venerabilium virorum Capituli Venetensis ad hoc legitime constitutum de cujus procuratorio michi notario infrascripto constitit et constat pro ipsis Capitulo et nomine ipsorum induxit in possessionem corporalem dicte ecclesie de Senteve prebendis ecclesie Venetensis canonice unite cum suis pertinenciis universis et instituti in eadem tradens eidem procuratori, nomine quo supra in signum induccionis et institutionis predictarum, cordam campanie ecclesie memorate quiquidem procurator qui supra nomine dictam cordam eidem traditam tenens in manu sua campanam predictam cum dicta corda in signum premissorum pulsavit et exinde recedens et accedens ad portam presbiterii ecclesie predicte tradidit eidem procuratori, quo supra nomine in signum possessionis ejusdem, clavaturam dicte porte. Acta sunt hec die, anno, mense, pontificatu, locis et judice predictis, presentibus Dominico Anazi, ejus filio seniore, Margareta uxore Petri Sylvestri, Agnete filia dicti Chapelaen, Alano filio Tiveti, Fitregat relicta Oliverii Kaerbiguet et pluribus aliis ad hoc vocatis et rogatis.

Et ego Alanus Tudguali clericus Venetensis diocesis publicus auctoritate imperiali notarius premissis inductioni et aliis factis per ipsum Johannem de Restor exequtorem ut supra dum fierent presens interfui una cum testibus predictis et premissa scripsi signum meum consuetum hic apposui rogatus.

517

Jean III, duc de Bretagne, ayant donné à Jean de Derval la chatellenie de Pontcallec, transporte sur les fermes d'Hennebont les deux cent quarante livres de rente que cette chatellenie payait à l'abbaye de la Joie.

Arch. dép Fonds de l'abbaye de la Joye.
Orig. parch.

12 mai 1334

A touz ceulx qui ces presentes lettres verront et orront Jahan Duc de Bretaigne, vicomte de Limoges saluz en Dieu. Sachent touz que comme excellent prince et puissant nostre cher père et seignour eust assigné a religiousses dames et honestes à l'abbaesse et au couvent de la Joye Nostre Dame conste Henbont pour partie dou donacion o de la fondaeson de la dicte abbaye sept vingt libres de rente annuelles à lever et percevoir sur la chastellenie de Ponthaellec par checun an come plus à plaen apert par les letres à esquelles ceste à present sont annexées et dampuis nous aions donné à nostre amé et féal monsieur Jahan, seignour de Derwall, chevallier, ladicte chastellenie de Ponthaellec. Nous en reconpessacion des diz sept vingts libres de rentes comme dit est desus, volons e octreions que les dites religiouses dames prayent et lèvent les sept vingtz libres de rente de sus noz fermes rentes et cens de nostre ville de Henbont avec et en oultre cent libres de rente que les dites dames soleyent lever sur la dicte ville par checun an comme il appert par les dictes lettres esquelles cestes sont annexées ; lesquelles rentes nous leur assignons sur la ditte ville à leur estre paiées par la main de noz fermiers receveurs ou autres giens qui là seront pour nous es termes qui senssuit. Cest à savoir quarante libres à la Nativité saint Jahan-Baptiste, cinquante libres à la Saint Michel prochen ensuivant et cinquante libres à la Chandelour avenir prochen et einxin par chacun an pour le temps avenir. Et sy einxin est ci que les rentes de la dicte ville de Henbont ne souffisent pour la dicte somme à payer, volons que les dictes dames ayins de ce retour et recompassion et poioment sur nos fermes et autres rentes de nostre ville d'Aurray ou et . . . . et en la manere comme sus est dit. E volons en oultre ce que les blez que les dictes religiouses dames

solent avoir par nostre main et de noz sergenz é officers en la ville
é en son terrouer, duquel blé auxi est fait mencion es lettres esquelles cestes nostres sont annexées, prangent et levent les dictes dames
par elles ou par lour commandement, sauf toutevois que les dites
n'ayent ne juridicion ne correction quelquel es lieux ne sus les
hommes des quelx les diz blez sont deuz ; mes sy enxi estoit que
l'an fust en faute de leur apoier des diz blez estimez o l'on a accou-
tumé à les apoier nous volons et comandons nos sergenz et nos
autres justiciers pourforcent et contraignent coulx qui les devent
à les rendre é poier es dictes dames prestement et sans délay. Les
quelles chosses tenir et loyaument acomplir nous voulons et pro-
mestons selont la forme et la manere contenues es dictes lettres
esquelles cestes nostres sont annexées. E volons nous é nos heirs
et successeurs à estre tenus et obligés et les davant dites noz villes
sont samblable manère et obligacion comme est contenu esdites
lettres esquelles cestes nostres sont annexées. Doné le mercredi
amprès la feste de saint Nicholas ou moy de may veille de l'Ascension l'an de grace mil trois cenz trente e trois. Tesmoign nostre
scel.

518

*Jegou de Lestevizran et sa femme, Perronnelle Le Cuer, don-
nent à l'abbaye de la Joie vingt sous de rente à percevoir
sur leur villa de Kerguerne en Riantec.*

Arch. dép. Fonds de l'abbaye de la Joie.
Orig. parch. était scellé de quatre sceaux sur simple queue.

1334.

Sachent touz que én nostre court de Henbont en droit personeau-
ment establiz Gegou de Lestevizran paroessien de Ploeguervelen et
Perronnelle la fille Tengui le Cuer sa fame espouse o l'auctorité de
lui à le baillez souffiseaumant à toutes les choses qui sont contenues en cestes presentes lectres, de lour bone volante, vendirent et
en nom de vente perpetuele et heritage baillerent et octroierent à
religiouses dames l'abbaesse et le covent de l'abbaie de la Joie
Nostre-Dame emprés Henbont pour eux et pour qui cause aura à
ladite abbaie à jamés vignt soulz de rante annuelle à prendre et à
lever par checun an à checune feste de Saent-Gile sur touz les

heritages et terres qu'ils avoint de par la dite fame, povaent avoir et devoint en la ville appelée Kaerguerne et en son terrouer au feu à la dite abbaie en la paroesse de Riantec, et sur touz les autres biens de par icele fame si ceux ne souffisaint. C'est à savoir pour quinze libbres monaie courante jà paées aes diz congaens (sic) diceux abbaesse et covent en bons deners nombrez come ils le recogneurent en nostre court et pour les couz et les ventes; sur laquelle rante vendue promidrent, gréèrent et sont tenuz les diz congaenz à garantir et deffendre les diz abbaesse et covent contre touz et en checun leu à la costume de la terre et furent treiz bans faez à souffisant intervale par nostre court au nom et à l'enstance des diz abbaesse et covent sur la dite rante et en nostre court souffisamment recordez, et furent les ventes paées à Pierres Eder nostre recevour du leu au temps, et toutes autres choses qui a pur achat de heritage apartenant dreytement et leyaument accomplies en manière deue, nul sur ce contredisant, null presme venant ne debatant cest heritagement par aucune voie; pourquoy nous jugames par le jugement de nostre dite court la dite rante à demeurer aes diz abbaesse et covent pour eux et pour qui cause aura de la dite abbaie comme son heritage par le titre desus à jamès. Esqueles choses tenir et fournir les diz congenz par le jugement de nostre court sont condamnez et par leurs sermentz baillez de non venir encontre. Doné tesmoyng le saell establiz à noz contraz des diz leu o le saell de nostre diz recevour pour soy en signe de avoir receues les dites ventes et o le saell Pierres Badrimon nostre sergient du temps sur les leux pour soy en recort que les diz bans furent feez par lui senz debat, ensemble o le propre saell ou dit Gegou pour soy et presté à sa dite fame à sa requeste o la dite auctorité à maere fermeté, sauff nostre droit et l'autruy, le mardy veill? de la Saint-Michell en Monte Thube l'an mill CCC^e trante et quatre ou quel jour les diz vendeours volurent et gréerent que les diz vignt soulz de rante saent doubles si ils ne saent paées à checun terme comme dit est, doné comme desus. — Passé, Henri Bernart.

Reste du 1er sceau : d'hermines plein dans une rosace à 8 lobes.

Contre sceau : écu chargé de sept annelets 3, 3, 1, surmontés d'un lambel de 4 pièces l'écu dans deux quatrefeuilles entrelacées.

Troisième sceau : écu portant une bande accompagnée de 3 quintefeuilles ?

519

1334.

Acte par lequel Charles de Valois, comte d'Alençon, seigneur de Porhouet, voulut estre payé au comté de Loyac 65 sols de rente sur le revenu de Porhouet, pour récompense de ses terres noyées en Josselin.

Arch. des Forges de Lanouée. Inventaire de Porhoët.

520

Charles de Valois confirme à l'abbaye de Marmoutiers une rente de 40 sous de rente donnée par Eon, comte de Bretagne.

Arch. dép. Fonds du prieuré de Saint-Martin de Josselin.

18 mars 1335.

Nous Charles de Valois frère du roy de France comte d'Alençon du Perche de Joigny, sires de Marquel et de Fougères, faisons savoir à touz ceus qui ces lettres verront que comme religieus hommes nos chiers amis l'abbé et couvent de Mermoustier se deissent avoir quarente soubz tournois rente ou d'aumosne chascun an sur nostre terre de Porhoët du don Eon le conte de Bretaigne adonc seigneur de Porhoët pour faire son anniversaire chascun an, dont pour lonctemps ont eu saisine paisible et par aucuns nouviaus temps en ança leur ont esté empeschiez si comme ils dient. Nous oye et entendue la relacion de noz améz et féauls maistre Robert Amlet clerc et le sire d'Aquery chevalier conseillers monseigneur le Roy et les notres et reformateurs naguères pour nous en nos terres de Fougières et de Porhoët pour le salut de l'âme dudit Eon et pour la notre espécialement voulons et octroyons que il ayent à touzjoursmais perpétuélement les diz quarante soubz tournois de rente chascun an paisiblement ; donnons cet mandement par la teneur de ces lettres au receveur de la dicte terre present aucuns que il leur paye ou à leur certain mandement la dicte somme d'argent chascun an, lequel payement nous voulons être déduit audit receveur de sa recepte sans autre mandement attendre. Donné à Essay le XVIII° jour de mars l'an de grâce mil CCC trente quatre.

Présents Messire Renaut de Mitri, messire P. de Hargeville, messire Nicolas Le Roy chevaliers, Geafroy Turquetin vicomte du Perche.

Par Monseigneur le conte présent les diz reformateurs et autres du conseil Monseigneur. — Nevel.

521

26 août 1335.

Le samedi avant la Décollation de Saint Jean-Baptiste 1335, Jehan de la Haie passe son bail à Olivier Le Sénéchal, c'est-à-dire tous ses droits au botaillege que Sevestre de Lile (sic) jadis avait sur les vins et ès neffs qui venent ou port de Venes, et qu'il avait affermé audit Jehan de la Haie.

Arch. de Kerguéhennec[1].

522

Vers la saint Barnabé (juin) 1336.

Jouou (ou Jonou), fille de Jehan de Kermelin, donne à Pierre d'Estuer comme tuteur de Pierre de Rohan, en héritage, tout ce qu'elle possédait à Kermelin et Bojust paroisse de Noyal (aujourd'hui en Gueltas), à titre d'échange contre des terres appartenant audit Pierre de Rohan à Guerlevic (aujourd'hui en Kerfourn.)

(Sceau des contrats de la cour de Pontivy, usité pour la vicomté de Rohan, et pour Porhoët : à 7 macles 3. 3. 1).

Arch. de Kerguéhennec.

---

[1] Voir n° 515.

523

1337.

Prieuré de Cadoudal fondé en 1337 par Guillaume de Cadoudal.

Les frères de ce prieuré devaient obéissance aux ministres du couvent de la Trinité de Rieux qui en avaient la présentation. Mais les aveux du prieuré étaient rendus aux seigneurs de Cadoudal.

Résumé d'une mauvaise copie de l'acte de fondation du prieuré de Cadoudal :

Guillaume de Cadoudal, fils d'Olivier, donne à l'Ordre de la Sainte-Trinité 30 livres de rente annuelle et perpétuelle, à la condition que les frères de cet ordre demeureront toujours dans la maison qu'Olivier de Cadoudal, père dudit Guillaume, avait fait bâtir pour eux près d'un hôpital fondé par lui, au pont de Cadoudal ; — à la condition encore qu'ils seront en l'obéissance du ministre de Rieux qui les nommera. — Les dites rentes assises sur des biens situés aux paroisses d'Elven, Pluvigner, Grandchamp, Malguénac, Stival, Séglien. — Si les frères cessent de faire les offices, le ministre de Rieux est tenu de les congédier, et s'il ne le fait pas, le seigneur de Cadoudal pourra saisir le temporel de l'ordre jusqu'au rétablissement des offices. 6 février 1440 (ou 1441)?

Confirmation des lettres précédentes par le duc de Bretagne ; elles sont alors appelées : la fondation et dotation du prieuré et hospital de Saint-Julien de Cadoudal, de l'ordre de Sainte-Trinité, membre dépendant du Moustier, maison-Dieu de Rieux.

En 1609 *l'ordre de Cadoudal est dit :* de la Sainte-Trinité et rédemption des captifs, *au prieuré de Saint-Julien de Cadoudal.*

Arch. du chât. de Callac.

524

10 mai 1338.

Geoffroy, évêque de Vannes, donne à Henri de Saint-Meven, professeur ès lois, la paroisse de Languidic, que Jean de Kramsquel lui cède en échange de la paroisse de Nostang et de la chapellenie de Saint-Louis dans la cathédrale de Vannes.

Arch. dép. Fonds du chapitre de Vannes. Orig. parch.

Fin de la 1re Série

www.ingramcontent.com/pod-product-compliance
Lightning Source LLC
Chambersburg PA
CBHW051823230426
43671CB00008B/810